夫婦関係モデル文例
と
実務解説

満田忠彦・小圻眞史・松田章［編著］

青林書院

はしがき

　本書は，婚姻・離婚等及びこれに関連する夫婦関係事件について，法律上・実務上の諸問題を解説するとともに，文例をとおして具体的な実務指針を教示する実践的手引書です。

　夫婦関係事件に持ち込まれる法的紛争においては，昨今，当事者の権利意識の昂揚，価値観の複雑・多様化等も絡まり，紛糾する事案が増加しています。とりわけ，子の養育費，面会交流等，離婚後の子育てに関する家事審判や調停事件が増加し審理期間も長期化しているようです。性的マイノリティの婚姻に関し，性同一性障害者の性別変更の要件や同性婚を認めない現行法規の憲法適合性など，今後の司法判断が待たれる論点も少なくありません。そして，生起する現代の諸課題に対応するための法改正も相次いでいます。令和２年４月１日施行の民法（相続関係）改正により配偶者居住権等の新たな制度が創設されています。民法の成年年齢を20歳から18歳に引き下げること等を内容とする改正民法は，令和４年４月１日から施行されました。嫡出推定制度を見直すとともに女性の再婚禁止期間を廃止すること等を内容とする改正民法や保護命令制度の拡充と保護命令の厳罰化を図ること等を内容とするDV防止法（配偶者からの暴力の防止及び被害者の保護等に関する法律）の改正法は，いずれも令和６年４月１日から施行されました。また，令和６年５月17日，離婚後も父と母の双方が子どもの親権を持つ「共同親権」の導入を柱とする改正民法が成立し，公布の日（同月24日）から２年以内の施行とされています。

　本書では，読者が，実務で本書を活用する際の効率性を考慮し，第１章婚姻関係，第２章婚姻費用，第３章親権関係，第４章離婚関係，第５章財産分与，第６章離婚に関する慰謝料，第７章養育費，第８章面会交流，第９章離婚時年金分割の各分野において生起する実務上の問題点について，具体的な設問を掲げて実践的な視点からこれを解説するとともに，文例１から文例28まで，合計28の標準的な各種文例を掲げて，紛争解決の指針となる説明を加えています。実務の現状と関連する裁判例の動向を踏まえつつ，上記法改正の内容等も織り込んで，弁護士ほか法律専門職や夫婦関係事件に関わる実務

家の方々はもとより，一般の方も活用できるようできる限り平易な解説に努めています。本書が，夫婦関係事件に関係するすべての方々にとって，実務上の問題点の把握やその処理について参考となり，ひいては紛争解決の一助となることを願っております。

　本書は，私たち編著者を含む9名が分担執筆したものです。執筆者は，いずれも実務経験豊富な公証人，元公証人，元裁判官です。ご多忙の中，快く執筆を引き受けて頂いた執筆者各位に心から御礼申し上げます。

　終わりに，本書の企画編集に当たり，株式会社青林書院編集部の長島晴美氏に並々ならぬご尽力を頂きました。ここに記して心から感謝申し上げる次第です。

　　令和6年8月

　　　　　　　　　　　　　　　　満　田　忠　彦
　　　　　　　　　　　編著者　　小　坏　眞　史
　　　　　　　　　　　　　　　　松　田　　　章

編著者・執筆者一覧

編 著 者

満 田 忠 彦 （弁護士，元霞ヶ関公証役場公証人）

小 圷 眞 史 （弁護士，元王子公証役場公証人）

松 田 　 章 （弁護士，元大森公証役場公証人）

執筆者（執筆順）

小 圷 眞 史 （上掲）
……第1章第1・第2

松 田 　 章 （上掲）
……第1章第3，第9章

近 藤 ルミ子 （弁護士，元家庭裁判所判事）
……第2章，第7章

満 田 忠 彦 （上掲）
……第3章

松 並 重 雄 （新橋公証役場公証人）
……第4章第1〜第3

菅 原 　 崇 （弁護士，元越谷公証役場公証人）
……第4章第4〜第6

草 野 真 人 （弁護士，元家庭裁判所判事）
……第5章

市 村 　 弘 （新宿公証役場公証人）
……第6章

吉 田 健 司 （元昭和通り公証役場公証人）
……第8章

iv 凡 例

凡 例

1．本書の構成
　第1章から第9章の各分野において，実務上の問題点に係る「設問」を掲げ，実践的な視点から　解説　を行うとともに，［文例1］から［文例28］までの標準的な各種「文例」を掲げ，紛争解決の指針となる　説明　を行いました。

2．叙述の仕方
　⑴　本書の用字・用語は，原則として常用漢字，現代仮名遣いによりますが，法令に基づく用法，判例・裁判例，文献等の引用文は原文どおりとしました。
　⑵　解説　説明　における見出し記号は，原則として，1 2 3……，⑴⑵⑶……，(a)(b)(c)……，㋐㋑㋒……，(i)(ii)(iii)……の順としました。
　⑶　判例・裁判例，文献の引用や補足，関連説明等は，脚注を用い，法令の引用，例示等は，本文中にカッコ書きで表しました。

3．法令の表記
　法令の表記は，原文引用の場合を除き，原則として，次のように行いました。
　⑴　地の文では原則として正式名称で表しました。
　⑵　カッコ内における表記は次のように行いました。
　　(a)　主要な法令は後掲の「法令略語例」により表しました。
　　(b)　条・項・号を付し，「第」は省きました。
　⑶　関係法令は，原則として令和6年5月末日現在のものによりました。なお，令和6年5月17日に成立した「民法等の一部を改正する法律」（令和6年法律第33号。公布の日〔令和6年5月24日〕から2年以内の施行）による改正について，必要に応じて，「改正民○条」「改正家事○条」等として，付記しました。

4．文献の表記
　引用・参照した文献については，著者（執筆者）及び編者・監修者の姓名，『書名』（「論文名」），巻数又は号数（掲載誌とその巻号又は号），発行所，刊行年，引用（参照）頁等を掲記しました。

凡　例　**v**

5．判例等の表記

　本文中及び脚注における判例等の出典表示は，後掲の「判例集・雑誌等略語
例」を用いて，原則として次のように行いました。

　〔例〕平成27年12月16日，最高裁判所大法廷判決，最高裁判所民事判例集69巻8
　　　　号2586頁　→　最大判平27・12・16民集69巻8号2586頁

■法令略語例

会社	会社法	人保	人身保護法
家事	家事事件手続法	人保規	人身保護規則
刑	刑法	相税	相続税法
憲	日本国憲法	相税則	相続税法施行規則
健保	健康保険法	相税令	相続税法施行令
戸	戸籍法	租特	租税特別措置法
戸則	戸籍法施行規則	退職手当	国家公務員退職手当法
公証	公証人法	建物区分	建物の区分所有等に関する法
公証則	公証人法施行規則		律
厚年	厚生年金保険法	不登	不動産登記法
厚年則	厚生年金保険法施行規則	民	民法
国年	国民年金法	民執	民事執行法
雇保	雇用保険法	民訴	民事訴訟法
児童虐待	児童虐待の防止等に関する法	民訴規	民事訴訟規則
	律	民保	民事保全法
借地借家	借地借家法	労基	労働基準法
車両	道路運送車両法	労基則	労働基準法施行規則
所税	所得税法	労災	労働者災害補償保険法
人訴	人事訴訟法		

■判例集・雑誌等略語例

大	大審院	民録	大審院民事判決録
連	連合部	民集	最高裁判所（又は大審院）民
控	控訴院		事判例集
最	最高裁判所	刑集	最高裁判所刑事判例集
最大	最高裁判所大法廷	裁判集民	最高裁判所裁判集民事
高	高等裁判所	高民	高等裁判所民事判例集
地	地方裁判所	下民	下級裁判所民事裁判例集
家	家庭裁判所	行集	行政事件裁判例集
簡	簡易裁判所	労民	労働関係民事裁判例集
支	支部	交民	交通事故民事裁判例集
判	判決	家月	家庭裁判月報
決	決定	家判	家庭の法と裁判
審	審判	民月	民事月報

vi 凡 例

金法	金融法務事情	最判解民	最高裁判所判例解説民事篇
新聞	法律新聞	裁判所 HP	裁判所ホームページ
曹時	法曹時報	LEX/DB	LEX/DB インターネット
判タ	判例タイムズ		（TKC 法律情報データベー
判時	判例時報		ス）
労判	労働判例	LLI/DB	LLI/DB判例秘書INTERNET
法協	法学協会雑誌		

目　次　vii

目　次

はしがき

編著者・執筆者一覧

凡　例

第1章　婚姻関係

第1　婚姻等　　　3

▶設問1　婚姻の成立及び効力 ………………………………………… 3

〈解説〉　1　婚姻の成立（3）　2　婚姻の効果（8）

▶設問2　日常家事債務連帯責任 …………………………………… 11

〈解説〉　1　夫婦財産契約（11）　2　法定夫婦財産制（11）　3　日常家事債務連帯責任（12）　4　日常家事債務と表見代理（13）　5　本設問について（14）

▶設問3　婚姻の無効・取消し ……………………………………… 14

〈解説〉　1　婚姻の無効（15）　2　婚姻の取消し（17）

▶設問4　婚　約 ……………………………………………………… 20

〈解説〉　1　婚約の成立（20）　2　婚約の効果（21）　3　婚約破棄の正当事由（21）　4　損害賠償の範囲（22）　5　第三者の責任（24）　6　結　納（24）

■文例1　婚約不履行による損害賠償―――――――――――――26

〈説明〉　1　第2条について（27）　2　第3条について（27）　3　第4条について（27）

▶設問5　内　縁 ……………………………………………………… 27

〈解説〉　1　内縁の意義・法的性質（27）　2　内縁の成立（28）　3　内縁の法的地位（30）　4　内縁の解消（32）

■文例2　内縁関係解消に伴う給付契約等―――――――――――33

〈説明〉　1　第3条について（34）　2　第4条について（34）　3　第5条について（34）　4　第6条について（34）

▶設問6　遺族給付・死亡退職金の受給権者 ……………………… 35

〈解説〉　1　はじめに（35）　2　労災給付金（35）　3　遺族年金（36）　4　重婚的内縁の場合（36）　5　死亡退職金（38）

▶設問7　性同一性障害者と婚姻 …………………………………… 40

〈解説〉　1　性同一性障害（40）　2　性別取扱変更の審判（41）　3　性同一性障

viii　目　次

害者の婚姻と嫡出推定（43）

▶設問8　同性婚に関する契約（パートナーシップ契約）・・・・・・・・・・・・・・・・・・・44

〈解説〉　1　同性婚について（44）　2　パートナーシップ制度（46）

■文例3　同性婚に関する契約（パートナーシップ契約）──────48

〈説明〉　1　本契約の目的・趣旨（50）　2　本契約の内容（50）　3　本契約の効力（50）　4　本契約と公正証書（50）

第2　婚姻の成立・方式に関する準拠法及び国際裁判管轄　52

▶設問　国際婚姻の成立・方式に関する準拠法及び国際裁判管轄・・・・・・・52

〈解説〉　1　国際私法（52）　2　婚姻の成立の準拠法（52）　3　婚姻の方式の準拠法（53）　4　婚姻の無効・取消事件の国際裁判管轄（54）

第3　配偶者の生活保護　56

▶設問1　居住用不動産の生前贈与・・・・・・・・・・・・・・・・・・・・・・・・・・・・・・・・・・・・・・56

〈解説〉　1　贈与税の配偶者控除等（56）　2　居住用不動産の贈与・遺贈と特別受益の持戻し（58）

■文例4　居住用不動産の生前贈与契約──────────────59

〈説明〉　（60）

▶設問2　配偶者居住権・配偶者短期居住権・・・・・・・・・・・・・・・・・・・・・・・・・・・・・61

〈解説〉　1　相続に伴い配偶者の居住を確保するための従来からの方策（61）　2　令和2年4月1日施行の民法（相続関係）改正による新たな制度（62）　3　配偶者居住権が成立する場合（62）　4　配偶者居住権が成立しない場合（64）　5　配偶者居住権の効力等（65）　6　配偶者と居住建物所有者との間の権利義務（68）　7　配偶者居住権の存続期間（70）　8　配偶者居住権の対抗力（71）　9　配偶者居住権の譲渡禁止（73）　10　配偶者居住権の消滅（73）　11　配偶者居住権の価額の評価（75）　12　配偶者短期居住権（77）

■文例5　配偶者居住権の遺贈────────────────────82

〈説明〉　1　配偶者居住権の設定（83）　2　配偶者居住権の成立要件（83）　3　遺贈者の建物所有権（83）　4　配偶者居住権の対抗要件（83）　5　その他の注意事項（84）

第2章　婚姻費用

第1　婚姻費用等　87

▶設問1　婚姻費用の意義・法的性質・・・・・・・・・・・・・・・・・・・・・・・・・・・・・・・・・・・87

〈解説〉　1　夫婦間の扶助義務と婚姻費用の分担義務（87）　2　婚姻費用の内容（87）　3　夫婦の別居と婚姻費用の分担（89）　4　婚姻費用分担事件の手続（89）　5　婚姻費用分担額の算定方法の変遷（91）　6　婚姻費用分担義務の始期

目　次　ix

と終期（92）　7　事情変更による増額又は減額の請求（93）　8　婚姻費用分担義
務の履行確保（94）

■文例6　婚姻費用分担金支払の合意────────────96
■文例7　過去の婚姻費用分担金の支払を含めた合意────────97
▶設問2　婚姻費用分担額の算定方法・・・・・・・・・・・・・・・・・・・・・・・・・・・・・・・・98
〈解説〉　1　算定表の考え方（98）　2　算定表使用上の注意点（101）

第2　婚姻費用分担に関する準拠法及び国際裁判管轄　106
▶設問　国際婚姻における婚姻費用分担に関する準拠法及び国際裁判
　　管轄・・・106
〈解説〉　1　婚姻費用分担事件の国際裁判管轄（106）　2　婚姻費用分担事件の準
拠法（107）

第3章　親権関係

第1　親権・監護権　111
▶設問1　親権・監護権の意義・法的性質・・・・・・・・・・・・・・・・・・・・・・・・・・・111
〈解説〉　1　親権・監護権の意義及び法的性質（111）　2　親権の帰属者（112）
3　令和6年改正法に基づく親権の帰属者等（113）　4　親権と監護権が分離する
場合（115）　5　親権者の決定基準（117）　6　親権者の行為能力（119）

▶設問2　親権者・監護者の指定・変更・・・・・・・・・・・・・・・・・・・・・・・・・・・・・120
〈解説〉　1　親権者の指定（120）　2　親権者の変更（122）　3　単独親権者の死
亡と親権者の変更（123）　4　監護者の指定・変更（124）　5　親権者変更の基準
（126）

■文例8　親権者変更の合意────────────────127
〈説明〉　1　第1条の親権者変更の合意について（128）　2　第2条の監護者の定
めについて（128）　3　第3条の面会交流について（128）　4　第4条の養育費に
ついて（128）　5　清算条項について（128）

▶設問3　親権と利益相反・・・128
〈解説〉　1　利益相反行為の意義及び特別代理人（129）　2　利益相反性の有無の
判断基準（130）　3　利益相反行為の例（131）

第2　子の引渡し　134
▶設問　子の引渡しを求める法的手段と強制執行・・・・・・・・・・・・・・・・・・・・134
〈解説〉　1　子の引渡事案の類型及び引渡請求の方法（134）　2　親権に基づく妨
害排除（134）　3　家事審判手続等による方法（135）　4　人身保護法による子
の引渡し（137）　5　審判手続（審判前の保全処分を含む。）と人身保護法との関係
（139）　6　子の引渡しの強制執行（139）

x　目　次

■文例9　未成年の子の引渡しに関する合意━━━━━━140

〈説明〉　1　第1条について（141）　2　第2条について（141）　3　第3条について（141）　4　第4条について（141）

第3　親権に関する準拠法及び国際裁判管轄 ▰▰▰▰▰ 142

▶設問　国際離婚に伴う親権者決定に関する準拠法及び国際裁判管轄
　………………………………………………………………………142

〈解説〉　1　渉外法律関係の準拠法（142）　2　渉外事件の国際裁判管轄（143）　3　全体のまとめ（145）

第4章　離婚関係

第1　離婚等 ▰▰▰▰▰▰▰▰▰▰▰▰▰ 149

▶設問1　離婚手続（離婚方法）と離婚原因………………149

〈解説〉　1　離婚手続（149）　2　協議離婚（149）　3　調停・審判による離婚（151）　4　裁判（判決）・和解・認諾による離婚（152）　5　法定の離婚原因（153）

▶設問2　不貞行為と離婚原因………………………………155

〈解説〉　1　不貞行為（155）　2　不貞の立証（155）

■文例10　不貞行為をしたときは離婚する旨の合意━━━156

〈説明〉　（156）

▶設問3　悪意の遺棄と離婚原因……………………………157

〈解説〉　1　悪意の遺棄と離婚原因（158）　2　悪意の遺棄の意義（158）　3　同居拒否の正当理由（158）　4　他の離婚原因との関係（159）

▶設問4　認知症・難病等と離婚原因………………………159

〈解説〉　1　精神病と離婚原因（159）　2　認知症と離婚原因（160）　3　精神病以外の難病や重度の身体障害と離婚原因（160）

▶設問5　性格不一致・愛情喪失と離婚原因………………161

〈解説〉　1　性格不一致・愛情喪失と離婚原因（161）　2　性格不一致・愛情喪失を理由とする離婚（161）　3　熟年・高齢夫婦の離婚（162）　4　訴訟における留意点（162）

▶設問6　離婚の有責主義から破綻主義……………………163

〈解説〉　1　離婚の有責主義から破綻主義（163）　2　設問の具体的事例について（165）

第2　国際離婚に関する準拠法及び国際裁判管轄 ▰▰▰▰ 167

▶設問　国際離婚に関する準拠法及び国際裁判管轄………………167

目　次　xi

〈解説〉　1　準拠法（167）　2　国際裁判管轄（168）

第3　離婚給付等契約　　171

▶設問　離婚給付等契約の一般的・総合的文例　171

〈解説〉　1　離婚の付随事項等（171）　2　協議離婚（171）　3　未成年の子の親
権者の定め（171）　4　子の監護に関する事項（171）　5　財産分与（173）　6
離婚慰謝料（離婚に伴う慰謝料）（174）

■文例11　離婚給付等契約公正証書　174

〈説明〉　1　協議離婚の合意等（176）　2　親権者の指定等（176）　3　離婚給
付（176）　4　養育費（177）　5　面会交流（178）　6　離婚慰謝料・財産分与
（178）

第4　DV防止法関係　　179

▶設問　DV防止法による保護命令　179

〈解説〉　1　DV防止法の制定の目的（179）　2　DV防止法の内容（179）　3
配偶者からの暴力，配偶者及び被害者の定義（180）　4　支援センターによる保護
（183）　5　警察による保護（183）　6　保護命令の特質（185）　7　保護命令の
種類・内容（185）　8　保護命令発令の申立て手続（194）　9　申立書等の提出・
申立書附属書類・申立手数料（197）　10　審理手続（198）　11　保護命令の再度の
申立て（200）　12　保護命令の取消し（202）　13　本設問の事例について（202）

■文例12　DV防止法に基づく保護命令の申立てをする際の宣誓供述書

203

〈説明〉　1　宣誓供述書が必要な理由（206）　2　宣誓供述書の作成方法（206）

第5　離婚と戸籍　　208

▶設問1　婚姻により氏を改めた者の氏の選択　208

〈解説〉　1　婚姻・離婚による氏の変動（208）　2　婚氏続称（208）

▶設問2　離婚と子の氏の変更　209

〈解説〉　1　子の氏の変更（210）　2　子の氏の変更の手続（210）

第6　離婚等と縁組の解消　　212

▶設問1　離婚と養子縁組の解消　212

〈解説〉　1　離婚と離縁の手続（212）　2　協議離婚，離縁（212）　3　調停離
婚，離縁（213）　4　調停に代わる審判離婚，離縁（213）　5　判決による裁判離
婚，離縁（214）　6　訴訟上の和解又は請求認諾による離婚，離縁（214）

▶設問2　亡妻との姻族関係の終了　214

〈解説〉　1　姻族関係（215）　2　姻族関係終了届（215）　3　姻族関係終了の効
果（215）

xii　目　次

第5章　財産分与

第1　財産分与等　219

▶**設問1　財産分与の意義・法的性質**　219

〈解説〉　1　財産分与の意義（219）　2　財産分与の法的性質（220）

▶**設問2　財産分与の対象**　223

〈解説〉　1　財産分与の決定基準（223）

■**文例13　不動産，預貯金の財産分与**　225

〈説明〉　1　不動産の場合（226）　2　預貯金債権の場合（227）

■**文例14　住宅ローン付不動産の財産分与**　227

〈説明〉　1　住宅ローンの処理の方法（229）　2　住宅ローン付不動産の名義の変更（229）　3　住宅ローン付不動産を財産分与の対象とする場合の問題点（230）

■**文例15　退職金と財産分与**　231

〈説明〉　1　財産分与の対象とする場合の問題点（231）　2　将来の退職金と財産分与（232）　3　将来の退職金の算出方法（232）　4　将来の退職金の財産分与における計算期間等（233）

■**文例16　医療法人の出資持分と財産分与**　233

〈説明〉　1　医療法の改正と出資持分（234）　2　出資持分の評価方法（234）

■**文例17　株式の財産分与**　236

〈説明〉　1　株式の財産分与の方法（236）　2　株式の評価方法（237）

第2　離婚に伴う財産分与と詐害行為　238

▶**設問　財産分与と詐害行為取消権の対象・範囲**　238

〈解説〉　1　財産分与と詐害行為取消権（238）　2　取り消される範囲（239）

第3　財産分与と税金　241

▶**設問　財産分与にはいかなる税が課税されるか**　241

〈解説〉　1　財産分与と贈与税（241）　2　財産分与と譲渡所得税（241）　3　財産分与と不動産取得税（242）

第4　財産分与に関する準拠法及び国際裁判管轄　244

▶**設問　国際離婚に伴う財産分与に関する準拠法及び国際裁判管轄**　244

〈解説〉　1　財産分与に関する準拠法（244）　2　財産分与に関する国際裁判管轄（244）

第6章　離婚に関する慰謝料

第1　離婚慰謝料等　249

目　次　xiii

▶設問1　離婚慰謝料の意義・法的性質 ·······································249

〈解説〉　1　離婚に伴う慰謝料（249）　2　暴力行為による慰謝料請求の問題点
（252）　3　離婚慰謝料と財産分与との関係（253）　4　離婚慰謝料と遅延損害金
及び消滅時効等の関係（254）

■文例18　離婚給付等契約公正証書——————————————255

〈説明〉　1　公正証書による協議離婚（256）

▶設問2　離婚慰謝料の算定基準 ···259

〈解説〉　1　離婚原因慰謝料及び離婚自体慰謝料の算定（260）　2　離婚自体慰謝
料の算定方法（261）　3　判決による離婚慰謝料の認容額の実情（262）　4　裁判
上の和解と慰謝料（263）　5　司法統計年報と離婚給付（265）

第2　第三者に対する損害賠償請求　　266

▶設問　離婚原因に関わった第三者に対する損害賠償請求 ··············266

〈解説〉　1　貞操義務と不貞行為について（266）　2　丙の乙に対する責任
（267）　3　慰謝料請求訴訟で問題となる事項（271）　4　慰謝料算定の方法
（274）　5　甲及び丙の乙に対する責任と免除（275）　6　その他の関連問題（消滅
時効，権利の濫用，既判力・信義則違反）（276）

■文例19　不貞行為に係る慰謝料支払契約等公正証書——————280

〈説明〉　1　第1条（281）　2　第2条（281）　3　第3条（281）　4　第4条
（281）　5　第5条（281）

第7章　養育費

第1　養育費等　　285

▶設問1　養育費の法的性質・支払方法 ······································285

〈解説〉　1　親の子（未成熟子）に対する扶養義務（285）　2　養育費支払義務の対
象となる未成熟子（286）　3　養育費請求の手続（286）　4　養育費支払義務の始
期と終期（288）　5　令和6年改正による法定養育費に関する規律の新設（289）

■文例20　養育費の支払（毎月払）に関する合意——————————290

■文例21　養育費の一括支払に関する合意————————————291

〈説明〉　（291）

■文例22　養育費の信託合意———————————————————292

〈説明〉　1　養育信託の意義（293）　2　養育信託合意の法的性質（293）

▶設問2　養育費の変更 ···293

〈解説〉　（293）

■文例23　子の進学に伴う養育費の増額の合意——————————294

xiv　目　次

▶設問3　養育費の算定方法 ·· 295

〈解説〉　1　養育費の算定の基本的な考え方（295）　2　算定表使用上の注意点
（296）

第2　養育費の支払確保 ▰▰▰▰▰▰▰▰▰▰▰▰▰▰▰▰ 299

▶設問　養育費の支払を怠った場合のとるべき方法 ····················· 299

〈解説〉　1　履行勧告・履行命令（299）　2　強制執行（300）　3　令和6年改正
による先取特権の付与（300）

第3　養育費に関する準拠法及び国際裁判管轄 ▰▰▰▰▰▰▰ 302

▶設問　国際婚姻に伴う養育費分担に関する準拠法及び国際裁判管轄
·· 302

〈解説〉　1　養育費請求事件の国際裁判管轄（302）　2　養育費請求事件の準拠法
（303）

第8章　面会交流

第1　面会交流等 ▰▰▰▰▰▰▰▰▰▰▰▰▰▰▰▰▰▰▰▰ 307

▶設問1　面会交流の意義・法的性質 ······································· 307

〈解説〉　1　面会交流の意義（307）　2　面会交流の法的根拠（307）　3　面会交
流の法的性質（308）　4　面会交流の目的・本質（308）　5　特段の事情（面会交
流の障害事由）（309）　6　養育費と面会交流との関係（310）　7　自治体や民間の
支援事業（310）　8　面会交流の取決め（311）

■文例24　面会交流に関する合意 ─────────── 312

〈説明〉　1　面会交流の内容及び方法（312）　2　宿泊・特別な日の面会（314）
3　予定変更の連絡・振替日（314）　4　祖父母との面会（314）　5　面会以外の
方法（315）

■文例25　面会交流をしない旨の合意 ──────────── 315

〈説明〉（316）

▶設問2　面会交流の履行確保 ·· 317

〈解説〉　1　履行勧告（317）　2　間接強制（317）　3　家事調停・審判の申立て
（319）　4　損害賠償請求（319）　5　損害賠償額の予定（320）

■文例26　面会交流の約束不履行に関する合意 ──────── 321

〈説明〉（321）

目　次　**xv**

第9章　離婚時年金分割

第1　離婚時年金分割等　325

▶設問　離婚時年金分割制度 325

〈解説〉　1　わが国の公的年金制度（325）　2　離婚時年金分割（327）　3　被用者年金制度の一元化等（334）　4　離婚時年金分割と財産分与（335）

■文例27　年金分割における按分割合等の合意 335

〈説明〉（336）

■文例28　事実婚（内縁）の解消と年金分割 337

〈説明〉（337）

事項索引 339

判例索引 347

第1章

婚姻関係

設問1　婚姻の成立及び効力　　3

第1　婚　姻　等

▶設問1　婚姻の成立及び効力

　　婚姻は，いつどのようにして成立するのですか。また，婚姻によってどのような権利義務が生じますか。

解　説

1　婚姻の成立

　法律上の夫婦として認められるための要件，すなわち婚姻の成立要件としては，実質的要件として，①当事者間に婚姻の意思があること，②婚姻障害事由がないことが必要であり，また，形式的要件として婚姻届出が必要です。

(1)　実質的要件

　実質的要件の中心は婚姻の意思です。その他に民法は，婚姻障害事由を規定しています。前者は積極的な要件であり，後者は消極的な要件ですが，後者に該当する事由があることは，婚姻成立の妨げとなるため，これを婚姻障害又は阻止要件ともいいます。

(a)　婚姻の意思

　(ア)　婚姻が成立するためには，男女間に婚姻をするについての自由な合意のあることが必要です。憲法24条1項は，婚姻は両性の合意のみによって成立すると規定していますが，民法にこの点を直接規定した条文が見当たりません。しかし，当事者間に婚姻しようとする意思の合致がない限り婚姻は無効となり（民742条1号），詐欺又は強迫によって婚姻した者はその婚姻を取り消し得る（民747条1項）とされていることからしても，民法が婚姻意思の合致を婚姻の要件と考えていることは明らかです。

　(イ)　ところで，何をもって婚姻意思とみるかについては，2つの見解が対立しています。第1の見解は，婚姻意思とは，社会通念に従い，客観的に夫婦とみられる生活共同体の創設を真に欲する効果意思であるとする説です（実質的意思説）。この見解によると，①当事者双方又は一方に上記の意味での婚姻意思がないのに他方又は第三者が勝手に届出をした場合，②当事者が婚

姻に合意し，婚姻届書を作成した後婚姻意思を撤回した場合，③双方ともに婚姻意思がないのに，何らかの意図を達するための方便として，合意のうえ婚姻の届出をした場合（いわゆる仮想婚姻）は，いずれも婚姻は無効となります。これに対して，他の見解は，婚姻の届出をすることについて双方の意思の合致があれば，実質的・客観的に夫婦関係を創設しようとする意思の有無とは関係なく，婚姻は有効に成立すると主張します（形式的意思説）。この立場によれば，①と②は無効ですが，③は有効な婚姻になると解されます。第1の見解（実質的意思説）が通説とされています(注1)。

判例は，当事者間の子に嫡出子としての地位を得させるための便法として婚姻届出をしたケースにおいて，「たとえ婚姻の届出自体については当事者間に意思の合致があったとしても，それが単に他の目的を達するための便法として仮託されたものにすぎないときは，婚姻は効力を生じない」と判示し，実質的意思説を採用しています(注2)。

(ウ) 婚姻意思は，婚姻届書作成時及び婚姻成立時，つまり婚姻届出の受理される時に存在することを要します。したがって，一度有効に届書が作成されても，その提出前に当事者の一方が他方に翻意した場合は婚姻意思を欠くため婚姻は無効です。しかし，適式な届書が作成され，それが受理された当時，たまたま本人が意識を失い意思能力を欠いていたとしても，その受理以前に翻意したなど特段の事情がない限り，この届書の受理により，婚姻は有効に成立すると解されます(注3)。婚姻届出の受理時においてなお婚姻意思は存続したといえるからです。

(エ) 婚姻を翻意したにもかかわらず，相手方から婚姻届書が提出されるおそれがある場合には，「不受理申出書」を戸籍事務管掌者に提出することにより，虚偽の戸籍届出を防ぐことができます（戸27条の2第3項）(注4)。戸籍事務係員に不受理の通告があったにもかかわらず，離婚届出が受理されたケースにつき，これを無効とした判例があります(注5)。

(オ) 婚姻意思は，必ず本人自身の発意による自由なものであるべきは，その性質上当然であって，他人によって代理されたり，補充されたりして

(注1) 髙岡信男編著『結婚・離婚・親子の法律相談』（学陽書房，2004）26頁。
(注2) 最判昭44・10・31民集23巻10号1894頁。
(注3) 最判昭44・4・3民集23巻4号709頁，最判昭45・4・21裁判集民99号137頁・判時596号43頁。
(注4) 法務省民事局長通達昭51・1・23民二第900号。
(注5) 最判昭34・8・7民集13巻10号1251頁。

はならないことはいうまでもありません。すなわち，成年被後見人であっても，本人が婚姻がいかなるものであるかを判断する能力を回復していれば，後見人の同意を得ないで婚姻届出をすることができます（民738条，戸32条）。被保佐人，被補助人の婚姻についても保佐人，補助人の同意を必要としません^(注6)。

(カ)　婚姻にあたり，婚姻期間を定めたり，一定の条件が成就すると離婚するという合意があっても，婚姻成立後は，その部分は無効であり，婚姻意思としては無期限・無条件に成立したものとみるべきです。終生の共同生活の継続を目的とする婚姻の性質上，婚姻意思は，期限や条件に親しまない無期限かつ無条件でなければならないからです。

(b)　婚姻適齢

(ア)　平成30年6月13日，民法の成年年齢を20歳から18歳に引き下げること等を内容とする民法の一部を改正する法律（平成30年法律第59号）が成立し，令和4年4月1日から施行されました。成年年齢の見直しは，明治9(1896)年の太政官布告以来，約140年ぶりであり，18歳，19歳の若者が自らの判断によって人生を選択することができる環境を整備するとともに，その積極的な社会参加を促し，社会を活力あるものにする意義を有するものと考えられます。これと併せて，男性は18歳，女性は16歳にならなければ，婚姻することができないとされていた婚姻適齢の規定も改正されて，女性の婚姻年齢は，男性と同じ18歳に引き上げられました（民731条）。婚姻適齢の制度は，早婚によって生ずる弊害を防止しようとする公益的目的によるものですが，男女に年齢差を設けるのは格別合理的な理由がないとして，これを統一することとしたものです。

(イ)　婚姻適齢に達した未成年者の婚姻については，従前，父母の同意を得なければならないとされていました（改正前民737条）が，上記民法の一部改正により，成年年齢が18歳に引き下げられ，婚姻適齢は男女とも18歳とされたことに伴い，未成年者の婚姻に関する上記規定は削除されました。

(c)　重婚の禁止

(ア)　配偶者のある者は，重ねて婚姻をすることができません（民732条）。これは，一夫一婦制の原則をとることを表明したものです。ここに配偶者のある者とは，法律上の配偶者のある者のことですから，内縁関係にあ

(注6)　裁判所職員総合研修所監修『親族法相続法講義案〔七訂補訂版〕』（司法協会，2015）42頁。

6　第1章　婚姻関係　　第1　婚　姻　等

る者が他の者と法律上の婚姻をしても，あるいは逆に法律上の婚姻をしている者が他の者と内縁関係を生じても，重婚にはなりません。わが国の民法は，婚姻につき法律婚主義をとっており，しかも，戸籍事務管掌者は，婚姻要件を審査したうえで，届出を受理すべきかどうかを決めますから，重婚が生じ得るのは戸籍事務管掌者が誤って二重の婚姻届出を受理したような場合に限られます。

　　(イ)　問題となるのは，夫婦の一方が失踪宣告（民30条）を受け，失踪宣告確定後に，生存配偶者が善意，すなわち，失踪宣告を受けた配偶者が生存していることは知らないで再婚したところ，のちに失踪者が生存していることがわかり，失踪宣告が取り消された場合です。前婚と後婚の関係をいかに取り扱うべきかについて，学説は，①婚姻は身分行為であるところ，民法32条1項後段の適用はないとして，前婚が復活して重婚状態となり，前婚については離婚原因，後婚については取消原因となると解する説と，②同項後段の規定により，後婚の効力に変動がないので，前婚は復活しないとする説が対立しています。失踪宣告が，それを信頼した者を保護しようとする趣旨の制度であることからみて，後説が妥当であると考えられます。通説及び先例(注7)も，後説の立場をとっています(注8)。

　　(ウ)　悪意で重婚した者は，重婚罪として刑事上の処罰を受けます（刑184条）。このように，重婚は公序良俗に反する不倫行為ですから，無効とすべきだとの主張もありますが，現行法では，取消原因とされているにすぎません（民744条）。重婚の解消については，［設問3］2(4)を参照してください。

(d)　再婚禁止期間の廃止（嫡出推定制度の見直し）

　令和4年12月10日，民法の嫡出推定制度の見直し等を内容とする民法等の一部を改正する法律（令和4年法律第102号）が成立し，同月16日に公布されました。本法律は，令和6年4月1日から施行され，その附則3条によれば，改正民法772条の規定は，施行日以後に生まれる子について適用されます。同条1項～3項によれば，前婚の解消又は取消しの日から300日以内に子が生まれた場合でも，母が前夫以外の男と再婚した後に生まれた子は，再婚後の夫の子と推定されます。これにより，嫡出推定が重複することがなくなり，従前より批判があった女性は離婚後100日間は再婚することができないとする民法733条及び再婚禁止期間内にした婚姻の取消しに関する民法746条

（注7）　昭6・10・19民事甲第805号回答，昭25・2・21民事甲第520号回答。
（注8）　裁判所職員総合研修所監修・前掲（注6）69頁。

の規定は削除されました。

なお，嫡出推定規定の見直し等を内容とする法改正に併せて，嫡出否認制度の見直しも行われています。夫の子と推定される子について，嫡出否認の訴えを提起することができる者は，夫とされていましたが（改正前民774条），夫に加え，子又は母に否認権が拡大され（民774条1項・3項参照），また，再婚後の夫の子と推定される子に関しては，前夫においても嫡出否認の訴えを提起することができるとされました（民774条参照）。また，夫が子の出生を知った時から1年以内とされてきた嫡出否認の訴えの出訴期間（改正前民777条）については，否認権者ごとにそれぞれ定める時から原則として3年以内に延長され（民777条参照），子は，一定の要件を満たす場合については，例外的に21歳に達するまで嫡出否認の訴えを提起することができるとされました（民778条の2第2項参照）。

(e) **近親婚の禁止**　　一定範囲内における近親者間の婚姻の禁止は，人類文化の極めて早い時期からみられ，今日に至ったものです。同じく近親者間の婚姻禁止であっても，その理由は2つに分かれます。

(ア) **優生学的理由による禁止**　　自然血族の間では，直系血族又は3親等内の傍系血族（例えば伯父と姪）は，互いに結婚することはできません（民734条1項本文）。特別養子縁組によって実方の父母及びその血族との親族関係が終了した後も同様です（同条2項）。ただし，養子と養方の傍系血族との間では，この制限はありません（同条1項ただし書）。4親等である従兄弟姉妹及びそれより遠い血族間では，父系であると母系であるとを問わず，何らの制限もありません。

(イ) **道義的理由による禁止**　　直系姻族の間（例えば舅と嫁）では婚姻することが許されず，のちに離婚又は配偶者の死亡による姻族関係終了の届出をして姻族関係が終了した場合も同様です（民735条）。養子もしくはその配偶者又は養子の直系卑属もしくはその配偶者と養親又はその直系尊属の間では婚姻できず，離縁によって親族関係が終了した後も同じです（民736条）。

(2) **形式的要件**

(a) **婚姻届出**

婚姻は，戸籍法の定めるところにより届出を行うことによって効力を生じます（民739条1項）。当事者が婚姻の届出をしないとき，法文上は婚姻は無効とされていますが（民742条2号），届出がなければ婚姻は実質的には不存在です。これらの規定について，当事者の事実上の合意又は届書の作成段階で婚

姻は成立し，届出が婚姻の効力の発生要件にすぎないとする説（届出効力要件説）もありますが，通説は，届出という方式によって婚姻意思を合致させることにより婚姻がはじめて成立するのだとし，届出を成立要件だと解しています（届出成立要件説）(注9)。このように，婚姻が成立するためには，必ず法律の定めた方式を履践することを要し，しかもそれで足りるとする方式を，法律婚主義あるいは形式婚主義といいます。

(b) 届出の方式

(ア) 届出は，戸籍事務管掌者に対し，当事者双方及び成年の証人2人以上が署名した書面で，又はこれらの者からの口頭でしなければなりません（民739条2項，戸29条）。口頭による届出もなくはありませんが（戸37条），書面によるのがほとんどであり，市区町村役場に書式の整った届出用紙が備え付けられています。

(イ) 届出は，届出人の本籍地又はその所在地の市区町村役場であり（戸25条），勤務先や結婚式を挙げた場所，新婚旅行の宿泊先など，一時的な滞在地も所在地と認められます。本籍地又は所在地以外の地でなされた届出でも，それがいったん受理されたならば，婚姻は有効に成立すると解されています(注10)。外国に在る日本人間で婚姻しようとするときは，その国に駐在する日本の大使，公使又は領事にその旨の届出をすることによってもできます（民741条）。書面による届出は，届出人が自ら持参提出する必要はなく，これを郵送してもよく，他人に託して提出することも認められています(注11)。戸籍法の規定によって，届出人の生存中に郵送した届書は，その死亡後に到達した場合でも受理すべきものとされ，届出人の死亡の時に届出があったものとみなされます（戸47条）。

(ウ) 口頭で届出するには，届出人本人が市区町村役場に出頭し，届書に記載すべき事項を陳述しなければならないとされています（戸37条1項）。代理人による届出は認められていません（同条3項ただし書）。

2 婚姻の効果

婚姻が成立した場合に発生する効果として，①夫婦同氏，②同居・協力・

(注9) 市橋千鶴子＝高石昌子編『青林法律相談10 夫婦・親子の法律相談』（青林書院，1995）26頁。

(注10) 大判昭11・12・4民集15巻2138頁。

(注11) 青山道夫＝有地亨編集『新版注釈民法(21)親族(1)総則・婚姻の成立・効果』（有斐閣，1989）286頁〔大原長和〕。なお，大原氏は，婚姻は届出によってはじめて成立するのであるから，婚姻の届出に当事者の出頭を要しないというのは問題であるといいます。

扶助義務，③夫婦間の契約取消権があります。

　婚姻に伴う財産上の効果については，[設問2] において解説します。

(1) 夫婦同氏 (夫婦同姓)

　夫婦は，婚姻の際に定めるところに従って，夫又は妻の氏を称するものとされています（民750条）。夫婦が称する氏は婚姻届書の必要的記載事項です（戸74条1号）。夫婦の一方が死亡したときは，生存配偶者は婚姻前の氏に復することができます（民751条1項）。近時，夫婦別姓が議論されているところですが，最高裁判所は，夫婦同氏制が直ちに個人の尊厳と両性の本質的平等の要請に照らしても合理性を欠くとはいえず，憲法13条，14条1項，24条に違反しないと判示しています[注12]。法務省においては，平成3年から法制審議会民法部会（身分法小委員会）で婚姻制度等の見直し審議を行い，平成8年2月に法制審議会が「民法の一部を改正する法律案要綱」を答申しました。同要綱では，選択的夫婦別氏制度が提言されています。この答申を受け，法務省においては，平成8年及び同22年にそれぞれ法案を準備しましたが，国民の間に様々な意見があること等から，いずれも国会に提案されるまでに至っていません。

(2) 同居・協力・扶助義務・貞操義務

　夫婦は，同居し，互いに協力し扶助しなければならないとされます（民752条）。

　　(a) **同居義務**　　夫婦の一方が同居に応じないときは，他方は，同居を求めて家庭裁判所に調停や審判の申立てをすることができます。

　　(ア) 裁判例は，夫婦であることの一事をもって同居義務を肯定するのではなく，婚姻破綻の程度，別居に関する有責性，同居による円満な婚姻関係の回復可能性，同居拒否に関する正当事由の有無等諸般の事情を考慮して，具体的な同居義務を認め得るかどうかを判断しているようです。その判断は微妙なところがあり，近時の裁判例をみると，同居の申立てを認容した原審判を取り消して却下した事例[注13] がある一方，申立てを却下した原審判を取り消して認容した事例[注14] もあります。

　（注12）　最大判平27・12・16民集69巻8号2586頁，最大決令3・6・23裁判集民266号1頁・判タ1488号94頁。

　（注13）　大阪高決平21・8・13家月62巻1号97頁，福岡高決平29・7・14家判17号68頁・判タ1453号121頁・判時2383号29頁。

　（注14）　東京高決平9・9・29判時1633号90頁，東京高決平12・5・22家月52巻12号67頁・判タ1092号263頁・判時1730号30頁。

10　第1章　婚姻関係　第1　婚姻等

(イ)　ただ，同居の審判が出ても，当事者がこれに従わない場合，同居義務の性質上，同居を強制することはできません(注15)。もっとも，同居拒否は，悪意の遺棄等に当たるものとして，離婚原因に該当する余地はあり得ると考えられます。

(ウ)　なお，最高裁は，同居に関する実体的権利義務の存否は，訴訟で確定するものであり，家裁の審判は同居義務の存在を前提として，同居の時期・場所・態様等の具体的内容を形成するものであると判示しており(注16)，これによれば，同居に関する審判が出ても，前提となる同居義務の存否については別途地方裁判所に訴訟の提起可能ということになりますが，学説等の批判の強いところです(注17)。実務上も，夫婦同居に関する紛争は家裁の調停・審判において終局的に処理され，さらに訴訟が提起されることはないように思われます。

(b)　扶助義務　　民法752条は，夫婦間の生活保持義務を定めたものであり，その個別的側面について定めたのが婚姻費用の分担についての規定(民760条)であると解されます。婚姻費用の分担については，第2章を参照してください。

(c)　貞操義務

(ア)　直接の規定はありませんが，婚姻の本質から当然の義務として，夫婦は互いに貞操を守る義務があります。このことは，民法770条が不貞行為を離婚原因としていることからも，裏づけられます。

(イ)　判例は，夫婦の一方が貞操義務に違反した場合，他方は不貞をした相手方(夫又は妻)のみならず，不貞行為の相手方に対しても，損害賠償請求ができるとしています(注18)。ただ，婚姻破綻後の不貞に関しては，不貞行為の相手方の損害賠償義務を否定しています(注19)。離婚に関する慰謝料については，第6章を参照してください。

(3)　夫婦間の契約取消権

夫婦間で契約をしたときは，その契約は婚姻中いつでも夫婦の一方からこれを取り消すことができます。ただし，第三者の権利を害することはできません(民754条)。しかし，この規定には批判が強く，合理的な根拠を見いだ

(注15)　大決昭5・9・30民集9巻926頁。
(注16)　最大決昭40・6・30民集19巻4号1089頁。
(注17)　内田貴『民法Ⅳ親族・相続〔補訂版〕』(東京大学出版会，2004) 21頁。
(注18)　最判昭54・3・30民集33巻2号303頁。
(注19)　最判平8・3・26民集50巻4号993頁。

しがたいとして，立法的に検討すべきであるともいわれています[注20]。判例も，婚姻が実質的に破綻している場合は，それが形式的に継続しているとしても，民法754条により契約を取り消すことは許されないとし[注21]，また，離婚の合意と不可分になされた贈与契約は財産分与の合意（民768条）として扱われ，取り消すことができない[注22]とするなど，取消権の範囲を大幅に制限しています。

▶設問2　日常家事債務連帯責任

> 　夫が，無断で私の代理人として私が父から相続した土地を夫の事業債務の弁済資金にするため売却し，その旨の登記をしてしまいました。私は，夫との離婚を考えていますが，売買契約を無効とし登記の抹消を求めることはできますか。

解　説

1　夫婦財産契約

夫婦は，婚姻届出前に，夫婦の財産関係をどのように定めるかを契約することができます。ただ，この契約は，婚姻の届出前にしたうえでその登記を経なければ，夫婦の承継人や第三者には対抗できないこととされ（民756条），また，婚姻届出後に変更することは原則として制限されており（民758条），現実には夫婦財産契約がなされる例は極めて少ないようです。

2　法定夫婦財産制

夫婦財産契約がされなかった場合，夫婦の財産関係は，民法760条以下の規定に従って定められることになります（民755条）。なお，婚姻費用の分担（民760条）については，第2章を参照してください。

(1)　夫婦別産制

まず，財産の帰属については，夫婦の一方が婚姻前から有する財産及び婚姻中自己の名で得た財産は，その特有財産，つまり夫婦の一方が単独で有する財産とされます（民762条1項）。他方，夫婦のいずれに属するか明らかでな

（注20）　内田・前掲（注17）46頁。有地亨「夫婦間の契約取消権」野田愛子＝人見康子責任編集『夫婦・親子215題』判夕臨増747号69頁。

（注21）　最判昭42・2・2民集21巻1号88頁。

（注22）　最判昭27・5・6民集6巻5号506頁。

い財産は，その共有に属するものと推定されます（同条2項）。この規定は，夫婦別産制を定めたものとされています。これによれば，夫が働いて得た給料は夫のものであり，妻が働いて得た給料は妻のものとなります[注23]。

(2) 共有制説及び判例の立場

これに対し，専業主婦の家事労働等を考慮して財産の帰属を決めるべきだとする共有制論もありますが，かかる立場から別産制は憲法24条に違反するとして提起された訴訟において，最高裁は，民法762条1項が夫婦の双方に平等に適用されるものであり，また，配偶者の財産取得に対しては，他方が協力寄与するとしても，民法は，別に財産分与請求権，相続権ないし扶養請求権等を規定しており，実質上の不平等が生じないように立法上の配慮がされているので，違憲ではないとしました[注24]。判例は，夫婦の婚姻中に取得した財産の帰属については，当該財産が夫婦のいずれかの出捐によって取得されたものかを考慮して決定し，その際に専業主婦の家事労働等は考慮しない傾向にあります。これに関連し，夫が買い入れた夫の不動産を夫婦が合意のうえで登記簿上の所有名義人を妻としただけではその不動産を妻の特有財産とみることはできないとの判例があります[注25]。

(3) 特有財産

本設問の，妻が父からの相続により取得した不動産は，相続開始時が婚姻前であればもとより，婚姻後であっても，自己の名で得た妻固有の特有財産であって，夫婦の共有財産には属しないと認められます。

3 日常家事債務連帯責任

民法は，夫婦の一方が，日常の家事に関して第三者と法律行為をしたときは，他の一方は，これによって生じた債務について，連帯してその責任を負うとし（民761条本文），ただし，第三者に対し責任を負わない旨を予告した場合は，この限りでないと定めています（同条ただし書）。

(1) 日常家事債務

日常の家事に関して生じた債務とは，食料・衣料などの生活必需品の購入や，相当な範囲内での医療保険費，子の養育費・教育費の支出などをいいます。このほか，夫婦の共同生活に必要な範囲で借金することも含まれると解されています。これに対し，日常の生活費としては客観的に妥当な

(注23) 髙岡編著・前掲（注1）35頁。
(注24) 最判昭36・9・6民集15巻8号2047頁。
(注25) 最判昭34・7・14民集13巻7号1023頁。

範囲を超えるとみられる程度の多額の借金をしたり[注26]，土地建物を売買すること[注27]は，一般的には，日常の家事に関する法律行為とはいえません[注28]。

(2) 日常家事債務の範囲

(a) その範囲は，各夫婦の社会的地位・収入・資産などによって異なるし，個々の家庭の内部的事情や個別の目的によっても左右されることがあるので，具体的事案でその判断は微妙な場合があります。

妻に暴力を振るい，仕事にもつかない夫がクレジット契約をして21万円余りのふとんを購入したのを日常家事の範囲外とした事例がある[注29]一方，妻が転売目的による現金目当てに電子レンジを購入し，間もなく家出してしまったケースにつき日常家事に含まれるとしたものがあります[注30]。また，夫の収入に比して高額な41万円余りの太陽温水器を妻が購入したのを日常家事に含まれないとしたものがある[注31]一方，34万円余りの教育機器（幼児ワークセット）の購入のためのクレジット契約が日常家事に属するとしたものがあります[注32]。

(b) 最高裁は，「民法761条にいう日常の家事に関する法律行為とは，個々の夫婦がそれぞれの共同生活を営むうえにおいて通常必要な法律行為を指すものであるから，その具体的な範囲は，個々の夫婦の社会的地位，職業，資産，収入等によって異なり，また，その夫婦の共同生活の存する地域社会の慣習によっても異なるというべきであるが，他方，問題になる具体的な法律行為が当該夫婦の日常の家事に関する法律行為の範囲内に属するか否かを決するにあたっては，同条が夫婦の一方と取引関係に立つ第三者の保護を目的とする規定であることに鑑み，単にその法律行為をした夫婦の共同生活の内部的な事情やその行為の個別的な目的のみを重視して判断すべきではなく，さらに客観的に，その法律行為の種類，性質等をも充分に考慮して判断すべきである」と判示しています[注33]。

4 日常家事債務と表見代理

(注26) 大判昭3・9・20法律学説判例評論全集18巻民法575頁。
(注27) 大判昭8・10・25民集12巻2613頁。
(注28) 裁判所職員総合研修所監修・前掲（注6）67頁。
(注29) 大阪簡判昭61・8・26判タ626号173頁。
(注30) 武蔵野簡判昭51・9・17判時852号105頁。
(注31) 門司簡判昭61・3・28判タ612号57頁。
(注32) 釧路簡判平3・2・27NBL469号23頁。
(注33) 最判昭44・12・18民集23巻12号2476頁。

14　第1章　婚姻関係　第1　婚姻 等

　日常の家事に関し夫婦が連帯して責任を負うとした民法の規定が，夫婦相互間に代理権の存在を認めたものかどうかについては，学説が分かれ，下級審の裁判例も肯定・否定の両説に分かれていました。最高裁は，民法761条は，夫婦相互に日常の家事に関する法律行為につき他方を代理する権限を有することを規定していると解すべきであると判示してこれを肯定しました。その一方で，同最高裁は，民法761条の代理権が民法110条の基本代理権となり得るかについては，夫婦の財産的独立を損なうおそれがあるから相当でないとして，原則的にこれを否定し，ただ，越権行為の相手方である第三者において，その行為がその夫婦の日常の家事に関する法律行為に属すると信ずるにつき正当の理由があるときに限り，民法110条の趣旨を類推適用して第三者の保護を図るべきであると判示しています(注34)。最高裁が，日常家事代理権を基本代理権とする表見代理の適用を原則として否定したことについては，当時少数説であった我妻説(注35)を採用したものといわれています(注36)。

5　本設問について

　本設問について，夫が自己の事業資金の弁済に充てるため，妻所有の不動産を売却する行為は，日常の家事に関する法律行為といえないことは前述したところから明らかです。民法110条の表見代理の規定の類推適用の可能性については，取引の相手方である買主において，その契約がその夫婦の日常の家事に関する法律行為の範囲に属すると信ずるにつき正当の理由があるとは通常認めがたく，特段の事情がない限り，妻は，当該売買契約は無効であるとして，登記の抹消を求めることができると解されます。

▶設問3　婚姻の無効・取消し

　婚姻が無効となるのは，どのような場合ですか。また，婚姻を取り消すことができるのは，どのような場合ですか。

解　説

(注34)　前掲（注33）最判昭44・12・18。
(注35)　我妻榮『法律学全集23 親族法』（有斐閣，1961）112頁。
(注36)　内田・前掲（注17）45頁。

設問3　婚姻の無効・取消し　　15

1　婚姻の無効

(1)　無効原因

　民法は，婚姻の無効原因として，①人違いその他の事由によって当事者間に婚姻をする意思がないとき（民742条1号），②当事者が婚姻の届出をしないとき（同条2号本文）を定めています。

　(a)　婚姻の意思がないとき　　婚姻の成立要件である婚姻の意思については，〔設問1〕1(1)(a)で解説したところです。婚姻届出がまったく知らないうちに行われたような場合[注37]のほか，判例・通説の実質的意思説に従えば，いわゆる仮装婚，方便のための婚姻等は，夫婦として現実の共同生活に入ろうとする意思を欠き婚姻は無効ということになります[注38]。近時の裁判例として，妻が相手方（夫）の印章を冒用して婚姻届書を提出した事実を認定し，夫に婚姻意思がなかったことを理由とする婚姻無効確認請求を認容した事例があります[注39]。

　人違いによって婚姻の意思を欠くとされるのは，相手方の同一性について錯誤のある場合をいいます。相手方の性格や年齢，社会的地位，財産等についての錯誤はこれに含まれません[注40]。

　(b)　婚姻の届出をしないとき　　民法が法律婚主義をとり，婚姻の届出を婚姻の成立要件としている以上当然のことで，届出がない場合は，そもそも婚姻は不成立と解すべきものなので，民法742条2号本文は無意味な規定と解されています。婚姻の届出が証人を欠くなど民法739条2項に掲げる要件を欠く場合でも，戸籍事務管掌者が一度これを受理すれば婚姻は成立しその効力に影響はない旨を定めた民法742条2号ただし書に意味があることになります[注41]。

(2)　無効の主張方法

　婚姻無効の効果については，当然無効とするのが判例・通説ですから，婚姻に伴う権利の変動は，はじめから効力を生じなかったことになります。

　(a)　調停前置　　婚姻無効について争いがある場合，既になされた戸籍の訂正をするためには調停前置主義によりまず家裁に婚姻無効の調停を申し立てるべきです（家事244条・257条1項）。この場合家裁は，当事者間に合意が

（注37）　大判大9・9・18民録26輯1375頁。
（注38）　前掲（注2）最判昭44・10・31。
（注39）　札幌高判令3・3・10判時2511号89頁。
（注40）　髙岡編著・前掲（注1）36頁。
（注41）　裁判所職員総合研修所監修・前掲（注6）51頁。

16　第1章　婚姻関係　第1　婚姻　等

成立し，無効原因に争いがない場合には，必要事項を調査し，家事調停委員の意見を聴いたうえで，正当と認めるときは婚姻無効の合意に相当する審判を行うことができます（家事277条）。

　人事に関する訴え（離婚及び離縁の訴えを除く。）を提起することができる事項について，調停が成立しない場合に，家裁が相当と認めるときは，調停に代わる審判をすることができるか，家事審判法の下でこれを肯定する説もありましたが，家事事件手続法は明文をもってこれを否定しました（家事284条1項ただし書）。

　　(b)　**婚姻無効確認の訴え**　　合意に相当する審判がされない場合，あるいは審判に対する異議申立て（家事279条）により審判が効力を失ったときは，家裁に婚姻無効確認の人事訴訟（人訴2条1号・4条1項）を提起することになります。

　この訴えは，当事者以外の第三者でも確認の利益を有するものであれば，提起することができます。当事者の一方が提起する場合は相手方配偶者を被告とし，第三者が提起する場合には夫婦（一方が死亡している場合は生存配偶者）を被告とします。これらによって被告となるべき者が死亡した後は検察官を被告とします（人訴12条）。

　　(c)　**対世的効力**　　婚姻無効の審判・判決は，第三者に対しても効力を有します（対世的効力。人訴24条1項，家事281条）。婚姻無効確認請求が，該婚姻が無効でないとされると原告が一方の当事者である他の婚姻が重婚に該当するとして取り消される等婚姻当事者以外の利害関係人の身分上の地位に及ぼす影響をも考慮すると，届出意思の不存在を主張して該婚姻の無効確認を請求することは，信義則に反するとはいえないとし，原判決を取り消してこれを認容した事例があります^(注42)。

　審判又は判決が確定したときは，訴えを提起した者が判決確定後1か月以内に戸籍法に基づいて戸籍訂正の申立てをしなければなりません（戸116条1項）。これを怠ると過料の制裁が課せられます（戸137条）。

　　(d)　**戸籍の訂正**　　もっとも，婚姻届出が受理される前に当事者の一方が死亡していたことが婚姻届出の受理後判明した場合など，戸籍上婚姻の無効が明白な一定の場合には，上記審判や判決を経ずして，家裁の許可を得て，戸籍の訂正を申請することが認められる場合があります（戸114条）。

　(3)　**追　　認**

──────────────────

　(注42)　最判平8・3・8裁判集民178号787頁・判タ912号147頁。

設問3　婚姻の無効・取消し　**17**

　無効な婚姻であってもこれを追認した場合は，その婚姻が有効となる場合があります。判例は，事実上の夫婦の一方が他方の意思に基づかずに婚姻の届出をした場合でも，当事者間に夫婦としての実質的生活関係が存し，のちに他方が届出の事実を知ってこれを追認したときは，婚姻は追認によって婚姻届出時点に遡って有効となるとしています(注43)。

2　婚姻の取消し

(1)　取消事由

　婚姻の取消しは，(a)婚姻障害に抵触する事由がある場合，(b)詐欺又は強迫による婚姻の場合に認められます。

　(a)　婚姻障害に抵触する事由がある場合　婚姻障害があるにもかかわらず受理された婚姻のうち，①不適齢者の婚姻（民731条），②重婚（民732条），③近親者の婚姻（民734条～736条）は，それぞれ取消事由とされています（民744条1項）。

　取消権者は，各当事者，その親族又は検察官です（民744条1項）が，重婚禁止に違反した婚姻については，当事者の配偶者又は前婚の配偶者も取消権をもつこととされています（同条2項）。

　ただし，検察官は，当事者の一方の死亡後は，取消請求をすることができません（民744条1項ただし書）。

　不適齢者の婚姻は，不適齢者が適齢に達したときは，取り消すことはできませんが，不適齢者自身は適齢に達した後3か月間に限り取消請求ができます。ただし，適齢に達した後に追認した場合はもはや取消しはできません（民745条）。

　重婚による取消事由のある婚姻につき，後婚が離婚によって解消された場合，なおこれを取り消し得るかについては，判例は特段の事情のない限り，後婚の取消しを請求することは許されないと解しています(注44)。

　なお，前述したように，民法改正（令和6年4月1日施行）に伴い改正前の民法733条，746条は削除されました（[設問1]　1(1)(d)）。

　(b)　詐欺又は強迫による婚姻の場合　詐欺又は強迫による婚姻は，取消事由とされています（民747条）。この場合取消権をもつのは当事者のみです。

　詐欺又は強迫による取消権は，詐欺を発見しもしくは強迫を免れてから3

(注43)　最判昭47・7・25民集26巻6号1263頁。
(注44)　最判昭57・9・28民集36巻8号1642頁。

か月を経過したとき又は追認をしたときは消滅するものとされています（民747条2項）。

(2) 取消しの方法

(a) 調停前置 婚姻の取消しは，一般の法律行為の取消しが，相手方に対する意思表示でも足りる（民123条）のと異なり，必ず裁判所に請求してしなければなりません（民744条1項・747条1項）。婚姻取消しを求める手続としては，調停前置主義に従い，まず，家裁に調停の申立てをなすべきであること（家事244条・257条1項），家裁の合意に相当する審判によって取消しが行われる場合があること（家事277条）は，無効の場合と同様です。

なお，婚姻の取消しについて合意に相当する審判をするときは，この審判において当事者間の合意に基づいて子の親権者の指定をしなければならず，子の親権者の指定につき当事者間での合意が成立しないとき，又は成立した合意が相当でないと認めるときは，合意に相当する審判をすることはできません（家事282条）。

(b) 婚姻取消しの訴え この審判が得られない場合には，家裁に訴えを提起し，人事訴訟手続によって婚姻取消しの判決を得ることになります（人訴2条1号・4条1項）。

(c) 対世的効力 婚姻取消しの審判・判決には，対世的効力があり（人訴24条1項，家事281条），その確定後10日以内にその申立てをした者は，戸籍上の届出をすることを要し，その届出がないときは，相手方が届出をすることもできます（戸75条・63条）。

(3) 取消しの効力

婚姻の取消しに，遡及効はなく（民748条），取消しの裁判が確定した時から将来に向かって婚姻の効力が失われるにすぎません。したがって，取消しまでの間に生まれた子は嫡出子となります。

このように婚姻の取消しの実態は離婚に似たものとなるため，子の監護，子の氏，復氏，財産分与，祭祀供用物の承継等については離婚に関する規定が婚姻取消しの場合に準用されています（民749条）。

婚姻によって得た財産の清算については，善意の当事者は現存利益の限度で，悪意の当事者は受けた利益の全部の返還義務を負い，悪意の当事者は善意の相手方に対し損害賠償義務を負うものと定められています（民748条2項・3項）。

(4) 重婚の解消

設問3　婚姻の無効・取消し　　19

(a)　重婚を解消する方法は，前述のとおり，取消しを請求することが原則ですが，前婚，後婚が当事者の死亡あるいは協議により解消された場合にも，取消請求ができるかという問題があります。

(ア)　前婚の配偶者が死亡し又は協議離婚により前婚が解消された場合には，既に前婚が解消しているため後婚を取り消す実益はなく，後婚の重婚状態は解消され瑕疵が治癒されると解されます(注45)。

(イ)　重婚者が死亡し，前婚，後婚とも解消した場合には，取消しが認められます(注46)。後婚が取り消されると，その配偶者の相続権が失われますから，前婚の配偶者にとって実益があります。ただし，この場合，検察官は取消しの請求はできません（民744条1項ただし書）。なお，後婚の配偶者が死亡して後婚が解消した場合には，民法744条1項ただし書の反対解釈により後婚は取り消すことができると解されます。

(ウ)　後婚が離婚により解消した場合については，見解が分かれますが，取消しを認める必要がないとするのが多数説です。判例も，重婚の事案ですが，離婚後なお婚姻の取消しを請求することは，特段の事情がある場合のほか法律上その利益がないとして原則として取消しを否定しています(注47)。

(b)　重婚は，現行法上，離婚原因とはされていませんが，前婚について配偶者の不貞行為，悪意の遺棄，婚姻を継続しがたい重大な事由（民770条1項1号・2号・5号）などに該当する場合があり得ます。このような場合には，離婚訴訟によって重婚を解消することも考えられます。最高裁は，妻が有効に離婚が成立したものと信じて，他の男子と婚姻をなした後，先夫から前婚についての離婚無効確認及び後婚についての婚姻取消しの訴えを提起せられ，各訴えはいずれも妻の敗訴が確定した場合であっても，前婚につき，婚姻を継続しがたい重大な事由があることを理由として，妻が離婚の訴えを提起することを妨げるものではないと判示しました(注48)。

(注45)　東京地判昭36・12・20下民12巻12号3067頁・判タ127号131頁。
(注46)　東京地判昭31・10・16下民7巻10号2913頁・判時99号16頁。
(注47)　前掲（注44）最判昭57・9・28。
(注48)　最判昭32・4・11民集11巻4号629頁。

20　第1章　婚姻関係　第1　婚　姻　等

▶設問4　婚　　約

　婚約はどのような場合に成立しますか。また，婚約を破棄した場合に責任を負うことになりますか。

解　説

1　婚約の成立

(1)　婚約の成立要件

　婚約とは，将来婚姻することを約する当事者間の契約をいいます。婚約の成立には何らの方式や儀式等は必要なく，当事者間の合意によって成立します(注49)。代理には親しまないので，双方の親同士が決めたいわゆる許婚者（いいなづけ）には，婚約としての効力は認められません。慣習上，婚約に際して，結納の授受や婚約指輪の交換等が行われることがありますが，これらも婚約成立の要件ではありません。

(2)　婚約の成立の成否

　もっとも，上記の儀式や結納が行われていない場合，具体的にいかなる場合に婚約が成立したと認められるか，その事実認定は難しい問題です。従前は，婚約の成立を限定的に捉える傾向がありましたが，以下の最高裁判決を機に比較的緩やかに婚約の成立を認めるようになりました。

　すなわち，最高裁は，女性が男性の求婚に対し，真実夫婦として共同生活を営む意思でこれに応じて婚約したうえ，長期間にわたり肉体的関係を継続した事案につき，たとえ当事者がその関係を両親等に打ち明けず，結納，同棲をしなかったとしても，婚姻予約は認められるとしました(注50)。また，互いに将来夫婦となることを約して肉体関係を結び，その後も情交を重ね，双方の両親もこれを黙認していた場合，たとえ情交を重ねていた時に男性がなお学業を継続しなければならない状態にあり，また当事者間において結納を取り交わし仮祝言挙行等の事実がなくても，婚約の成立は認められるとしました(注51)。

(注49)　大判大8・6・11民録25輯1010頁，大判昭6・2・20新聞3240号4頁。
(注50)　最判昭38・9・5民集17巻8号942頁。
(注51)　最判昭38・12・20民集17巻12号1708頁。

設問4 婚 約 21

ただ，婚約の成否が問題となるのは，後日それが不当に破棄され損害賠償等を請求する場合ですから，婚約が確定的に成立したことを立証するためには，ある程度公然性，公示性（外部的徴表）が重要な意義をもつことは否定できないように思われます(注52)。

(3) 婚約と婚姻障害事由

婚約は，将来結婚しようという当事者間の合意ですから，婚約の成立に際し，婚姻適齢（民731条）の要件を満たしていることは必要ありません。一方，近親婚の禁止規定（民734条）に触れる婚約や，既に配偶者のある者の婚約については，内縁の成否とも絡んで問題のあるところです。［設問5］ **2**(2)(b)を参照してください。

2 婚約の効果

婚約した当事者双方は，誠実に交際し，やがて婚姻を成立させるよう努める義務を負います。当事者の一方がこの義務に違反した場合，相手方に義務の履行を求めて調停の申立てを行うことができますが，訴訟として履行の請求をすることはできません。婚姻は当事者の自由な意思に基づく合意によってのみ成立するもので，強制はできないからです。もっとも，婚約者としての義務を怠って婚約を破棄した者は，社会通念上婚約破棄を認めざるを得ないような正当な事由がある場合を除き，婚約破棄につき不法行為ないし債務不履行に基づき損害賠償責任を負います。責任の範囲については，後述します（後記**4**）。

3 婚約破棄の正当事由

民法上，婚約やその解消について，明文の規定はありませんが，いかなる事由が婚約破棄の正当事由と認められるかについては判例の集積に待つことになります。

(1) 正当事由が認められた事例

判例上，婚約破棄の正当事由として認められた例としては，①相手方が病弱で夫婦生活を営むに困難な状態にあった（生来虚弱体質で挙式当時も心筋炎を患っていた。）場合(注53)，②相手方が結婚式直前に家出し行方をくらました場合(注54)，③男性の側に女性と正常な性交をすることができない肉体的欠陥があるとき(注55)，④挙式当日及び新婚初夜における男の社会常識を逸

(注52) 裁判所職員総合研修所監修・前掲（注6）38頁。
(注53) 千葉地佐倉支判昭28・1・23下民4巻1号67頁。
(注54) 大阪地判昭41・1・18判タ190号189頁・判時462号40頁。
(注55) 高松高判昭46・9・22判タ270号257頁。

脱した異様な態度・言動に不安と失望を感じた新婦が実家に逃げ帰った事例[注56]，⑤相手方の肉体関係の強要，侮辱的言動が原因で破談となった事例[注57] 等があります。

(2) 正当事由が認められなかった事例

正当事由が認められないとされた事例には，①姓名判断等占いによる相性・方位が悪いことを婚約破棄の理由とした場合[注58]，②一方的に予定の挙式日を延期し，相手の都合を無視して新たな挙式日を申し入れて実行を迫り，相手方がその申入れに応じたのにこれを拒絶して婚約を破棄した場合[注59]，③本件婚姻が年の差10歳を忌む俗信の場合に該当することを理由に婚約を破棄した場合[注60]，④父親あるいは親兄弟等の親族が反対していることを理由に婚約を破棄した場合[注61]，⑤信仰の相違から改宗しなければ結婚できないとして婚約を破棄した場合[注62] 等があります。性格の不一致が正当事由になるかどうかについては，ケースバイケースと解されますが，通常人以上に金銭的に細かく，その他性格に相いれないものがあった場合でも，いまだ婚約破棄の正当事由となりがたいとした事例[注63] があります。

4 損害賠償の範囲

婚約不当破棄の損害賠償責任については，不法行為責任か債務不履行責任か学説は分かれています。いずれの説によっても責任の範囲が異なることにはならないと思います。前掲最判昭38・12・20（注51）は，債務不履行責任を認めています。

損害賠償責任の範囲は，財産的損害及び精神的損害です。財産的損害としては，結婚披露宴費用や，婚姻の準備費用，挙式等のキャンセル料等が考えられます。その他裁判例で問題とされた事例を若干紹介します。結納金については後述します（後記6）。

(1) 仲人への謝礼

仲人への謝礼を，財産的損害として認めた事例があります[注64]。

(注56)　福岡地小倉支判昭48・2・26判タ292号306頁・判時713号108頁。
(注57)　東京高判昭48・4・26判時706号29頁。
(注58)　東京控判大15・5・1新聞2574号14頁。
(注59)　奈良地判昭29・4・13下民5巻4号487頁。
(注60)　仙台地判昭29・10・27下民5巻10号1791頁。
(注61)　東京地判昭33・11・11判タ87号116頁，東京家審昭34・9・1家月11巻11号126頁。
(注62)　大阪地判昭42・7・31判タ216号229頁・判時510号57頁。
(注63)　東京地判昭37・7・5判時309号25頁。

設問4 婚 約 23

(2) 嫁入り道具

婚姻に向けて当事者が用意していたいわゆる嫁入り道具等については，婚約解消されてもなくなるわけではないことから，問題となります。判例は分かれています。①結婚準備として購入した家具や衣類について，感情的に使用したくないということのほか，価値が減じたとは認められないとしつつ，ただし，これらの品物を使用したくないという当事者の感情については，慰謝料の算定にあたって考慮すべきとした事例[注65]，②嫁入り道具の搬入前日までに至っていた婚約の程度を考慮し，原告が支払った購入代金の7割相当額を損害と認めた事例[注66]，③購入した嫁入り道具の処分によって生じた価額を損害と認めた事例[注67] などがあります。

(3) 退職による得べかりし利益

裁判例としては，婚約がなければなお2年6か月間勤務していたと認定して，その期間の得べかりし利益を損害として認めた事例[注68]，正式職員として再就職することができるまでの1年間に得られたはずの給与額から雇用保険及び臨時職員として得た給与を控除した差額を得べかりし利益と認めた事例[注69] などがあります。また，結婚に備えて退職したことを，慰謝料算定の事情として斟酌した事例もあります[注70]。

一方，婚約後同棲していた期間中アルバイトをできなかったとして逸失利益を請求した事案で同棲期間中希望してもアルバイトをできなかった事情はないとして損害を認めなかった事例[注71] があります。

結婚のために仕事を辞めた場合の得べかりし利益については，婚約と退職との因果関係が認められれば損害と認め得るとしても，女性が結婚後も働き続けるのが普通となっている現状では，因果関係を認定するためには，相手方の強い要請があったことや退職を余儀なくされるような職場環境であった等何らかの補強的材料が必要であるように思われます[注72]。

(4) 慰 謝 料

(注64)　前掲（注62）大阪地判昭42・7・31。
(注65)　前掲（注62）大阪地判昭42・7・31。
(注66)　徳島地判昭57・6・21判タ478号112頁・判時1065号170頁。
(注67)　大阪地判昭58・3・8判タ494号167頁。
(注68)　東京地判昭34・12・25家月12巻6号146頁・判時219号25頁。
(注69)　前掲（注66）徳島地判昭57・6・21。
(注70)　大阪地判昭58・3・28判タ492号187頁・判時1084号99頁。
(注71)　東京地判平6・1・28判タ873号180頁。
(注72)　髙岡編著・前掲（注1）23頁。

24　第1章　婚姻関係　第1　婚 姻 等

慰謝料の額は，婚姻期間，肉体関係の有無，公表の有無，婚約破棄の理由等を総合して決定されます。

判例としては，①男性が婚姻前の肉体関係を強要し，かつ侮辱的な暴言を吐いたことなどが原因で破談となった事案で慰謝料を50万円としたもの(注73)，②結婚式直前に男性が電話で婚約破棄を通告した事案で慰謝料を400万円としたもの(注74)，③挙式直前に相手方が朝鮮人であることを理由に結婚を取りやめた事案で慰謝料を150万円としたもの(注75)，④相手方が被差別部落出身であることを理由に結婚を取りやめた事案で女性が結婚に備え退職したことを斟酌し慰謝料を500万円としたもの(注76)，⑤1年以上夫婦同然の生活をしていた事案で慰謝料を100万円としたもの(注77)などがあります。

5　第三者の責任

婚約の不当破棄に第三者が荷担していれば，第三者に不法行為責任が生ずる余地があります(注78)。単に，結婚をやめるように説得したという程度では因果関係が認められるかどうか疑問ですが，裁判例には，婚約反対を強く働きかけた一方の親を共同不法行為者と認定した事案があります(注79)。他方，婚約の相手方の親族との円満な協力関係の形成が見込めないことを理由に婚姻の解消を強く説得することは，それだけでは婚約の相手方に対する損害賠償義務を発生させるほどの違法性はないとして，父親の不法行為責任を否定した事例もあります(注80)。

6　結　　納

(1)　結納の法的性質

結納の法的性質については，①手付説（結納を手付け，特に証約手付的なものとする考え方），②解除条件付贈与説（結納を婚姻の不成立を解除条件とする贈与類似のものとする考え方），③目的的贈与説（結納を婚姻を最終目的として授受される目的的な贈与であるとする考え方）などの学説があります。最高裁は，結納は，婚約の成立を確証し，併せて，婚姻が成立した場合に当事者ないし当事者両家の間の情誼を厚くすることを目的とする一種の贈与である(注81)として，手

(注73)　前掲（注57）東京高判昭48・4・26。
(注74)　前掲（注66）徳島地判昭57・6・21。
(注75)　前掲（注67）大阪地判昭58・3・8。
(注76)　前掲（注70）大阪地判昭58・3・28。
(注77)　前掲（注71）東京地判平6・1・28。
(注78)　大判大8・5・12民録25輯760頁。
(注79)　前掲（注66）徳島地判昭57・6・21。
(注80)　東京地判平5・3・31判タ857号248頁。

付説と目的的贈与説との折衷的な解釈を示しています。結納は，それが授受される目的は様々であり，その地方の慣習によっても異なるから，その法的性質を一義的に割り切ることは難しい面がありますが，一般的に婚約が破談になった場合には返還すべきものであることからすると，民法上は，解除条件付贈与と解するのが最も無理は少ないように思われます(注82)。

(2) 婚約解消の場合

婚約に際して結納を授与した後婚約が解消された場合，既に授与された結納を返還すべきかについて，結納の性質に関する上記学説及び判例のいずれの見解によっても，婚約が解消され，最終目的が達成されなかった以上，受け取った側はこれを返還すべきことになり，授与者はその返還を請求できることになります(注83)。

問題は，婚約解消の原因が授与者側にある場合です。この場合でも相手方に対し結納の返還請求を行うことができるかですが，判例・多数説は，信義則や権利濫用の法理に基づき有責者には結納の返還請求権がないと解しています。

判例としては，婚姻が不成立に立ち至ったのは，もっぱら授与者（男性）の責めに帰すべき事由によるものであり，授与者が不当利得として結納金の返還をも求めるのは信義則上許されないと判示したもの(注84)，婚姻解消につき両当事者の責任を比較考量して，授与者の責任が結納受領者の責任より重いときは，信義則違反ないし権利の濫用により，結納者からの返還請求は認められないとしたもの(注85) などがあります。

(3) 内縁や婚姻関係に至った場合

結納に関しては，内縁関係や婚姻関係に至った後にその返還が問題となることがあります。

判例・学説は，一般に内縁ないし婚姻が成立すれば，結納はその目的を達したので，返還義務はないが，内縁等の期間が短く事実上の夫婦関係が成立したとはいえないような場合には，返還義務があるとする傾向にあるようです。

判例においては，挙式後2か月間同棲したとしても，その間当事者間の融

(注81)　最判昭39・9・4民集18巻7号1394頁。
(注82)　内田・前掲（注17）86頁。
(注83)　大判大6・2・28民録23輯292頁。
(注84)　大阪地判昭43・1・29判時530号58頁，東京高判昭57・4・27判時1047号84頁。
(注85)　前掲（注56）福岡地小倉支判昭48・2・26。

和を欠き，相互間の情誼を厚くするに至らなかったときは，結納の返還義務があるとした事例があります[注86]。一方，挙式後8か月間共同生活を継続し，その間に婚姻届出も行われた後においては，妻からの申出によって協議離婚がされた場合であっても，「すでに結納授受の目的を達した」として夫からの結納の返還請求が否定された事例があります[注87]。

どの程度の事情があれば結納授受の目的を達したと認めるべきか，事案ごとの判断になりますが，婚姻の届出をした後の結納の返還請求は消極に解する見解が多いようです[注88]。

婚約不履行による損害賠償

──事例──

> 私（甲）は，結納を交わして結婚の約束をした女性（乙）から，一方的に婚約を破棄されました。相手の女性に慰謝料等の損害賠償を請求しようと思っています。どのような取決めをしたらよいですか。また，結納金の返還を求めることができますか。

──文例──

婚約不履行による損害賠償

第1条（婚約解消）
　　甲と乙は，本日，婚約関係を解消する。
第2条（結納金返還）
　　乙は，甲に対し，結納金○○万円の返還義務のあることを認め，これを令和○年○月○日限り，○○銀行○○支店の甲名義の普通預金口座（番号○○○○）に振り込んで支払う。
第3条（損害賠償）
　　乙は，甲に対し，慰謝料として金○○万円の支払義務のあることを

(注86) 大判昭10・10・15新聞3904号16頁。
(注87) 前掲（注81）最判昭39・9・4。
(注88) 髙岡編著・前掲（注1）25頁。

認め，これを令和○年○月○日限り，前条記載の甲名義の普通預金口座に振り込んで支払う。

第4条（婚約指輪の返還）

　　乙は，甲に対し，婚約指輪1個の返還義務のあることを認め，本日，これを甲に交付し，甲はこれを受領した。

第5条（誹謗中傷の禁止）

　　甲及び乙は，本件に関し，互いに相手方を誹謗中傷したり名誉を害するような一切の言動をしない。

第6条（清算条項）

　　甲及び乙は，本件に関し，上記各条項に定める外，相互に名義のいかんを問わず金銭その他財産上の請求をしない。

説　明

1　第2条について

結納金返還の請求権を放棄する場合には，「甲は，乙に対し，さきに交付した結納金○○万円の返還請求権を放棄する。」となります。

2　第3条について

婚約解消に正当事由が認められるような事案でなお金銭支払がある場合には，解決金の名目が使われることが多いと思われます。

3　第4条について

婚約指輪の引渡請求等強制執行の困難が予想される場合には，合意成立時にその授受を了しておくのが便宜でしょう。

▶設問5　内　縁

　内縁はどのような男女関係の形態をいうのですか。その法的性質はどのように考えたらよいですか。また，内縁を不当に破棄した場合の責任はどうなりますか。

解　説

1　内縁の意義・法的性質

28　第1章　婚姻関係　第1　婚　姻　等

(1)　内縁の意義

　事実上夫婦と同様の生活をしているカップルを法律用語では「内縁」と呼んでいます。婚姻の届出をした法律上の夫婦と区別して一般に「事実婚」という用語も使われています。以下，本設問において，内縁を事実婚という場合があります。

(2)　内縁の法的性質

　判例は，当初，内縁を婚姻予約がされた関係として捉え，内縁不当破棄のケースについて婚姻予約不履行の契約責任を認めました(注89)。その後，内縁を婚姻に準ずる関係（準婚関係）として捉え，婚姻に準ずる保護を与えるべきであるとの学説の批判を受けて，判例も，法律上の婚姻に準ずる効果を認めるようになり，内縁の不当破棄について，不法行為責任も認めるようになりました(注90)。

2　内縁の成立

(1)　内縁の成立要件

　(a)　内縁は，実質的な夫婦関係ですから，男女が婚姻意思，又は少なくとも内縁関係を結ぶ意思をもって共同生活を営み，社会的・習俗的に夫婦と認められる事実状態を形成することによって成立します。内縁の成立に特定の方式などを必要としませんが，慣習上の儀式（結婚式）を挙げたことなどは婚姻意思の存在を容易に推定させることにはなるでしょう。

　(b)　同居することなく生計も別々にしていたカップルの場合には，事実婚として法的保護を受けられない可能性があります。同居はないものの約16年，親密な関係を続けた事案で，一方的な解消について損害賠償責任を否定した判決があります(注91)。

　一方，夫婦の生活関係が多様化している現在においては，「同居」や「生計の同一」を必ずしも婚姻の本質的な要件とはみずに，事実婚の成否をより柔軟に捉える考え方もあるようです。死亡した男性の死亡退職手当の受給権を，男性のパートナーである女性と彼の相続人である兄弟姉妹が争った事案で，住居も生計も別にし，家族への紹介もなかったが，互いの居所を行き来する関係を9年間続け，パートナーとして安定した関係を継続してきたことから，「精神的にも日常の生活においても相互に協力し合った一種の共同生

（注89）　大連判大4・1・26民録21輯49頁。
（注90）　最判昭33・4・11民集12巻5号789頁。
（注91）　最判平16・11・18裁判集民215号639頁・判タ1169号144頁。

活形態を形成していたものと認められる」として，事実上の夫婦と認めた裁判例があります^(注92)。

(2) 内縁と婚姻障害事由

(a) 内縁の成立に法律上の厳格な要件を具備することを求めるのはその趣旨と矛盾しますから，判例は，民法上の婚姻障害事由に当たる場合であっても，内縁の成立を認めるに妨げないと解しているようです。婚姻不適齢者^(注93)，再婚禁止期間中の女性^(注94)，父母の同意を得なかった未成年者^(注95)について，内縁を認めた例があります。

(b) 問題は，重婚又は近親婚のような公益的婚姻障害のある場合にも，事実婚を認め得るかです。

(ア) 重婚的内縁について，学説は，①公序良俗に反して無効とする説，②原則として無効であるが，その無効は善意の当事者や第三者に対しては緩和されるべきであるとする相対的無効説，③重婚的内縁も無効ではなく取り消し得るにとどまり，取り消されるまでは有効であるとする説に分かれており，近時②説が有力とされています。

重婚的内縁について，初期の判例は，公序良俗に反するとしてその成立を否定していました^(注96)。その後，法律上の婚姻関係が事実上破綻している場合には，重婚的内縁も必ずしも人倫にもとり，善良の風俗に反するとはいえないとしてやや柔軟な態度を示し^(注97)，戦後においては，戸籍上正当な妻がいる場合でも，婚姻予約を法律上有効と認めた事例があります^(注98)し，重婚的内縁であっても，法律婚が事実上離婚状態にあってそのことについて何らの責任のない者に対しては民法768条（財産分与）の類推適用が許されるとして，準婚的効果を認めた裁判例も登場しています^(注99)。

(イ) 近親婚的内縁についても，近親婚を禁止すべき公益的要請よりも，遺族の生活の安定と福祉の向上に寄与するという法の目的を優先させるべき特段の事情がある場合には，遺族厚生年金の受給権を認めるべきとした判例があります^(注100)。叔父と姪との内縁で，親戚や地域社会から夫婦として受

(注92) 大阪地判平3・8・29家月44巻12号95頁・判タ778号153頁。
(注93) 大判大8・4・23民録25輯693頁。
(注94) 大判昭6・11・27新聞3345号16頁。
(注95) 最判昭28・6・26民集7巻6号766頁。
(注96) 大判大9・5・28民録26輯773頁。
(注97) 大判昭12・4・8民集16巻418頁。
(注98) 前掲（注68）東京地判昭34・12・25。
(注99) 広島高松江支決昭40・11・15高民18巻7号527頁・判タ185号102頁。

30 第1章 婚姻関係 第1 婚姻等

け入れられ，約42年間共同生活を継続していた事案です。

（ウ）内縁の法律問題は，既成事実を事後的にいかに処理・救済するかを内容とするものですから，重婚的内縁など公益的障害事由のある場合にも，一応内縁の成立を肯定したうえで，内縁関係に伴う各種の効果については，当事者の善意悪意や併存する法律婚の破綻状態等の個別具体的事情を考慮して，柔軟に判断するのが相当であると思われます(注101)。

なお，重婚的内縁の場合の遺族給付等については，［設問6］4を参照してください。

3 内縁の法的地位

(1) 内縁に認められる法的効果

内縁には，法律婚に準じた関係であるとして，一定の保護が与えられてきました。具体的には，法律婚に関する同居，協力及び扶助の義務（民752条），日常家事債務に関する連帯責任（民761条），夫婦間における財産の帰属（民762条）等の規定は，内縁にも類推適用されます。婚姻費用の分担の規定（民760条）は，内縁に準用されるとする判例があります(注102)。また，内縁のパートナーは，守操の義務があり，これに反して不貞行為に及んだ者は他方に対して損害賠償義務を負うと解されます。

内縁の夫婦間において，民法の財産分与の規定（民768条）を類推適用することができるかについて，最高裁は，離別による内縁解消の場合と夫婦の一方の死亡により内縁関係が解消した場合を区別し，前者については，準婚的法律関係の保護に適するものとしてその合理性を承認しつつ，後者については，民法768条の規定を類推適用することはできないと解するのが相当であるとしています(注103)。

他方，法律婚の効果の中で内縁には認められないものは，氏の変更（民750条），子の嫡出性（民772条），姻族関係の発生，相続等があります。

(2) 内縁に対する第三者の侵害

内縁配偶者の地位は，第三者の侵害からも保護されます。内縁配偶者の一方との不貞行為は，他方に対する不法行為となり，後者は，不貞行為の相手方に対して損害賠償を請求し得るし(注104)，生命侵害を受けた者の内縁配偶

（注100）　最判平19・3・8民集61巻2号518頁。
（注101）　裁判所職員総合研修所監修・前掲（注6）93頁。
（注102）　前掲（注90）最判昭33・4・11。
（注103）　最決平12・3・10民集54巻3号1040頁。
（注104）　前掲（注78）大判大8・5・12。

者は，法律上の配偶者と同視すべき地位にあるから，加害者に対して損害賠償を請求することができます(注105)。また，内縁の当事者でない者であっても，内縁関係に不当な干渉をしてこれを破綻させたものは，不法行為として損害賠償の責任を負います(注106)。

(3) 内縁と社会保障給付等の受給権

上記のほか，内縁関係は早くから社会立法でも保護されており，現行法でも，婚姻の届出をしなくても事実上婚姻関係にある者を法律上の配偶者と同視し，第一順位者として遺族補償を受け得るとする趣旨の規定が，各種の社会保障ないし社会保険関係法律の中に置かれています。この点については，［設問6］の解説を参照してください。

(4) 内縁と親子関係

内縁の夫婦に子どもが生まれると，法律婚の夫婦のように当然に共同親権者になるわけではありません。生まれた子は，非嫡出子として扱われ，母の氏を称し，母の単独親権に服します。法律上の父子関係を形成するには，父の認知（民779条）が必要です。認知届を出すタイミングとしては，胎児認知（民783条1項）という方法もあります。

子の親権者を父とし，子が父の氏を名のるには，親権者変更の協議・審判（民819条4項～6項，家事39条・別表第2の8項）と子の氏の変更の手続（民791条1項，家事39条・別表第1の60項）が必要です。

なお，令和6年5月17日に成立した改正民法において，父が認知した子に対する親権に関しても，父母の協議で父母の双方を親権者と定めることができる旨が定められています（改正民819条4項ただし書）。

また，嫡出子に比べて嫡出でない子の地位が著しく不安定であるとの指摘を受けて，前述した（上記［設問1］1⑴(d)）民法等の一部を改正する法律（令和4年法律第102号）において，認知無効の訴えに関する規律の見直しが行われています（民786条参照）。

(5) 内縁と相続

内縁の夫婦の場合，法律婚の夫婦と大きく異なるのは，相続権がないことです。

(a) 居住用建物の賃借人が死亡し，その借家に内縁の配偶者が同居し，

(注105) 例えば，内縁の夫の事故死による損害賠償を認めた千葉地佐倉支判昭49・7・15交民7巻4号1026頁。

(注106) 最判昭38・2・1民集17巻1号160頁。

32　第1章　婚姻関係　第1　婚姻等

相続人が同居していない場合でも，借家権自体は相続人が相続します。もっとも，この場合，家屋の所有権又は賃借権を相続した者が被相続人の内縁の配偶者に対し明渡請求をすることは，権利の濫用とされる場合があり得ます(注107)。また，判例によると，内縁の配偶者は，賃借権が相続人によって相続されることを前提に，相続人の賃借権を援用して，自己の居住する権利を賃貸人に対して主張することも可能です(注108)。

　(b)　なお，居住用建物の賃借人が相続人なしに死亡した場合には，同居者である内縁の配偶者は，相続人なしに死亡したことを知った日から1か月以内に反対の意思表示をしない限り，賃借人の権利義務を承継することが認められています（借地借家36条）。

　(c)　昭和37年の民法の一部改正により，相続人不存在の場合には，内縁の配偶者が相続財産の分与を受けることができるようになりました（改正民958条の2。令和3年法律第24号〔令和5年4月1日施行〕により昭和37年改正の改正前民958条の3が移動したもの）。これは相続ではありません。特別縁故者として家裁に相続財産分与の審判申立てをしなければなりません（改正民958条の2，家事204条・別表第1の101項）。連れ添ったパートナーに財産を残したいという場合には，別途，遺言書を作成しあるいは死因贈与契約書を作成することも検討しておくべきでしょう。事実婚，内縁関係では「法律上の婚姻」でないため配偶者居住権は発生しません。

　なお，事実婚として認められる要件やその効果については，国によって大きく異なります。例えば，いわゆる生活パートナーとされる者にも相続権を認めている国もあるようです（〔設問8〕1参照）。

4　内縁の解消

　内縁は，婚姻の届出により発展的に解消するほか，当事者の一方の死亡により解消します。また，内縁当事者は，理由のいかんを問わず，相互間の合意（協議）により内縁を解消することができるし，いつでも一方的な意思表示により，事実上共同生活を行わないことによって，内縁関係を解消することもできます。ただ，前にも述べたとおり，内縁を解消するにつき正当な理由がない限り，不当な破棄者は，相手方に対し財産的，精神的な損害を賠償する責めを負わなければなりません。

（注107）　最判昭39・10・13民集18巻8号1578頁。
（注108）　最判昭42・2・21民集21巻1号155頁。

［文例2］　内縁関係解消に伴う給付契約等　33

文例 2　内縁関係解消に伴う給付契約等

——事例——

　私（甲男，乙女）たちは，夫婦として共同生活をし子どももいますが，婚姻届出はしていません。この度，内縁関係を解消し，それぞれ新たな人生を踏み出すことにしました。どのような取決めをしたらよいですか。

——文例——

内縁関係解消に伴う給付契約等

第1条（内縁の解消）
　　甲と乙は，令和○年○月○日，内縁による夫婦関係を解消することとし，これに伴う給付等について，次条以下のとおり合意した。
第2条（監護者の指定）
　　甲乙間の子である丙（令和○年○月○日生）は，親権者である乙において監護養育するものとする。
第3条（養育費）
1　甲は，乙に対し，丙の養育費として，令和○年○月から丙が満20歳に達する日の属する月まで，毎月末日限り，金○○万円を乙の指定する口座へ振込送金の方法により支払う。ただし，振込手数料は甲の負担とする。
2　甲及び乙は，前項に定める養育費のほか，丙の学費，医療費その他特別な出費を要する場合には，協議のうえでその分担額を定める。
第4条（慰謝料）
　　甲は，乙に対し，内縁解消による慰謝料として，金○○万円の支払義務のあることを認め，これを令和○年○月○日までに，乙の指定する口座へ振込送金の方法により支払う。ただし，振込手数料は甲の負担とする。
第5条（財産分与）
　　甲は，乙に対し，内縁解消に伴う財産分与として，下記自動車一台の所有権を分与し，同自動車について，本日付け財産分与による乙へ

34　第1章　婚姻関係　第1　婚 姻 等

の移転登録手続に協力する。移転登録手続に要する費用は乙の負担と
する。
　　　［自動車の表示］
　　　　登録番号，種類，車名，型式，車体番号
第6条（居住家屋）
1　甲は，甲が所有する下記建物（以下「本件建物」という。）につ
　き，内縁解消後においても，丙が20歳に達する日の属する月まで，乙
　が丙とともに無償で居住することを認める。
2　前項の期間中，本件建物に係る租税公課，マンション管理費（修繕
　積立金を含む。）は，乙が負担するものとする。
3　本件建物に係る住宅ローンについては，甲がこれを負担して支払を
　継続するものとする。
　　　［物件の表示］
　　　〔省略〕
第7条（清算条項）
　　甲及び乙は，本件に関し，本契約条項に定めるほか，何らの債権債
　務のないことを相互に確認する。

説　明

1　第3条について
　内縁を解消する場合には，離婚の場合と同様に，夫婦間に生まれた子の養
育費の分担について取り決めることができます。

2　第4条について
　内縁の不当破棄は，不法行為として破棄した当事者が損害賠償（慰謝料）
の支払義務を負うことは前記（［設問5］1⑵）のとおりです。

3　第5条について
　内縁の解消については，財産分与の規定が類推適用されると解されていま
す。自動車は，所有権登録がされており，分与を受けた者は，所有権の移転
があった日から15日以内に移転登録の申請をしなければなりません（車両13
条1項）。

4　第6条について
　内縁の相手方が所有する家屋に，内縁の配偶者が内縁解消後も居住を継続

設問6　遺族給付・死亡退職金の受給権者　　35

するには，財産分与としてその所有権の譲渡を受けない限り，建物についての利用権の設定が必要です。本文例第6条は，内縁配偶者が居住する建物につき，期間を定めて使用借権の設定をする場合を想定しています。

▶設問6　遺族給付・死亡退職金の受給権者

　　内縁の夫が業務上の災害で死亡しました。内縁の妻である私が労災給付金や遺族年金を受け取ることができますか。また，死亡退職金はどうなりますか。

解　説

1　はじめに

　内縁については，早くから社会立法でも保護されており，現行法でも，例えば，労働基準法の体系の中で，「婚姻の届出をしなくとも事実上婚姻と同様の関係にある者」を法律上の配偶者と同視し，第一順位者として遺族補償を受け得る者と規定しており（労基則42条1項），同趣旨の規定が，各種の社会保障ないし社会保険関係の法令中に置かれています（後述の各法令のほか，健保3条7項1号，雇保10条の3第1項等）。

2　労災給付金

⑴　遺族補償給付

　労働者が労災事故で死亡した場合，残された遺族は，労災保険から遺族補償給付を受け取ることができます。遺族補償給付としては，年金方式で支給される遺族補償年金と遺族補償年金を受け取れる遺族がいない場合に支給される遺族補償一時金とがあります（労災16条・16条の2・16条の6）。いずれの場合も，これとは別に社会復帰促進事業の一環として遺族特別給付金300万円が一律に支給されます（労災29条）。

⑵　遺族補償年金の受給権者

　遺族補償年金を受け取れる遺族の範囲は，法令によって定められています。その受給権者は，相続人とは限りません。遺族補償年金は，原則として労働者の死亡当時，その収入によって生計を維持していた配偶者，子，父母，孫，祖父母及び兄弟姉妹に支給されます（妻以外の遺族についてはそれぞれ年齢等の要件もあります。労災16条の2第1項）。優先順位があり，受給権が認められるのは先順位の権利者です。配偶者は，最も優先的に遺族補償年金を受

けられる受給権者とされています（同条3項）。そして，労災保険の支給対象としての配偶者には，内縁の配偶者も含まれると解されています。労災保険の目的は，労働者によって生活を支えられていた人の生活保障ですから，内縁の妻であっても夫によって生活を支えられていた以上，労災保険の支給対象とされます。そのことは，労災保険法の明文の規定からも明らかです（同条1項ただし書・同項1号）。

(3) 遺族補償一時金の受給権者

遺族補償一時金に関しても，配偶者は，第一順位の受給権者とされていますが，遺族補償年金と異なり，「労働者の死亡の当時その収入によって生計を維持していた」という要件はありません（労災16条の7第1項1号・2項）。したがって，遺族補償年金を受け取れる遺族が一人もいない場合，内縁の妻が夫に扶養されていなかったとしても，遺族補償一時金が支給されます。

3 遺族年金

遺族年金は，各種社会保障関係の特別法（国民年金法，厚生年金保険法）により，加入者が死亡した場合，死者と一定の関係にある遺族等に支給される年金をいいます。自営業者を対象とする遺族基礎年金と会社員や公務員を対象とする遺族厚生年金の2種類があり，それぞれ遺族年金を受けることができる遺族の範囲やその順位は，各法令で定められています（国年37条の2，厚年59条）。基本的に被保険者によって生計を維持していた遺族が受給権者とされていますが，配偶者は，常に最優先の受給権者です。そして，遺族年金は，被保険者の死亡後に，その遺族の生活の安定が損なわれないようにする制度ですから，内縁の配偶者もその受給権者とされています。各法令に，「婚姻の届出をしていないが，事実上婚姻関係と同様の事情にある者を含むものとする」旨が定められています（国年5条7項，厚年3条2項）。叔父と姪との近親婚的内縁の事案ですが，遺族厚生年金の受給権を認めた判例があることは前述したとおりです（[設問5] 2(2)(b)(イ)）。

4 重婚的内縁の場合

内縁の夫婦の場合，夫に戸籍上の妻がいるケースは少なくありません。重婚的内縁の場合，配偶者が受給資格を有する労災給付金，遺族年金等の社会保障給付はどのように処理されるのでしょうか。

(1) 行政の運用

行政の取扱いをみると，国家公務員共済組合法の適用に関する内閣法制局意見（昭和38年9月28日）は，重婚的内縁に関して，「届出による婚姻関係がそ

の実体を失ったものとなっているとき」には内縁の妻が「配偶者」として受給対象となり得ることを認め，その実体喪失の基準として，①「当事者が離婚の合意に基づき，夫婦としての共同生活を廃止していると認められる場合」，②「一方の悪意の遺棄によって共同生活が行われていない場合において，その状態が長期間継続し，当事者双方の生活関係がそのまま固定していると認められるとき」の2つを挙げています。社会保険の受給権についても，同様の基準が採用されており(注109)，その他の各種共済組合の遺族年金受給権や労災補償保険の受給権でも同様の扱いがなされています(注110)。

(2) 裁 判 例

裁判例をみると，法律婚の当事者が事実上婚姻関係解消の合意をして別居し，事実上離婚給付の性格を有する経済的給付のなされていた事案について，遺族年金給付の受給権は，事実上の離婚状態にある戸籍上の妻にはなく，重婚的内縁関係にある妻にあるとした事例(注111)，私立学校教員共済退職年金受給者が死亡した事案について，法律上の妻との婚姻関係が実体を失って修復の余地がないまでに形骸化しているときは，妻と別居後に事実上婚姻関係と同様の生活をしている者が年金の支給を受けるべき配偶者に当たるとした事例(注112) があります。また，下級審の裁判例ですが，戸籍上の妻と事実婚の妻の両方がいる男性が労災事故で死亡したケースについて，労災保険の配偶者とは，基本的に婚姻の届出をした配偶者を意味するが，婚姻関係の実態が失われ形骸化し，近い将来においてその状態が解消される見込みがない場合には内縁の配偶者とするとして，重婚的内縁関係にある者に対する遺族給付不支給処分を取り消した事例(注113) などがあります。

(3) 戸籍上の妻と事実婚の妻との関係

戸籍上の妻と事実婚の妻がいる場合には，基本的には戸籍上の妻が優先するが，戸籍上の妻との関係が形骸化し，事実上の離婚状態にある場合には，事実上の妻に遺族補償給付の受給権が認められています。

(4) 事実上の離婚状態

事実上の離婚状態というためには，戸籍上の妻との間に離婚の合意が必要かどうかについて，見解が分かれるところですが，前掲東京地判平10・5・

(注109) 昭55・5・16社会保険庁年金部長通知。
(注110) 内田・前掲（注17）159頁。
(注111) 最判昭58・4・14民集37巻3号270頁。
(注112) 最判平17・4・21裁判集民216号697頁・判タ1180号171頁。
(注113) 東京地判平10・5・27労判739号65頁。

27（注113）は，婚姻関係を解消するについての合意のあることは必ずしも要件ではなく，別居に至る経緯，別居期間，婚姻関係を維持する意思の有無，婚姻関係を修復するための努力の有無，経済的依存関係の有無・程度などを総合考慮して判断すべきであると判示しています。

(5)　別居期間と破綻

別居期間について，行政は，概ね10年以上とする基準を設け，それより短い期間では破綻していないと判断することが多いようです。裁判例では，別居期間が6年10か月のケースでも婚姻関係は破綻していたとして内縁の妻の権利を認め，遺族厚生年金等の不支給決定処分を取り消した事例があります（注114）。

(6)　経済的依存関係

生活費が戸籍上の妻に支払われていたときは，行政は婚姻関係は形骸化していないと判断することが多いようです。裁判例では，戸籍上の妻に対する生活費の送金等がありいまだ婚姻関係が形骸化したといえないと認めて，36年間重婚的内縁関係にあった女性に対する遺族厚生年金等の不支給決定を維持した事例がある（注115）一方，金銭の支払があっても婚姻関係の実体が失われているとして内縁の妻を配偶者と認めた事例もあります（注116）。

法律婚破綻の認定基準については，なお議論のあるところです（注117）。

5　死亡退職金

(1)　死亡退職金の意義・法的性質

死亡退職金は，従業員や職員が死亡したときに勤務先の会社等（公務員であれば国や地方自治体）から遺族に支払われる金銭です。その法的性質については，賃金の後払とする説もありますが，その制度目的は，残された遺族の生活保障にあると考えられます。

(2)　死亡退職金の受給権者

(a)　死亡退職金については，通常，労働協約や就業規則における退職金規程（国家公務員の場合は国家公務員退職手当法，地方公務員の場合は条例）で，その受給権者や支給方法が定められています。死亡退職金について，通達は，必ずしも民法の遺産相続の順序に従う必要はなく，労働協約や就業規則等によ

（注114）　大阪地判平27・10・2（平成25年（行ウ）第256号）裁判所HP。
（注115）　名古屋地判平18・11・16判タ1272号79頁。
（注116）　大阪高判平26・11・27（平成26年（行コ）第23号）裁判所HP。
（注117）　梶村太市＝棚村政行編『新・法律相談シリーズ　夫婦の法律相談〔第2版〕』（有斐閣，2010）49頁。

り労働基準法施行規則に従って給付できるとしています(注118)。

　(b)　そして，民間企業の多くは，労働基準法施行規則42条〜45条に定める遺族補償の受給に関する規定に倣い，第一順位の受給権者を配偶者（婚姻の届出をしなくとも事実上婚姻と同様の関係にあるものを含む。）とし，配偶者がいない場合に，子，父母等で労働者の死亡当時，その収入によって生計を維持し又は生計を一にしていた者等とする退職金規程を設けています。国家公務員退職手当法の定めもほぼ同様です（退職手当2条の2第1項・2項）。

(3)　死亡退職金と相続財産

　死亡退職金については，それが「相続財産」となるかどうかという問題があります。死亡退職金が相続財産であるとすると，内縁の配偶者には相続権がないので，内縁の配偶者には受給権は認められないことになってしまいます。

　最高裁は，そもそも死亡退職金は，遺族が，退職金規程の定めにより自己固有の権利として直接取得するものであり，相続財産ではないと判断しています(注119)。また，私立大学の退職金規程が職員の死亡退職金を「遺族」に支給するとのみ定めていた場合に，職員である死亡者の内縁の妻と養子との間で死亡退職金の受給権が争われた事案で，最高裁は，その受給権者は，相続人ではなく，職員の死亡の当時主としてその収入により生計を維持していた配偶者（届出をしていないが，事実上婚姻関係と同様の事情にあるものを含む。）と解すべきであるとしました(注120)。退職金規程がある場合だけでなく，退職金規程がない場合であっても，死亡退職金が相続財産に属さないとした判例もあります。死亡退職金規程のない財団法人が死亡した理事長の妻に支給した退職金が相続財産に属さず妻個人に属すると判示したものです(注121)。

(4)　受給権者を遺言で指定する場合

　なお，労働基準法施行規則43条2項は，配偶者がいない場合で，子，父母等で労働者の死亡当時その収入によって生計を維持し又は生計を一にしていた者もいない場合には，労働者が遺言で同条1項に規定する労働者の子等のうち遺族補償の受給者を指定できる旨を定めており，民間企業の退職金規程の中には死亡退職金受給者について上記労働基準法施行規則の規定を準用しているものがあります。このような場合には，例外的に遺言で死亡退職金受

(注118)　昭25・7・7基収1786号。
(注119)　最判昭55・11・27民集34巻6号815頁。
(注120)　最判昭60・1・31裁判集民144号75頁。
(注121)　最判昭62・3・3裁判集民150号305頁・判タ638号130頁。

40　第1章　婚姻関係　第1　婚姻　等

給者を指定することが可能でありこれを肯定した裁判例もあります[注122]。

⑸　内縁の妻と法律上の配偶者との関係

　死亡退職金に関しても，法律上の配偶者と内縁の妻がいる重婚的内縁関係にある場合，規定上どちらが受給権者となるのかという，上記4と同様の問題があります。死亡退職金制度は，当該従業員の収入で生計を維持していた者の保護を重視した制度と考えられますので，受給権者を決める際にもその実態が尊重される傾向にあります。裁判例としては，県の職員の死亡退職手当の支給について，法律上婚姻関係が形骸化し，婚姻する意思の下に二十数年の長期にわたり夫婦としての社会的実態を有している重婚的内縁関係にある者は条例に定める配偶者に該当するとされた事例があります[注123]。

▶設問7　性同一性障害者と婚姻

　私（24歳）は，女性として生まれ戸籍上は「女」ですが，小学生の頃から男子として育てられ，今では男性と同様の生活をしており，交際している女性もいます。この女性と正式に結婚し家庭生活を営みたいのですが，どのようにしたらよいですか。

解　説

1　性同一性障害

⑴　性同一性障害の意義

　性同一性障害（GID：Gender Identity Disorder）とは，生物学的性別と心理的な性別とが一致しない状態を指します。自分の生まれもった身体の性と，心の性（自分自身が自分の性をどう感じているか）が一致しない状態と形容することもできます。1953年にアメリカの内科医によって報告された性同一性障害の概念は，その後世界中で認知されるようになりました。世界保健機構（WHO）は，2019年，性同一性障害を「精神障害」の分類から除外し，2022年発効の「国際疾病分類」の第11回改訂版（ICD-11）において，「性の健康に関連する状態」という分類の中の「Gender Incongruence（性別不合）」に変更しています。このような国際的動向に即し，「性同一性障害」という医学

（注122）　東京地判平元・7・20労民40巻4・5号458頁。
（注123）　東京高判昭56・8・31労民32巻3・4号576頁。

用語と区別して，心と身体の性が一致していない人を指して，「トランスジェンダー」という用語も一般に使われています。

(2) 性同一性障害と社会の対応

身体の性と自分の考える性が一致しない場合，当事者の苦悩は深く，その生きづらさは尋常ではないといわれます。近年，身体の性を心の性に一致させるための性別適合手術が行われるようになり，世界各国において手術後の身体の性別に合わせた身分登録簿の修正が認められるようになっています。

2 性別取扱変更の審判

(1) 性同一性障害者の性別取扱いに関する特例法

わが国においても，性同一性障害者の性別の取扱いの特例に関する法律（平成15年法律第111号。以下「特例法」といいます。）が，平成15年7月10日に成立し，平成16年7月16日から施行されています。この法律によって，性同一性障害者のうち特定の要件を満たす者について，家裁の審判によって，戸籍上の性別記載を変更し，法令上の性別の取扱いを変更することができるようになりました。

(2) 性同一性障害者の定義及び性別の取扱いの変更の審判申立ての要件

特例法は，性別取扱変更の審判を家裁に請求することができる性同一性障害者について，「生物学的には性別が明らかであるにもかかわらず，心理的にはそれとは別の性別（以下「他の性別」という。）であるとの持続的な確信を持ち，かつ，自己を身体的及び社会的に他の性別に適合させようとする意思を有する者であって，そのことについてその診断を的確に行うために必要な知識及び経験を有する2人以上の医師の一般に認められている医学的知見に基づき行う診断が一致しているものをいう。」と定義しています（特例法2条）。

性同一性障害者が上記の請求をするには，後記(3)の診断書の提出のほか特例法3条1項各号に定める以下の要件を満たす必要がありました。

① 18歳以上であること（同項1号）。

② 現に婚姻をしていないこと（同項2号）。

③ 現に未成年の子がいないこと（同項3号）。

④ 生殖腺がないこと又は生殖腺の機能を永続的に欠く状態にあること（同項4号）。

⑤ その身体について他の性別に係る身体の性器に係る部分に近似する外観を備えていること（同項5号）。

上記③の特例法3条1項3号のいわゆる「子なし要件」に関しては，平成20年に成立した特例法の一部を改正する法律（平成20年法律第70号）によって，「現に子がいないこと」が「現に未成年の子がいないこと」と改められていますが，それでも，わが国の性別変更の要件は厳しすぎるとの批判の声があります。「子がいないこと」という要件があるのは日本だけで，欧米の多くの国では，この要件なしに性別変更が認められているようです。

また，上記④の生殖腺の機能がないことという要件についても，海外では性別変更の要件としない国が増えているようです。

なお，特例法3条1項各号に定める要件に関しては，憲法との適合性について議論があります。特例法3条1項3号の「現に未成年の子がいないこと」という要件については，最決令3・11・30裁判集民266号185頁は，憲法13条，14条1項に違反するものではない旨判示しています。一方，特例法3条1項4号の「生殖腺の機能がないこと又は生殖腺の機能を永続的に欠く状態にあること」という要件については，最大決令5・10・25家判49号42頁・判タ1517号67頁は，医学の進歩や社会情勢の変化により，現在では多くの国で手術要件が撤廃されていること等をふまえ，治療として生殖腺除去手術を必要としない性同一性障害者に対して，手術を受けることを余儀なくさせるのは，強度な身体的侵襲である手術を受けることを甘受するか，性自認に従った法令上の性別の取扱いを受けるという重要な法的利益を放棄するかの苛酷な二者択一を迫るものになったといえ，4号規定は，制約として過剰となっており，現時点では必要かつ合理的とはいえず，憲法13条に違反し，無効であると判断しました。一方，原審（1審，2審）の判断していない上記5号規定（外観要件）に関する申立人の主張について，さらに審理を尽くさせるため，原審に差し戻しました。したがって，4号規定は，上記最高裁決定により，上記審判の申立ての要件から外れました。

なお，上記5号規定（外観要件）について，令和6年7月10日広島高裁決定は，他者の目に触れたときに特段の疑問を感じない状態であれば足りるとし，申立人は手術を受けていないが，ホルモン投与で女性的な体になっているとして，外観要件を満たすと判断しました。上記決定は，対立当事者がいないためそのまま確定しましたが，本外観要件についてはいろいろな意見が予想されるところです。

(3) 診断書の提出

上記の各要件を満たした者が，性別変更の審判を請求するには，特例法2

設問7 性同一性障害者と婚姻 43

条に定める診断の結果並びに治療の経過及び結果その他の厚生労働省令で定める事項が記載された医師の診断書を提出しなければなりません（特例法3条2項）。

(4) 性別取扱変更の審判の効力

性別取扱変更の審判を受けた者は，民法その他の法令の規定の適用については，法律に別段の定めがある場合を除き，その性別につき他の性別に変わったものとみなされます（特例法4条1項）。

したがって，本設問の女性が，特例法に基づき男性への性別取扱変更の審判を受けた場合は，以後法令の規定の適用については男性とみなされ，民法の規定に基づき夫として，妻との婚姻の届出をすることが可能です。

3 性同一性障害者の婚姻と嫡出推定

特例法に基づき男性への性別の取扱いの変更の審判を受けた者が婚姻しその妻が婚姻中に懐胎した子は，民法772条の規定により夫の子と推定されるのでしょうか。

この点が最高裁で争われたケースがあります[注124]。事実関係は次のとおりです。

生物学的には女性であるが，特例法2条に規定する性同一性障害者であったX_1は，性別適合手術を受け，特例法に基づき男性への性別変更の審判を受けたうえ，X_2と婚姻しました。X_2は，夫以外の男性の精子提供を受けて人工授精によって懐胎しＡを出産しました。X_1は，ＡをＸら夫婦の嫡出子とする出生届を提出しましたが，戸籍事務管掌者においては，Ａが嫡出推定を受けないことを前提に，Ａの父欄を空欄とし，X_2の長男とする旨の戸籍の記載をしました。そこで，Ｘらは，Ａの父欄を空欄とする戸籍の記載につき戸籍法113条に基づき戸籍訂正の許可の審判を求めました。

原決定は，戸籍の記載上，夫が特例法に基づき男性への性別変更の審判を受けた者であって，当該夫と子との間に血縁関係の存在しないことが明らかな場合においては，民法772条を適用する前提を欠くと判断して，Ｘらの申立てを却下すべきものとしました。

これに対し，最高裁は，特例法3条1項の規定に基づき男性への性別の取扱いの変更を受けた者の妻が婚姻中に懐胎した子は，民法772条の規定により夫の子と推定されるのであり，夫と妻との性的関係の結果もうけた子であり得ないことを理由に実質的に同条の推定を受けないということはできない

(注124)　最決平25・12・10民集67巻9号1847頁。

と判示し，Ａについて嫡出子としての戸籍の届出をすることは認められるべきであり，本件戸籍記載は法律上許されないとして，破棄自判しました。

本最高裁決定には，２人の裁判官の補足意見があるほか，２人の裁判官の反対意見があります。学説も，嫡出推定が及ぶとする見解[注125]と及ばないとする見解[注126]が対立しています。実務的にも理論的にも困難な問題で，今後に残された課題も少なくありません[注127]。特例法によって当該夫と血縁関係のある子をもうける可能性のない婚姻を認めるのであれば，その夫婦の婚姻中に生まれた子の嫡出推定に関しても，立法的に手当てをして解決しておくべきであるように思われます。

▶設問8　同性婚に関する契約（パートナーシップ契約）

「パートナーシップ契約」とはどのような男女関係の形態をいうのですか。同性婚と異なるものですか。解消した場合，何らかの責任を負うことになりますか。

解　説

1　同性婚について

(1)　日本における同性婚

(a)　わが国では，婚姻は両性の合意のみに基づいて成立するとされ（憲24条1項），民法，戸籍法その他の関連法規も，すべて異性間の婚姻を前提として定められており，同性同士の婚姻は認められていません。同性同士の婚姻について，これを禁止する明文の規定はありませんが，婚姻障害事由に該当する，あるいは婚姻意思を欠き無効であると解されてきました。同性同士の婚姻を認めていない以上，内縁の成立についても，一般論としては，消極に解さざるを得ないと思われます。

(b)　ところで，国民の意識は変わり個人の尊厳と両性の本質的平等を求める動きが強まり，同性婚を法的に認知すべきとする意見も強く主張されるようになり，同性婚を認めない現在の民法及び戸籍法の規定が憲法に適合

[注125]　二宮周平『新法学ライブラリ9　家族法〔第5版〕』（新世社，2019）197〜198頁。
[注126]　水野紀子「性同一性障害者の婚姻による嫡出推定」加賀山茂先生還暦記念『市民法の新たな挑戦』（信山社，2013）601頁。
[注127]　本決定の最高裁調査官解説として，山地修・最判解民平成25年度605頁がある。

設問8　同性婚に関する契約（パートナーシップ契約）　45

するか否かにつき裁判所に訴えが提起され，札幌高判令6・3・14（令和3年（ネ）第194号）LEX/DBは憲法14条1項及び同法24条に違反すると判断し，同日東京地判令6・3・14（令和3年（ワ）第7645号）LEX/DBは，法律婚と同様の法的利益を受ける制度がないことは憲法24条2項に違反するが，具体的な制度の構築は，国会の立法裁量に委ねられており，現段階で違憲とはいえないと判断しました。一方，大阪地判令4・6・20判タ1507号186頁は，憲法24条，13条，14条1項に違反せず合憲とし，同性の者との婚姻届出を不受理とされた原告からの国家賠償請求を棄却しています。このように下級審レベルでは，違憲，違憲状態，合憲と判断が分かれています（注128）。このような国民の身分・生活に直接影響する事項につき判断が分かれることは望ましくなく，最高裁の判断はもとより，早急に何らかの立法化が望まれます。

(2)　諸外国における同性婚

　一方，諸外国では，同性同士の婚姻を法的に認めている国は，欧州を中心に多数ありますし，法的に認めないまでも，同性パートナーを一定の要件の下に登録することにより，異性間の婚姻に認められる権利の全部又は一部を同性同士にも認めている国も多数に上ります。これら同性カップルの登録制度を認める国では，相続権や社会保障に関する権利まで認めている国もあるようです（注129）。このような諸外国の状況もあって，わが国でも，同性カップルに内縁に準じた全部又は一部の法的保護を与えるべきとの見解も主張されています（注130）。また，後述するように，多くの地方自治体が，同性カッ

（注128）　同性カップルに対しその関係を国の制度によって公証し，その関係を保護するのにふさわしい効果を付与するための枠組みすら与えていないことは，国会の立法権の裁量の範囲を超えるものとみざるを得ず，その限度で憲法24条2項に違反すると同時に，憲法14条1項にも違反するとした裁判例（名古屋地判令5・5・30（平成31年（ワ）第597号）裁判所HP），現行法上，同性愛者についてパートナーと家族になるための法制度が存在しないことは，同性愛者の人格的生存に対する重大な脅威，障害であり，個人の尊厳に照らして合理的な理由があるとはいえず，憲法24条2項に違反する状態にあるとした裁判例（東京地判令4・11・30判タ1515号157頁・判時2547号45頁），同様に，同性カップルに婚姻制度の利用によって得られる利益を一切認めず，自らの選んだ相手と法的に家族になる手段を与えていない民法及び戸籍法の諸規定は，もはや個人の尊厳に立脚すべきものとする憲法24条2項に違反する状態にあるとした裁判例（福岡地判令5・6・8（令和元年（ワ）第2827号）裁判所HP）などがあります。
（注129）　梶村＝棚村編・前掲（注117）67頁，曽田多賀ほか編著『内縁・事実婚をめぐる法律実務』（新日本法規出版，2013）29頁。
（注130）　同居していた同性パートナーを殺害された者が，遺族として犯罪被害者給付金を受給する資格があるかどうかが争われた訴訟の上告審で，最高裁は，令和6年3月26日，婚姻の届出をしていないが，事実上婚姻関係と同様の事情にあった者も支給対象になり得る

プルに対する生活支援のための取組みを開始しています。

(3) 国際同性婚における独身証明書の発行

なお，法務省は，平成21年3月，従来の方針を変更して，日本人が外国で外国人と婚姻する際に必要な証明書（従来の「婚姻要件具備証明書」とは異なる単に独身であることの証明書）を，同性同士のケースでも発行することを明らかにしています。

2 パートナーシップ制度

(1) 渋谷区の同性パートナーシップ条例

パートナーシップ制度は，同性同士の婚姻が法的に認められていないわが国において，地方自治体が独自に同性カップルに対して，「結婚に相当する関係」の証明書を発行し，あるいは「パートナーシップ宣誓書」受領書を交付するなどして，様々なサービスや社会的配慮を受けやすくする制度です。

その先駆けとなったのは，東京都渋谷区において，平成27年4月1日から施行された「渋谷区男女平等及び多様性を尊重する社会を推進する条例」です（以下「同性パートナーシップ条例」といいます。）。この条例は，区，区民及び事業者による性的少数者への差別を禁止したうえで（同性パートナーシップ条例8条3項），異性間の婚姻関係と異ならない実質がある同性カップルについて，そのパートナーシップ関係を区長が証明することができる（同性パートナーシップ条例2条8号・10条）という内容を盛り込んでいます。区長からパートナーシップ証明を受けた同性カップルは，区民，事業者及び公共団体から最大限の配慮等がされるものとされ（同性パートナーシップ条例11条），また，渋谷区営住宅条例や渋谷区区民住宅条例などの区条例の適用においても，同性パートナーシップ条例の趣旨が尊重されるものとされています（同性パートナーシップ条例16条）。同性パートナーシップの法的保障が条例により図られるのは，日本国内では初めてのことであり，注目されました。

(2) 渋谷区の条例におけるパートナーシップ証明書

渋谷区の条例では，パートナーシップ証明を受けるにあたって，①相互に相手方当事者を任意後見受任者の一人とする任意後見契約公正証書を作成し，かつ，登記を行っていること，②2人が共同生活を営むにあたり，当事者間において，区の定める事項が明記された合意契約が公正証書により交

との初めての判断を示しました（最判令6・3・26（令和4年（行ツ）第318号・同（行ヒ）第360号）裁判所HP）。被害者と事実婚の関係にあったかどうか，さらに審理を尽くす必要があるとして，同性は支給対象外とした2審名古屋高裁判決（名古屋高判令4・8・26判タ1506号48頁）を破棄し審理を差し戻しました。

わされていることが必要とされます（同性パートナーシップ条例10条2項1号・2号）。

渋谷区は，平成27年10月28日からパートナーシップ証明書の交付申請の受付を開始し，同年11月5日から証明書の交付を行っています。

(3) 世田谷区における「パートナーシップ宣誓書受領証」交付

渋谷区の同性パートナーシップ条例制定とほぼ同時期に東京都世田谷区においても，条例に基づくものではありませんが，同性カップルである区民がその自由な意思によるパートナーシップの宣誓を区長に対して行い，「パートナーシップ宣誓書受領証」の交付を受けることができるという取組みを開始しました。

(4) 東京都パートナーシップ宣誓制度

その後，わが国では，パートナーシップ制度は急速に広がり，現在では300を超える自治体において何らかの取組みが行われています。東京都においても，性的少数者のカップルを公的に認める「東京都パートナーシップ宣誓制度」を創設し，令和4年11月1日から運用を開始しました。

(5) パートナーシップ制度の形態

パートナーシップ制度の形態は自治体によって様々ですが，多くは，世田谷区と同様，パートナーシップの関係を2人が宣誓し自治体がこれを確認し宣誓受領証もしくは受理証明書を交付するというもので，自治体の要綱（法令に反しない範囲で取り決めた行政のマニュアルのようなもの）によって施行されているようです。

(6) パートナーシップ制度の活用

パートナーシップの証明を受けた同性カップルが，果たしてどのような権利ないし利益を受けることができるのかについては，各自治体の条例や要綱の内容とその運用いかんにかかっていますが，一般的には，公営・民間住宅等の賃貸住宅への入居契約，住宅ローンにおける保証人の設定，生命保険の被保険者の指定や死亡保険金受取人の指定，医療機関における面会や医療同意等の対応，さらには職場での家族手当や慶弔休暇等の対応といった場面での活用が期待されているようです[注131]。

(7) パートナーシップ契約の解消等

同性パートナー間の関係は，パートナーシップ契約の約定に従って規律さ

（注131） 日本公証人連合会編著『新版 証書の作成と文例 家事関係編〔改訂版〕』（立花書房，2017）263頁。

れます。その関係を解消するにあたって責任のある者は相手方に対し損害賠償義務を負うことがあるのは，一般の夫婦関係と同様です（[**文例3**]第8条参照）。

文例 3　同性婚に関する契約（パートナーシップ契約）

──事例──

> 同性パートナー間で共同生活を送るにあたり契約を締結する場合，どのような取決めをすればよいですか。

──文例──

同性婚に関する契約（パートナーシップ契約^(注132)）

　甲と乙は，共同生活を送るにあたり，以下のとおり，パートナーシップ合意契約（以下「本契約」という。）を締結した。
第1条（パートナーシップ合意の趣旨）
1　甲及び乙は，愛情と信頼に基づく真摯な関係にあることを確認する。
2　甲及び乙は，将来にわたるパートナー（伴侶）としての意思が揺るぎのないものであることを互いに誓約する。
第2条（同居・協力及び生活費分担の義務）
1　甲及び乙は，同居し，共同生活において互いに責任をもって協力し，その共同生活に必要な生活費を分担する義務を負うものとする。
2　共同生活に要する生活費は，甲及び乙が原則として平等に負担する。ただし，各自の収入が著しく相違する場合は，その収入に応じて公平に分担するよう双方で協議する。
第3条（日常家事債務に関する責任）
　甲又は乙の一方が日常の家事に関して第三者と法律行為をしたとき

(注132)　本文例の作成にあたっては，「同性パートナー間での共同生活に関する契約」公正証書文例研究会編『最新　公正証書モデル文例集2』（新日本法規出版，1999）1160ノ21頁を参照しました。

［文例3］　同性婚に関する契約（パートナーシップ契約）　　49

は，他の一方は，これによって生じた債務について，第三者に対し連帯して責任を負う。

第4条（財産関係）

1　甲又は乙が，本契約時までにそれぞれに有する財産は，各自の固有財産とする。

2　甲又は乙が，それぞれの親族から譲り受け又は相続した財産は，各自の固有財産とする。

3　前二項に記載した以外の，甲及び乙の共同生活の期間中に取得した財産は，別段の合意がない限り，両名の共有に属するものとする。

第5条（遺言公正証書の作成）

　甲及び乙が死亡時に有する各財産の承継関係は，甲及び乙がそれぞれ別途作成する遺言公正証書に従う。

第6条（療養看護に関する委任）

1　甲及び乙は，いずれか一方が罹患し，病院において診察・治療又は手術を受ける場合，他方に対し，診察・治療等の場面に立ち会い，本人とともに，又は本人に代わって，医師等から，病状や治療の方針・見通し等に関する説明を受けることをあらかじめ委任する。

2　前項の場合，罹患した本人は，その通院・入院・手術及び危篤時において，他方に対し，入通院時の付添い，面会謝絶時の面会，手術同意書への署名等，通常親族に与えられる権利の行使につき，本人の最近親の親族に優先する権限を付与する。

第7条（契約の終了）

1　甲及び乙は，合意により本契約を終了させることができる。

2　甲及び乙は，他方が本契約に違反した場合その他本契約を継続しがたい事由がある場合には，相手方に対する意思表示により本契約を解除することができる。

3　前項の契約解除の意思表示は，公証人の認証を受けた書面により行うものとする。

第8条（契約終了に伴う法律関係）

1　甲及び乙は，本契約が解消された場合，共同生活中に形成された共有財産については，均等の割合で分割するものとする。ただし，甲乙間で協議のうえ，別異の合意をしたときは，その合意に従う。

2　本契約の終了につき責任のある当事者は，相手方に対し，別途，慰

謝料の支払義務を負うものとする。

第9条（規定外事項等）

本契約に定めのない事項及び本契約の解釈について疑義のある事項については，甲及び乙は，互いに誠意をもって協議し，その解決を図るものとする。

説　明

1　本契約の目的・趣旨

本文例は，同性カップルが共同生活を営むにあたり，合意事項を公正証書として作成する場合の一般的，標準的な記載例を示しています。立会人の立会いは，必ずしも要件ではありませんが（公証30条参照），契約の性質上，当事者の真意確保のため立会人の関与が望ましいとされる場合もあろうかと思われます。

2　本契約の内容

パートナーシップ合意契約には，結婚に準じた内容として，同居・協力及び生活費分担の義務（第2条）のほか，財産関係（第3条・第4条）や医療現場における療養看護に関する事項（第6条）など，当事者の意向に従い，多岐にわたる取決めを行うことができると考えられます。本文例に掲げる事項以外にも，①守操の義務や②尊厳死についての決定権の付与等の条項を設けることも可能と思われます。

3　本契約の効力

この合意契約によって，税金の配偶者控除や健康保険・厚生年金などにおける法律上の優遇措置を受けることはできないと考えられます。また，契約当事者間に法律上の相続権が発生することはありませんから，一方当事者死亡の場合における財産承継関係について定めるのであれば，別途遺言書を作成しておく必要があると思われます（第5条参照）。

4　本契約と公正証書

本合意契約を公正証書により特定の自治体において利便を受ける目的で作成する場合，例えば，前記渋谷区の同性パートナーシップ条例に基づくパートナーシップ証明を受ける目的の場合には，冒頭にその作成の趣旨を明記しておくのが相当でしょう。また，この場合，第1条（パートナーシップ合意の趣旨）1項，及び第2条（同居・協力及び生活費分担の義務）1項は，いずれも契

約に明記すべき区が定める事項とされていますから，不可欠の条項であることに留意する必要があります。なお，「本契約が終了した場合には，速やかに渋谷区長にパートナーシップの解消を届け出なければならない」旨を契約終了の項（第8条）中に付加しておくことも必要でしょう。渋谷区のパートナーシップ証明を受けるにあたっては，「合意契約公正証書」のほか，「任意後見契約公正証書」の2つの公正証書による確認を原則としています。ただし，一定の要件に該当する事由がある場合には，「合意契約公正証書」のみによって証明を行うことができるとされています。

52　第1章　婚姻関係　第2　婚姻の成立・方式に関する準拠法及び国際裁判管轄

第2　婚姻の成立・方式に関する準拠法及び国際裁判管轄

▶設問　国際婚姻の成立・方式に関する準拠法及び国際裁判管轄

　　外国人と結婚する場合，婚姻が有効に成立するための要件（実質的要件及び形式的要件）は，どちらの国の法律が適用になるのですか。また，婚姻の無効・取消しについて，どちらの国の裁判所に申し立てることになりますか。

解　説

1　国際私法

　国際結婚については，どの国の法律が適用されるかという準拠法の問題を確定する必要があります。複数の国に関連がある渉外的生活関係から生じる法律問題の解決を担う法一般のことを国際私法といい，わが国の法律では，法の適用に関する通則法（以下「通則法」といいます。）がこれに当たります。通則法は，国際結婚の準拠法を以下のように定めています。

2　婚姻の成立の準拠法

⑴　配分的適用

　婚姻が有効に成立するためには，実質的要件及び形式的要件の双方が必要であることは，先に解説したとおりです（第1［設問1］の解説参照）。

　婚姻の実質的要件につき，通則法24条1項は，「婚姻の成立は，各当事者につき，その本国法による。」と定めています。同項はいわゆる配分的適用を採用しており，各当事者それぞれの本国法によって要件を具備する必要があります。この場合の「本国法」とは，当事者が「婚姻当時国籍を有していた国の法」という意味です。当該国の婚姻当時の法令に改廃があった場合，新旧法令いずれを適用すべきかについては，当該改正法令の経過規定（時際法）に従って決めるとするのが通説です[注1]。

　日本人女性Xが外国人男性Yと婚姻する場合，Xは，日本の民法に定められた要件を，Yは，当該本国の法律に定められた要件をそれぞれ満たす必要があります。相手方との関係でも問題となる婚姻障害となる要件については，相手方の本国法上の要件も満たさなければなりません。例えば，Yの本

───────────
（注1）　加藤文雄『〔新版〕渉外家事事件整理ノート』（新日本法規，2008）137頁。

国法では重婚が禁止されていないとしても（アフリカ，特に西アフリカ諸国の中には一夫多妻が容認される国もあるといわれています。），Ｙは，重婚禁止を定めた日本法の規定（民732条）にも従わなければなりません。この点に関しては，Ｙは，本国の法律と日本の法律の両方の要件を満たす必要があるということです。

(2) 双方的要件・一方的要件

このように，他方当事者の本国法上の規定からも制約を受けるものを双方的要件といい，それ以外を一方的要件といいます。双方的要件としては，上記重婚の禁止のほか，近親婚の禁止，再婚禁止期間や待婚期間等があります。一方的要件としては，婚姻意思の欠缺，婚姻適齢等があります。

(3) 反　　致

双方的要件とされる婚姻障害事由については，各当事者それぞれの本国法上の要件を検討するとともに，反致（通則法41条）が適用される余地があるかについても検討する必要があります。反致が適用される場合には，外国人である他方当事者の本国法にかかわらず，日本の法律によって婚姻成立要件は判断されることになります。

(4) 公 序 則

また，外国法上の婚姻成立要件の適用に関しては，公序則（通則法42条）が適用される場合があります。異教徒間の婚姻を禁止し無効とする外国法（エジプト法）の適用を排除した事例があります[注2]。公序則によって外国法が排斥された場合については，日本法が適用されるとするのが通説です[注3]。

3　婚姻の方式の準拠法

(1) 選択的適用の原則と例外

婚姻の方式，つまり形式的成立要件に関する準拠法は，①婚姻挙行地（通則法24条2項），又は②当事者のいずれか一方の本国法（通則法24条3項本文）です。形式的要件については，選択的適用となっています。ただし，例外的に，③日本人が外国人と日本で婚姻する場合には，その婚姻手続は，常に婚姻挙行地である日本法によらなければなりません（同項ただし書）。

婚姻の形式的成立要件としては，婚姻の届出，婚姻の公告のほか，宗教儀

(注2)　東京地判平3・3・29家月45巻3号67頁・判時1424号84頁。
(注3)　加藤・前掲（注1）139頁，大谷美紀子編著『最新渉外家事事件の実務』（新日本法規，2015）64頁。

式の挙行が含まれます。外国法上では実質的成立要件とされる教会における挙式等も日本の抵触法規上では形式的要件と解すべきでしょう。

(2) 準拠法適用の具体例

形式的要件に関する準拠法適用の具体例をみてみます。

(a) 例えば，日本人が外国人（フランス人）と外国（米国ハワイ）で挙式する場合，婚姻挙行地の米国法（ハワイ法）でもよいし，日本法でも，フランス法でもいずれでもよいということになります。ただし，日本人が外国人と日本で婚姻する場合には，婚姻挙行地である日本法によらなければならないことは，前述（(1)）したとおりです。

(b) 日本人同士が外国で婚姻する場合は，挙行地法か日本法の定める方式かいずれでも選択することができます。日本法方式による場合は，本籍地役場への届出のほか，いわゆる外交婚の方式（その国に駐在する日本の大使，公使又は領事にその届出をする方式）によることも可能です（民741条）。日本法方式による場合，その届出は創設的届出ですが，外国法方式による場合の日本での戸籍の届出は報告的届出となります。前者（日本法方式）による場合，婚姻成立の時点は婚姻届出の時であるのに対し，後者（外国法方式）による場合，婚姻成立の時点は外国での婚姻成立の時となる違いがあります。

(c) 外国人同士が日本で婚姻する場合は，挙行地法（日本法）もしくは一方当事者の本国法の定める方式により婚姻は成立します。日本法による場合は，結婚をする場所である日本の法律に従って，届出人の住所地にある市区町村の窓口に婚姻届を出すことができます（創設的届出）。外国法による場合，戸籍届は不要となります。

在日韓国人間の婚姻無効確認請求事件において，婚姻届出における届出意思は，通則法24条2項にいう「婚姻の方式」に当たり，準拠法は婚姻挙行地の日本民法によるべきとされた裁判例があります(注4)。

4 婚姻の無効・取消事件の国際裁判管轄

婚姻の実質的又は形式的成立要件について，その欠缺・瑕疵の効力が問題となる場合，婚姻の無効・取消訴訟を提起して争わなければなりません。外国人との婚姻に関する婚姻の無効・取消事件については，日本の裁判所で処理できるか，あるいは外国の裁判所の処理に委ねるべきかという国際裁判管轄権の問題があります。

わが国において，かつては，明文の定めはなく解釈に委ねられていました

(注4)　大阪高判平28・11・18判時2329号45頁。

が，平成30年4月18日に成立した人事訴訟法等の一部を改正する法律（平成30年法律第20号。平成31年4月1日施行）が人事訴訟事件や家事事件に関するわが国の国際裁判管轄について一般的な規律を定めています。

日本人と外国人の夫婦間の婚姻の無効及び取消しの訴え（人訴2条1号）については，次の①〜⑦に該当するときは，日本の裁判所に管轄権があるとされています（人訴3条の2第1号〜第7号）。

① 被告の住所（住所がない場合又は知れない場合は，居所）が日本国内にあるとき。

② 夫婦の双方に対する訴えであって，その一方又は双方の住所（住所がない場合又は知れない場合は，居所）が日本国内にあるとき。

③ 夫婦の一方からの訴えであって，他の一方がその死亡の時に日本国内に住所を有していたとき。

④ 夫婦の双方が死亡し，その一方又は双方がその死亡の時に日本国内に住所を有していたとき。

⑤ 夫婦の双方が日本の国籍を有するとき（その一方又は双方がその死亡の時に日本の国籍を有していたときを含む。）。

⑥ 原告の住所が日本国内にあり，夫婦の最後の共通の住所が日本国内にあったとき。

⑦ 原告の住所が日本国内にあり，被告が行方不明であるとき，被告の本国でされた当該訴えに係る身分関係と同一の身分関係についての訴えに係る確定した判決が日本国内で効力を有しないとき，その他日本の裁判所が審理及び裁判をすることが当事者の衡平を図り又は適正かつ迅速な審理の実現を確保することとなる特別の事情のあるとき。

また，家事事件手続法は，当該調停を求める事項についての訴訟事件又は家事審判事件について日本の裁判所が管轄権を有するときは，家事調停事件について，日本の裁判所が管轄権を有するものと定めています（家事3条の13第1項1号）。したがって，日本人と外国人の夫婦間の婚姻の無効及び取消しについて，相手方の住所が日本国内にあるなどの場合（上記①）は，日本の裁判所に家事調停を申し立てることができます。

なお，婚姻の無効・取消しのように対象となる事項が任意処分を許さない性質の家事調停事件については，当事者間の合意により日本の裁判所に管轄権を生じさせることはできないとされています（家事3条の13第3項）。

第3　配偶者の生活保護

▶設問1　居住用不動産の生前贈与

配偶者の一方の老後の生活保障のため，共に居住している建物及び敷地を贈与する場合，何かよい方策はありますか。

解　説

1　贈与税の配偶者控除等

夫婦間で居住用不動産を生前贈与する場合において，婚姻期間が20年以上の夫婦間において，「居住用不動産（土地建物）の贈与」又は「居住用不動産を取得するための金銭の贈与」が行われたときには，「贈与税の配偶者控除」を受けられる利点があります。

つまり，当該土地建物の評価額又は贈与金銭が2000万円を上限として非課税となります。さらに，暦年贈与の基礎控除額110万円との併用が可能ですから，当該贈与年度においては，合計2110万円以下であれば，非課税となります。

したがって，婚姻期間が20年以上となった時点以降においては，夫婦間の生前贈与に大きな利点があります。

なお，ここでいう居住用不動産とは，「専ら居住の用に供する土地若しくは土地の上に存する権利若しくは家屋でこの法律の施行地にあるもの」（相税21条の6第1項）をいいます。つまり，贈与を受けた配偶者が居住するための国内に存在する建物又はその建物の敷地です。居住用建物の敷地には借地権も含まれます。

居住用建物とその敷地は一括して贈与を受ける必要はありません。つまり，居住用建物のみあるいは居住用建物の敷地のみの贈与を受けた場合にもこの贈与税の配偶者控除を利用できます。この居住用建物の敷地のみの贈与について贈与税の配偶者控除を利用するためには，①夫又は妻が居住用建物を所有していること，②敷地の贈与を受けた配偶者と同居する親族が居住用建物を所有していること，のいずれかに該当することが必要です。

また，居住用建物の敷地の一部の贈与であっても，贈与税の配偶者控除を

利用することができます。さらに，居住用建物の敷地が借地権の場合におい
て，金銭の贈与を受けて地主から底地を購入した場合にも，居住用不動産を
取得したことになり，贈与税の配偶者控除を利用することができます。

　店舗兼住宅の持分贈与を受けた場合には，居住用部分から優先的に贈与を
受けたものとして配偶者控除を適用して税務申告することができます。ま
た，居住用部分が概ね90％以上の場合は，すべて居住用不動産として扱うこ
とができます（相続税基本通達21の6‐1～3）。

　なお，同じ配偶者からの贈与については，一生に一度しか「贈与税の配偶
者控除」を受けることはできません。

　この「贈与税の配偶者控除」の適用要件は，①夫婦の婚姻期間が20年を過
ぎた後に贈与が行われたこと，②配偶者から贈与された財産が，居住用不動
産であること又は居住用不動産を取得するための金銭であること，③贈与を
受けた日の翌年の3月15日までに，贈与により取得した居住用不動産又は贈
与を受けた金銭で取得した居住用不動産に，贈与を受けた者が現実に住んで
おり，その後も継続して住む見込みであること，の3点です。

　適用を受けるための手続は，必要書類を用意し，税務署に贈与税申告をし
ておくことです。贈与額が2000万円以下で基礎控除額と合計しても2110万円
以下であって納税額が0円の場合でも必ず申告しておく必要があります。

　申告の際に提出が必要な書類は，①財産の贈与を受けた日から10日間経過
した日以後に作成された戸籍謄本又は抄本，②財産の贈与を受けた日から10
日間経過した日以後に作成された戸籍の附票の写し，③居住用不動産の登記
事項証明書その他の書類で贈与を受けた人がその居住用不動産を取得したこ
とを証するもの（土地・建物の登記事項証明書については，贈与税申告書に不動産番
号を記載することなどにより，その添付を省略することができます。），また，④金銭
ではなく居住用不動産の贈与を受けた場合には，その居住用不動産を評価す
るための書類（固定資産評価証明書など）です（以上，相税21条の5・21条の6，相
税則9条，租特70条の2の4）。

　ところで，上記の贈与の年に贈与者が死亡した場合，相続開始の年に婚姻
期間が20年以上である被相続人から，その被相続人の配偶者が贈与により取
得した居住用不動産については，過去にその被相続人からの贈与について配
偶者控除を受けていない場合に，その居住用不動産について贈与税の配偶者
控除があるものとして控除される部分は，相続税の課税価格に加算されず，
相続税の対象とはなりません。もっとも，この加算をしない部分について

は，贈与税の申告をする必要があります（相税19条・21条の2・21条の6，相税令4条，相続税基本通達19-9）。

2　居住用不動産の贈与・遺贈と特別受益の持戻し

　共同相続人の中に被相続人から特別受益（贈与・遺贈）を受けた者がいる場合，贈与・遺贈を行った者の意向としては，次の3つが考えられます。

　すなわち，①当該相続人に，その相続分の一部として，当該財産を取得させる趣旨（中立的贈与・遺贈），②当該相続人に，その相続分として，当該財産のみを取得させる趣旨（限定的贈与・遺贈），③当該相続人に，その相続分とは別に，余分に当該財産を与える趣旨（先取的贈与・遺贈）の3つです。

　民法は，平成30年の改正の前後を通して，一貫して原則として①であるとし，特別受益の額を相続財産額に計算上含めて（持ち戻して）相続分を算定し，算定された相続分から特別受益額を控除した額が特別受益者の具体的相続分になるとしています（民903条1項）。その結果当該相続人の具体的相続分がゼロ又はマイナスとなる場合には，特別受益は②として扱われ，当該相続人は，特別受益だけ取得し，相続財産は取得しないことになります（同条2項）。

　もっとも，例外的に，被相続人が①や②とは異なる意思表示（持戻し免除の意思表示）を明示又は黙示に行った場合には，特別受益は③として扱われ，持戻しの対象にはならないと規定しています（民903条3項）。

　そして，上記改正後の民法においては，903条に4項が追加され，「婚姻期間が20年以上の夫婦の一方である被相続人が，他の一方に対し，その居住の用に供する建物又はその敷地について遺贈又は贈与をしたときは，当該被相続人は，その遺贈又は贈与について第1項の規定を適用しない旨の意思を表示したものと推定する。」と規定しています。つまり，この規定の要件を満たす特別受益は，原則として上記③と扱われ，持戻し対象から外れることになります。

　この条項にいう「婚姻期間」は，遺贈又は贈与の時点で20年以上であることを要するというのが通説であり，相続開始時点において20年以上であれば足りるとするのが少数説です。

　また，ここでいう遺贈又は贈与の対象物は，遺贈又は贈与の時に「配偶者の居住の用に供する不動産（居住用不動産）」であることを要しますが，相続開始時に配偶者が現に当該不動産に居住していることを要しません。

　以上，居住用不動産の所有権や所有権持分が配偶者に遺贈又は贈与された

場合について記述してきましたが，［設問2］の「配偶者居住権」が配偶者に遺贈された場合にも，民法903条4項が準用されます（民1028条3項）。

ところで，特別受益である贈与が相続開始前10年間に行われた場合には，持戻しが免除されていても遺留分侵害額請求の対象になります（民1044条3項）(注1)。

4 居住用不動産の生前贈与契約

——事例——

> 私たちは，婚姻期間が20年以上となる夫婦です。夫である私（甲）所有の居住用不動産の2分の1を妻（乙）に贈与したいと思います。どのような契約をしたらよいですか。

——文例——

居住用不動産の生前贈与契約

第1条
　　甲は，甲と乙が居住用不動産として現在使用し，甲が所有している下記不動産の各2分の1の持分を乙に贈与し，乙はこれを承諾した。
「土地」
　　所在　東京都練馬区〇〇1丁目
　　地番　〇番地〇
　　地目　宅地
　　地積　〇〇.〇〇㎡
「建物」
　　所在　東京都練馬区〇〇1丁目〇番
　　家屋番号　〇〇
　　種類　居宅
　　構造　木造スレート葺2階建

（注1）　最決平24・1・26裁判集民239号635頁・判タ1369号124頁参照。

```
        床面積    1階○○㎡
                  2階○○㎡
第2条
    甲は，乙に対し，令和○年○月○日までに，前条に基づき贈与した
  不動産を乙に口頭により引き渡し，かつその旨の所有権一部移転登記
  手続をする。
```

説　明

　甲乙夫婦間で，居住用不動産である土地及び建物の各単独所有者である夫
（甲）から，妻（乙）に対し，土地及び建物の各2分の1の持分を，生前贈与
することを内容とする贈与契約です。

　第1条において，「甲と乙が居住用不動産として現在使用し」ていること
を明示しているのは，贈与税の配偶者控除や，後日の甲死亡に伴う相続に際
して本件生前贈与が持戻しの対象外となることを明らかにしておくための記
載です（民903条4項）。

　第2条において，本件不動産を，「令和○年○月○日までに，乙に口頭に
より引き渡し，かつその旨の所有権一部移転登記手続をする。」としている
のは，本件では，甲乙が従来から居住している本件不動産の持分2分の1を
甲から乙に贈与することによって，乙は本件不動産を引き続き占有すること
になることから，甲から乙への引渡しは観念的なものである（民182条2項。
簡易の引渡し）のに対し，持分2分の1の所有権一部移転登記手続を経ること
によって，外形的にも贈与の実態を明確にしようとするものです。

　［設問1］の解説で説明したように，甲乙の婚姻期間がこの生前贈与契約
の時点で20年以上であれば，贈与税の配偶者控除の対象となります。

　つまり，土地と建物の各2分の1の評価額の合計額が2000万円以上であれ
ば，2000万円の範囲で課税対象額から控除されることになります（当該暦年
の贈与税の基礎控除額110万円を加えると，合計2110万円が控除されます。）。

　また，甲乙夫婦は，この生前贈与の時点で婚姻期間が20年以上ですから，
将来，甲が死亡した場合の甲の遺産相続においては，甲が特段の意思表示を
していなくとも，この生前贈与に関しては，前述のとおり，民法903条4項
により，持戻しの対象から外れることになります。

設問 2　配偶者居住権・配偶者短期居住権　　61

▶設問 2　配偶者居住権・配偶者短期居住権

　　相続財産である建物に居住していた配偶者を保護するために配偶者居住権という制度があると聞きました。どのような原因で発生する，どのような権利ですか。
　　また，配偶者短期居住権という制度もあるそうですが，配偶者居住権制度との違いは何ですか。

解　説

1　相続に伴い配偶者の居住を確保するための従来からの方策

　民法の相続法部分の改正法は，平成30年7月6日に成立し，そのうち配偶者居住権に関係する部分は，令和2年4月1日に施行されました。

　建物の所有者が死亡した場合，配偶者が当該建物に住む方法としては，上記改正前の民法においても，次の方法がありました。

　第1の方法は，配偶者が，当該相続により当該建物の所有権を取得する方法です。しかし，この方法によると，当該建物の評価額が高い場合，配偶者は，法定相続分との関係で，相続により取得する金融資産（預貯金等）を取得できないか又は少額しか取得できず，その後の生活に困窮することが想定されます。

　第2の方法は，当該相続において他の相続人が当該建物の所有権を取得し，配偶者は金融資産を相続するという内容の遺産分割協議をするとともに，当該建物の所有権を相続した者を賃貸人とし配偶者を賃借人とする賃貸借契約を締結する方法です。この場合，配偶者は，賃料を支払う債務を負う反面，当該建物を使用収益する債権を取得します（民601条）。この賃借権は，登記すれば当該建物について物権を取得した者その他の第三者に対抗できます（民605条）が，賃借人には登記請求権がないとされており，民法605条は事実上機能していませんから，登記ができない場合も想定されます。そこで，借地借家法31条は，「建物の賃貸借は，その登記がなくても，建物の引渡しがあったときは，その後その建物について物権を取得した者に対し，その効力を生ずる。」と規定していて，配偶者がその建物に居住していれば，仮に建物の所有者が当該建物を売却しても，配偶者は引き続き当該建

物に住み続けることができます。

第3の方法は，当該相続において他の相続人が当該建物の所有権を取得し，配偶者は金融資産を相続する遺産分割協議をするとともに，配偶者が当該建物の所有権を相続した者と使用貸借契約を締結する方法です。この場合は，配偶者は賃料を支払う義務は負わず，所有者となる貸主は借主となる配偶者に対し無償で当該建物の使用収益をさせなければなりません。もっとも，借主となる配偶者は，通常の必要費を負担しなければなりません。例えば，当該建物の現状を維持するために通常生じる補修費・修繕費・保管費です。当該建物の固定資産税などの公租公課については，通常の必要費に入るか否か両説があります。他方，特別の必要費，例えば，風水害などで当該建物が損傷した場合の修繕費は，貸主の負担となります。また，有益費も貸主の負担であり，当該建物の価格の増加が現存する場合には，借主の選択に従い，その支出した金額又は増価額を貸主に償還させることができます。さらに，重要なこととして，この方法においては，貸主が当該建物の所有権を第三者に譲渡したときには，借主である配偶者は，当該建物を使用収益する権利をその第三者に対して主張することができません。

このように，上記改正前の民法により配偶者が選択可能であった各方法には，いずれも配偶者にとって不都合な点が存在していました。

2 令和2年4月1日施行の民法（相続関係）改正による新たな制度

上記の民法（相続関係）の改正により，一方配偶者が死亡した後に残された配偶者の居住権を保護する方策として，①配偶者の居住権を短期的に保護する制度（配偶者短期居住権の制度。民1037条）と，②配偶者の居住権を長期的に保護する制度（配偶者居住権の制度。民1028条）が導入されました。

「配偶者短期居住権」は，被相続人の所有する建物にその配偶者が相続開始時に無償で居住していた場合に，誰の意思表示も待たず，相続開始時に当然に発生する権利であるのに対し，「配偶者居住権」は，関係者の意思表示等によってはじめて設定される権利です。

配偶者居住権も配偶者短期居住権も，後記のとおり，法律婚配偶者を想定しています。配偶者に認められている相続権と同様，内縁配偶者に類推適用することは困難です。

このうち，以下では，まず，配偶者居住権の内容を詳しく解説し，その後，配偶者短期居住権について要点を解説します。

3 配偶者居住権が成立する場合

(1) 配偶者居住権を新設した趣旨

上記の民法（相続関係）の改正により，新たに創設された配偶者居住権制度は，居住用建物における配偶者，とりわけ高齢の配偶者の居住権を保護する必要性に関する次のような考慮から誕生しました。

① 配偶者の一方が死亡した場合に，他方の配偶者は，それまで居住してきた建物に引き続き居住することを希望するのが通常であり，特にその配偶者が高齢である場合には，住み慣れた居住建物を離れて新たな生活を始めることは精神的にも肉体的にも大きな負担になると考えられること[注2]。

② 相続開始の時点で，配偶者が高齢のため自ら生活の糧を得ることが困難である場合も多くなってきていること[注3]。

(2) 配偶者居住権の取得（民1028条）

配偶者居住権制度は，民法1028条以下で規定されており，同条1項本文は，「被相続人の配偶者は，被相続人の財産に属した建物に相続開始の時に居住していた場合において，次の各号のいずれかに該当するときは，その居住していた建物の全部について無償で使用及び収益をする権利を取得する。」と定め，その1号が「遺産の分割によって配偶者居住権を取得するものとされたとき。」，2号が「配偶者居住権が遺贈の目的とされたとき。」と規定しています。同条1項1号にいう「遺産の分割」には，協議分割，調停による分割のほか，審判による分割も含まれます。

(3) 審判による配偶者居住権の成立（民1029条）

裁判所が遺産分割の審判によって配偶者居住権を成立させる場合は，民法1029条により要件が限定されており，①共同相続人間に配偶者が配偶者居住権を取得することについて合意が成立しているとき（民1029条1号），②配偶者が家庭裁判所に対して配偶者居住権の取得を希望する旨を申し出た場合において，居住建物の所有者の受ける不利益の程度を考慮してもなお配偶者の生活を維持するために特に必要があると認めるとき（同条2号）とされています。

この民法1029条2号の趣旨は，配偶者以外の相続人は，通常は，配偶者に対して扶養義務を負う関係にあると考えられること（民877条1項・2項）等を

（注2） 法制審議会民法（相続関係）部会資料1「相続法制の見直しに当たっての検討課題」1頁。

（注3） 法制審議会民法（相続関係）部会資料1・前掲（注2）1頁。

考慮すれば，「居住建物の所有者の受ける不利益の程度を考慮してもなお配偶者の生活を維持するために特に必要があると認めるとき」という要件を満たす場合には，当該建物の所有権を取得する相続人の意思に反するとしても，その者が不利益を受けることはやむを得ないとしたものです。つまり，「配偶者に対して住み慣れた環境での生活を継続するための居住権を保障する利益」と「配偶者居住権が設定されることにより自己の取得した建物所有権が制約されることについての建物所有者の不利益」とを比較考量するにあたり，家裁に対し，配偶者居住権の成否，存続期間等を判断すべき旨を指示したものであり，家裁は，配偶者が優先的に配偶者居住権を取得できることを前提に遺産分割の審判をしてはならない，といわれています[注4]。

(4) 特定財産承継遺言による配偶者居住権成立の否定等

上記のように，民法1028条1項は，配偶者居住権の取得事由から「遺産分割方法の指定」を除外し，遺言で配偶者に配偶者居住権を取得させる方法を「遺贈」に限っています。その理由については，「遺産分割方法の指定」によって，つまり「相続させる旨の遺言（特定財産承継遺言）」によって配偶者への配偶者居住権を相続させようとする遺言があった場合，配偶者が相続自体を放棄しない限り配偶者居住権を放棄することができなくなり，配偶者保護に欠ける結果になるためであると説明されています。

もっとも，遺言において，「配偶者に配偶者居住権を相続させる」旨の記載がある場合には，「配偶者に配偶者居住権を遺贈する」と解釈すべきことになるものと考えられます。また，配偶者が配偶者居住権の遺贈の放棄をした場合には，建物の所有者が配偶者居住権の負担のない所有権を取得することになります[注5]。

ところで，民法1028条1項各号には記載はありませんが，「被相続人と配偶者との間に，配偶者に配偶者居住権を取得させる旨の死因贈与契約があるとき」にも，配偶者は配偶者居住権を取得すると考えられます（民法554条による遺贈に関する規定〔民1028条1項2号〕の準用）。

4 配偶者居住権が成立しない場合

(1) 被相続人と第三者による居住建物の共有

被相続人が相続開始の時に居住建物を配偶者以外の者と共有していた場合には，配偶者居住権は成立しません（民1028条1項ただし書）。この場合に配偶

(注4) 潮見佳男『詳解相続法〔第2版〕』（弘文堂，2022）438頁。
(注5) 潮見・前掲（注4）438頁。

者居住権の成立を認めれば，配偶者が当該建物において長期間無償の居住ができることになり，共有持分を有する第三者がこの状況を受忍しなければならず，当該第三者に過大な負担を強いることになって適切ではないと考えられるからです(注6)。また，たとえ被相続人以外の共有者が同意しても，被相続人は，配偶者居住権を配偶者に遺贈することはできません。これは，配偶者居住権は被相続人が居住建物について有していた権利の一部を独立の権利と捉えて配偶者に相続によって承継させようとするものであり，第三者の同意によって生じた権利を同質のものと扱うことはできないからであるとされています。

(2) 居住建物が賃借物件である場合

被相続人の居住建物が賃借物件である場合には，配偶者居住権は成立しません。この場合，賃借権の相続（共同相続）が生じますが，他の共同相続人が賃貸借契約を解除するには持分の過半数を要します（民252条1項）(注7)。被相続人が単独で賃借人であった場合には，別段の相続分指定がない限り，配偶者は法定相続分として被相続人の賃借権の2分の1を相続することになりますから，他の相続人は，配偶者の同意なくして当該賃貸借契約を解除することができません。これにより，配偶者の居住の利益は，一定程度保障されます(注8)。

(3) 内縁配偶者である場合

民法1028条1項の「配偶者」は，法律上被相続人と婚姻をしていた配偶者をいい，内縁配偶者は含まれません。配偶者居住権は基本的には遺産分割等における選択肢を増やす趣旨で創設されたものですが，内縁配偶者はそもそも相続権を有しないことや，内縁配偶者を権利主体に含めると，その該当性をめぐって紛争が複雑化，長期化するおそれがあること等を考慮したものです(注9)。

5 配偶者居住権の効力等

(1) 配偶者居住権の性質・効力

配偶者居住権は，用益物権ではなく，「賃借権類似の法定の債権」です。

配偶者は，従前の用法に従い，善良な管理者の注意をもって，居住建物の

(注6) 堂薗幹一郎ほか編著『一問一答 新しい相続法〔第2版〕』（商事法務，2020）17頁，潮見・前掲（注4）431頁。

(注7) 最判昭29・3・12民集8巻3号696頁。

(注8) 後記5(3)参照。

(注9) 堂薗ほか編著・前掲（注6）11頁。

使用及び収益をしなければなりません（民1032条1項本文）。

配偶者居住権は，民法1037条以下に新たに規定された，後記**12**の配偶者短期居住権とは異なり，配偶者に，居住建物の「使用」の権利だけではなく「収益」の権利を認めています。

ところで，配偶者が従前居住の用に供していなかった部分について，配偶者がこれを居住の用に供することは妨げられません（民1032条1項ただし書）。

例えば，従前，建物の一部を他の相続人が店舗として使用し，その他の部分を配偶者が居住の用に供していた場合には，配偶者が相続開始前に当該建物の全部を使用していなかったときでも，「建物の全部」について配偶者居住権を認めることになります。

後記**8**(1)のように，配偶者居住権は登記が対抗要件となっていますが（民法1031条2項による同法605条の準用），一般的には建物の一部についてのみの配偶者居住権の設定登記は技術的に困難であることから，建物の一部についてのみの配偶者居住権を認めることはできないとされているようです[注10]。

このことに関して，被相続人が，配偶者に配偶者居住権を遺贈する場合において，既に建物の一部を店舗として使用している者Aがあり，被相続人の死後においても当該配偶者居住権にかかわらず，引き続きAにその店舗を確実に使用させたいと考えているときには，被相続人は，建物全体について配偶者に配偶者居住権を遺贈するにあたり，当該Aに店舗部分を使用させるとの負担付きで配偶者居住権を遺贈するのがよいと考えられます[注11]。

ただし，建物の一部が構造上独立していて区分所有の目的となる場合（建物区分1条），区分の登記（不登54条1項2号）が未了でも，所有者が当該部分を譲渡した場合には区分所有が成立するというのが判例[注12]ですから，このような場合には，配偶者の居住部分に限定して配偶者居住権を認めることが可能ではないかと考えられます。

(2) 配偶者居住権の対価及び配偶者居住権と遺留分侵害・特別受益との関係

配偶者は，建物の所有者に対して，配偶者居住権の存続期間中，無償で使用・収益することができますから，建物所有者に対して使用・収益に対する賃料相当額の対価を支払う必要はありません（民1028条1項）。

(注10) 法制審議会民法（相続関係）部会資料15「配偶者の居住権を保護するための方策等」10頁。

(注11) 潮見佳男ほか編著『Before/After相続法改正』（弘文堂，2019）83頁〔阿部裕介〕。

(注12) 大判昭4・2・15民集8巻124頁。

もっとも，配偶者が遺産分割において配偶者居住権を取得する場合は，他の遺産を取得する場合と同様，自らの具体的相続分においてこれを取得することになるため，その財産的価値を評価することが必要になります。また，配偶者が遺贈や死因贈与によって配偶者居住権を取得した場合にも，他に遺産分割の対象となる財産があれば，特別受益（民903条）として配偶者の具体的相続分に影響を与える場合があるほか，他に遺産分割の対象となる財産がない場合にも，遺留分侵害の有無を算定する際には，その財産評価を行う必要が生じます。もっとも，配偶者居住権の遺贈又は死因贈与がされた場合には，民法1028条3項によって同法903条4項の規定が準用されますから，婚姻期間が20年以上の夫婦間において配偶者居住権の遺贈又は死因贈与がされた場合には，これらの遺贈等は，原則として特別受益とは取り扱われないこととなります[注13]。つまり，配偶者居住権の取得そのものは無償ではありません。経済的には，遺産分割時等に対価を払ったのと同じであり，存続期間分の賃料を前払いした賃借権に類似していることになります（なお，「配偶者居住権の価額の評価」については，後記11参照）。

(3) 共有建物に関する配偶者居住権

前記**4**(1)のとおり，相続開始の時に，被相続人が配偶者の居住する建物を配偶者以外の者と共有していた場合には，配偶者居住権は成立しません（民1028条1項ただし書）。

しかし，相続開始の時に，被相続人の単独所有又は被相続人と配偶者との共有であった対象建物が，相続によって相続人の共有となる場合があります。そして，この場合には，配偶者居住権は成立し得ます。

ところで，令和3年の民法改正による新しい民法252条1項は，「共有物の管理に関する事項……は，各共有者の持分の価格に従い，その過半数で決する。共有物を使用する共有者があるときも，同様とする。」と規定しています。この規定は，共有物の管理に関する合意の方法を定めたものであり，共有者の一人から共有物の使用権を設定された第三者に対しては，この規定によってその権利を消滅させ引渡しを求めることはできません。

民法252条1項は，遺産共有にも適用されることを前提としていますが，相続人により共有されている建物につき，相続人の一人である被相続人の配偶者が配偶者居住権や配偶者短期居住権を取得した場合には，別途，後記**10・12**の配偶者居住権等の消滅の要件（民1032条4項・1038条3項）を満たさな

（注13）　堂薗ほか編著・前掲（注6）27頁以下。

い限り，配偶者居住権等は存続します。そのため，仮に共有者（配偶者居住権者を除く相続人）全員で当該配偶者以外の相続人に当該建物を使用させる旨を決定したとしても，配偶者居住権等を消滅させることはできず，当該配偶者に建物の明渡しを求めることはできません[注14]。

6 配偶者と居住建物所有者との間の権利義務

(1) 配偶者による居住建物の増改築・賃貸等

配偶者居住権を有する配偶者は，居住建物の所有者の承諾を得なければ，居住建物の改築もしくは増築をし，又は第三者に居住建物の使用もしくは収益をさせることはできません（民1032条3項）が，所有者の承諾を得れば，これらのことができます。なお，この場合，所有者の承諾に代わる裁判所による許可のような制度はありません。

民法1032条3項にいう「第三者」は，原則として配偶者以外の者をいいますが，その該当性については，基本的には，使用貸借契約について類似の規律を定めた同法594条2項と同様の解釈がされます。配偶者居住権は，配偶者の居住を目的とする権利ですから，配偶者がその家族や家事使用人と同居することは当然に予定されています。また，これらの者は配偶者の占有補助者にすぎず，独立の占有を有しないと考えられますから，同居させたとしても第三者に居住建物を使用収益させたことにはなりません。したがって，配偶者がその家族や家事使用人を居住建物に住まわせて使用させるためには，居住建物の所有者の承諾を得る必要はありません[注15]。

配偶者が，所有者の承諾を得て第三者に居住建物を賃貸することは，一定期間経過後に，再び配偶者がその建物で生活を営むことも可能となるため，配偶者の居住権の保護という趣旨にも合致すると考えられます。

配偶者居住権を有する配偶者が，居住建物の所有者の承諾を得て，第三者に居住建物を使用・収益させている場合については，民法は，賃貸借における適法な転貸が行われたときの効果を定めた同法613条を準用していますので（民1036条），次の効果が発生します。

① その第三者は，配偶者が居住建物の所有者に対して負っている債務の範囲を限度として，居住建物の所有者に対して，配偶者とその第三者との契約に基づく債務を直接履行する義務を負います（民613条1項）。

[注14] 村松秀樹＝大谷太編著『Q&A 令和3年改正民法・改正不登法・相続土地国庫帰属法』（金融財政事情研究会，2022）64頁。

[注15] 堂薗ほか編著・前掲（注6）24頁，潮見・前掲（注4）444頁。

賃借した第三者が所有者に対して賃貸借に基づく債務を直接履行する義務を負うと考えられるのは，具体的には，賃料支払債務，損害賠償義務，目的物の返還義務です。もっとも，賃料支払債務は賃借人が賃貸人に対して負う債務額を上限としますから，配偶者居住権が無償の権利であることを考えると，居住建物の賃借人が所有者に対して賃料支払債務を直接履行する義務を負うことはないと考えられます。他方，賃借人は，居住建物を損壊した場合の損害賠償債務や，配偶者居住権が消滅した場合の建物の返還債務については，所有者に対して直接の履行義務を負うと考えられます。

② ①の場合，居住建物の所有者が配偶者に対してその権利を行使することは妨げられません（民613条2項）。

③ 居住建物の所有者は，配偶者居住権を合意により消滅させたことをもって，その第三者に対抗することはできません。ただし，配偶者居住権の合意による消滅当時において，居住建物の所有者が配偶者居住権を消滅させることが可能であった場合（後記**10**の「配偶者居住権の消滅」参照）はこの限りではありません（民613条3項）。

(2) 居住建物の修繕

配偶者居住権を有する配偶者は，居住建物の使用及び収益に必要な修繕をすることができます。つまり，居住建物について第一次的な修繕権を有しています（民1033条1項）。なお，居住建物をその使用収益に適する状態に維持・保存するための修繕費は，配偶者の負担となります。

もっとも，居住建物の修繕が必要な場合において，配偶者が相当期間内に必要な修繕を行わないときは，居住建物の所有者は，その修繕をすることができます（民1033条2項）。

また，配偶者は，自ら修繕をしないときには，居住建物の所有者が修繕の必要性を既に知っている場合を除いて，その所有者に対し遅滞なく修繕の必要性を通知する義務があります。なお，配偶者が自らこの修繕を行う場合には，居住建物の所有者に対してこの通知を行う義務はありません（民1033条3項）。

この居住建物の修繕に関する権利義務の在り方は，賃貸借契約の場合とは異なるので，注意を要します（民606条1項参照）。

(3) 必要費・有益費の負担

配偶者居住権を有する配偶者は，居住建物の「通常の必要費」を負担しな

70 第1章 婚姻関係 第3 配偶者の生活保護

ければなりません（民1034条1項）。通常の必要費には，例えば，居住建物の
固定資産税などが含まれます。この規定も，賃貸借契約の場合とは異なるの
で，注意を要します（民608条1項参照）。

「通常の必要費以外の費用（特別の必要費・有益費）」については，買戻しの
規定が準用され，建物所有者は，民法196条の規定に従い，配偶者に対し費
用の償還をしなければなりません（民法1034条2項による同法583条2項の準用）。
つまり，通常の必要費以外の費用のうち特別の必要費を配偶者が負担したと
きは，居住建物の所有者は，配偶者居住権が消滅した時に配偶者にその負担
額を償還しなければならず，通常の必要費以外の費用のうち有益費を配偶者
が負担したときは，建物所有者は，配偶者居住権が消滅した時に，その建物
の価格の増加が現存する場合に限り，居住建物の所有者の選択に従い，配偶
者が支出した金額又は増価額を償還しなければなりません。ただし，裁判所
は，居住建物の所有者の請求により，有益費の償還について相当の期限を許
与することができます（民196条1項・2項参照）。

ここでいう「特別の必要費」には，例えば，風が吹くと屋根瓦が落ちて危
険な状態になり，垂木も腐って取り換える必要があったため修理し，屋内の
配線の被覆がとれて裸線になっていたため配線の修理をした場合に支出した
費用などをいいます(注16)。また，「有益費」とは，物の保存のために必要な
費用ではなく，物を改良し，物の価値を増加するような費用をいいます。

配偶者が居住建物の所有者に対し行う費用償還請求は，配偶者居住権が消
滅し配偶者が居住建物を返還してから1年以内に行わなければなりません
（民法1036条による同法600条1項の準用）。

7 配偶者居住権の存続期間

配偶者居住権の存続期間は，配偶者の終身の間となります（民1030条本文）。
ただし，遺産分割の協議，審判，遺言において自由に定めることができます
（同条ただし書）。

存続期間が一定期間と定められた場合，配偶者居住権を有する配偶者は，
配偶者居住権の期間延長を当該建物所有者に対して請求することはできませ
ん(注17)。これは，配偶者居住権の存続期間に応じて配偶者居住権の財産評
価がされているため，存続期間の延長が認められてしまうと，その分だけ配
偶者居住権の評価額が高くなり，相続人間での遺産分割の前提が崩れてしま

（注16）　京都地判昭34・7・4下民10巻7号1458頁。
（注17）　堂薗ほか編著・前掲（注6）30頁。

うからです。

そのため，存続期間が定められ，その経過後も配偶者が当該建物に住み続けたい場合には，当該配偶者は，建物所有者との間で，新たに賃貸借契約又は使用貸借契約を締結する必要があります。

8 配偶者居住権の対抗力

(1) 配偶者居住権の登記

配偶者居住権は，登記したとき，居住建物について物権を取得した者その他の第三者に対抗することができることになります（民法1031条2項による同法605条の準用）。

登記事項は，権利に関する登記について共通する事項（不登59条）のほか，存続期間（不登81条の2第1号），第三者に居住建物の使用又は収益をさせることを許容する定めがあるときはその定め（同条2号）です。

配偶者居住権の対抗要件は登記に限定されていますが，その理由は，次のとおりです。

第1に，配偶者居住権は，相続開始時に配偶者がその建物に居住していたことが成立要件になっていることから，占有を対抗要件として認めると，ほとんどすべての事例で配偶者居住権の成立と同時に対抗要件を備えてしまうことになり，被相続人の債権者が相続開始前に差押え等の債権保全手段を講じるなどして，逆に配偶者の居住権が保護されない事態が生じることになります。

第2に，賃借権の場合には，その対象建物の所有権を取得した者が賃借権の存在を知らなかった場合でも，その後の賃料を取得することができるのに対し，配偶者居住権の場合には，その存続期間中所有者は賃料収入を得られないことになるため，第三者に権利内容を適切に公示すべき必要性が高いことになります。

上記民法1031条2項にいう配偶者居住権が対抗できる「居住建物について物権を取得した者その他の第三者」とは，①当該建物の所有権を譲り受けた者，②当該建物につき抵当権の設定を受けた者，③当該建物を差し押さえた相続債権者及び相続人債権者，です。

ところで，例えば，被相続人が建物とその敷地を所有しており，遺産分割において，その配偶者が配偶者居住権を，他の相続人がその建物とその敷地双方の所有権を取得した場合に，当該他の相続人がその後第三者にその敷地の所有権を譲渡したときでも，その譲渡の際に当該建物のために敷地利用権

72　第1章　婚姻関係　第3　配偶者の生活保護

（賃借権等）が設定されていれば，その配偶者は，当該第三者に対し，建物所有者が有する敷地利用権を援用することができ，第三者からの建物退去請求を拒むことができます。

　しかし，例えば，遺産分割により建物とその敷地双方の所有権を取得した他の相続人が，その建物のための敷地利用権を設定せずにその敷地を第三者に売却した場合には，配偶者が配偶者居住権の登記を済ませていたとしても，その敷地の譲受人は，上記の「居住建物について物権を取得した者その他の第三者」には当たりませんから，配偶者は，その第三者に対し，居住建物の占有権原としての配偶者居住権を主張することができません。もっとも，この場合は，上記の他の相続人が配偶者を追い出すために仕組んだ売買である疑いが濃厚であり，そのような場合には，権利の濫用あるいは民法90条違反の売買とされて，配偶者が保護されると考えられます[注18]。

(2)　配偶者の登記請求権

　「居住建物の所有者は，配偶者（配偶者居住権を取得した配偶者に限る。）に対し，配偶者居住権の設定の登記を備えさせる義務を負う。」（民1031条1項）と規定されています。この点は，賃貸人に登記義務がない不動産賃貸借とは大きく異なります。

　配偶者居住権の設定登記は，原則として，配偶者と建物所有者との共同申請になります。

　ただし，配偶者居住権を配偶者に取得させる旨の遺産分割審判において，審判の主文で登記義務の履行を命じる旨が明示されている場合には，配偶者は，この審判に基づいて，単独で登記申請をすることができます（不登63条1項）。これは，登記義務の履行を命ずる審判は，執行力のある債務名義と同一の効力を有するものとされているので（家事75条），一方の当事者に対し，特定の登記義務の履行を命ずる審判が確定したときは，その者の登記申請の意思表示が擬制され（民執177条1項本文），他方の当事者は，単独で当該登記の申請をすることができると考えられるからです。

　配偶者居住権の登記の前提として，居住建物の所有権の移転の登記が未了の場合は，配偶者は，保存行為として，相続を原因とする所有権移転登記手続をする必要があります。

(3)　配偶者居住権に基づく妨害停止要求・返還請求

（注18）　法制審議会民法（相続関係）部会資料6「配偶者の居住権を法律上保護するための方策等」12～13頁，潮見・前掲（注4）448頁。

配偶者は，配偶者居住権の登記を備えた場合には，次の各場合において，次の各請求をすることができます（民法1031条2項による同法605条の4の準用）。

① 居住建物の占有を第三者が妨害しているとき，その第三者に対する妨害の停止の請求

② 居住建物を第三者が占有しているとき，その第三者に対する返還の請求

9 配偶者居住権の譲渡禁止

民法は，配偶者居住権を創設するにあたり，配偶者居住権の譲渡を明文で禁じています（民1032条2項）。

法制審議会の民法（相続関係）部会の資料によれば，当初，「居住建物の所有者の承諾がある場合には，配偶者居住権を譲渡することができる」とされていました[注19]。しかし，配偶者居住権は配偶者自身の居住環境の継続性を保護するためのものですから，第三者に対する配偶者居住権の譲渡を認めることは，制度の趣旨との関係で必ずしも整合的であるとはいえず，法制的にも問題があるとされ，結局，配偶者居住権の譲渡は禁止されました。

配偶者居住権の譲渡が禁止されると，配偶者が転居せざるを得なくなった場合の投下資本（配偶者居住権は財産評価の対象となり，配偶者の具体的相続分の範囲内で取得されるものであるため）の回収が問題になりますが，建物所有者に買い取ってもらうことのほか（ただし，配偶者に買取請求権があるわけではなく，あくまで建物所有者との合意が必要です。），上記のとおり，居住建物の所有者の承諾を得たうえで第三者に居住建物を賃貸することが考えられます。

配偶者居住権は譲渡性のない債権ですから，これを強制執行の対象とすることもできません。もっとも，配偶者居住権の登記がされる前に当該建物に対する差押えがされたときには，この配偶者居住権には対抗力が認められませんから，差押えをした相続債権者や相続人債権者は，配偶者居住権の設定のない建物価値を引当てとすることができます。

10 配偶者居住権の消滅

(1) 配偶者居住権の消滅事由

配偶者居住権の消滅事由としては，次のものがあります。

① 存続期間の満了（民法1036条による同法597条1項の準用）

② 配偶者の死亡（民法1036条による同法597条3項の準用）

配偶者居住権は相続の対象とはなりません。

（注19） 法制審議会民法（相続関係）部会資料25-1「要綱案のたたき台(4)」5頁。

③　建物の全部滅失等（民法1036条による同法616条の2の準用）

④　居住建物が配偶者の所有財産となった場合

混同（民520条）による配偶者居住権の消滅です。

ただし，配偶者以外の者が居住建物の共有持分を有するときは，配偶者居住権は消滅しません（民1028条2項）。これは，借地権に関する借地借家法15条2項類似の規定です。

⑤　配偶者が配偶者居住権を放棄した場合

配偶者居住権は法定の債権ですから，配偶者は放棄できます。

⑥　配偶者が義務違反をした場合

配偶者が，「従前の用法に従い，善良な管理者の注意をもって，居住建物の使用及び収益をする義務」（民1032条1項）又は「所有者の承諾を得ないで，居住建物の改築若しくは増築をし，又は第三者に居住建物の使用若しくは収益をさせてはならない義務」（同条3項）に違反した場合です。

この場合には，居住建物の所有者が，相当の期間を定めて違反を是正の催告をし，その期間内に是正がされないときは，居住建物の所有者は，配偶者に対する意思表示によって配偶者居住権を消滅させることができます（民1032条4項）。

(2)　配偶者居住権消滅後の配偶者の権利義務

(a)　配偶者居住権が消滅した場合の配偶者の義務

(ア)　返還義務　　配偶者は，配偶者居住権が消滅したときは，居住建物の返還をしなければなりません。ただし，配偶者が居住建物について共有持分を有する場合は，居住建物の所有者は，配偶者居住権が消滅したことを理由としては，居住建物の返還を求めることができません（民1035条1項）。

(イ)　附属物収去義務　　配偶者が居住建物を返還するときは，相続開始後に居住建物に附属させた物を収去する義務を負います。ただし，居住建物から分離することができない物又は分離するのに過分な費用を要する物については，この限りではありません（民法1035条2項による同法599条1項の準用）。

(ウ)　原状回復義務　　配偶者が居住建物を返還するときは，通常の使用収益によって生じた損耗や経年劣化を除いて，相続開始後に居住建物に生じた損傷を原状に復する義務を負います（民法1035条2項による同法621条の準用）。

(b)　配偶者居住権が消滅した場合の配偶者の権利

配偶者が居住建物を返還するときは，相続開始後に居住建物に附属させた物を収去することができます（民法1035条2項による同法599条2項の準用）。

設問 2　配偶者居住権・配偶者短期居住権　　75

(3)　配偶者居住権消滅後の配偶者の権利義務の相続

　配偶者居住権の消滅が配偶者の死亡によるときには，配偶者居住権消滅後の上記(2)記載の配偶者の権利義務は，配偶者の相続人が相続によって承継します。

(4)　配偶者居住権の消滅と第三者

　配偶者が所有者の承諾を得て配偶者居住権の対象建物を第三者に適法に賃貸していた場合において，上記(1)の①〜⑥の理由によって配偶者居住権が消滅した場合には，当該第三者は所有者に対し，当該建物を返還する義務があります（民法1036条による同法613条の準用）。

　それでは，所有者と配偶者居住権を有する配偶者との間で配偶者居住権の「合意解約」が行われた場合には，上記の適法な賃貸を受けていた第三者には，対象建物の返還義務が生じるでしょうか。この場合には，所有者は，当該第三者に対して，配偶者居住権の合意解約を，原則として対抗することができません。ただし，その解約の当時，所有者が，民法1032条4項によって，当該配偶者に対し配偶者居住権の消滅を請求できる場合には，民法1036条による同法613条3項ただし書の準用があると考えられます。

11　配偶者居住権の価額の評価

(1)　配偶者居住権の価額の評価の意義

　配偶者が遺産分割において配偶者居住権を取得する場合，他の遺産を取得する場合と同様，自己の具体的相続分において取得することになり，その財産的価値を評価することが必要となります。また，配偶者が遺贈や死因贈与によって配偶者居住権を取得した場合においても，他に遺産分割の対象となる財産があれば，特別受益（民903条）との関係で，その評価が必要です。遺産分割の調停や審判では，配偶者居住権の価額について当事者間で合意が成立すればそれによりますが，合意が成立しなければ，家裁が鑑定人を選任し鑑定することになります。

(2)　配偶者居住権の価額の算定方法

　　(a)　配偶者居住権の価額の算定方法についてはいろいろな方式が考えられるところですが，平成31年度税制改正において新設された相続税法23条の2は，相続税における配偶者居住権等の価額の評価方法について規定しました[注20]。今後は，基本的にはこれによって配偶者居住権の価額を算定する

　（注20）　国税庁は，ホームページ掲載の「タックスアンサー（よくある税の質問）」の「No.4666　配偶者居住権等の評価」において，配偶者居住権等の価額の評価方法を解説しています。

76　第1章　婚姻関係　第3　配偶者の生活保護

ことが考えられます。

　上記規定によれば，配偶者居住権（建物部分）の価額は以下のように計算されます。

| 居住建物の相続税評価額 | − | 居住建物の相続税評価額 | × | $\dfrac{\text{耐用年数}－\text{経過年数}－\text{存続年数}}{\text{耐用年数}－\text{経過年数}}$ | × | 存続年数に応じた法定利率による複利現価率 |

　①　建物の「耐用年数」から建築当初から相続発生までの「経過年数」を引いたものを「残存年数」といいます。なお，ここでの耐用年数は，減価償却資産の耐用年数等に関する省令（令和6年財務省令第30号）が定めている，建物の構造に応じた住宅用建物の法定耐用年数を1.5倍した年数を使用します。

　②　「存続年数」とは，配偶者居住権が存続する年数です。終身とした場合は平均余命を用います。遺産分割協議書で存続年数を10年と定めたならばその年数となりますが，遺産分割協議時点での平均余命が7年のときは7年となります。

　③　上記の（建物の残存年数−存続年数）／建物の残存年数は，建物の相続時の価値を100％とした場合の，配偶者居住権消滅時点での建物の価値を表しています。例えば，残存年数が20年，配偶者の平均余命が15年なら（20−15）/20で25％となり，これに建物の相続税評価額を掛けると配偶者居住権消滅時点の建物の評価額となります。

　④　配偶者居住権が消滅するのは配偶者居住権設定時点では将来のことなので，上記配偶者居住権消滅時点での評価額に複利現価率（存続年数に応じた法定利率による複利現価率）(注21)を掛けて配偶者居住権消滅時の建物評価額の現在価値を算出し，それを建物の相続税評価額から控除することにより配偶者居住権の価額を算出します。

　なお，居住建物の一部が賃貸の用に供されている場合，又は被相続人が相続開始の直前において居住建物をその配偶者と共有していた場合には，配偶者居住権（建物部分）の価額は，次の算式により計算した金額となります。

───────────────

　　なお，本項では，国税庁のホームページの記載を引用しています。
（注21）「存続年数に応じた法定利率による複利現価率」とは，将来の価値を現在の価値に引き直すために用いるライプニッツ係数で，法務省令で定められています。民法改正施行時の法定利率3％によると，5年0.863，10年0.744，15年0.642等です。

設問2　配偶者居住権・配偶者短期居住権　　77

| 居住建物が賃貸の用に供されておらず，かつ，共有でないものとした場合の相続税評価額 | × | 賃貸の用に供されている部分以外の部分の床面積 / 居住建物の床面積 | × | 被相続人が有していた持分割合 |

　(b)　配偶者居住権は，建物を使用することによりその建物の敷地を利用することになるので，配偶者居住権を取得するということは，配偶者居住権に基づく居住家屋の敷地利用権も一緒に取得することになります。

　①　配偶者居住権（敷地利用権部分）の評価は，土地の相続税評価額から「土地の相続税評価額に土地の相続税評価額の存続年数に応じた複利現価率を掛けた額」を控除した額となります。すなわち，配偶者居住権が消滅する時の土地の価値は，土地の相続税評価額そのものとなるため，この価額を現在価値に割り戻すことで相続開始時点における配偶者居住権（敷地利用権部分）を除いた土地の価額，つまり土地の所有権部分を算出し，これを土地の相続税評価額から控除することによって配偶者居住権（敷地利用権部分）の額を算出します。

　②　その計算式は，次のとおりです。

| 居住建物の敷地の用に供される土地の相続税評価額 | − | 居住建物の敷地の用に供される土地の相続税評価額 | × | 存続年数に応じた法定利率による複利現価率 |

　居住建物の一部が賃貸の用に供されている場合，又は被相続人が相続開始の直前において居住建物の敷地を他の者と共有し，もしくは居住建物をその配偶者と共有していた場合には，配偶者居住権（敷地利用権部分）は次の計算式により計算した金額となります。

| 居住建物が賃貸の用に供されておらず，かつ土地が共有でないものとした場合の相続税評価額 | × | 居住建物の賃貸の用に供されている部分以外の床面積 / 居住建物の床面積 | × | 被相続人が有していた居住建物の敷地の持分割合と当該建物の持分割合のうちいずれか低い割合 |

　(c)　(a)の配偶者居住権（建物部分）と(b)の配偶者居住権（敷地利用権部分）の各評価額の合計が，配偶者が配偶者居住権の設定により享受する利益であると考えられます。

12　配偶者短期居住権

(1) 配偶者短期居住権の意義及び内容

(a) 成立要件　令和２年４月１日施行の改正民法（相続関係）の民法1037条で新たに創設された配偶者短期居住権制度は，①被相続人の配偶者が，②被相続人所有の建物に，③相続開始の時点で，④無償で居住していること，を要件として認められる配偶者の権利で，その存続期間は同条１項１号と２号に規定されています。配偶者短期居住権が成立するのは，被相続人の法律婚配偶者についてだけであり，内縁配偶者には成立しません。

前記2のように，配偶者居住権が関係者の意思表示等によってはじめて設定される権利であるのに対し，配偶者短期居住権は，被相続人の所有する建物にその配偶者が相続開始時に無償で居住していた場合に，誰の意思表示も待たず，相続開始時に当然に発生する権利です。居住させる債務を負担するのは，当該建物を共有する他の相続人又は居住建物取得者です。

なお，配偶者が，相続開始の時において居住建物に係る配偶者居住権を取得したとき，又は配偶者が欠格事由に該当し又は廃除により相続権を失ったときには，配偶者短期居住権は成立しません（民1037条１項ただし書）。

(b) 存続期間

(ｱ)　民法1037条１項１号の場合　居住建物について配偶者を含む共同相続人間で遺産の分割をすべき場合において，被相続人の配偶者は，被相続人の財産に属した建物に相続開始の時に無償で居住していたときには，その居住していた建物の所有権を相続又は遺贈により取得した者（以下「居住建物取得者」といいます。）に対し，遺産の分割によりその建物の帰属が確定した日又は相続開始の時から６か月を経過する日のいずれか遅い日までの間は，その建物を無償で使用する権利を有します（民1037条１項１号）。なお，相続開始後，配偶者短期居住権が存続している間に，配偶者が配偶者居住権を取得した場合には，配偶者短期居住権は消滅します（民1039条）。

(ｲ)　民法1037条１項２号の場合　居住建物について配偶者が遺産分割の当事者とならない場合には，配偶者短期居住権は，相続開始時期を始期，居住建物取得者による配偶者短期居住権の消滅申入れの日から６か月を経過する日を終期として存続します（民1037条１項２号）。

なお，配偶者が遺産分割の当事者とならない場合とは，具体的には，①配偶者以外の共同相続人に対して居住建物を相続させる遺言がされた場合，②配偶者以外の共同相続人の一人又は相続人以外の者に対して居住建物の遺贈又は死因贈与がされた場合，③配偶者が相続放棄をした場合，④配偶者が遺

言により相続分をゼロと指定された場合，⑤配偶者が遺言により居住建物について相続させないものとされた場合です。また，居住建物取得者は，上記1号の場合を除き，配偶者に対し，いつでも配偶者短期居住権消滅の申入れをすることができます（民1037条3項）。

(c) 配偶者短期居住権の消滅原因

配偶者短期居住権の消滅原因としては，①存続期間の満了（民法1037条1項各号に規定する日が経過した時），②居住建物取得者による消滅請求（民1038条3項。配偶者が用法遵守義務，善管注意義務に違反した場合は，居住建物所有者はその意思表示で無催告で配偶者短期居住権を消滅させることができます。居住建物が共有の場合は，各共有者は単独で上記意思表示をすることができます。），③配偶者による配偶者居住権の取得（民1039条。配偶者居住権が未登記の場合でも消滅します。），④配偶者の死亡（民法1041条による同法597条3項の準用），⑤居住建物の全部滅失（民法1041条による同法616条の2の準用）等が挙げられます。

(2) 配偶者短期居住権の法的性質等

配偶者短期居住権は，「使用借権類似の法定の債権」です。相手方が複数の場合には，相手方ごとに成立します。

配偶者短期居住権には，配偶者居住権とは異なり，登記請求権や第三者対抗力は認められません。

配偶者短期居住権は，帰属上の一身専属権であり，これを譲渡することはできません。譲渡できないことは，配偶者居住権の場合と同様です（民法1041条による同法1032条2項の準用）。

配偶者が死亡した場合には当然に消滅し，相続の対象にはなりません（民法1041条による同法597条3項の準用）。

なお，配偶者短期居住権により配偶者が得た利益については，配偶者居住権の場合とは異なり，配偶者の具体的相続分からその価額を控除することを要しません[注22]。

(3) 配偶者と居住建物取得者との間の権利義務

(a) 建物を所有している被相続人が死亡した場合において，その被相続人と共にその建物に同居していた配偶者は，その居住建物について配偶者短期居住権を取得します。しかし，相続開始時点で配偶者がその居住建物の一部のみを使用し，残余部分を使用していなかった場合，例えば，被相続人と配偶者が当該建物の1階に居住し，2階は第三者が使用し配偶者は使用して

(注22) 潮見・前掲（注4）398頁。

いなかった場合には，配偶者短期居住権は当該建物の1階だけに認められ，2階には及びません。この点は，前記**5**のように居住建物全体について成立することになる配偶者居住権とは異なります。また，配偶者と他者が従前から共同して無償使用していた建物部分についても，配偶者短期居住権が及びます。例えば，居住建物が2階建ての二世帯住宅で，被相続人と配偶者は2階に居住し，1階には長男一家が居住していたが，配偶者も1階の玄関と台所だけは長男一家と共同使用していた場合には，配偶者短期居住権は，2階だけではなく1階のうち玄関と台所にも及びます。

　(b)　配偶者短期居住権において配偶者に認められているのは，居住建物の「使用」であり，「収益」は認められておらず（民1038条1項，配偶者居住権の場合とは異なります。），配偶者は，従前の用法に従い，善良な管理者の注意をもって居住建物を使用しなければなりません（同項）。配偶者も居住建物に係る収益権限を従前から有している場合には，相続開始前から被相続人と配偶者との間で使用貸借契約が成立していたと考えられ，配偶者短期居住権でこれを保護する必要はないと考えられます。

　さらに，配偶者短期居住権を有する配偶者は，居住建物取得者の承諾を得なければ，第三者に居住建物の使用をさせることができません（民1038条2項）。また，配偶者居住権とは異なり，第三者に収益をさせることもできません。ただ，ここにいう第三者には占有補助者は含まれません（配偶者居住権に関する解説の上記**6**(1)参照）。したがって，配偶者は，配偶者短期居住権の成立前からの占有補助者について，居住建物取得者の承諾なく，使用を継続させることができますし，配偶者短期居住権の成立後に配偶者を介護する等の目的で新たに配偶者の親族等が同居する場合についても，配偶者居住権の場合と同様，建物所有者の承諾なく，当該建物に占有補助者として同居できると考えられます[注23]。もっとも，配偶者短期居住権の成立後に配偶者が新たにその親族を同居させることについては，異論もあるようです[注24]。

　(c)　配偶者短期居住権については，配偶者が「通常の必要費」を負担しますが（民1041条・1034条1項），これは使用貸借における規定（民596条）と同様です。他方，通常の必要費以外のその他の経費（特別の経費。例えば，不慮の災害による損傷に関する建物の修繕費）を配偶者が負担したときは，居住建物取

[注23]　堂薗ほか編著・前掲（注6）48頁，潮見・前掲（注4）412頁，安達敏男ほか『相続実務が変わる！相続法改正ガイドブック』（日本加除出版，2018）42頁。
[注24]　潮見ほか編著・前掲（注11）149頁〔全未来〕。

設問2　配偶者居住権・配偶者短期居住権　81

得者は当該建物の返還時に配偶者が負担した額を償還することになります。また，有益費（例えば，リフォーム工事費用）を配偶者が負担したときは，配偶者が当該建物を建物所有者に返還する場合に，その価格が現存する限り，居住建物取得者の選択に従い，配偶者はその支出した金額又は増加額を請求することができます。ただし，居住建物取得者は，この費用償還につき裁判所から相当の期限の許与を受けることができます（民法1041条による同法1034条2項・583条2項・196条の準用）。なお，配偶者が居住建物取得者に上記費用償還請求する場合は，配偶者短期居住権が消滅し，配偶者が居住建物を返還してから1年以内に行わなければなりません（民法1041条による同法600条1項の準用）。

　修繕に関しては，配偶者短期居住権は法定債権ですから，修繕義務の内容について規定が設けられていて，配偶者居住権の規定が準用されています（民法1041条による同法1033条の準用）。すなわち，第一次的修繕権が配偶者に認められ，配偶者は居住建物取得者に通知義務を負うことなく修繕することができます。他方，修繕が必要なのに配偶者が相当の期間内に必要な修繕をしないときは，居住建物取得者が修繕をすることができます。

　また，配偶者が自ら修繕しない場合には，配偶者は，居住建物取得者に対して，居住建物取得者が既に知っているときを除き，修繕の必要を，遅滞なく通知しなければならず，また，居住建物について権利を主張する者があるときも，配偶者は，居住建物取得者に対して，居住建物取得者が既に知っているときを除き，その旨を，遅滞なく通知しなければなりません。

⑷　配偶者短期居住権の消滅時における配偶者の権利義務

　配偶者は，配偶者が配偶者居住権を取得した場合を除いて，配偶者短期居住権が消滅したときは，居住建物の返還をしなければなりません（民1040条1項本文）。ただし，配偶者が居住建物について共有持分を有する場合は，居住建物取得者は，配偶者短期居住権が消滅したことを理由としては，居住建物の返還を求めることができません（同項ただし書）。

　配偶者短期居住権の消滅に伴う建物の返還にあたって，配偶者が相続開始後に附属させた物がある場合には，それを収去する義務を負い，また，自ら収去する権利があります（民法1040条2項による同法599条1項本文及び2項の準用）。ただし，配偶者が附属させた物であっても分離することができない場合や分離するのに過分な費用を要する場合については，配偶者は収去義務を負いません（民法1040条2項による同法599条1項のただし書の準用）。

　配偶者が居住建物を毀損した場合，それが善管注意義務違反に該当すれ

ば，居住建物取得者の意思表示により配偶者短期居住権を消滅させることができます（民1038条3項）。

配偶者短期居住権の消滅に伴う建物の返還にあたって，配偶者は，相続の開始後に生じた損傷がある場合においては，賃借人が負う原状回復義務と同様の義務を負うことになります（民法1040条2項による同法621条の準用）。したがって，配偶者は，通常の使用によって生じた建物の損耗並びに賃借物の経年劣化による損傷を除いて，相続開始後に生じた損傷について原状回復義務を負います。ただし，賃借人が負う原状回復義務と同様に，配偶者の責めに帰することができない事由により生じた損耗については，配偶者は，原状回復義務を免れることになります。

5　配偶者居住権の遺贈

――事例――

長年連れ添ってきた妻に，私が所有し共に暮らしている建物につき私が死亡した後も妻が安心して暮らしていけるように，配偶者居住権を取得させたいと思っています。どのようにしたらよいですか。

――文例――

配偶者居住権の遺贈

第1条（不動産の相続）
　遺言者甲は，遺言者が所有する下記の土地及び建物を，長男丙（平成〇年〇月〇日生）に相続させる。
　ただし，次条記載の配偶者居住権の負担付きとし，丙は，次条記載の配偶者居住権の存続期間中に，遺言者甲の妻乙（昭和〇年〇月〇日生）の意思に反して当該配偶者居住権が消滅しないように，また，乙が新たな負担を負うことなく当該配偶者居住権を十全に行使できるように，適切な措置を講ずる義務を負うものとする。
（土地建物の表示）
　　〔省略〕

［文例５］　配偶者居住権の遺贈　　83

第２条（配偶者居住権の遺贈）
1　遺言者甲は，遺言者の所有する前条記載の建物について，無償で使用及び収益をする権利（配偶者居住権）を，乙に遺贈する。
2　前項記載の配偶者居住権の存続期間は，乙の死亡の時までとする。

説　明

1　配偶者居住権の設定

　配偶者居住権は，遺産分割協議，遺産分割調停・審判，遺贈及び死因贈与契約によって設定できます。本文例は，遺言で遺贈により配偶者居住権を設定しようとする例であり，対象となる建物の所有権については，被相続人の長男に相続させようとする事例です。なお，配偶者居住権に関する改正民法の施行日は，令和２年４月１日でしたから，同日より前の遺言では，配偶者居住権を遺贈することはできませんでした。

2　配偶者居住権の成立要件

　配偶者居住権は，配偶者が相続開始時において当該建物に居住していることが必要となります。たとえ遺言時において配偶者が当該建物に居住していても，相続開始時までに転居していれば配偶者居住権は成立しません。その場合には，当該建物の所有権を相続する者（本文例では被相続人の長男丙）は，配偶者居住権の負担のない建物所有権を取得することになります。当該配偶者が，配偶者居住権の遺贈を放棄した場合も同様です。

3　遺贈者の建物所有権

　配偶者居住権を設定するためには，原則として，当該建物の所有権全部が遺贈者（被相続人）に属することが必要です。もっとも，当該建物が遺贈者と配偶者の共有である場合には，配偶者居住権の設定が認められます。また，配偶者居住権の対象は建物であり，建物の敷地については，建物の使用に伴う限度において土地の利用ができることになります。

　配偶者居住権を建物の一部に限定して設定することについては消極と解釈されています。設定登記ができないからです。したがって，もし区分建物にすることができる建物であれば，その措置をしてから遺贈するのがよいと考えられます。

4　配偶者居住権の対抗要件

　本文例の場合，遺言者の長男は，配偶者居住権の負担付きの建物の所有権

84　第1章　婚姻関係　第3　配偶者の生活保護

を相続により取得することになります。しかし，遺言者の長男は，相続後に，この負担を無視して当該建物とその敷地である土地を第三者に売却することもあり得ます。遺言者の死後，配偶者居住権の遺贈を受けた配偶者が当該配偶者居住権の登記をしておけば，建物の所有権を遺言者の長男から譲り受けた善意の第三者にも配偶者居住権を対抗できることになり，配偶者居住権を維持することができます。

5　その他の注意事項

　本文例の第1条ただし書は，配偶者居住権の行使にあたって配偶者にこのような不測の負担が生じないように，不動産の相続人である長男に，配偶者居住権の行使に支障が生じないような適切な措置を講ずべき義務を課したものであり，そうした負担付きで不動産を相続させる内容の条項となっています。なお，いわゆる「相続させる遺言」（特定財産承継遺言）で配偶者居住権を設定することについては消極と解されていますから，遺言で配偶者居住権を設定する場合には注意を要します。

第2章

婚姻費用

設問1　婚姻費用の意義・法的性質　　87

第1　婚姻費用等

▶設問1　婚姻費用の意義・法的性質

　　婚姻費用とは具体的に何ですか。婚姻費用の分担が問題になるのはどういう場合で，その割合はどのように考えたらよいのですか。

解　説

1　夫婦間の扶助義務と婚姻費用の分担義務

　民法は，夫婦には相互に協力扶助する義務があることを規定する（民752条）とともに，夫婦は，その資産，収入その他一切の事情を考慮して，婚姻共同生活を営むための費用を分担すべきことを規定しています（民760条）。両規定は，いずれも，夫婦及び未成熟子を構成員とする婚姻生活共同体の維持のために，自分と同一程度の生活を相手に保持させる義務，いわゆる生活保持義務を前提としており，夫婦間の扶養や未成熟子の扶養は，婚姻費用を分担することによって実現するものと解されています(注1)。そして，家庭裁判所の実務では，この考え方を基本として婚姻費用分担金の算定を行っており，使用されている算定表（標準算定方式・算定表及び改定標準算定方式・算定表）もこの考え方に基づいて作成されています（後記**5**参照）。

2　婚姻費用の内容

　民法760条が規定する「婚姻から生ずる費用」，すなわち婚姻費用とは，夫婦がその資産，収入及び社会的地位等に応じた婚姻共同生活を営むために必要な一切の費用であり，そこには，衣食住に関する費用，医療費，葬祭費，交際費等のほかに，出産費や子の養育・教育費をも含むとされています。

　婚姻費用に含まれる養育費の分担義務対象となる子とは，自身の労力や資産で生活することが困難な未成熟子を指します。そして，未成熟子といえるかどうかは，子の経済的な自立可能性を軸として，事案ごとに，両親である

（注1）　札幌高決昭50・6・30判タ328号282頁・判時809号59頁は，「夫婦は，同居し互いに協力し，扶助しなければならない義務を負担し（民法752条），右扶助義務の履行として相手方の生活に要する費用を婚姻から生ずる費用として各自の資産や収入の程度に応じて分担し，支払うべきである（民法760条）」としており，この扶助義務の程度は，特段の事情がない限りは生活保持義務であるとしています。

夫婦の資産，収入，社会的地位等を総合的に考慮して判断されます。

　未成熟子は，多くの場合未成年者ですが，未成年であっても，学校を卒業し，稼働して経済的に自立している子は未成熟子とはいえない場合があります(注2)。また，成年に達している子であっても，生来病弱であることや大学生である等の理由から，自身の労力や資産で生活することが困難な子については，未成熟子として，その生活費が婚姻費用に含まれるとする裁判例があり(注3)，医師である夫の社会的地位，資産，収入等を考慮し，長男及び次男の医学部卒業までの学資金を婚姻費用に含めるのが相当としている裁判例もあります(注4)。しかし，稼働能力が認められなければ，何歳であっても未成熟子とすることには疑問があります。ある程度の年齢に達した子の生活費については，稼働能力が認められない場合であっても，生活保持義務とされる婚姻費用に含めるのではなく，親族間の生活扶助義務（自分の生活を犠牲にしない限度で相手の最低限の生活扶助を行う義務）としての扶養の問題と捉えることが相当でしょう(注5)。

　なお，成年年齢の引下げ等を内容とする「民法の一部を改正する法律」（平成30年法律第59号）が令和4年4月1日に施行され，民法の定める成年年齢が20歳から18歳に引き下げられましたが（民4条），前記のとおり，婚姻費用における未成熟子の概念と成年年齢とは一致していませんので，改正法施行後に子が18歳に達したこと自体は婚姻費用の分担についての事情変更とはならず，子が経済的に自立するなどして未成熟子ではないとされることが変更事由に当たると解されます。また，改正法施行後に，既に18歳に達している未成熟子の生活費を含めて婚姻費用を請求することができるかという問題についても，当該子が未成熟子とされる間は可能であると解され，成年年齢の引下げは，婚姻費用における未成熟子に関するこれまでの実務の考え方に影響しません(注6)。

　(注2)　大阪家審昭56・10・6家月35巻2号157頁は，高校を卒業し，一年制の専門学校に在籍する未成年の子について，高校を卒業していることを理由に未成熟子とはいえないと判断しています。しかし，専門的技術を習得するには2，3年を要するとしており，未成熟子としてその生活費を婚姻費用に含めることが可能な事案であったとも考えられます。
　(注3)　東京高決昭46・3・15家月23巻10号44頁，東京家審平27・6・26判時2274号100頁，東京家審平27・8・13家判8号91頁・判タ1431号248頁，大阪家審平30・7・10家判21号73頁・判タ1460号121頁。
　(注4)　広島高決昭50・7・17家月28巻4号92頁。
　(注5)　大阪家審平26・7・18家判3号78頁・判タ1416号385頁。
　(注6)　司法研修所編『養育費・婚姻費用の算定に関する実証的研究』（法曹会，2019）62頁，佐藤康憲「成年年齢引下げに伴う家庭裁判所実務への影響と留意点」家判37号13頁。

設問1 婚姻費用の意義・法的性質 89

　夫婦のいずれかと法律上の親子関係がない子の養育費等が婚姻費用に含まれるかが問題となることがあります。夫と先妻との間の子を養育する妻から夫に対する婚姻費用の請求について，子の養育費を婚姻費用に含むとした裁判例がありますが[注7]，請求者とのみ親子関係がある子や，事実上の養子については，義務者との間に扶養関係がないため，その養育費等を婚姻費用に含めることはできません[注8]。

3　夫婦の別居と婚姻費用の分担

　民法760条は，婚姻生活が円満な状態で営まれている場合の婚姻生活維持に係る費用の分担について規定するものですが，実務で婚姻費用の分担が問題となるのは，破綻に瀕した別居中の夫婦間の生活費の請求です。

　夫婦関係が破綻状態であっても，婚姻費用の支払義務が免除されることはありません。破綻の程度に応じて分担額を軽減した裁判例もありますが[注9]，婚姻費用は権利者の生活を支える生活費の問題であり，破綻の程度をめぐる対立によって紛争が長期化することは避けられるべきです。このため，実務では，婚姻費用分担事件において，基本的には破綻の程度を考慮していません[注10]。

　また，破綻原因について有責である者からの婚姻費用の請求については，信義則違反や権利濫用を理由として，これを認めない，あるいは子の養育費のみ認めるなどの裁判例があります[注11]。しかし，この場合も，婚姻費用の性質上，迅速な手続進行が優先しますから，有責性の有無・程度について離婚訴訟等における審理を取り込むような手続運営は避けるべきです。したがって，夫婦のいずれかが明らかに有責とされる事案を除き，婚姻費用の算定に有責性を考慮しないことが相当といえるでしょう[注12]。

4　婚姻費用分担事件の手続

（注7）　東京家審昭35・1・18家月12巻5号153頁，東京家審昭49・11・15家月27巻10号55頁。
（注8）　岡垣學＝野田愛子編『講座・実務家事審判法2　夫婦・親子・扶養関係』（日本評論社，1988）44頁，松川正毅「婚姻費用と再婚家族の連れ子」野田愛子ほか編『家事関係裁判例と実務245題』判タ臨増1100号42頁。なお，婚姻費用に含まれるとする説として，青山道夫＝有地亨編『新版注釈民法(21)親族(1)総則・婚姻の成立・効果』（有斐閣，1989）432頁。
（注9）　東京家審昭47・9・14家月25巻11号98頁，東京家審昭48・12・13家月26巻12号60頁，長崎家審昭54・6・4家月32巻3号108頁，前橋家審平4・11・19家月45巻12号84頁。
（注10）　松谷佳樹「婚姻費用・養育費の調停・審判事件の実務」東京家事事件研究会編『家事事件・人事訴訟事件の実務』（法曹会，2015）90頁。
（注11）　東京家審平20・7・31家月61巻2号257頁，大阪高決平28・3・17家判9号105頁・判タ1433号126頁，東京高決平31・1・31家判29号120頁・判タ1471号33頁。
（注12）　松谷・前掲（注10）90頁，松本哲泓『婚姻費用・養育費の算定〔改訂版〕』（新日本法規，2020）37頁。

90　第2章　婚姻費用　第1　婚姻費用等

　婚姻費用の分担は，夫婦間の協議で定めることが基本ですが，任意の話合いで解決しない場合は，調停の申立てをすることができます（家事244条）。また，調停で合意が成立しない場合，調停不成立として調停事件は終了しますが，婚姻費用分担事件は，家事事件手続法の別表第2事件であるため（民760条，家事別表第2の2項），調停申立時に審判の申立てがあったものとみなされ，審判手続に移行します（家事272条1項・4項）。

　婚姻費用の分担は，調停手続を経ることなく審判の申立てをすることもできますが（家事257条・244条），生活に直結する問題であり，決定された金額が一定期間継続的に支払われることに意味があるのですから，当事者の納得の下に解決することが重要です。したがって，合意による解決が望ましく，実務上，調停手続を経ないで審判申立てがされる事案は少ないようです。

　調停手続において，当事者が額について積極的に争わないが期日を欠席し続けている場合や，対立する金額の差が僅少である場合，算定表による金額に納得しているものの，金額以外の事情から積極的に合意することを拒む場合など，相当と認められる場合には，調停に代わる審判がされることもあります（家事284条）。調停に代わる審判は，当事者の異議の申立てによって，効力を失い，審判に移行します（家事286条1項・5項・7項）。

　婚姻費用分担の調停事件では，多くの場合，早期に源泉徴収票や確定申告書の写しなどの収入に関する客観的資料，その他の算定に必要な資料の提出を求められます。手続の早い段階で提出された資料を基に，算定表を活用することによって，当事者が算定結果を予測しながら自主的に解決する意欲をもって調停手続に関与することが可能になり，迅速な手続進行が実現することになります。

　算定に必要な資料が揃うことによって，調停案の提示も可能になりますから，実務では，当事者の調整が困難な事案であっても，多くの場合，調停不成立とする前に調停委員会から調停案を提示し，最後の調整を試みる手続運営がされています。また，審判手続に移行した後であっても，通常，事実の調査後に裁判官から心証開示のうえで調停案が提示されており，適時に算定に必要な資料が揃うことによって，合意による解決に向けた手続運営上の工夫が可能になっています。

　なお，令和6年5月24日に公布された民法等の一部を改正する法律（令和6年法律第33号）（注13）には，資料提出に協力的でない当事者に対処するため，家裁は，婚姻費用の分担に関する審判事件及び調停事件において，必要が

設問1　婚姻費用の意義・法的性質　**91**

あると認めるときは，申立てにより又は職権で，当事者に対し，その収入及び資産の状況に関する情報の開示を命ずることができる旨の規定が設けられており（改正家事152条の2第1項2号・258条3項），情報開示を命じられた当事者が，正当な理由なくその情報を開示せず，又は虚偽の情報を開示した場合は，10万円以下の過料に処せられるとされています（改正家事152条の2第3項）。

5　婚姻費用分担額の算定方法の変遷

　婚姻費用の分担額は，夫婦の「資産，収入，その他一切の事情を考慮して」決められます（民760条）。

　婚姻費用と養育費の算定方法については，収入按分型とされる生活保護基準方式(注14)及び労研方式のほか，標準生計費方式，実費方式等の計算方式を利用して，個別に具体的分担額が算定されていましたが，計算の基礎となる諸費の実額認定のために審理が長期化することや，計算方式の複雑さから当事者が算定結果を予測しがたいなどの問題点が指摘されていました。

　そこで，婚姻費用と養育費の簡易迅速な算定や予測可能性，公平性等を確保できる算定方式の検討がされた結果，平成15年に標準算定方式・算定表(注15)が公表されました。最決平18・4・26家月58巻9号31頁・判タ1208号90頁がこの方式による婚姻費用の算定結果を是認して以後，標準算定方式・算定表による算定が実務において定着し，現在では，最新の統計等をふまえた検討結果を反映した改定標準算定方式・算定表（令和元年版）(注16)が用いられています。

　標準算定方式・算定表の基本的な考え方は，従前実務で採用されていた収入按分型を基本的な枠組みとしつつ，算定の簡易迅速性，予測可能性及び公平性を確保するために，事案の類型化，抽象化を図り，実額又は個別事案ごとの推計額による算定を止めて，法律及び統計資料に基づき算出・推計された標準的な割合・指数を用いた算定にするというものです。改定標準算定方式・算定表も，この考え方を引き継いでおり，そのうえで基礎収入や生活費指数の認定・算出について改定時最新の税率や統計数値等を用いることによ

（注13）　令和6年改正法は，公布の日から起算して2年を超えない範囲内の政令で定める日に施行されます（同改正法附則1条）。

（注14）　標準算定方式・算定表が公表される以前の実務において主流とされていた方式。

（注15）　東京・大阪養育費等研究会「簡易迅速な養育費などの算定を目指して―養育費・婚姻費用の算定方式と算定表の提案」判タ1111号285頁・判タ1114号3頁。

（注16）　司法研修所編・前掲（注6）参照。

って，改良すべき点を検証した結果を反映したものです（算定方法の詳細については，［設問2］参照）。

6 婚姻費用分担義務の始期と終期

婚姻費用が支払われるべき時期をいつからいつまでと考えるべきかについては，民法上規定が置かれていません。

(1) 始　　期

始期については，最大決昭40・6・30民集19巻4号1114頁が，「家庭裁判所が婚姻費用の分担額を決定するに当り，過去に遡って，その額を形成決定することが許されない理由はな」いとしており，過去の婚姻費用の分担を認めています。実務ではこの考え方が定着していますが，どの時点まで遡ることができるかについては，請求時，要扶養状態を知り得た時期，別居時等多くの考え方があります。権利者，義務者それぞれの利益を考慮し，公平の観点から，裁判所が合理的な裁量によって判断すべき問題ですが，権利者の請求時とする考え方が実務における主流となっています。多くの場合，権利者の請求意思が明確な調停又は審判の申立て時からとなりますが，これらに限られるわけではなく，調停や審判の申立て前であっても，内容証明郵便や電子メール等によって請求の意思が明確にされている場合には，請求日（を含む月）を始期とすることが相当であり，そのような裁判例もあります[注17]。

(2) 終　　期

婚姻費用分担義務の終期については，婚姻費用が婚姻共同生活を維持するためのものであることから，婚姻の存続が前提となり，離婚によって婚姻関係が解消した時，又は，別居が解消された時とされています[注18]。

なお，終期を上記のように考えると，婚姻費用分担請求権が家裁の審判又は協議によって具体的な分担額が形成される性質のものであることから[注19]，婚姻費用分担の調停又は審判事件係属中に離婚が成立した場合，将来に向かって婚姻費用の分担を求めることができないことは当然として，離婚成立時までの婚姻費用分担請求権が消滅する（調停又は審判の申立てが不適法となる）のかどうかが問題となります。この問題について，判例は，婚姻

(注17)　前掲（注3）東京家審平27・8・13，宇都宮家審令2・11・30家判36号129頁・判タ1497号251頁。

(注18)　婚姻費用分担事件の審判の主文は，通常「相手方は，申立人に対し，令和○年○月から別居解消又は離婚に至るまで，毎月末日限り○○円を支払え。」とされ，調停条項においても，ほとんどの場合，同様の終期が定められます。

(注19)　前掲最大決昭40・6・30。

費用分担の審判申立て後に当事者の離婚が成立した場合であっても，これによって婚姻関係にある間に当事者が有していた離婚時までの分の婚姻費用についての実体法上の権利が当然に消滅するものと解すべき理由は何ら存在せず，婚姻費用分担請求権は消滅しないとしています[注20]。この判例の考え方を前提とすると，離婚による財産分与の中に婚姻継続中の過去の婚姻費用の清算を含めて財産分与の額や方法を定めることができるとされているため[注21]，財産分与後に過去の婚姻費用分担が問題とされた場合は，財産分与において婚姻費用分担の清算が行われたか否かが問題となる可能性があります。したがって，協議や審判又は判決における財産分与の内容として，婚姻費用分担の清算が行われたかどうかが明確になっている必要があります。

7　事情変更による増額又は減額の請求

婚姻費用の分担金は，一定期間継続的に支払われるものであるため，当事者間の合意や調停・審判によって定められた金額が，その後の家族構成の変化，収入の増減，子の進学や就職，社会情勢等の事情の変更によって，権利者及び義務者それぞれの生活実態に合わないものとなることがあります。このような場合は，婚姻費用分担額の増額又は減額を請求することができます（民法880条の準用又は類推適用）[注22]。

　合意や審判等によって定まった婚姻費用が，事情の変更により増額・減額されるためには，①合意等の前提となった客観的事情が変化したこと，②事情の変更が当事者の予見又は予見し得るものではないこと，③事情の変更が当事者の責めに帰すべき事情により生じたものでないこと，④合意等で定められた金額の履行を強制することが著しく公平に反する場合であることを要します[注23]。

　合意によって定められた婚姻費用の分担額が，合意時の当事者双方の収入や子の人数・年齢等に照らして算定表による算定結果と大きく異なる場合に，婚姻費用分担金の増額・減額が問題となることがあります。このような場合は，合意に至った経緯や分担額が決められた理由等の具体的な事情を検討し，合理性のある合意額であったかどうかを見極めたうえで事情変更の有

（注20）　最決令2・1・23民集74巻1号1頁。
（注21）　最判昭53・11・14民集32巻8号1529頁。
（注22）　東京高決平16・9・7家月57巻5号52頁，東京高決平26・6・3判タ1410号111頁，前掲（注5）大阪家審平26・7・18，名古屋高決平28・2・19家判8号50頁・判タ1427号116頁，東京家審平30・5・31（平成30年（家）第2006号）LLI/DB。
（注23）　中山直子『判例先例親族法―扶養―』（日本加除出版，2012）295頁。

94 第2章 婚姻費用 第1 婚姻費用等

無を判断する必要があります。合意額に一定の合理性がある場合は，現在の収入額等を基に算定表によって算定した結果との対比のみでは増額・減額の必要性やその額を決定することができません。このことは，婚姻費用の分担額が調停又は審判で定められている場合も同様です。調停成立の経緯や他の条項との関係，審判書の理由部分や審判事件の資料等を確認したうえで増額・減額請求の必要性とその額を検討すべきでしょう。

　なお，改定算定表は，前記**5**に記載したとおり，最新の統計等を用いて改良すべき点を検証した結果を反映したものとして公表されたものであり，当事者の収入の増減，子の進学や就職，社会情勢等の客観的事情の変更とはその性質が異なりますので，算定表の改定は増額・減額の原因としての事情の変更には該当しません(注24)。また，民法改正（平成30年法律第59号）による成年年齢引下げが事情変更にならないことについては，前記**2**に記載したとおりです。

8　婚姻費用分担義務の履行確保

(1)　履行勧告・履行命令

　審判・調停で定められた婚姻費用分担金の支払義務については，家裁の履行勧告や履行命令の制度を利用することができます（家事289条・290条）。

　(a)　**履行勧告**　履行勧告は，義務者が婚姻費用の分担金の支払を怠っている場合，権利者の申出により(注25)，家裁が履行状況を調査し義務者に対して義務の履行を勧告することができる制度です。履行勧告は，一般には，家庭裁判所調査官が担当します（家事289条3項）。家裁調査官は，婚姻費用の支払状況，交渉の経過等の事情を権利者から聴取したうえで，義務者に対し書面を送付する等の方法で任意の履行を促します。

　(b)　**履行命令**　義務者が支払を怠った場合，権利者は，家裁に対し，履行命令の申立てを行うこともできます。申立てを受けた家裁は，調査，審理のうえ，相当と認めるときは，義務者に対し，相当の期間を定めてその義務の履行をすべきことを命ずる審判をし（家事290条1項前段），申立てに理由がないと判断した場合は，申立てを却下します。なお，履行命令は，命令を

（注24）　前掲（注17）宇都宮家審令2・11・30は，改定算定表は，そもそも法規範ではなく，合理的な裁量の目安であることに照らせば，当事者間に改定前の算定表を用いることの合意があるなどの事情がない限り，改定算定表による算定に合理性がある以上は，その公表前の未払分も含めて改定算定表によって婚姻費用分担額を算定するのが相当であるとしています。
（注25）　申出は，申立てとは異なり，裁判所の職権の発動を促すものです。

する時までの間に義務者が履行を怠った義務の全部又は一部についてすることができます（同項後段）。また，家裁は，義務者の手続保障の観点から，義務の履行を命ずるには，義務者の陳述を聴かなければならないとされています（家事290条2項）。

(2) 強制執行

　婚姻費用の分担金は，権利者の生活に直結するものですから，義務者が支払義務を任意に履行しない場合，履行を強制する手続が必要であり，権利者は強制執行を申し立てることができます。

　強制執行は，執行力のある債務名義がある場合に可能となります。婚姻費用分担に関して債務名義となり得るのは，調停調書及び確定した審判（家事75条・268条1項），執行証書（執行力のある公正証書。民執22条5号）です。

　婚姻費用分担の権利者が有する定期金債権については，婚姻費用分担義務の一部に不履行があった場合，給料債権等に対する債権執行の方法により，期限未到来のものについても義務者の給料その他の継続的給付に係る債権を差し押さえることができます（民執151条の2第1項2号・2項・152条3項）。

　なお，強制執行にあたり欠かせない債務者の財産状況調査制度の実効性向上を目的の一つとする民事執行法及び国際的な子の奪取の民事上の側面に関する条約の実施に関する法律の一部を改正する法律（令和元年法律第2号）によって，財産開示手続の申立権者の拡充と，債務者以外の第三者から債務者の財産に関する情報を取得する情報取得手続の新設がなされた結果，公正証書によって婚姻費用分担金の支払義務を定めた場合であっても[注26]，これを債務名義として財産開示手続の申立てが可能になり（民執197条1項），婚姻費用分担の権利者に義務者の給与債権に関する情報取得手続の申立権が認められました（民執206条1項・151条の2第1項2号）。

　また，令和6年改正法（施行は公布の日〔令和6年5月24日〕から2年以内）によると，婚姻費用の請求権について執行力ある債務名義の正本を有する債権者が，財産開示手続や情報取得手続の申立てをした場合，それぞれ，当該申立てと同時に，債務者が開示し，あるいは，情報提供された給与債権について，債権者が反対の意思を表示しない限り，差押命令の申立てをしたものとみなされるなど，財産開示手続や情報取得手続と差押命令の手続を連続的に行うことができる制度に関する規定が設けられ，執行手続における債権者の

（注26）　改正前民事執行法197条1項では，執行証書に基づく財産開示手続実施の申立ては認められていませんでした。

負担軽減が図られています（改正民執167条の17）。

　また，上記の直接強制のほかに，間接強制も認められていますが（民執167条の15）(注27)，義務者に支払能力がないために支払ができない場合や，支払によりその生活が著しく窮迫するときは間接強制をすることができません（同条1項ただし書）(注28)。間接強制は，義務者に一部不履行があるときは，6月以内に確定期限が到来するものについても認められます（民執167条の16）。

(3) 令和6年改正による先取特権の付与

　令和6年改正法には，婚姻費用分担義務に係る確定期限の定めのある定期金債権の各期における定期金のうち子の監護に要する費用として相当な額（子の監護に要する標準的な費用その他の事情を勘案して当該定期金により扶養を受けるべき子の数に応じて法務省令で定めるところにより算定した額）について，一般の先取特権が存在する旨の規定が設けられており（改正民308条の2第3号），子の監護の費用の先取特権の順位を，雇用関係の先取特権に次ぐものとしています（改正民306条3号）。

文例6　婚姻費用分担金支払の合意

——事例——

> 私達夫婦は，当分の間別居することとし，その間の婚姻費用として夫（甲）が妻（乙）の私に相当額を支払うことで合意しました。どのような合意書を作成すればよいですか。

——文例——

　　　　　　　　　婚姻費用分担金支払の合意

　第○条　甲は，乙に対し，令和○年○月から甲乙が別居解消又は離婚に

（注27）　旭川家決平17・9・27家月58巻2号172頁，横浜家川崎支決平19・1・10家月60巻4号82頁。
（注28）　婚姻費用分担金の未払分に係る間接強制に関し，民事執行法167条の15第1項の趣旨等をふまえ，債務者が債務名義上の債務の一部について弁済する資力を有している場合は，その限度で間接強制を認めるべきとした裁判例として，東京高決平26・2・13金法1997号118頁。

至るまでの間，婚姻費用の分担金として，月額〇〇万円を，毎月末日限り，乙名義の〇〇銀行〇〇支店の普通預金口座（番号〇〇〇〇）に振り込む方法により支払う。振込手数料は，甲の負担とする。

7　過去の婚姻費用分担金の支払を含めた合意

――事例――

婚姻費用の分担につき，夫（甲）が妻（乙）に過去及び今後支払う分担額につき取り決めたいと思っています。どのような合意書を作成すればよいですか。

――文例――

過去の婚姻費用分担金の支払を含めた合意

第〇条　甲は，乙に対し，令和〇年〇月から令和〇年〇月までの婚姻費用分担金の未払分として，〇〇万円の支払義務があることを認め，これを，令和〇年〇月〇日限り，乙名義の〇〇銀行〇〇支店の普通預金口座（番号〇〇〇〇）に振り込む方法により支払う。振込手数料は，甲の負担とする。

第〇条　甲は，乙に対し，令和〇年〇月から甲乙が別居解消又は離婚に至るまでの間，婚姻費用の分担金として，月額〇〇万円を，毎月末日限り，前条記載の口座に振り込む方法により支払う。振込手数料は甲の負担とする。

過去の婚姻費用分担金を分割して支払う場合

第〇条　甲は，乙に対し，令和〇年〇月から令和〇年〇月までの婚姻費用分担金の未払分として，〇〇万円の支払義務があることを認め，これを次のとおり分割して，乙名義の〇〇銀行〇〇支店の普通預金口座（番号〇〇〇〇）に振り込む方法により支払う。振込手数料は，甲の

負担とする。

  ⑴ 令和〇年〇月から令和〇年〇月まで，毎月〇日限り，〇〇円

  ⑵ 令和〇年〇月から令和〇年〇月まで，毎月〇日限り，〇〇円

▶設問２　婚姻費用分担額の算定方法

> 婚姻費用の分担額は，どのような基準で決められるのですか。

解　説

1　算定表の考え方

令和元年12月23日に，平成30年度司法研究（養育費，婚姻費用の算定に関する実証的研究）の報告がされ[(注29)]，「標準算定方式・算定表（令和元年版）」が提案されました。その詳細は，最高裁ホームページ（https://www.courts.go.jp/toukei_siryou/siryo/H30shihou_houkoku/index.html）及び『養育費，婚姻費用の算定に関する実証的研究』（法曹会，2019）に掲載されています。

算定表の基本的な考え方は，［設問１］5に記載したとおりですが，婚姻費用分担額の算定の過程に沿ってこれを整理すると，①夫婦及び子の世帯全体の基礎収入を算定し，②算定された世帯全体の基礎収入を夫婦と子それぞれの生活費指数に応じて各世帯に配分して，③配分額から権利者の基礎収入を控除して算出される不足額を義務者の支払額とするというものです。

算定表が利用される以前の算定方法との違いは，基礎収入の算定において，実額ではなく統計等に基づく標準的な割合によって基礎収入を推計したところにあります。また，生活費指数についても，子一人ひとりの年齢を考慮するのではなく，0歳から14歳，15歳以上の2区分とし，親，0歳から14歳の子及び15歳以上の子の3区分に単純化しているところも異なります。

⑴　基礎収入

総収入から，公租公課，職業費及び特別経費（住居費や医療費等）を控除した残額を基礎収入といい（総収入が確定申告書の「課税される所得金額」に基づき認定される自営業者の基礎収入は，公租公課のうち社会保険料を除いた所得税及び住民税と

（注29）司法研修所編・前掲（注6）参照。

設問 2　婚姻費用分担額の算定方法　　**99**

職業費とを控除した残額となります(注30)。)，これが婚姻費用に充てられます。基礎収入は，婚姻費用分担額算定の基礎となるものですが，算定表が利用される以前の算定方法は，職業費以外の公租公課や特別経費を証拠に基づく実額計算としていたため，審理の長期化が問題視されていました。

　算定表は，審理長期化の原因とされる実額計算ではなく，統計等に基づいて算出された基礎収入割合（給与所得者と自営業者とでは異なります。）を総収入に乗じて，基礎収入を算定します。改定算定表は，公租公課，職業費及び特別経費それぞれの総収入に占める割合について最新の統計資料等を用いて検証した結果を反映させた基礎収入割合を，給与所得者「54％から38％」，自営業者「61％から48％」としています（いずれも，高額所得者ほど割合が小さくなります。）。

　　給与所得者　基礎収入＝総収入×0.38〜0.54
　　自営業者　　基礎収入＝総収入×0.48〜0.61

---

(2)　生活費指数

　算定表で用いられる生活費指数は，生活保護基準及び学校教育費に関する統計を用いて算出される標準的な生活費指数です。改定算定表は，生活費指数算出のために用いられる統計資料を最新のものに更新して検討した結果として，親の生活費指数を100とした場合の子の生活費指数を，0歳から14歳「62」，15歳以上「85」としています。

(3)　婚姻費用分担額の算定

　(1)記載の基礎収入割合によって算出される義務者（生活指数100）の基礎収入をＸ，権利者（生活指数100）の基礎収入をＹとし，権利者が9歳（生活指数62）と15歳（生活指数85）の子を養育している場合の婚姻費用分担額の計算式は，以下のとおりとなります。

---

　　①　世帯全体の基礎収入（A）
　　　　A ＝ X ＋ Y

(注30)　自営業者の総収入の認定に一般的に使われる確定申告書の「課税される所得金額」は，既に給与所得者の職業費に相当する費用と社会保険料が控除されているため，所得税，住民税及び特別経費が除かれた残額が基礎収入となります。

② 世帯全体の基礎収入のうち権利者世帯に配分されるべき金額（B）

$$B = A \times \frac{(100 + 62 + 85)}{(100 + 100 + 62 + 85)}$$

③ 義務者が支払うべき婚姻費用（C）

$$C = B - Y = A \times \frac{(100 + 62 + 85)}{(100 + 100 + 62 + 85)} - Y$$

　算定表は，以上のような計算の結果を表にしたものであり，縦軸に給与所得者と自営業者に区分した義務者の年収，横軸に同様に区分した権利者の年収を表示しています。婚姻費用に関する算定表は，夫婦のみの場合と子がいる場合，子がいる場合については子の年齢・人数ごとにそれぞれまとめられていますが，算定表となっているのは，子が3人の場合までであるため，子が4人以上の場合は，上記①～③の計算式に従って事案ごとに計算することになります。

　算定表は，簡易迅速に標準的な額を算定するためのものであり，多くの場合，算定結果として表示されている額の幅（概ね2万円）の中で具体的な婚姻費用分担額が定められますが，特殊な事情が認められる事案では，公平の観点から，算定表による額を調整しなければならない場合もあります（後記2参照）。

(4)　**権利者と義務者それぞれが子を養育している場合の婚姻費用分担額の算定**

　この場合も，基本的な考え方は，(3)記載の権利者のみが子を養育している場合の計算式と同じです。(3)記載の例で，義務者も17歳（生活指数85）の子を養育している場合の計算式は以下のとおりとなります。

① 世帯全体の基礎収入（A）

$$A = X + Y$$

② 世帯全体の基礎収入のうち権利者世帯に配分されるべき金額（B）

$$B = A \times \frac{(100 + 62 + 85)}{(100 + 100 + 62 + 85 \times 2)}$$

③　義務者が支払うべき婚姻費用（C）

$$C = B - Y = A \times \frac{(100 + 62 + 85)}{(100 + 100 + 62 + 85 \times 2)} - Y$$

2　算定表使用上の注意点

(1)　総収入の認定

(a)　給与所得者　　給与所得者の総収入は，多くの場合，源泉徴収票の「支払金額」や，課税証明書の「給与の収入金額」，「給与支払金額」等と表示される金額によって認定されますが，年度途中での就職や転職の場合は，給与明細書等によって年収を推計することになります。給与明細書を総収入の認定資料とする場合は，賞与等が含まれていないことに注意を要します。

(b)　自営業者　　自営業者の総収入は，一般的に，確定申告書の「課税される所得金額」に基づき認定されますが，この場合実際には支出されていない税法上の控除額をこれに加算する必要があります。具体的には，確定申告書の「所得から差し引かれる金額」（所得控除）のうち「社会保険料控除」以外の控除項目を加算するほか，「青色申告特別控除額」や現実に支出されていない「専従者給与額の合計額」を加算します。さらに，「医療費控除」，「生命保険料控除」及び「損害保険料控除」は，収入に応じた標準的な額が特別経費として既に考慮されているため，「課税される所得金額」に加算する必要があります。また，「小規模企業共済等掛金控除」と「寄付金控除」は，婚姻費用に優先されるべき性質のものではないため，やはり「課税される所得金額」に加算することが相当とされています。

　結果として，事業所得者の総収入は，一般的に，確定申告書の「所得金額等」欄の「合計」額から，「所得から差し引かれる金額」欄の「社会保険料控除」の金額のみを控除し，「その他」欄の「青色申告特別控除額」の金額と実際に支払がされていない「専従者給与（控除）額の合計額」の金額を加算して認定します。

　自営業者の総収入の認定にあたって，減価償却費の扱いが問題となることがありますが，減価償却費は現実に支出されるものではないため，原則として，婚姻費用分担額の算定上必要経費と認めることはできません。しかし，減価償却費の対象となる事業用財産の取得に係る借入金の返済がある場合は，いずれかを必要経費として認めないと義務者にとって過剰に酷な結果となるため，適正な減価償却費であれば，各年度の必要経費としてこれを控除

して算定した総収入を基に算定表を適用する扱いが多いようです(注31)。

なお，この場合，事業用財産取得に係る借入金の返済は，特別経費として認められません。

(c) **給与所得と事業所得がある場合**　権利者又は義務者に給与所得と事業所得の両方がある場合は，一方の所得を他方の所得に換算し，合計した額を総収入として，算定表を利用する簡易な方法が考えられます(注32)。

算定表は，縦軸及び横軸に義務者及び権利者の総収入がそれぞれ記載されていますが，給与所得と事業所得が対応する形で区別して記載されていますので，これによって，簡易な方法で換算することができます。例えば，給与所得800万円のほかに事業所得600万円がある場合，算定表により，事業所得600万円は概ね給与所得の800万円に換算されることがわかりますので，これを給与所得800万円と合算し，1600万円の給与所得があるものとして算定表を利用して，婚姻費用分担額の算定をすることができます。

(d) **無職者・収入額が不明な者**　権利者又は義務者が無職であっても，直ちに収入が零と認定されるわけではなく，就労可能であれば，過去の収入状況や賃金センサス等を基に，稼働することによって得られるはずの収入を推計し，これによって婚姻費用分担額を算定します(注33)。専業主婦の場合も就労可能であれば同様です(注34)。

当事者に就労可能性があるかどうかは，当事者の年齢，健康状態，就労歴，子の年齢や健康状態等を総合的に考慮して判断され，病気療養中であることや，幼い子を養育しているなどの事情があって，就労が困難であると認められる場合は，当該当事者の収入を零として算定します(注35)。

また，収入に関する資料の信用性に問題がある場合や，当事者が資料の提出を拒む場合も，賃金センサス等による推計された金額を総収入として算定します(注36)。

(e) **義務者が最低生活費を下回る低額所得者である場合**　義務者の収入が最低生活費を下回る場合であっても，生活保持義務を前提とする限り，

(注31)　岡健太郎「養育費・婚姻費用算定表の運用上の諸問題」判タ1209号6頁。
(注32)　松本・前掲(注12)80頁。
(注33)　宇都宮家審令2・12・25判タ1469号123頁・判時2515号11頁。
(注34)　主婦の場合は，賃金センサス短期労働者の性別・年齢別平均賃金を基に推計されることが多いとされています(松谷・前掲(注10)85頁)。
(注35)　前掲(注33)宇都宮家審令2・12・25，前掲(注22)東京家審平30・5・31，大阪高決平20・10・8家月61巻4号98頁。
(注36)　松谷・前掲(注10)85頁，松本・前掲(注12)84頁。

安易にその義務を免除することは問題です。最低生活費を下回る低所得の義務者の支払義務を認めないとする場合に必要となる最低生活費の算定や支払免除基準額の算定は、複雑であるために審理の長期化につながり、簡易迅速な算定を目的とする算定表の考え方に反しますし、あえて低所得でいる者については、公平の観点から潜在的稼働能力を認めるべき場合もあります。したがって、義務者が低所得であるとしても、算定表の枠組みの中で具体的事情に応じた判断をすることが妥当だとされています[注37]。

(2) 義務者が算定表の上限を超える高額所得者である場合

算定表における義務者の年収額の上限は、給与所得者が2000万円、自営業者が1567万円となっており、義務者の収入がこの上限を超える場合の算定方法が問題となる場合があります。

この場合の算定方法として、①算定表記載の最高額を上限とする、②基礎収入の割合を算定表の割合より少なく修正する、③基礎収入の算定において、公租公課、職業費及び特別経費のほかに貯蓄率を控除する、④同居中の生活程度、生活費支出状況等から浪費部分を除くなどして、相当な婚姻費用を実額で認定するなどが考えられています[注38]。

高額所得者の収入の程度は様々ですから、①～④の考え方のうち一つがすべての事案に妥当するとはいえません。そこで、算定表の上限に近い場合は①の方法、さらに高額な場合は②、③の方法、億単位の収入であるなど上限をはるかに超える場合は、標準的な世帯を基準とする算定表の考え方を当てはめることはできないため④の方法によるなど、収入の程度や生活状況等の具体的事情に適した方法を選択して算定することにより、事案に応じた妥当な額を導き出すことが必要です[注39]。

この問題に関しては、総収入約4000万円の義務者の基礎収入を算定するにあたり、税金及び社会保険料の各実額、職業費と特別経費を控除し、さらに貯蓄分を控除すべきとした裁判例[注40]や、義務者の年収が1億5000万円を超えるため、標準算定方式やその修正による方法で婚姻費用分担額を算定することが困難であるとして、同居時及び別居当初時の各生活水準、生活費支出状況等の諸般の事情をふまえて算定した裁判例[注41]などがあります。

(注37) 司法研修所編・前掲（注6）48頁。
(注38) 松本・前掲（注12）149頁以下。
(注39) 松谷・前掲（注10）87頁。
(注40) 東京高決平28・9・14家判16号116頁・判タ1436号113頁。
(注41) 東京高決平29・12・15家判19号61頁・判タ1457号101頁。

104　第2章　婚姻費用　第1　婚姻費用等

(3) 住宅ローンの負担

(a) 義務者が自らが居住する住宅のローンを支払っている場合
この場合，義務者の住宅ローンの支払は，婚姻費用分担額の算定において考慮されません。住宅ローンの支払額のうち，通常の住居費に相当する部分は義務者の住居を確保するための費用としての側面がありますが，この部分は，義務者の基礎収入の算定にあたり特別経費として総収入から控除されていますから，さらに控除することはできません。また，通常の住居費相当分を超える部分は，資産形成のための費用であり，その支払は離婚の際の財産分与で考慮されるべきものですから，生活保持義務の履行である婚姻費用分担額の算定においてこれを考慮することは相当ではありません。

(b) 義務者がローンを支払っている住居に権利者が居住している場合
この場合，義務者は，権利者の居住する住宅のローンを支払うことにより，自身の住居費に加えて，権利者の住居費も負担することになります。他方，収入がある（又は推計される）権利者は，特別経費として住居費を控除したうえで基礎収入が算出されますので，収入に対応した標準的な住居費分が確保できていながら，義務者のローン支払によって住居費負担を免れることになり，公平性に欠ける結果となりますので，何らかの修正が必要です。この場合の算定方法としては，①住宅ローンの支払額を特別経費として控除する方法と，②算定表による算定結果から一定額を控除する方法が考えられます(注42)。

なお，住宅ローンの支払は，一部が住居確保の費用と考えられるとしても，基本的には資産形成のための費用ですから，全額を婚姻費用分担額から控除することは，資産形成を生活保持義務である婚姻費用に優先させることになり相当ではありません。

(4) 私立学校等の学費等の負担

算定表は，標準的な教育費を考慮して子の生活費指数を定めているため，公立中学校，公立高等学校の学費，通学費用等の通常の教育費は算定にあたり改めて考慮する必要はありません。算定の際にしばしば問題となるのは，生活費指数として考慮されていない私立学校の学費，塾や習い事の費用です(注43)。

(注42)　岡・前掲（注31）9頁。東京家審平22・11・24家月63巻10号59頁，東京家審平27・6・17家判6号84頁・判タ1424号346頁，前掲（注3）東京家審平27・8・13，東京家審令元・9・6家判30号83頁・判時2471号72頁。

実務では，義務者が私立学校への進学に同意している場合や，当事者の学歴，職業，社会的地位，収入，資産等の状況からみて，義務者にこれを負担させることが相当と認められる場合には，算定表による算定結果に，私立学校の学費等の不足額を加算することが相当であるとされています[注44]。

学費等の不足額のうちどの範囲を加算の対象とすべきかについては，事案に応じて検討することになりますが，①私立学校の教育費等から平均収入に対する公立学校教育費相当額（標準的な教育費額）を控除する方法，②子の生活費指数を変更する方法，③権利者，義務者の生活費指数によって按分する方法などがあります[注45]。

塾や習い事の費用は，支出の必要性の程度が私立学校の学費等とは異なる面もあり，基本的には義務者に負担を求めることはできないとされていますが，義務者が同意している場合，その収入，資産の状況等から義務者に負担させることが相当と認められる場合や，発達障害児など学習補助的な塾への通学が必要な場合など，事案によっては私立学校の学費等と同様の方法により，算定表の算定結果に加算することが相当です[注46]。

(5) 夫婦共有財産の持出しと婚姻費用分担

権利者の預金払戻しや現金の持出しを理由として，義務者が婚姻費用の支払を拒む場合があります。しかし，持ち出された財産は，離婚の際に財産分与の中で清算されるべきものです。婚姻費用分担額は，権利者と義務者の収入を基に算定され，資産は原則として考慮されていませんので，権利者の資産持出しは婚姻費用分担義務の免除や減額の理由とはなりません。

しかし，夫婦が別居前から資産の取崩しによって生活していたなどの事情があれば，算定表による算定の結果を修正することが必要な場合もあるでしょう[注47]。

(注43) 教育費は生活費指数として考慮されているため，基礎収入の額が大きくなるにつれ考慮済みの教育費額も大きくなり，事案によっては，標準的な教育費を超えて考慮済みとなることがあります。
(注44) 大阪高決平26・8・27家判3号70頁・判タ1417号120頁，前掲（注3）東京家審平27・6・26，前掲（注11）大阪高決平28・3・17。
(注45) 岡・前掲（注31）11頁。松本・前掲（注12）147頁。
(注46) 松谷・前掲（注10）90頁。
(注47) 札幌高決平16・5・31家月57巻8号94頁。なお，大阪高決昭62・6・24家月40巻1号184頁も参照。

106 第2章 婚姻費用 第2 婚姻費用分担に関する準拠法及び国際裁判管轄

第2 　婚姻費用分担に関する準拠法及び国際裁判管轄

▶設問　国際婚姻における婚姻費用分担に関する準拠法及び国際
　裁判管轄

　国際結婚をした夫婦が婚姻費用の分担の取決めをする場合，どちらの国の法
律が適用されることになりますか。また，どちらの国の裁判所に申立てをする
ことができますか。

解　説

1　婚姻費用分担事件の国際裁判管轄

(1)　審判事件の管轄権

　家事事件手続法3条の10は，婚姻費用の分担に関する審判事件を含む夫
婦，親子その他の親族関係から生ずる扶養の義務に関する審判事件につい
て，扶養義務者であって申立人でないもの又は扶養権利者の住所が日本国内
にあるときは，日本の裁判所が管轄権を有することを規定しています。婚姻
費用分担事件は，夫婦間の扶養の義務に関する審判事件として，本条の適用
により，義務者（申立人でない場合）又は権利者の住所（住所がない場合又は住所
が知れない場合は居所）が日本国内にあれば，日本の裁判所に申し立てること
ができます。

　申立人以外の義務者の住所又は居所が日本国内にある場合を管轄原因とし
た理由は，金銭的な負担を負う義務者の立場が財産上の争いに関する訴訟の
被告の立場に相当するため，申立てに応じる負担を考慮した結果です。

　また，権利者の住所又は居所が日本国内にある場合を管轄原因とした理由
は，婚姻費用分担事件を含む扶養に関する事件の多くが，権利者に資力がな
い事案であるため，権利者を保護する必要があると考えられたためです。本
条は，権利者の住所又は居所が日本国内にあることによって，無条件に日本
の管轄権を認めるとしていますが，これによって，権利者の経済状況等の生
活実態の資料収集が容易になり，権利者保護につながると考えられます。

(2)　調停事件の管轄権

　婚姻費用分担の調停申立てについては，家事事件手続法3条の13の適用に

より，①審判事件について日本の裁判所が管轄権を有するとき（家事3条の13第1項1号），②相手方の住所（住所がない場合又は住所が知れない場合は居所）が日本国内にあるとき（同項2号），③当事者が日本の裁判所に調停申立てをすることができる旨の合意をしたとき（同項3号）に日本の裁判所が管轄権を有することになります。

上記①については，調停事件が合意に至らない場合，手続が審判に移行することや（家事272条1項・4項），移行後の審判の手続の中で合意が見込まれる場合には調停に付すことが考えられますから（家事274条），審判事件の管轄原因と一致させるとしたものであり，②については，当事者間の衡平に適するとの理由から定められたものです。また，③については，調停は，当事者の協議によりその納得のもと円満な解決を目指す手続ですから，国際的な管轄について当事者の合意を尊重することが合理的であるとの考えから認められたものです。

2　婚姻費用分担事件の準拠法

⑴　扶養義務の準拠法に関する法律の適用

国際私法上，婚姻費用分担の法律関係の性質決定については，考え方が分かれていますが，夫婦間の扶養義務として，法の適用に関する通則法の特別法である扶養義務の準拠法に関する法律（以下「扶養義務準拠法」といいます。）の適用を認める考えが通説であり，実務の主流となっています[注1]。扶養義務準拠法は，夫婦，親子その他の親族関係から生ずる扶養義務の準拠法に関して必要な事項を定めており（扶養義務準拠法1条），**第1［設問1］1**に記述したとおり，夫婦間の協力扶助と婚姻費用の分担は本質的に同一であると考えられますから，夫婦の扶養義務の問題として，婚姻費用分担事件について扶養義務準拠法の適用を認めることが相当です。

⑵　準拠法（扶養義務準拠法2条）

扶養義務準拠法は，扶養義務の準拠法について，扶養権利者保護の見地から，扶養権利者の常居所地法によることを原則とし（扶養義務準拠法2条1項本文），常居所地法によると扶養が受けられないときは当事者の共通本国法によって定め（同項ただし書），共通本国法によってもなお扶養を受けることができないときは日本法によって定める（同条2項）としています。なお，扶養義務準拠法2条1項ただし書の「これによると扶養が受けられないとき」

（注1）　神戸家審平4・9・22家月45巻9号61頁，熊本家審平10・7・28家月50巻12号48頁，東京家審平29・12・8判時2403号61頁，東京高決平30・4・19判時2403号58頁。

とは，法律上扶養が受けられないことを意味します。

第一に扶養権利者の常居所地法を適用することとされているのは，扶養権利者の実情に合わせた実効的な保護の実現のためであり，常居所地法によっても，また，共通本国法によっても扶養義務者から法律上扶養を受けることができない場合には，日本法によるとされているのは，扶養権利者に扶養を受ける機会をできるだけ保障するためです(注2)。

(3) 外国法の適用排除 (扶養義務準拠法8条)

扶養義務準拠法2条によって外国法が準拠法と定められた場合であっても，その適用が明らかに公の秩序に反するときは，当該外国法を適用しないことになります (扶養義務準拠法8条1項)。

また，扶養の程度については，準拠法と定められた外国法に別段の定めがあっても，扶養権利者の需要及び扶養義務者の資力を考慮して定めるとされています (扶養義務準拠法8条2項)。ここで適用が排除されるのは，「別段の定め」の部分のみであり，規定全部が排除されるわけではないことに注意を要します。

(4) 扶養料の決定基準 (扶養義務準拠法8条2項)

扶養義務の決定基準について，扶養義務準拠法8条2項は，扶養権利者の需要と扶養義務者の資力を考慮して定めるとしており，これは，実務で一般的に使用されている算定表の基本的な考え方に合致するものです。したがって，外国法が適用される渉外事件であっても，当事者が日本に居住しているなどの事情がある場合は，算定表を活用することが考えられます(注3)。

準拠法が日本法とされる渉外事件では，多くの場合に算定表の活用が有効であると考えられますが，当事者が海外に居住している事案では，物価等の経済的事情が日本とは異なるため，事案によっては，海外での生活の実情を的確に把握したうえで，算定表による算定に修正を加える必要があります(注4)。

（注2）　櫻田嘉章＝道垣内正人編集『注釈国際私法 第2巻』（有斐閣，2011）392頁。

（注3）　前掲（注1）東京高決平30・4・19は，中国に在住する中国籍の妻から日本在住の日本国籍の夫に対する婚姻費用分担事件において，扶養義務準拠法2条により中国法が準拠法であるとしたうえで，生活費指数を修正して算定表による婚姻費用分担額の算定をした事例です。

（注4）　大阪高決平18・7・31家月59巻6号44頁は，日本法を準拠法とする婚姻費用分担請求事件において，算定表による算定をするにあたり，タイ在住の夫と子の生活費指数をいずれも算定表の数値の2分の1として婚姻費用分担額の算定をしています。前掲（注1）東京高決平30・4・19は，中国在住の妻と夫婦間の子の生活費指数を算定表による指数の70％としています。

第3章

親権関係

設問 1　親権・監護権の意義・法的性質　111

第1　親権・監護権

▶設問1　親権・監護権の意義・法的性質

　離婚する決意をしました。離婚する場合，親権はどのような方法で，どのような基準で決められますか。親権と監護権を分離し，親権は父親，監護権は母親とすることはできますか。

解　説

1　親権・監護権の意義及び法的性質

(1)　親権・監護権の意義

　親権とは，子の利益のために，監護・教育を行ったり，子の財産を管理したりする権利であり義務で，一種の法的地位を指します。身上監護権（監護権）と財産管理権とに大別されます。

　(a)　**身上監護権**　　身上監護権（単に「監護権」ともいいます。）とは，未成年の子（民4条。平成30年法律第59号〔令和4年4月1日施行〕により満18歳未満の子）をもって成年に独立の社会人として社会性を身につけさせるために，子を肉体的に監護し，また，精神的発達を図るために教育する権利・義務です。民法は，「親権を行う者は，子の利益のために子の監護及び教育をする権利を有し，義務を負う。」（民820条）と包括的な身上監護権を規定し，また令和4年12月10日に成立した民法等の一部を改正する法律（令和4年法律第102号。同月16日公布。懲戒権に関する規定等の見直しに関する規定は令和4年12月16日から施行）により従前の民法821条（居所の指定）が改正民法822条に移行し，新たに規定された改正民法821条（子の人格の尊重等）において監護及び教育の場面で遵守されるべき総則的な規律を定めたうえ，上記居所指定権（改正民822条），職業許可権（民823条）を列挙しています。なお，懲戒権（民822条）の規定は削除されました。このほか，身上監護権の内容としては，第三者に対する妨害排除権（子の引渡請求権）があり，また民法は，財産上の代理権ばかりでなく，身分上の行為についても個別規定を置いて，必要な場合に子に代わって身分行為をなし得ることを定めています。すなわち，認知の訴え（民787条），嫡出否認の訴えの被告（民775条），15歳未満の子の氏の変更（民

791条)，15歳未満の子の縁組の代諾（民797条），15歳未満の養子の離縁の訴え（民815条），養親が20歳未満の者である場合の縁組の取消し（民804条），親権の代行（民833条）等です。これらの身分行為の代理権も身上監護権に含まれます(注1)。

(b) 財産管理権　　財産管理権については，民法824条本文は，「親権を行う者は，子の財産を管理し，かつ，その財産に関する法律行為についてその子を代表する」と規定しています。「管理」には事実行為と法律行為が含まれます。法律行為には処分も含まれ，親権者は子の財産につき包括的代理権を有します（法文上は「代表」とありますが「代理」の意味です。）。子に意思能力があれば，子の法律行為につき同意を与えることもできます（民5条1項）。親権者が子の財産管理を行う際の注意義務は，自己のためにするのと同一の注意でよいとされています（民827条）。

(2) 親権の法的性質

前記のように民法820条は，「親権を行う者は，……権利を有し，義務を負う」旨規定していますが，親子関係は未成熟の幼児を含む未成年の子を対象とするため，独立対等の法律関係を前提にしている財産法上の権利・義務と異なり，親権は，「子のための」親権として，子の利益・福祉のため父母がその子の心身及び財産について保全育成し監督保護を図る上記とは異なる異質な権利・義務です。すなわち，子が一人前の社会人に成長するために子に対し各種の配慮をする親の社会的責務であると考えるのが相当です。社会的責務ですから，親権者は，特に許された場合を除き，親権を勝手に放棄・制限したり，他人をして代行せしめること等は許されず，民法837条1項は，「親権を行う父又は母は，やむを得ない事由があるときは，家庭裁判所の許可を得て，親権又は管理権を辞することができる」旨規定しています。

2　親権の帰属者

令和6年5月17日に成立した「民法等の一部を改正する法律」（令和6年法律第33号。同年5月24日公布，施行日は公布の日から起算して2年を超えない範囲内において政令で定める日。以下，本項においては「令和6年改正法」といいます。）により，離婚後の共同親権が導入されることになりました（改正民819条）。そこで，本項では，必要に応じ現行法による場合と令和6年改正法による場合とに分けて説明します（特に断らない限りは現行法の説明です。）。

(1) 父母共同親権の原則

（注1）　内田貴『民法IV親族・相続〔補訂版〕』（東京大学出版会，2004）213～214頁。

（a）**婚姻中の親権者**　　未成年の子は父母の親権に服します（民818条1項）。未成年の嫡出子の親権者はその両親であり，親権は父母の婚姻中は父母が共同して行います（同条3項本文。父母共同親権の原則）。父母が婚姻中でも，父母の一方が親権を行うことができないときは，他の一方の単独親権となります（同項ただし書）。例えば，父親が海外駐在などで親権を事実上行使できない場合や，母親が後見開始の審判を受けるなどにより親権を法律上行使できない場合です。父母の一方が死亡，あるいは一方が失踪宣告を受けた場合は，残された親権者の単独親権となります。

（b）**共同親権の行使方法**　　前記1(1)(b)に記載したように，未成年者が法律行為をするには，親権者が代理するか親権者の同意を得る必要があります。親権は，父母の婚姻中は父母が共同して行わなければなりませんが，共同で親権を行う場合に意見が一致しなかったときには，その調整については，家庭裁判所の審判事項には性質上馴染まないところから，その解決を定めた法律の規定はありません。

代理行為は夫婦双方の名義ですることになります。他方の同意なしで行われた共同名義の法律行為は，無権代理行為となりその効果は子に帰属しないことになります。民法825条本文によれば，父母の一方が，共同の名義で，子に代わって代理行為をし又は子がこれをすることに同意したときは，その行為は，他の一方の意思に反したときでもその効力は妨げられませんが，同条ただし書は，相手方が悪意のときは有効な法律行為にはならない旨規定しています。

(2)　単独親権の場合

（a）**父母の離婚**　　父母が離婚する場合には，協議離婚であれ，裁判離婚であれ，どちらか一方を親権者に定めなければなりません（民819条1項・2項）。

（b）**子の出生前の父母の離婚**　　子の出生前に父母が離婚した場合には，母が親権者になります（民819条3項本文）。ただし，父母の協議で父を親権者と定めることができます（同項ただし書）。

（c）**非嫡出子の親権者**　　嫡出でない子の親権者は，原則として母になります。ただし，父が子を認知すれば，母と協議して父を親権者と定めることができます（民819条4項）。

3　令和6年改正法に基づく親権の帰属者等

(1)　離婚の場合の親権者

(a) **改正の趣旨等**　現行の婚姻中は親権者を父母双方とし，離婚後はどちらか一方とする単独親権の制度を規定する民法を，離婚後も両親が協力して子育てをすることは，子の幸福，成長にとって望ましいこと，親権が子に対する義務ならば離婚後も共同親権とすることが妥当であること，西欧諸国では，その内容は様々ですが離婚後も共同親権・共同監護を原則とする国が多数であること等の意見・実情等をふまえ，77年ぶりに改正し，離婚後の親権は，父母が協議上の離婚をするときは，その協議でその双方又は一方を親権者と，裁判上の離婚の場合には，裁判所は，父母の双方又は一方を親権者と定める旨規定しました（改正民819条1項・2項）。なお，施行後5年をめどに制度や支援策を再検討することとされています。

(b) **共同親権の行使の内容・方法等**　共同親権においては，幼稚園や学校の進路の選択，転居先の決定，生命に関わる医療行為等は父母が共同して行うことが必要です（改正民824条の2第1項本文）。共同親権であっても，監護及び教育に関する日常の行為は単独で親権を行使することができます（同条2項）。また，子の利益のため急迫の事情があるとき（期限の迫った入学手続，緊急の手術，虐待からの避難等）は単独で行使することができます（同条1項3号）。

　特定の事項に係る親権の行使につき，父母間に協議が調わない場合で，子の利益のため必要があるときは，家裁は，父又は母の請求により，当該事項につき親権の行使を父母の単独ですることができる旨を定めることができます（改正民824条の2第3項）。

(c) **共同親権にするか単独親権にするかの判断基準**　上記判断にあたっては，裁判所は，子の利益のため，父母と子との関係，父と母との関係その他一切の事情を考慮しなければなりません。この場合，①父又は母が子の心身に害悪を及ぼすおそれがあると認められるとき，②父母の一方が他の一方から身体に対する暴力その他の心身に有害な影響を及ぼす言動を受けるおそれの有無等を考慮して，父母が共同して親権を行うことが困難であると認められるときのいずれかに該当するときは，父母の一方を親権者と定めなければなりません。

　より詳しい具体例については，附帯決議によりガイドラインを制定し明確化することが求められています。

(2) **子の出生前の父母の離婚**

　子の出生前に父母が離婚した場合には，親権は母が行います。ただし，子

の出生後に，父母の協議で，父母の双方又は父を親権者とすることができます（改正民819条3項）。

(3) 非嫡出子の親権者

嫡出でない子の親権者は母親です。父が認知しても親権は母が行いますが，父母の協議で，父母の双方又は父を親権者と定めることができます（改正民819条4項）。

4 親権と監護権が分離する場合

親権には，身上監護権と財産管理権が含まれますが，民法は親権者と監護者を分けることが可能であるとされており，分けた場合の親権の内容は，財産管理権を意味するものと思われます[注2]。

(1) 離婚の際の親権者・監護者の定め

(a) 協議離婚をする場合に未成年の子がいるときは，父母の一方を親権者に定める必要があり，この記載がないと離婚届は受理されません（民819条1項・765条1項）。裁判上の離婚の場合は，裁判所が父母の一方を親権者と定めます（民819条2項）。他方，民法は，同766条で，協議離婚をするときは，親権者とは別に「監護をすべき者」を定めることができる旨規定しています。すなわち，協議離婚をする際，「監護をすべき者」，「監護について必要な事項」を協議で定めることとし（民766条1項），協議が調わないとき，又は協議することができないときは家裁が定め（同条2項），さらに，家裁は，必要があるときは監護者等を変更し，その他監護について子の引渡しを含む相当な処分を命ずることができます（同条3項）。なお，裁判上の離婚においても，申立てにより，離婚の訴えに係る請求を認容する場合は，監護者の指定その他の子の監護に関する処分の裁判をすることができます（人訴32条1項・2項）。

(b) 民法766条は，監護の権限を認めた規定ですが，この監護権の由来ないし根拠については，①非親権者である父母の一方の親権は消滅し，監護者の権限は親権者の権限に基づくものであり，監護者は親権者から監護権を委ねられ代行しているとする説，②離婚の際等に親権者とならなかった父母の一方は親権の行使を停止されるが，本条により監護者とされた父母の一方は監護権については行使を停止されず，親権の一部として監護権を行使するものであるとする説，③本条により直接その権限を与えられたとする説等が

(注2) 平田厚『最新青林法律相談25 子の親権・監護・面会交流の法律相談』（青林書院，2019）74頁。

あります(注3)。

(2) 監護者の必要性

　民法766条の監護者に関する規定は，戦前の旧民法においては，離婚の際の親権は原則として「家」にある父が有していたことから，母が幼い子を育てるために，親権とは別に母が監護することを認めた規定を置いていましたが，この旧民法の規定を受け継いだものといわれています。現行民法は，離婚の際に親権者そのものを協議で定めることができるので，監護者を別個に定めることの意味がどこにあるかが問われています。監護者を指定することの意味として，①親権には財産管理権も含まれるので，母が財産管理能力を欠いているような場合には，父に親権（財産管理権）を与え母に監護権を与えることができること，②夫婦が離婚に関しては異存がないのに，子をどちらが引き取るかにつき意見が対立している場合に，子が幼い場合は母に監護権を与え，父を親権者にする等して解決が図れること，③父母が子の監護教育を担うのは現実的に不可能な場合に，子の監護者に第三者（多くは祖父母，叔父や叔母，伯父や伯母，事実上の養父母や里親等）を指定できることが，挙げられています。これらはいずれも決定的な意味（理由）とはいえず，立法論的にはやや問題のある規定であるといわれていますが(注4)，実務的には，後記(3)のとおり別居中の夫婦が子の引渡しをめぐる紛争において，子を確保するため監護者の指定を求める場合が多いようです。いずれにしろ，親権と監護権の分属は，慎重になされるべきで，子の利益に反する場合は安易に認めるべきではありません。

(3) 民法766条の類推適用

　婚姻中の父母間においても，婚姻関係が破綻し別居しているような場合には，子の福祉のため監護者を指定する必要がある場合があり，民法766条が類推適用されると解するのが実務の大勢です(注5)。監護者指定の事案は，ほとんど別居中の夫婦間のケースです。例えば，夫婦の一方が子を連れて家を出て別居している場合，夫（父）又は妻（母）が，監護者の指定，子の引

(注3)　島津一郎編集『注釈民法(21)親族(2)離婚』（有斐閣，1966）100頁〔梶村太市〕。

(注4)　内田・前掲（注1）134頁。

(注5)　なお，平成23年法律第61号による民法の一部改正前の夫婦間の面接交渉事件につき，最決平12・5・1民集54巻5号1607頁は，「婚姻関係が破綻して父母が別居状態にある場合に，子と同居していない親と子の面接交渉につき父母の間で協議が調わないとき，又は協議をすることができないときは，家庭裁判所は，民法766条を類推適用し，家事審判法9条1項乙類4号により，右面接交渉について適当な処分を命ずることができる」旨判示しています。

渡し，引渡しの保全処分を求めるような事案です。

5 親権者の決定基準

(1) 親権の帰属

父母が離婚したときのように単独親権者とされている場合には，実の親であってもどちらか一方でなければ親権者にはなれませんので，単独親権者を決める基準が問題になります。抽象的には，子の利益に照らして（民766条1項・819条6項等），父母のどちらが適格者かどうかを検討することになります。この検討にあたっては，父母の側の事情としては，監護に対する意欲と能力，健康状態，経済的・精神的家庭環境，居住・教育環境，従前の監護状況，子に対する愛情の程度，実家の状況，親族・友人の援助の可能性などが，子の側の事情としては，年齢・性別，兄弟姉妹の関係，心身の発育状況，従来の環境への適応状況，環境の変化への適応性，子の希望などが考えられますが，これらの基準の中，いずれかを最優先としてするのではなく，当該事案の具体的事実関係に即して，子の利益の観点から総合的に検討し父母の一方を親権者と定めるのが相当です。

(2) 親権者決定の具体的判断基準

以下，審判例に現れた具体的な判断基準につき検討します。

(a) 母性優先の原則　乳幼児については，原則として，母親の監護教育に委ねるのが子の利益に合致するという考え方です[注6]。一般論としては，乳幼児期は，母親とのアタッチメント（愛着行動）は重要なものですが，母親が精神疾患を抱えている等の場合は親権者には不適です。近年，家庭での男女の役割分担が多様化しており，父親が子の監護教育を担っている場合もあります。母性優先の原則も絶対ではなく，事案ごとに，離婚時点で子の養育にどのように関わったか，どちらが積極的に養育したか，子が誰との間で心理的絆を有しているのか等を検討し，母親，父親のいずれが親権者としての適格があるのか等を具体的に判断すべきものと思われます。

(b) 継続性の原則　子の健全な成長のためには，親子の継続的な精神的な絆や情緒的交流が重要であるとして，子の状態の継続的な安定性を重視する考え方です。父母の親権者としての適格性が同等のような場合には，子の生活状態の安定性から同居親を親権者とするのが相当です。

子の利益の観点から考えると，子の生活環境が変更されることは，子の地域や学校等でのつながりも変更される可能性があり，父母の親権者としての

（注6）　札幌高決昭40・11・27家月18巻7号41頁，東京高判昭56・4・27判タ447号127頁等。

適格性にあまり差異がなければ，現状を変更しないことが子の利益に適合すると思われます[注7]。もっとも，継続性の形成を目的として，子を相手方の同意なく連れ去ったときには，継続性を肯定することが連れ去り行為を肯定することになりかねず，そのような場合には，継続性の原則を重視すべきではありません[注8]。また，現状の尊重は，それが子の利益と一致すればよいのですが，子の現実の監護が往々にして，離婚しようとする父母の力関係に委ねられる点に注意が必要です。なお，名古屋高決昭50・3・7家月28巻1号68頁は，監護の継続による環境の安定より，母親の愛情と配慮の下での監護教育が可能であること，兄妹一緒の生活ができることを重視して，母親への親権者の変更を認めました。

(c) **子の意思の尊重**　子の意思の尊重は具体的な決定基準として最も重要なものとなります。特に子が15歳以上であれば，その意思は最大限尊重されるべきです。子が15歳未満の場合，当該子の発達状況によりますが，父母が別居している状態での親権者決定の場合，子が監護親の支配下にある以上，監護親の影響を受けやすく，真意を表明しにくい立場にあり，また，年少の子は，現状維持を望む傾向にあります。子の発達状況には個人差があり，年齢で画一的に論じるのは困難な面がありますが，家事事件手続法65条は，「審判をするに当たり，子の年齢及び発達の程度に応じて，その意思を考慮しなければならない」旨規定しており，一般論としては，10歳以上の子については，その意思は尊重されてしかるべきものと思われます。もっとも，若干特殊な事案ですが，福岡家八女支審平28・11・30消費者法ニュース111号305頁は，母（相手方）との同居を強く望む未成年者（17歳）の意思は尊重されるとしつつ，未成年者の福祉を害する母（宗教的活動を目的とする団体に参加し会の価値観を全面的に受け入れている。）の監護環境は看過できぬ程度に至っているとして，父（申立人）の母に対する監護者指定及び子の引渡しを認めました[注9]。

(d) **きょうだい不分離の原則**　複数の子がいる場合，長男の親権者を父，長女の親権者を母とするように，きょうだいを分離して親権者を定めるべきではないとする考え方です。きょうだいは，一緒に生活することにより，相互に影響し合って，人格を形成していくことが重要であり，きょう

(注7)　福岡高決令元・10・29家判29号87頁・判タ1477号97頁。
(注8)　大阪高決平17・6・22家月58巻4号93頁，東京高決平17・6・28家月58巻4号105頁。
(注9)　上記福岡家八女支審平28・11・30に対する抗告は福岡高決平29・3・30消費者法ニュース112号334頁で棄却され，原審判は維持されています。

だいを分離すると，子は父母との分離だけでなく，きょうだいとの分離という二重の負担を強いられることになるという配慮に基づくものです。低年齢のきょうだいの場合は同一監護者の下で養育することが望ましいといえますが，東京高決令2・2・18家判30号63頁・判タ1482号96頁，大阪高決令元・6・21家判29号112頁・判タ1478号94頁等は，父母の監護態勢，子の意思等を考慮したうえで，きょうだい間で自由に交流ができていることを理由に，きょうだい分離の判断をしています。

　(e)　**フレンドリー・ペアレント・ルール**　　フレンドリー・ペアレント・ルールとは，①非監護親と子との面会交流に協力できるか，②非監護親を信頼して寛容になれるか，③子に非監護親の存在を肯定的に伝えることができるか等を監護親としての適格性の判断基準とする原則をいいます。

　前記(1)のように父母のどちらが親権者として適格かどうかは，父母の側の事情及び子の側の事情を総合的に検討して判断すべきです。上記①～③の事情は考慮要素の一つであり，当該事案の具体的事実関係に即して，子の利益の観点から総合的に父母の一方を親権者と定めるのが相当です。上記事情を最優先に考えるのは相当でありません。東京高判平29・1・26判時2325号78頁[注10]は，面会交流についての意向は考慮要素の一つであり，他の諸事情より重要性が高いともいえず，これまでの養育状況や子の現状，意思などを総合的に判断すべきであるとしています。上記高裁判決は上告されましたが，最高裁判所は上告を棄却しました。

　(f)　**離婚についての責任の有無**　　離婚につき無責の当事者に委ねるという配慮は必要かどうかについては，親権者として適当かどうかは，どちらの親に養育される方が子の利益・福祉に適うかどうかという見地から判断され，不貞行為などの有責配偶者であることをもって，直ちに親権者としての資格がないとはいえないとされています。ただ，浮気に夢中になり子の面倒をみないなど，離婚原因となった行為が子育てに悪影響を及ぼすような場合は，親権者には不適と判断されます。

6　親権者の行為能力

　親権は身上監護権のみならず財産管理権を含みますから，親権者は行為能力者であることが必要です。このため，非嫡出子の母が未成年のときは，その親権者又は後見人が親権を行います（民833条・867条）。また，単独親権者が被保佐人又は成年被後見人になったときは，後見開始の原因の一つである

（注10）　原審の千葉家松戸支判平28・3・29判時2309号121頁は上記ルールを適用。

120 第3章 親権関係 第1 親権・監護権

「未成年者に対して親権を行う者がないとき」に当たり[注11]，子のために後見が開始します（民838条1号）。

▶設問2 親権者・監護者の指定・変更

離婚に際して決めた親権者を後に変更することができますか。監護者のみを変更することも可能ですか。離婚後，単独親権者である父又は母が死亡した場合，未成年者の親権はどうなりますか。

解 説

1 親権者の指定

親権者の指定には，必ず親権者の指定が必要な場合の必要的親権者指定と，親権者は母と一応決まるが協議等で父を指定することができる場合の（父に指定する義務はなく指定しなければ母の親権のままです。）任意的親権者指定があります。

(1) 父母が離婚した場合の親権者の指定

(a) 子の出生後に父母が離婚した場合——必要的親権者指定

(ア) 協議離婚の場合

(i) 子の出生後，父母が協議離婚をするときは，父母の協議で一方を親権者と定めなければなりません（民819条1項）。離婚の際の協議による親権者の指定は，離婚届の必要的記載事項であり，離婚届の受理によって離婚が成立してはじめてその効力が生じます。親権者の指定に期限・条件を付することは，親権者の変更が家裁の審判事項とされている（同条6項，家事別表第2の8項）趣旨に反し許されません。

(ii) 父母の協議が調わないとき，又は協議することができないときは，父又は母の請求によって家裁が，協議に代わる審判をすることができます（民819条5項，家事別表第2の8項）。もっとも，離婚の合意が一応なされても届出をなさない限りいつでも合意を撤回することができるので，上記審判等は効力が発生せず無駄になるおそれがあり，協議に代わる審判等による親権者指定がなされるのは，ごく例外的なケースと思われます。

(イ) 裁判離婚の場合　父母が裁判上の離婚をするときは，裁判所は，

(注11)　内田・前掲（注1）239頁。

離婚判決において父母の一方を親権者と定めなければなりません（民819条2項）。裁判離婚の際の親権者の指定は，裁判所が職権でなすもので，当事者の申立てに拘束されません。離婚判決の確定とともに，親権者指定の効力が生じます。

　　(ｳ)　調停離婚等の場合　　離婚，親権者の指定等についての合意がなされ調停が成立し，これを調書に記載すれば，確定判決と同一の効力が生じます。なお，調停が成立しない場合，家裁は，相当と認めるときは，職権により，調停を終了させることなく事件解決のために必要な審判（調停に代わる審判）をすることができます（家事284条）。調停に代わる審判で離婚及び附帯処分として親権者の指定等がなされ，2週間以内に異議の申立てがないときは，この審判は，確定審判・確定判決と同一の効力を有します（家事287条）。

　　(b)　**子の出生前に父母が離婚した場合——任意的親権者指定**　　子の出生前に父母が離婚している場合は出生した子の親権者は母ですが，子の出生後に父母の協議で親権者を父に指定することができます（民819条3項）。この協議による親権者の指定は，戸籍上の届出を要し（戸78条），届出によって指定の効力が生じます。協議が調わないとき，又は協議をすることができないときは，家裁の調停・審判によって親権者を父に指定することができます（民819条5項，家事244条・別表第2の8項）。

(2)　父母の婚姻が取り消された場合——必要的親権者指定

　子の出生後に父母の婚姻が取り消された場合，民法には親権者を定める規定はありませんが，子の身分が不安定になるところから，離婚の場合と同様に父母の一方を親権者と定める扱いにするのが先例です。

(3)　非嫡出子の場合——任意的親権者指定

　非嫡出子の親権者は母ですが，父が認知をすると，父母の協議で親権者を父に指定することができます（民819条4項）。なお，認知は懐胎中でもできますが母の承諾を得なければなりません（民783条1項）。認知による親権者指定の協議は，子の出生後とするのが先例ですが（昭26・7・7民事甲第1394号回答・先例全集2035の3），反対説も有力です[注12]。協議が調わないとき，又は協議をすることができないときは，家裁の調停・審判によって親権者を父に指定することができます（民819条5項，家事244条・別表第2の8項）。

(4)　子が離縁した場合——必要的親権者指定

　[注12]　於保不二雄＝中川淳編集『新版注釈民法(25)親族(5)親権・後見・保佐及び補助・扶養〔改訂版〕』（有斐閣，2004）46頁〔田中通裕〕。

122　第3章　親権関係　第1　親権・監護権

　実父母が婚姻中に子が養子縁組をすると，親権は養父母に移ります。子が離縁すれば，実父母に親権が戻りますが，このとき実父母が離婚していると，共同親権になりませんので，その協議で父母の一方を親権者と定めなければなりません（民811条3項）。協議が調わないとき，又は協議をすることができないときは，父又は母の請求によって，家裁の調停・審判で定めます（同条4項，家事244条・別表第2の7項）。

2　親権者の変更

(1)　親権者変更の手続

　いったん定めた親権者であっても，その後，親権者の生活環境・収入等の事情変更によって，子の利益・福祉にとって必要な場合には，親権者を変更することは可能です（親権者指定後の事情変更に限らず，指定当時から指定が不当な場合にも変更は可能です。）。民法819条6項は，「子の利益のため必要があると認めるときは，家庭裁判所は，子の親族の請求によって，親権者を他の一方に変更することができる」旨規定しており，一度定めた親権者を変更するためには，変更につき父母の間で合意ができている場合でも，必ず家裁の調停・審判が必要です（民819条6項，家事244条・別表第2の8項）。親権は義務を伴い，義務はいったん引き受けた以上は勝手に放棄することができないことの一つの現れと説明されています。また，変更の審判に際しては，家裁は，当事者及び子が15歳以上であるときは，これらの者の陳述を聴かなければならないとされています（家事68条・169条2項）。戸籍も変更する必要があり，調停成立や審判確定から10日以内に調停調書謄本や審判書謄本及び確定証明書を市区町村役場に提出して手続を行います。

　子の親族が家裁に親権者変更調停を申し立て，調停が成立しない場合は（親権者変更の調停は，当事者の合意と子の福祉の観点から親権者変更に問題がないことが成立の要件です。），審判に移行し（別途の申立ては不要です。家事272条4項），裁判官の判断を受けることになります。申立権者は子の親族です。子に意思能力があれば，子にも申立権を認める学説もありますが，実務は反対です[注13]。親権者の変更は，子の利益と福祉のために必要がある場合に認められるものですから，親権者の変更の申立てをしない旨の合意は無効です。

(2)　共同親権から単独親権への変更

　共同親権から他の実親への親権者変更が認められるか否かについて，大阪高決昭43・12・24家月21巻6号38頁は肯定，東京高決昭48・10・26判時724

（注13）　於保＝中川編集・前掲（注12）47頁〔田中〕。

号43頁は否定と分かれていたところ[注14]，最決平26・4・14民集68巻4号279頁[注15]は，概略，「民法819条6項の親権者変更審判等は，同条の全体の構造や同条6項の文理に照らせば，子が単独親権に服している場合に限って認められ，子が実親の一方及び養親の共同親権に服する場合，子の親権者を他の一方の実親に変更することは，同項の予定しないところであり，許されないと解される」と判断し否定説を支持しました（なお，現行法では離婚後の共同親権が認められていませんが，離婚した親権者である親が再婚し，再婚相手と子どもが養子縁組をした場合には共同親権が認められます。）。この場合，養親・養子関係を離縁の訴えによって解消するか，養親の親権につき親権喪失の審判によって剥奪する手続をとり，他の実親の単独親権に戻し，親権変更の申立てをすることになります。

なお，令和6年改正法819条6項は，「子の利益のため必要があると認めるときは，家庭裁判所は，子又はその親族の請求によって，親権者を変更することができる」と規定しており，共同親権から単独親権への変更は可能となります。

3　単独親権者の死亡と親権者の変更

離婚の際に単独親権者と定められた一方の親が死亡したとき，親権は生存している他方の親に変更できるか，それとも，後見が開始するか（民838条1号）については見解の対立があり，①後見開始説：親権を行使する者がいないとして後見が当然開始するとする説，②制限的親権回復説：後見開始後でも，指定・選任により後見人が就職していない間は，生存親に指定できるとする説，③無制限回復説：後見人の就職の前後を問わず変更できるとする説，④親権当然復活説：当然に生存親の親権が復活し，親権者変更の問題は生じないとする説とに分かれています。通説といわれるものはありませんが，①説は法文上素直な解釈であり，簡明でもあり，有力な説と思われます。裁判例は，子の福祉の観点から後見開始と親権者の変更（民819条6項）のいずれが望ましいかを判断して決する例が多いようですが，民法は未成年後見を補充的なものと位置づけていること，実親である以上，後見人としてではなく，親権者として監護教育をしたいとの国民感情を考えると，後見開

（注14）　否定説が通説的見解です。最高裁判所事務総局家庭局「昭和45年3月開催家事審判官合同概要」家月22巻9号33頁。

（注15）　市町村長処分不服申立ての審判に対する抗告審の取消決定に対する許可抗告事件で，親権変更の確定審判に基づく戸籍届出を戸籍事務管掌者がした不受理処分が争われた事案における理由中の判断。

始説は疑問があります。もっとも，残された親の環境が必ずしも監護教育に適さない場合もあり得ます。したがって，残された親への親権者の変更が，子の監護教育上適切である限りにおいて，親権者の変更を容認し，それ以外の場合は後見を開始すべきものと考えられます[注16]。

4 監護者の指定・変更

(1) 監護者の指定

(a) 協議離婚の際，あるいは別居中の夫婦間で，親権者とは別に監護者を協議で定めることができます（民766条，別居中の夫婦間では同条の類推適用）。協議が調わないとき，又は協議することができないときは，家裁が定めます（同条2項）。なお，裁判上の離婚の場合においても，申立てにより，監護者の指定がなされることがあります（人訴32条）。実際に監護者指定の事案は，ほとんど別居中の父母の場合です。子の利益を最優先して決められ，監護者は親権者の権限のうち身上監護権を分掌します。離婚前に監護者に指定された場合，その効果は，離婚するまでですが，単に「子と一緒に暮らせる」という以上に，監護者になったら，相手方による子の連れ去りは明らかに違法であり，子の引渡しを請求することにより，すぐに子の引渡しは実現することが可能であり，相手方が子を連れ去ることができなくなります。また，離婚前に監護者になっていれば，離婚に際し親権者として認められる可能性が高くなります。

協議の時期は，法文上は協議離婚の際の協議に限定されているように読めますが，監護に関する事項は戸籍の届出事項ではなく，離婚後あるいは離婚前の別居後であればいつでもよいとされています。

(b) 監護者は，親権者とならなかった父母の一方に定めることが多いですが，祖父母その他の親族や里親など第三者でもよく，監護機能を備えたものであれば，乳児院や養護施設などのような児童福祉施設の長を含むと解されています。

(c) 子の父母が子の監護を適切に行わない場合，父母以外の第三者（祖父母等）が自らを監護者に指定することを家裁に申し立てることができるかについては，争いがあります。最決令3・3・29民集75巻3号952頁[注17]は，子の祖母が，子の実母及び養親を相手方として，家事事件手続法別表第2の3項所定の子の監護に関する処分として子の監護をすべき者を定める

（注16）　内田・前掲（注1）238頁。
（注17）　原決定は大阪高決令2・1・16家判30号69頁・判タ1479号51頁。同決定の許可抗告審。

審判を申し立てた事案で，民法766条「2項は，同条1項の協議の主体である父母の申立てにより，家庭裁判所が子の監護に関する事項を定めることを予定しているものと解される。他方，民法その他の法令において，事実上子を監護してきた第三者が，家庭裁判所に上記事項を定めるよう申し立てることができる旨を定めた規定はなく，上記の申立てについて，監護の事実をもって上記第三者を父母と同視することもできない。……以上によれば，民法766条の適用又は類推適用により，上記第三者が上記の申立てをすることができると解することはできず，他にそのように解すべき法令上の根拠も存しない。したがって，父母以外の第三者は，事実上子を監護してきた者であっても，家庭裁判所に対し，子の監護に関する処分として子の監護をすべき者を定める審判を申し立てることはできないと解するのが相当である」と判断しました。

上記最高裁決定は民法766条の規定を文理に即し厳格に解釈し，事実上子を監護してきた者であっても祖母による申立ては認められないと結論づけています。一方，現実の親子関係において児童虐待など親権が停止される事態にまで至らなくとも養育能力に問題がある父母が子の監護に執着するケースでは，子が不安定な環境に置かれ，子の利益・福祉に反する場合があります。現行の民法は，子の監護に関する条文については，民法766条の離婚の効果として規定するのみであり法の欠缺があるといわれていました。実務は，民法766条の類推適用，あるいは民法766条と同法834条の重畳的類推適用によって，子の監護に関する具体的事案を解決してきましたが，この手法が最高裁により現行民法の下では否定されたことになります。本決定については，子の意思や心身の状況に配慮した解決の道を閉ざしたものであるとして批判があります(注18)。なお，上記最高裁決定と同日付の最決令3・3・29裁判集民265号113頁・家判41号43頁は「父母以外の第三者は，事実上子を監護してきた者であっても，家庭裁判所に対し，子の監護に関する処分として上記第三者と子との面会交流について定める審判を申し立てることはできない」と判断し，事実上子を監護してきた祖母が自己との面会交流を求める審判の申立てを却下しました。この点につき，令和6年改正法は，祖父母なども子どもの養育に携わる機会が増えていることから，子の直系尊属及び兄

(注18)　二宮周平「民法766条の解釈論―第三者の監護者指定と祖父母と孫の面会交流―」立命館法学2021年5・6号737頁，棚村政行「祖父母等第三者の監護者指定・面会交流」判例秘書ジャーナル民事編・家族法2021年8頁ほか。

弟姉妹等が面会交流を求める審判を家裁に請求できる旨の規定を設けています（改正民817条の13第4項・5項）。

(2) 監護者の変更

父母間の協議等により父母の一方が監護者と定められた後でも，事情が変更した場合，又は協議・審判が当初から不当であって，監護者や監護の方法が子の利益を害するときは，協議又は審判等でこれを変更することができます（民766条）。変更には，監護者だけを変更する場合と親権者とともに変更する場合がありますが，監護者のみの変更の場合は，子の監護に関する事項は，本来当事者の協議に任せてよい性質のものであり，その変更につき父母の合意があれば，家裁を通さなくても当事者間の協議で行うことができ，家裁の介入は当事者間に協議ができない場合に限定されます。市区町村役場への届出も不要です。

5 親権者変更の基準

家裁が親権者の変更を認めるのは，「子の利益のため必要があると認めるとき」と定められており（民819条6項），父母の都合でむやみに変更することは許されず，子のために変更が必要とされる場合に限定されます。親権者の変更手続には，①親権者指定の協議や審判が当初から不当であった場合，②親権指定の協議や審判後の事情の変更によって不当になった場合があります。②の観点を重視し「事情の変更」が要件として必要であるとする見解がありますが，民法819条6項は「子の利益のため必要があると認められるとき」のみが要件とされ，「事情の変更」を要件としていないところから，「事情の変更」は要件ではなく，一つの考慮要素にすぎないとする見解が主流です[注19]。一般に親権者指定の判断基準と親権者変更の判断基準とは同列に論じられており，「子の利益」を判断するにあたり，父母側と子の側の双方の事情を比較考量して結論を出しています（詳細は［設問1］5を参照してください。）。もっとも，一度親権者を決めた以上は，後になって簡単に面倒をみている親権者を変更することは，子にとって大きな負担になることも考慮する必要があり，安定した環境の継続は重視すべきです[注20]。離婚時と比較して，現在の親権者による養育環境が悪化している場合，例えば，育児放棄，子に対する虐待，親権者が重い病気にかかり子の面倒をみることができ

(注19) 福岡高決平27・1・30家判5号106頁・判タ1420号102頁。
(注20) ただし，［設問1］の5(2)(b)記載の名古屋高決昭50・3・7は，監護の継続による安定を考慮したうえで，父親から母親への変更を認めています。

［文例8］　親権者変更の合意　　127

ない状態である場合には，変更は認められやすいですが，最終的には親権者
の変更が子の利益のために必要か否かによって決することになります。変更
を認めた裁判例として，東京家審平26・2・12判タ1412号392頁（11歳の子の
意思を尊重し，母から父に変更），前掲福岡高決平27・1・30（注19）（母の監護に
問題があるとして，母から父に変更）等があります。また，監護者指定・変更の
判断基準も同様に考えてよいと思われます。

文例 8　親権者変更の合意

――事例――

　私は，結婚して妻との間に子もいますが，妻以外の女性との間に子が生まれ
ました。その女性と子の親権者を父である私とすることに決めました。どのよ
うな合意をしたらよいですか。

――文例――

親権者変更の合意

第1条（親権者変更の合意）
　　甲は，甲・乙間の長女丙（令和○年○月○日生）を認知し，その旨
　戸籍法の定めに従い届出をした者であるが，令和○年○月○日，甲と
　乙は，丙の親権者を甲と指定する。

第2条（監護者の定め）
　　甲と乙は，長女丙の監護者を乙と定め，乙が丙を監護養育する。

第3条（面会交流）
　　乙は，甲が，長女丙と月○回程度，面会交流することを認める。そ
　の具体的な日時・場所・方法等は，丙の福祉を尊重し，当事者間で協
　議して定める。

第4条（養育費）
　　甲は，乙に対し，長女丙の養育費として，令和○年○月から丙が
　満20歳に達する日の属する月まで，1か月金○○万円を，毎月末日限

128　第3章　親権関係　第1　親権・監護権

> り，乙名義の○○銀行の普通預金口座に振り込む方法で支払う。

説　明

1　第1条の親権者変更の合意について

父母の間で，子の認知及びその親権者を父とする旨の調停が成立し，その後父から調停に基づき，親権者指定届が出されても受理すべきではないとする先例（昭36・9・26民事甲第2424号回答・先例全集1576の11）があります。これは，子を認知する前の法律上の父でない者については，親権者指定の協議又は調停をする当事者適格を有しないと考え，この者と母との間の協議・調停を無効とするものです(注21)。この考えによれば，甲（父）が既に認知していることが本件合意の前提となります。

2　第2条の監護者の定めについて

甲は別に家庭をもっており，乙が丙を監護養育することを前提とするならば，乙が法的に監護者であることを明らかにした方がよいと思われます。

3　第3条の面会交流について

面会交流については，第8章第1［設問1］を参照してください。

4　第4条の養育費について

養育費については，第7章第1［設問1］を参照してください。

5　清算条項について

甲と乙間には何らかの関係が継続すると思われます。特段の事情がなければ，清算条項は付しません。

▶設問3　親権と利益相反

> 私が経営している会社の運転資金を銀行から融資を受けるため，私の長男（13歳）が祖父から遺贈を受けた不動産を担保にしたいと思っています。親権者である私が，長男の代理人として銀行と抵当権設定契約をしてもよいでしょうか。それとも別の代理人を選任すべきでしょうか。

（注21）　於保＝中川編集・前掲（注12）46頁〔田中〕。

設問3　親権と利益相反　129

解　説

1　利益相反行為の意義及び特別代理人

(1)　利益相反行為

　利益相反行為とは，親権者のために利益であり未成年の子のために不利益な行為，又は親権に服する子の一方のために利益であり他方のために不利益な行為をいいます。未成年の子は原則として単独で法律行為をすることができません。親権者が子を代理して法律行為をするか（民824条），親権者の同意を得る必要がありますが（民5条1項），例えば，未成年の子と親との間で法律行為をする場合，親が未成年の子の代理人となって取引ができるとすると，親が当事者として，あるいは未成年の子の代理人としての立場で法律行為をすることになり，事実上親の一存でその内容を決められる状態になります。それでは，親が一方的に自己に有利な条件で取引ができ公平が保たれず好ましくありません。そこで，民法826条1項は親権者とその子との利益相反行為を禁止し，さらに，同条2項は親権を行う者が数人の子に親権を行う場合，その1人と他の子との利益相反する行為を禁止しています。また，親権者が子を代理して法律行為を行う場合だけでなく，子がそのような契約をするのに同意を与える場合も，利益相反行為として禁止されます。

　類似の規定として，民法108条（自己契約・双方代理の禁止），一般社団法人及び一般財団法人に関する法律84条（法人と理事の利益相反）等があります。民法826条は，子の保護を図ることを目的とするものであり，親権者と子が対立当事者となり形式的には利益が相反しても，親権者から子に対する贈与のように，親権者の不利益により子が利益を受ける場合は利益相反行為には当たりませんが，親権者と子が取引当事者となる場合だけではなく，親権者が子を代理してなした第三者との法律行為（例えば，親権者の第三者に対する債務を子が連帯保証契約をする場合）であっても，親権者のために利益であって子に不利益な行為は，同条によって禁止されます。

(2)　利益相反行為の効力

　利益相反行為に該当する行為を親権者が行った場合は，無権代理になります（民108条2項）。子が成年に達して親権者の代理行為を追認しない限り，その効果は子には帰属しません。利益相反行為である法律行為を未成年の子が行うのに親権者が同意を与えても，その同意に効力はありませんので，子の

行為は親権者の有効な同意を欠く行為であり，取消しの対象になります。

(3) 特別代理人の選任

(a) 利益相反行為には，親権者と子の利益が相反する場合（民826条1項）と，親権に服する子の相互間に利益が相反する場合とがあります（同条2項）。親権者が子のため代理権を行使するにあたり，利益相反行為に該当する場合には，家裁に子のための特別代理人を選任することを請求しなければなりません。親権を行う者が数人の子に対し親権を行う場合には，その1人と他の子との利益が相反する行為については，親権者が1人の子を代理する場合は，他の子のためにそれぞれに特別代理人の選任が必要です。したがって，遺産分割協議において，共同相続人中の数人の未成年の子が，相続権を有しない1人の親権者の親権に服するときは，上記未成年の子らのうち，当該親権者によって代理される1人の者を除くその余の未成年の子については，各別に選任された特別代理人がその各人を代理して遺産分割協議に加わることが必要です(注22)。

親権者たる父母の一方に民法826条1項にいう利益相反関係があるときは，利益相反関係のない親権者と同項の特別代理人とが共同して代理行為をなすべきであるとするのが通説・判例(注23) です。

(b) 特別代理人は，家裁の選任の審判によって付与された特定の行為について代理権・同意権を有します。民法826条1項に基づいて選任された特別代理人と未成年の子との利益が相反する行為については，特別代理人は，選任の審判によって付与された権限を行使することができません(注24)。

(c) 特別代理人の選任は，親権者（子の親族やその他の利害関係人も選任請求できると解するのが多数説です。）が家裁に請求し，家裁が選任します（民826条）。もっとも，実際には申立人である親権者の推薦する親族や知人から選任されることが多く，親権者の息のかかった人物が選任され，必ずしも未成年者の利益が図られていないという問題点が指摘されています。

2 利益相反性の有無の判断基準

民法826条の利益相反性の有無については，通説・判例(注25) は，取引の安全を重視し，行為自体を外形的客観的に考察して判断すべきであって，親権者の意図（子の名義で借財をして会社の運営資金に充てることなど）やその行為の

(注22) 最判昭49・7・22家月27巻2号69頁・判時750号51頁。
(注23) 最判昭35・2・25民集14巻2号279頁。
(注24) 最判昭57・11・18民集36巻11号2274頁。
(注25) 最判昭42・4・18民集21巻3号671頁等。

実質的な効果（結局において子の養育費に充てるなど）を問題にすべきではないとしています（外形説）。この外形説の下では，親権者の利益と子の不利益とが法形式の外形上結合しない限り，利益相反行為に当たらないことになります。これに対し，未成年の子の権利・利益の保護を重視し，行為の動機，目的，結果，必要性，その他の背景事情等を考慮して判断すべきとする説（実質説）も，最近では有力です。

　取引の安全を優先して外形説をとった場合でも，代理人が自己又は第三者の利益を図る目的で代理権を濫用した場合，相手方がその目的を知り，又は知ることができたときは，無権代理行為とみなされ（民107条），本人が追認しなければ効力は生じません。この限度で本人（未成年の子）の利益は保護されます。もっとも，最高裁は，親権の行使については，利益相反行為に当たらない限り広範な裁量を認めており，最判平4・12・10民集46巻9号2727頁は，「親権者が子を代理してその所有する不動産を第三者の債務の担保に供する行為は，親権者に子を代理する権限を授与した法の趣旨に著しく反すると認められる特段の事情が存しない限り，代理権の濫用には当たらない」旨判断しており，代理権の濫用と認められる事案は，かなり限定されています。なお，実質説も，取引の安全を無視するわけではなく，善意の第三者の救済は民法110条によって図ることになります。

3　利益相反行為の例

　利益相反行為の具体例としては，子の財産を親に譲渡したり，親の財産を有償で子に譲渡したり，親が第三者から借金するにつき子の不動産に抵当権を設定する場合等が典型的な事例です。本設問の親が銀行と抵当権設定契約をするについては特別代理人の選任が必要です。

　以下，重要と思われる利益相反行為に関する最高裁判例を紹介します。

(1)　**親権者が第三者の負担する債務について，自ら連帯保証するとともにその子を代理し連帯保証をし，親権者と子が共有する不動産につき抵当権を設定した場合**

　最判昭43・10・8民集22巻10号2172頁は，上記(1)記載の事実関係の下では，子のためにされた連帯保証契約及び抵当権設定行為は，民法826条にいう利益相反行為に当たる旨判断し，その理由として，「抵当権の実行を選択するときは，本件不動産における子らの持分の競買代金が弁済に充当される限度において親権者の責任が軽減され，その意味で親権者が子らの不利益において利益を受け，また，債権者が親権者に対する保証責任の追究を選択し

て，親権者から弁済を受けるときは，親権者と子らのとの間の求償関係およ
び子の持分の上の抵当権について親権者による代位の問題が生ずる等のこと
が，前記連帯保証ならびに抵当権設定行為自体の外形からも当然予想され
る」旨判示しています。これは，利益相反行為かどうかは，第三者の利益を
害しないために行為の外形に基づき，その有効・無効を判断することを前提
にし，本件のような事実関係においては，親権者が自ら連帯保証契約・抵当
権設定契約をすると同時にその子の代理人として連帯保証契約・抵当権設定
行為をしたものであり，これを全体的に考察すると，これらは，外形的にみ
て利益相反行為に当たると評価できるとしたものと理解できます。

⑵ 相続放棄と利益相反

　相続の放棄が相手方のない単独行為であることから直ちに民法826条にい
う利益相反行為に当たる余地がないと解するのは相当ではありません。相続
放棄が利益相反性の問題となるのは，親権者甲が未成年の子Ａ，Ｂと共同相
続した場合，子Ａ，Ｂの相続放棄は親権者甲の相続分の増加をもたらします
し，子Ａのみが相続放棄をした場合は，Ｂの相続分を増加させますので，甲
とＡ，Ｂとの間又はＡとＢとの間に利益の対立があることは明らかです。他
方，最判昭53・2・24民集32巻1号98頁は，共同相続人の1人が他の共同相
続人の全部又は一部の者の後見をしている場合において，後見人が被後見人
全員を代理してする相続の放棄は，後見人自らが相続の放棄をしたのちにさ
れたか，又はこれと同時にされたときは，民法860条によって準用される同
法826条にいう利益相反行為に当たらないと判断しています。この判決に対
し，後記⑶の遺産分割協議を，行為の客観的性質上，相続人相互間に利害の
対立を生じるおそれがある行為に該当すると判断した考え方に依拠すれば，
相続放棄自体が行為の客観的性質から利益相反のおそれがあるかどうかが問
われるべきではないかとする指摘があります。この点につき，前記判決の担
当調査官は，「遺産分割の協議は，相続人全員が互いに利害を対立する当事
者として関与し，話合いをし，駆引きするものであって，その結果のいかん
にかかわらず，協議という行為そのものに各相続人相互間の利害の対立性，
相反性が内在しているのに対し，相続の放棄は，相続人全員が関与している
わけではなく，行為の内容，効果も極めて単純かつ明確なものであって，相
続放棄により親権者と未成年者との間に利害相反を生じないような関係にあ
る場合にまで利益相反行為にあたるとする必要はないと考えられる」と解説
しています(注26)。

(3) 遺産分割協議

遺産分割の利益相反性が問題となる事案としては，①親権者と未成年の子（1人）とが共同相続人である場合，②親権者と数人の未成年の子とが共同相続人である場合，③親権者は共同相続人ではなく数人の未成年の子が共同相続人である場合(注27) が考えられます。遺産分割協議の場合には，共同相続人のうち，誰がどれだけの遺産を相続するかについては相続人間で利害の対立がありますから，相続人である複数の未成年の子が1人の親権者の親権に服する場合，客観的に親権者と未成年の子との間，あるいは未成年の子相互間で利益が相反する可能性があるため，特別代理人の選任が必要になります。前掲最判昭49・7・22（注22）は，共同相続人中の数人の未成年の子が，相続権を有しない1人の親権者の親権に服する場合において（③の場合），遺産分割協議の結果，未成年の子全員が相続財産を取得しない遺産分割協議がなされたときは，未成年の子間には結果的には利害対立はないが，遺産分割協議は客観的性質上数人の子ら相互間に利害の対立を生じるおそれがあるものであり，親権者の代理行為の結果数人の子の間に利害の対立が現実化されていなかったとしても，本件親権行使は行為の外形からみて利益相反行為になるとしています。

(注26)　平田浩・最判解民昭和53年度39頁。
(注27)　最判昭48・4・24裁判集民109号183頁・判時704号50頁等。

第3章　親権関係　　第2　子の引渡し

第2　子の引渡し

▶設問　子の引渡しを求める法的手段と強制執行

　子どもを連れて夫と別居し，実家で平穏な生活を送っていましたが，夫が強引に子どもを保育所から連れ去ってしまいました。子どもを連れ戻すにはどのようにしたらよいですか。

解　説

1　子の引渡事案の類型及び引渡請求の方法

(1)　子の引渡事案の類型

　子の引渡事案としては，第1に婚姻関係にある，あるいは，過去に婚姻関係にあった夫婦間で争われる場合で，双方が親権を有する場合と親権・監護権の帰属をめぐる争いに付随して子の引渡しが請求される場合があります。第2に親権者対非親権者の争いであり，実親と第三者との間で争われる場合があります。

(2)　子の引渡請求の方法

　子の引渡しを請求する手続としては，親権に基づいて妨害排除を求める民事訴訟手続，家庭裁判所の審判手続，人身保護法に基づく手続の3つの方法があります。事案に応じ適切な方法を選択することになりますが，子の引渡しをめぐる紛争は，誰のもとで子を監護教育するのが子の幸せ・福祉にとって望ましいかということが重要な判断要素となり，権利の所在を明らかにして黒白を決めるという財産法的思考方法には馴染みません。夫婦（元夫婦を含む。）間の争いであれば，家庭裁判所調査官や医務室技官等の専門的機構を備えた家裁が審理し後見的判断で解決するのが適切です。

2　親権に基づく妨害排除

(1)　妨害排除請求権の法的性質

　(a)　子が親権者でも監護権者でもない第三者に連れ去られた場合，親権者である親は子の引渡請求を民事訴訟手続ですることができます。親権者の子の引渡請求権については，民法に明確な規定は置かれていませんが，基本的には，親権の監護教育権に基づく妨害排除請求権であるとするのが判例で

設問　子の引渡しを求める法的手段と強制執行　135

す(注1)。なお，判例は，民事訴訟手続により親権に基づく妨害排除請求としての子の引渡しを，第三者ばかりでなく他方の親に対しても認めていますが，離婚の際に親権者と定められた一方が他方に対し子の引渡しを求める場合に，子の監護に関する処分としてではなく，民事訴訟の手続により親権に基づく妨害排除請求として行うのは，後記3(1)のように，実質的な意義に乏しいものといえます。なお，最決平29・12・5民集71巻10号1803頁は，判示の事情の下ではとの留保付きで，離婚した父母のうち子の親権者に定められた父が法律上監護権を有しない母に対し親権に基づく妨害排除請求として子の引渡しを求めることは，権利の濫用に当たるとしています。

　　(b)　民事保全法に基づく仮の地位を定める仮処分（民保23条2項）を提起することも理論的には可能ですが，子の利益や福祉を最大限尊重すべきであることを考えると，家裁のように専門的機構を備えていない地方裁判所における保全処分で処理することは適切な方法とはいいがたいと思われます。

(2)　妨害の有無

　子が自らの自由意思で第三者のもとに留まる場合には，親権の行使に対する第三者の妨害はなく，本訴えの妨害排除請求権の発生要件を欠き，親権者は子の引渡請求をなし得ないと考えられます。子に意思能力がなければ，相手方のもとにいることを望んでいるとみることはできず，引渡請求は認められます。上記意思能力が何歳くらいで備わるかにつき，判例は，だいたい10歳程度を基準として考えているようです。意思能力のまったくない当時から引き続き相手方のもとで養育されているような場合には，その意思が全くの自由意思から発せられているのか，不当な干渉のもとから発せられているのかを，慎重に検討することが必要です(注2)。

3　家事審判手続等による方法

(1)　家事審判手続による場合

　　(a)　家事審判の手続においては，協議上の離婚をする父母は一方の父母に対し，あるいは親権者でない親や非監護親は単独親権者や監護親に対し，親権者の指定，変更や子の監護に関する処分としての監護者の指定，変更を求めるとともに（民766条2項・3項・819条5項・6項），子の引渡しを求めることができます（家事154条3項・171条）。

　また，離婚の際に親権者と定められた者は，子を監護している他方の親

─────────────

　(注1)　最判昭35・3・15民集14巻3号430頁，最判昭38・9・17民集17巻8号968頁。
　(注2)　前掲（注1）最判昭35・3・15。

に対し，監護者の指定その他の子の監護に関する処分を求めないまま，子の監護に関する処分として当該子の引渡しを求めることができるとするのが通説・判例(注3) です。

　(b)　婚姻別居中は，父母共同親権のもとにあり，子の監護に関する処分についての協議がまとまらない場合，家裁の調停・審判によって定める旨の規定はありませんが，既に婚姻関係は破綻し，父母は別居し事実上の離婚状態にある場合には（もっとも，実務では，破綻し事実上の離婚状態かどうかを認定することなく類推適用を認めている例が多いようです。），子の監護について父母が冷静に協議することは期待できませんので，婚姻別居期間中であっても，民法766条を類推適用して，家裁に対し，子の監護に関する処分を請求できるとするのが多数説であり実務です。もっとも，子の引渡しの審判を申し立てることができるかについて，子の引渡請求は，本質的に親権に基づく妨害排除請求権ですから，民事訴訟で争うべき民事訴訟事項であって，家事審判事項ではないのではないかという理論的な問題があります。この点につき，子の引渡しについては，家裁調査官や医務室技官といった専門的機構を備えた家裁が審理することが子の福祉により適うといえますので，子の引渡請求につき家事審判の申立てを認めるのが相当であり適切です。

(2)　審判前の保全処分による場合

　子の引渡しの家事審判に関しても，審判前の保全処分を利用することができます。すなわち，家裁は，子の監護に関する処分の審判又は調停の申立てがあった場合において，強制執行を保全し，又は子その他の利害関係人の急迫の危険を防止するため必要があるときは（子の連れ去りが強奪かそれに類似したものである場合や虐待の可能性が見込まれる場合や急激な環境の変化で子の健康状態の悪化が見込まれる場合），上記申立てをした者の申立てにより，子の監護に関する処分についての審判を本案とする，仮差押え，仮処分その他の必要な保全処分を命ずることができます（家事157条1項3号）。子の引渡しの保全処分は，仮の地位を定める仮処分ですから，原則として，相手方の陳述を聴取する必要があるとともに（家事107条本文），15歳以上の子の陳述を聴取する必要があります（家事157条2項本文）。本手続は，子の引渡しの場面において広い範囲で対応でき，執行力も付与されており，また，履行確保制度も利用することができます。

　(注3)　最決平21・5・25判時2085号22頁。

設問　子の引渡しを求める法的手段と強制執行　137

4　人身保護法による子の引渡し

(1)　人身保護法

(a)　**人身保護法の目的**　　人身保護法の目的は，「不当に奪われている人身の自由を，司法裁判により，迅速，且つ，容易に回復せしめること」にあり（人保1条），「法律上正当な手続によらないで，身体の自由を拘束され」れば，救済を求められることになっています（人保2条）。

人身保護法による子の引渡請求は，簡易迅速な手続であり，かつ勾引・勾留・刑事罰という強制措置に裏づけられた非常に強力な手段といえますので，前記審判手続を利用できる典型的な事案である夫婦間の子をめぐる紛争においても利用されてきました。

(b)　**人身保護法の手続**　　人身保護請求は，原則として，弁護士を代理人として申立てをしなければなりません（人保3条）。申立てがされると，裁判所は，速かに裁判を行わなければならず（人保6条），必要な準備審査を行ったうえで，原則として，拘束者に対し，指定された審問期日に被拘束者を出頭させ，審問期日までに答弁書を出すことを命じます（人保12条2項）。これを人身保護命令と呼んでいます。拘束者が裁判所の人身保護命令に従わないときには，裁判所は拘束者を勾引し又は命令に従うまで勾留すること並びに遅延1日当たり一定額の過料に処することができる強力な手続になっています。そして，原則として，人身保護請求がなされた日から1週間以内に審問期日が開かれ（人保12条4項），審問最終日から5日以内に判決を言い渡すこととされています（人保規36条）。被拘束者を移動，蔵匿，隠避しその他人身保護法による救済を妨げる行為をした者もしくは人身保護命令の答弁書に，ことさら虚偽の記載をした者は，2年以下の懲役（令和7年6月1日以降は「拘禁刑」と改正）又は5万円以下の罰金に処せられます（人保26条）。

(2)　人身保護法の適用要件

人身保護法による救済の要件としては，「拘束の違法性が顕著」であることが必要です。

(a)　**拘　　束**　　判例・通説は，意思能力のない幼児の監護はたとえ身体の拘束がなくても人身保護法2条1項に定める「拘束」に当たると解しています。そこで，意思能力は何歳くらいから備わるかが問題になります。前記の親権侵害（2(2)）と同様に，10歳を超えて自由意思で第三者のもとに留まる場合には，「拘束」がないと一応いえます。次に自由意思であるかどうかですが，親権侵害の事例と同様に，子の年齢，監護者との接触期間，監護

138　第3章　親権関係　　第2　子の引渡し

者の子に対する対応等を総合して検討することになります^(注4)。

(b)　顕著な違法性

(ア)　人身保護請求により救済請求することができるのは，その拘束の違法性が顕著である場合に限られ（人保規4条）^(注5)，夫婦の一方が他方に対し，人身保護法に基づき，共同親権に服する幼児の引渡しを請求する場合において，幼児に対する他方の配偶者の監護につき拘束の違法性が顕著であるというためには，上記監護が，一方の配偶者の監護に比べて，子の幸福に反することが明白であることを要します^(注6)。そして，明白性の具体的判断につき，最判平6・4・26民集48巻3号992頁は，①親権者である拘束者が幼児の引渡しを命ずる仮処分等に従わない場合，また，②幼児が請求者の監護の下では安定した生活を送ることができるのに，拘束者の監護の下では著しく健康が損なわれ，もしくは満足な義務教育を受けることができないなど，拘束者の幼児に対する処遇が親権行使という観点からみても容認できないような，例外的な場合がこれに当たるとしています。また，最判平30・3・15民集72巻1号17頁は，国境を越えて日本に連れ去られた子の釈放を求める人身保護請求において，「拘束者に対して当該子を常居所地国に返還することを命ずる旨の終局判決が確定したにもかかわらず，拘束者がこれに従わないまま当該子を監護することにより拘束している場合には，……拘束者による当該子に対する拘束には顕著な違法性がある」旨判示しています。なお，親権者同士の争いでも，拘束開始の態様の違法性が強い場合には，例外的事案ではありますが，それだけで当該拘束には，人身保護法2条，人身保護規則4条に規定する顕著な違法性があるものと考えられます^(注7)。

(イ)　監護権者から非監護権者に対する人身保護法に基づく幼児の引渡請求につき，最判平6・11・8民集48巻7号1337頁は，「請求者による監護が親権等に基づくものとして特段の事情のない限り適法であるのに対して，拘束者による監護は権限なしにされているものであるから，被拘束者を監護権者である請求者の監護の下に置くことが拘束者の監護の下に置くことに比べて子の幸福の観点から著しく不当なものでない限り，非監護権者による

（注4）　最判昭61・7・18民集40巻5号991頁，最判平2・12・6家月43巻6号18頁・判タ751号67頁。
（注5）　最大判昭33・5・28民集12巻8号1224頁。
（注6）　最判平5・10・19民集47巻8号5099頁。
（注7）　最判平6・7・8家月47巻5号43頁・判タ859号121頁，最判平11・4・26家月51巻10号109頁・判タ1004号107頁。

拘束は権限なしにされていることが顕著である場合（人身保護規則4条）に該当」する旨判示しています。同旨の判例として，最判昭47・7・25裁判集民106号617頁・判タ283号128頁，最判昭47・9・26家月25巻4号42頁・判時685号95頁，最判平11・5・25家月51巻10号118頁があります。

5　審判手続（審判前の保全処分を含む。）と人身保護法との関係

　昭和55年に執行力を有する審判前の保全処分の制度が新設されたことにより審判手続による救済手段が充実・強化されたこと，共に親権を有する別居中の夫婦（幼児の父母）の間における監護権をめぐるような紛争で，拘束の違法性が顕著でない場合には，子の幸福，福祉を慎重に考慮し子の引渡しの有無を判断すべきですから，人身保護制度ではなく，家裁調査官制度等を活用した慎重な手続を選択することが望ましいこと，前掲最判平5・10・19（注6）により，親権者同士の子の監護権をめぐる争いについては，例外的な事案を除き，人身保護法に基づく救済が認められることはほとんどなくなったことを考えると，親権者同士の子の引渡しをめぐる争いは，家裁で解決すべきものといえます。

6　子の引渡しの強制執行

　子の引渡しの強制執行に関しては，後記民事執行法が改正されるまで明確な規定はなく，直接強制を認めるかどうか，どのような場合に認められるかどうかにつき，見解の対立がありましたが，令和元年5月10日に成立した「民事執行法及び国際的な子の奪取の民事上の側面に関する条約の実施に関する法律の一部を改正する法律」（令和元年法律第2号。令和2年4月1日施行）により，子の引渡しの強制執行は，執行裁判所が決定により執行官に子の引渡しを実現させる直接的な強制執行による方法（民執174条1項1号）と間接強制の方法（同項2号）のいずれかの方法によるものとされ，まず間接強制を行ってから直接的な強制執行を行うか，最初から直接的な強制執行を行うかは，債権者の選択によることにしました。

　直接的な強制執行については，①間接強制の決定が確定した日から2週間を経過したとき（当該決定において定められた債務を履行すべき一定の期間の経過がこれより後である場合にあっては，その期間を経過したとき）（民執174条2項1号），②間接強制を行っても債務者が子の監護を解く見込みがあるとは認められないとき（同項2号），③子の急迫の危険を防止するために直ちに強制執行をする必要があるとき（同項3号）のいずれかによる場合に，執行官に子の引渡しを実施させるものとされました。そして，執行裁判所の決定を受けた債権者

は，執行官に対し引渡実施の申立てをします。強制執行をする場合，引渡実施場所に債務者が子と一緒にいる必要はありませんが（同時存在の原則は採用していません。），原則として，債権者本人が引渡実施場所に出頭することが必要です（民執175条5項）。例外的に債権者の代理人（子との関係で債権者に準ずる立場にある者）でよいとされる場合があります（同条6項）。子の引渡実施場所は，債務者の住居等が原則で（同条1項），一定の要件を満たした場合には，債務者の住居以外の場合においても，占有者の同意又は執行裁判所の許可を受けて実施することが可能とされています（同条2項・3項）。執行官は，執行裁判所の決定に基づき，債務者による子の監護を解き，子を債権者に引き渡します。そして，子の監護を解くために「必要な行為」を行う権限が付与されています（同条1項）。

 9　未成年の子の引渡しに関する合意

――事例――

> 私は，事情があって1年前，長男（現在4歳）を残して家を出て夫と別居しましたが，このほど長男を引き取って養育することになりました。長男を引き取るにあたり合意書を交わしておきたいと思います。どのような事項を合意書に盛り込めばよいですか。

――文例――

未成年の子の引渡しに関する合意書

第1条　当事者間の未成年の子である長男丙（令和○年○月○日生）の監護者を甲（母親）と定め，今後，甲において，監護養育する。
第2条　乙（父親）は，甲に対し，丙を，令和○年○月○日に，甲乙立会いの上，乙の住所地において引き渡す。
2　甲と乙は，丙の幸福・福祉を第一に考え，丙の健康状態，精神状態に細心の注意を払い，前項の引渡しを実施するものとする。
3　乙は，事前に，甲の意見を聞き，丙の身の回りの物，その他丙が生活するうえで，必要な物を整理し，上記日時，場所において，丙を引

き渡すと同時に甲に引き渡す。

第3条　甲は，乙に対し，乙が丙と月○回程度面会することを認め，その具体的な日時，場所，方法等については，丙の福祉を尊重し，双方が協議して定める。

第4条　乙は，甲に対し，丙の養育費として，令和○年○月から丙が満20歳に達する日の属する月まで，1か月金○○万円ずつを，毎月末日限り，甲の指定する金融機関の預金口座に振り込んで支払う。振込手数料は乙の負担とする。

2　甲及び乙は，丙の進学，病気等による特別の費用の負担については，別途協議するものとする。

説　明

1　第1条について

甲・乙が共に共同親権者であることを当然の前提としています。乙も親権者であり，身上監護権を有しますが，今後，甲（母親権者）がもっぱら監護養育することにするならば，甲を監護者と定め，乙（父親権者）の身上監護権は停止する方が，法的にすっきりし，子の監護をめぐる紛争を少しでも防止できると思われます。

2　第2条について

丙に不要な心理的動揺を与えないために，慣れ親しんだ場所での引渡しが望ましいと思われます。本文例は，乙と丙が同居していることを前提にしていますが，丙が乙の祖父母のもとで生活していれば，祖父母の住所地も考えられます。

乙が甲に対し，丙を引き渡すのですから両名が立ち会うのが当然ですが，代理等は認めないことも含め，丙の福祉，心身に対する影響を考え，甲乙が立ち会うことを明示しました。

3　第3条について

乙も親権者ですが，甲が監護者として丙と日々暮らすことになるので，乙に丙との面会交流を認める必要があります。面会交流については，第8章**第1**［設問1］を参照してください。

4　第4条について

養育費については，第7章**第1**［設問1］を参照してください。

第3　親権に関する準拠法及び国際裁判管轄

▶設問　国際離婚に伴う親権者決定に関する準拠法及び国際裁判
　　　管轄

　　国際結婚をした夫婦が離婚する場合，子どもの親権者の決定に関しては，ど
　ちらの国の法律が適用になりますか。また，どちらの国の裁判所に申立てをす
　ることができますか。

解　説

1　渉外法律関係の準拠法

(1)　国際離婚と準拠法

　特定の渉外的法律関係に適用される法を準拠法といいます。日本における
準拠法の指定は，「法の適用に関する通則法」（以下，この解説においては「通則
法」といいます。）に基づいてなされます。通則法27条（離婚）は，「第25条の
規定は，離婚について準用する。ただし，夫婦の一方が日本に常居所を有
する日本人であるときは，離婚は，日本法による。」と定めています。そし
て，同法25条（婚姻の効力）は，「婚姻の効力は，夫婦の本国法が同一である
ときはその法により，その法がない場合において夫婦の常居所地法が同一で
あるときはその法により，そのいずれの法もないときは夫婦に最も密接な関
係のある地の法による。」と定めています。これによれば，国際結婚をした
夫婦が離婚する場合，例えば，妻（夫）が日本人であり，日本に常居所を有
すれば，相手方の夫（妻）が日本で暮らしていない場合でも，日本法が準拠
法となり適用されます。

(2)　国際離婚に伴う親権の準拠法

　離婚に伴う親権の帰属については，①離婚に付随し離婚に密接に関連す
るから，離婚に関する抵触規定に従い，離婚につき定める通則法27条，25条
により準拠法が指定されるとする説，②一般の親子間の問題であるため，
親子間の法律関係につき定める抵触規定に従い，通則法32条（親子間の法律
関係）により準拠法が指定されるとする説があります。②説が，多数説，実
務(注1) です。そして，通則法32条は，「親子間の法律関係は，子の本国法が

父又は母の本国法（父母の一方が死亡し，又は知れない場合にあっては，他の一方の本国法）と同一である場合には子の本国法により，その他の場合には常居所地法による。」と定めています。例えば，子と母（父）が日本人であるならば，日本法が適用されます。

通則法32条は，「親子間の法律関係」として規定していますが，身分関係であるか財産関係であるかを問わず，親子間のすべての法律関係に適用されます。親権や監護権の帰属・内容・消滅のほか，面会交流の協議の問題なども含まれます。また，離婚の際の親権者の指定についても，通則法32条によるものと解されます。

(3) ま と め

以上によれば，国際離婚事件については通則法27条が適用され，例えば，夫婦の一方が日本人で日本に居所を有する場合には日本法が適用され，離婚が認容される場合には，離婚の際の親権者の指定については，通則法32条により，例えば，子と母（父）が日本人であれば日本法が準拠法として適用されることになり，民法819条２項により，父母の一方を親権者と定めることになります。

2 渉外事件の国際裁判管轄

国際裁判管轄とは，当該事件について，どの国の裁判所が審理することができるかという問題です。ところで，国際的な要素を有する人事訴訟事件及び家事事件につき，どのような場合にわが国の裁判所が審理・裁判をすることができるかという国際裁判管轄に関する規律については，これまで明文の規定がありませんでしたが，平成30年４月18日に成立した「人事訴訟法等の一部を改正する法律」（平成30年法律第20号。同月25日公布，平成31年４月１日施行）は，人事訴訟事件や家事事件についてのわが国の裁判所の国際裁判管轄の有無について，明文により一般的な規律を定めました。すなわち，人事に関する訴えの日本の裁判所の管轄権については人事訴訟法３条の２～３条の５，家事事件に関する日本の裁判所の管轄権については家事事件手続法３条の２～３条の15に定められています。

(1) 家事調停事件の国際裁判管轄

離婚につき，わが国は調停前置主義をとっています。そして，渉外家事調停事件（離婚調停事件）の国際裁判管轄は，①当該調停を求める事項についての訴訟事件又は家事審判事件について日本の裁判所が管轄権を有するとき

（注１） 東京地判平２・11・28判タ759号250頁（旧法例21条適用の事案）。

144 第3章 親権関係 第3 親権に関する準拠法及び国際裁判管轄

（家事3条の13第1項1号），②相手方の住所（住所がない場合又は住所が知れない場合には，居所）が日本国内にあるとき（同項2号），③当事者が日本の裁判所に家事調停の申立てをすることができる旨の合意をしたとき（同項3号）のいずれかに該当するときには，日本の裁判所が管轄権を有するものとされています。①については，家事調停が合意に至らないときには，最終的には，訴訟又は家事審判により解決されること，また訴訟事件又は家事審判事件の開始後も話合いによる解決の可能性があるときは，家事調停に付することも考えられることから，家事調停事件の管轄原因は，訴訟事件又は家事審判の管轄原因と一致することが望ましいとされたことによります。②については，相手方の住所地のある地で家事調停を付することが当事者間の衡平の理念に合致すると考えられるからです。③については，家事調停事件は当事者間の協議により円満な紛争解決を目指す手続であることから，管轄裁判所を当事者が合意で選択できるものとするのが合理的だという考え方に基づいています(注2)。

(2) 離婚の際の親権者の指定の裁判等に係る事件の国際裁判管轄

(a) **離婚の訴えの国際裁判管轄** 離婚の訴えを含む人事に関する訴えについては，人事訴訟法3条の2で管轄原因を定めていますが，これによれば，夫婦の一方が他方に対し提起した離婚の訴えについては，次のような場合には，わが国の裁判所が管轄権を有します。

① 被告の住所地（住所がない場合又は住所が知れない場合には，居所）が日本国内にあるとき（人訴3条の2第1号）。

② その夫婦が共に日本の国籍を有するとき（同条5号）。

③ その夫婦が最後に同居した地が日本国内にあり，かつ，原告の住所が日本国内にあるとき（同条6号）。

④ 原告の住所が日本国内にあり，日本の裁判所が審理及び裁判をすることが当事者間の衡平を図り，又は適正かつ迅速な審理の実現を確保することとなる「特別の事情」があるとき（同条7号）。

(b) **離婚の際の親権者指定の裁判に係る事件の国際裁判管轄** わが国の裁判所が離婚の訴えについて管轄権を有するときは，その訴えの当事者である夫婦間の子の親権者の指定についての裁判に係る事件についても，わが国の裁判所が管轄権を有します（人訴3条の4第1項）。これは，離婚の訴えが

（注2） 内野宗揮編著『一問一答 平成30年人事訴訟法・家事事件手続法等改正』（商事法務，2019）149頁。

係属する裁判所には，通常，当該夫婦のこれまでの家庭環境に関する資料が提出されることになり，この資料の中には子の生活状況等に関する資料が含まれており，子の住所等が日本国内になくても，当該裁判所が親権者の指定について適正・迅速に裁判することができるものと考えられることから，人事訴訟法3条の4第1項は，わが国の裁判所が離婚の訴えにつき管轄権を有するときは，その訴えとともにされる子の親権者の指定についての裁判に係る事件についても，わが国の裁判所が管轄権を有するものとしています[注3]。

3 全体のまとめ

共に日本に住所を有する日本人（妻）と外国人（夫）の夫婦の間に未成年の子がいる場合において，その離婚訴訟については日本法が適用されるところ（通則法27条ただし書），妻が日本国内に住所を有する夫を相手方として離婚調停及び離婚の訴えを日本の裁判所に提起したときは，わが国の裁判所は，人事訴訟法3条の2第1号，家事事件手続法3条の13第1項1号に基づき離婚調停及び離婚の訴えについて国際裁判管轄権を有することになり，人事訴訟法3条の4第1項に基づき当該子の親権者の指定についての裁判に係る事件について国際裁判管轄権を有することになります。そして当該夫婦の離婚の場合における子の親権の帰属等の問題については，通則法32条に基づき準拠法である日本法である民法819条2項が適用され，父母の一方を親権者として定めることになります。

（注3） 内野編著・前掲（注2）52頁。

第4章

離婚関係

設問1　離婚手続（離婚方法）と離婚原因　　149

第1　離婚等

▶設問1　離婚手続（離婚方法）と離婚原因

　　離婚手続にはどのようなものがありますか。それぞれの違いを教えてください。また，法定の離婚原因にはどのようなものがありますか。

解　説

1　離婚手続
　離婚は，婚姻を解消する効果をもつ法律行為です。離婚の手続には，主なものとして，協議離婚と裁判離婚の2つがあります。協議離婚は，当事者の協議によって離婚するもので，裁判離婚は，当事者の協議が成立しない場合等に，裁判所の判決によって離婚するものです。また，当事者の協議が調わない場合等に，裁判所の関与によって離婚する手続として，調停による離婚，審判による離婚，和解による離婚，認諾による離婚の4つがあります。

2　協議離婚
(1)　離婚の意思の合致 （実質的要件）
　(a)　離婚の効果が生ずるためには，離婚届出の時点において，当事者双方に離婚の意思のあることが必要です。判例は，合意により離婚届書を作成した当事者の一方が，届出を相手方に委託した後に翻意し，戸籍係員にその翻意を表示して離婚の意思のないことが明確になった場合には，届出による協議離婚は無効としています[注1]。

　なお，離婚意思の翻意後の届出や偽造による届出，本人の意思に基づかない届出を防止するため，離婚届出の不受理申出制度が設けられています（戸27条の2第3項）。

　(b)　判例は，離婚の意思を「法律上の婚姻関係を解消する意思」と解しており，夫婦が事実上の婚姻関係を継続しつつ，単に生活扶助を受けるための方便として協議離婚の届出をした場合でも，その届出が真に法律上の婚姻関係を解消する意思の合致に基づいてされたものであるときは，その協議離婚は無効とはいえないとしています[注2]。ほかにも，強制執行対策として

　（注1）　最判昭34・8・7民集13巻10号1251頁。

150 第4章 離婚関係 第1 離婚等

の離婚(注3)，戸主を変更するための離婚(注4)は，いずれも有効としています。

(2) 離婚届（形式的要件）

夫婦は，その協議で，離婚をすることができ（民763条），戸籍法の定めるところにより戸籍事務管掌者（市区町村長）に届け出ること（離婚届）によって，その効力を生ずるものとされています（民764条・739条1項，戸76条，戸則57条1項）。その届出は，夫婦双方及び成年の証人2人以上が署名した書面（離婚届書）で，又はこれらの者から口頭で，しなければならないとされています（民764条・739条2項。なお，戸籍法等の改正により，令和3年9月1日から戸籍届書の押印義務は廃止され，離婚届書の様式も変更されました。）。離婚の届出があった場合，戸籍事務管掌者は，離婚届書に証人2人の署名があること，未成年の子の親権者が定められていることなどを確認したうえでなければ，離婚届を受理することができないとされています（民765条1項）。もっとも，離婚の効力は，上記の要件に違反していても，受理されてしまえば離婚そのものの効力に影響しません（同条2項）。

(3) 離婚の効果

(a) 子の監護に関する事項等の取決め　離婚は，離婚の合意と離婚届の受理によって，直ちに（他の何らの手続なしに）効力を生じます。民法は，口頭による届出も認めていますが，現実には，離婚届書に夫婦及び証人が署名し，離婚届書を市区町村長に提出することがほとんどです。

このように，協議離婚は，裁判所等の関与なしに，夫婦の合意と離婚届の受理のみで成立するものですから，離婚後の子の監護に関する事項（監護者の指定，養育費，面会交流等），財産分与，慰謝料等（これらを離婚の「付随事項」といいます。）について，夫婦の間で十分な，あるいは理性的な話合いがないままに，離婚が成立してしまう可能性があります。これを避けるため，離婚及びその付随事項に関する合意について，公証人に嘱託して公正証書を作成することとすれば，公証人によって合意内容が法令に照らして違法無効となるようなものでないかどうかをチェックしてもらうことができ，のちに紛争を残すことが少ないものと考えられます。

(b) 復氏・氏の回復　夫婦は，婚姻届出の際に定めた夫婦の氏（夫

（注2）　最判昭57・3・26判タ469号184頁・判時1041号66頁。
（注3）　大判昭16・2・3民集20巻70頁。
（注4）　最判昭38・11・28民集17巻11号1469頁。

又は妻の氏）を称していますが（民750条，戸74条1号），婚姻によって氏を改めた夫又は妻は，離婚によって婚姻前の氏（旧姓）に当然に復するものとされ（民767条1項。これを「復氏」といいます。），婚姻前の戸籍に入るものとされています（戸19条1項）。ただし，婚姻前の氏に復した夫又は妻は，離婚の日から3か月以内に戸籍法の定めるところにより届け出ることによって，離婚の際に称していた氏を称することができ（民767条2項，戸77条の2。これを「氏の回復」といいます。），その場合は，その者について新戸籍を編成するものとされています（戸19条3項）。また，氏の回復の届出をせず，婚姻前の氏を称することとした場合であっても，新戸籍編成の申出をすることができます（同条1項但書）。

(c) **親権者の指定**　夫婦の間に未成年の子があるときは，その協議で，その一方を親権者と定め（民819条1項），離婚届書に，親権者と定められた当事者の氏名及びその者が親権を行う子の氏名を記載して，届出をしなければならないとされています（戸76条1号）。離婚届書には，離婚後の面会交流・養育費の分担についての取決めの有無をチェックする欄が設けられています（ただし，チェックは離婚届の受理の要件ではありません。）。

なお，令和6年改正法により，父母が離婚する場合には，その双方又は一方を親権者と定めることとされました（改正民819条1項・2項）。

3 調停・審判による離婚

夫婦の間で離婚の協議が調わない場合，家庭裁判所に家事調停の申立てをすることができます。調停は，裁判官1人及び家事調停委員2人以上で組織される調停委員会によって行われ（家事248条1項），調停において夫婦の間に離婚の合意が成立し，これを調書に記載したときは，調停が成立したものとし，その記載は確定判決と同一の効力を生じます（家事268条1項）。調停においては，離婚の合意だけでなく，未成年の子の親権者の指定，子の監護に関する事項（監護者の指定，養育費，面会交流等），財産分与等の付随事項についても，適切な合意がされるように配慮されます。

また，調停が成立しない場合，家裁は，相当と認めるときは，職権により，事件の解決のため必要な審判（これを「調停に代わる審判」といいます。）として離婚の審判をすることができます（家事284条1項）。調停に代わる審判は，離婚の合意はできたものの子の親権者，養育費等の付随事項について合意ができないときなどに活用されています。この審判に対して2週間以内に異議が申し立てられないときは，審判は，確定審判・確定判決と同一の効力

を有します（家事287条）。

これらの場合，調停の成立又は審判の確定の日から10日以内に，調停による離婚又は審判による離婚の届出をしなければなりません（戸77条1項・63条，戸附57条）。協議離婚の場合と異なり，離婚の効力が既に生じていますから，この届出は，報告的届出と呼ばれています。

4 裁判（判決）・和解・認諾による離婚

(1) 裁判（判決）による離婚

夫婦の間に離婚の協議が調わず，上記の調停又は審判による離婚もできない場合，夫婦の一方は，法定の離婚原因等（その内容は，後記5及び［設問2］〜［設問6］で説明します。）があることを主張して，他方を被告として，家裁に離婚の訴えを提起することができます（民770条1項，人訴2条1号・4条1項）。そして，法定の離婚原因等があることが証明されたときは，離婚請求が認容され，相手方の同意・承諾がなくても，強制的に離婚を実現することができます。もっとも，裁判所は，法定の離婚原因がある場合であっても，一切の事情を考慮して婚姻の継続を相当と認めるときは，離婚の請求を棄却することができるとされています（民770条2項）。

なお，離婚の訴えを提起しようとする者は，まず家裁に家事調停の申立てをしなければならないものとされ（家事257条1項。これを「調停前置主義」といいます。），また，離婚訴訟が係属している裁判所は，いつでも，職権で事件を家事調停に付することができるものとされています（家事274条1項）。法は，離婚のような家庭に関する事件については，判決で決めるよりも，できるだけ話合いで解決する機会がもてるようにしているのです。

離婚判決においては，夫婦の間に未成年の子があるときは必ず親権者の定めがされ（民819条2項），また，申立て（これを「附帯処分の申立て」といいます。）により，子の監護に関する処分（監護者の指定，養育費，面会交流等），財産分与等についても，裁判所に決めてもらうことができます（人訴32条1項）。さらに，離婚原因となる事実によって生じた損害の賠償請求（配偶者の暴力や不貞行為を理由とする慰謝料請求等）を，離婚請求と併せてすることができます（人訴17条。関連請求の併合）。

(2) 和解・認諾による離婚

離婚訴訟においては，判決のほか，請求の放棄及び認諾，和解によって訴訟が終了し（人訴37条1項），離婚請求を認容する旨の判決の確定，離婚請求を認諾する旨又は離婚の和解を記載した調書の作成によって，離婚が成立し

設問 1　離婚手続（離婚方法）と離婚原因　　153

ます。ただし，請求の認諾については，人事訴訟法32条1項の附帯処分についての裁判又は同条3項の親権者の指定についての裁判をすることを要しない場合に限ります（人訴37条1項ただし書）。

(3) 届　　出

これらの手続によって離婚が成立した場合，判決の確定，認諾又は和解の成立の日から10日以内に，離婚の届出をしなければなりません（戸77条・63条，戸則57条2項）。離婚の効力が既に生じていますから，この届出も，報告的届出と呼ばれています。

5　法定の離婚原因

(1) 法律の規定

(a)　夫婦の間に離婚の協議が調わず，調停前置主義により家事調停の申立てをしても離婚が成立しない場合には，夫婦の一方は，法定の離婚原因があることを主張して，他方を被告として，家裁に離婚の訴えを提起し，強制的に離婚を実現することができます。

その法定の離婚原因は，次のとおりです（民770条1項）。

① 配偶者に不貞な行為があったとき（同項1号）。

② 配偶者から悪意で遺棄されたとき（同項2号）。

③ 配偶者の生死が3年以上明らかでないとき（同項3号）。

④ 配偶者が強度の精神病にかかり，回復の見込みがないとき（同項4号）。

⑤ その他婚姻を継続しがたい重大な事由があるとき（同項5号）。

ただし，裁判所は，上記①～④の事由がある場合であっても，一切の事情を考慮して婚姻の継続を相当と認めるときは，離婚の請求を棄却することができるとされています（民770条2項）。なお，令和6年改正法により，上記④は削除されることとなりました（改正民770条1項）。

(b)　離婚原因等の解説は，下記で解説する上記③及び⑤以外の事由については［設問2］～［設問6］の該当する解説を参照してください。

(ア)　配偶者の生死が3年以上明らかでないとき（民770条1項3号）　　配偶者の生存も死亡も明らかでない状態が3年以上継続している場合をいいます。下級審裁判例には，生死不明になった原因は問わないとしたものがあります(注5)。

なお，配偶者の生死が7年間明らかでないときは，家裁で失踪宣告を受け

(注5)　大津地判昭25・7・27下民1巻7号1150頁。

154　第4章　離婚関係　　第1　離婚等

ることができ（民30条1項），これにより当該配偶者は死亡したものとみなされ（民31条），婚姻関係は終了します。

　　(イ)　その他婚姻を継続しがたい重大な事由があるとき（民770条1項5号）　　上記(a)①〜④の事由が認められない場合であっても，夫婦間の婚姻関係が破綻し，その修復が著しく困難な場合には，離婚が認められます。一般的破綻主義を宣言した規定です。5号（上記(a)⑤）に含まれる離婚原因は，2つの異なる類型があり，一つは，1号，2号に含まれていないが，1号，2号に匹敵する有責主義的離婚原因，例えば，配偶者の重大な犯罪行為や重大な侮辱・虐待等があった場合，他の一つは，婚姻が破綻し，夫婦が婚姻継続意思を喪失し，婚姻生活を回復することが不可能であると客観的に判断できる状態にある場合で，原因は，浪費癖や怠惰など夫婦の一方に責任がある場合や性的欠陥，性格の不一致など必ずしも責任が問えない場合があります(注6)。訴訟で5号に該当すると認められるためには，客観的にみて婚姻関係が破綻していることを裏づける事由を具体的に主張立証する必要があります。また，上記(a)①〜④の事由を，独立の離婚原因として主張するほか，婚姻関係の破綻を裏づける事由の一つとして主張立証する例は，実務上しばしばみられます。

(2)　離婚原因と訴訟物

　判例は，旧訴訟物理論をとり，上記各号ごとに訴訟物が存在するとして，「民法第770条第1項第4号の離婚原因を主張して離婚の訴えを提起したからといって，反対の事情のないかぎり同条項第5号の離婚原因も主張されているものと解することは許されない」(注7)としています。学説では，離婚請求は，5号の請求権が一個存在し，1号〜4号はその重大な事由の例示にすぎないとする見解も有力です。

　もっとも，判例の見解によっても，人事訴訟法25条1項はある離婚原因で敗訴した場合に他の離婚原因に基づき提訴することを禁止しているので，結果的にはあまり差は生じません。原告が，民法770条1項1号〜4号に該当する事由のいずれかだけを主張し，5号に該当する事由を主張しない場合は，裁判所が5号事由の主張をしないのかどうかを明確にさせることが多いようです。そのようなことから，実務では，5号を訴訟物として離婚請求をする場合がほとんどです。

　（注6）　内田貴『民法Ⅳ親族・相続〔補訂版〕』（東京大学出版会，2004）120頁。
　（注7）　最判昭36・4・25民集15巻4号891頁。

設問2　不貞行為と離婚原因　　155

▶設問2　不貞行為と離婚原因

　夫は，1年ほど前から私の目を盗み不倫をしているようです。夫は，不倫の事実を認めませんが，私は，夫が信用できず，離婚したいと考えています。離婚は認められるでしょうか。

解　説

1　不貞行為

　配偶者に不貞な行為があったときは，離婚の訴えを提起することができ，離婚の請求を認容する判決が確定することによって離婚をすることができます（民770条1項1号，戸77条，戸則57条）。

　不貞な行為とは，配偶者のある者が，自由な意思に基づいて，配偶者以外の者と性的関係をもつことをいうと解されています[注8]。この場合に，相手方の自由な意思によるものかどうかを問わないため，夫が強制的に性的関係をもった場合には夫の行為は不貞に当たりますが，その被害者は不貞行為に当たりません。性的関係のない「親密な関係」を継続するような場合や同性愛については，不貞行為に当たらないと考えられています。

　もっとも，同性愛について，不貞行為には当たらないが，民法770条1項5号の離婚原因に当たるとして，離婚請求を認容した下級審裁判例があり[注9]，「親密な関係」を継続したことで婚姻関係が破綻したような場合も，不貞行為に当たらなくても，同号に該当する可能性があります。

2　不貞の立証

　訴訟において離婚請求が認められるためには，「配偶者に不貞な行為があった」ことを具体的に主張立証しなければなりません。同棲や子ができたという事情があれば不貞行為があったことは証明が容易でしょうが，通常，不貞行為は人目を忍んで密やかに行われるため，その存在を直接立証することは困難であり，不貞行為を推認させる事実を立証することになります。

　不貞の事実を証明する証拠は，様々であり，裁判例でみられるものとしては，夫が他の女性といわゆるラブホテルに入り数時間過ごした，あるいは，

（注8）　最判昭48・11・15民集27巻10号1323頁。
（注9）　名古屋地判昭47・2・29判時670号77頁。

156 第4章 離婚関係 第1 離婚 等

他の女性の自宅に寝泊まりしたなどということが客観的に証明できる証拠（写真等）ですが，ほかに，夫が他の女性と同伴旅行に出かけたことを裏づける日記，手帳，メール，写真等です。しかし，これらの証拠は，不貞行為を直接的に証明するものではありませんから，訴訟では，これらの証拠を基に，夫や相手の女性を尋問するなどして，不貞を裏づける間接事実の証明を積み上げていくことになると思われます。いずれにせよ，不貞行為の立証は困難であり，弁護士等の法律専門家に相談するのが適当だと思われます。

文例10 不貞行為をしたときは離婚する旨の合意

——事例——

　夫の不貞行為が発覚し，私は離婚の申出をして話合いをしてきたところ，今回は，夫が謝罪し二度と不貞行為をしないことを誓約し，再び不貞行為に及んだ場合には離婚に応じることを合意してやり直すことになりました。このような合意も有効でしょうか。

——文例——

不貞行為をしたときは離婚する旨の合意

> 第1条　夫甲は，妻乙に対し，甲が令和○年○月頃，丙と不貞関係をもったことを深く反省し，心から謝罪するとともに，二度と不貞行為をしないことを誓約する。
> 第2条　甲は，乙に対し，甲が前条の約束に反して再び不貞行為に及んだときは，乙からの離婚の申出に応ずることを誓約する。
> 第3条　乙は，甲に対し，甲が第1条のとおり真摯に反省したことに鑑み，今回に限り，甲の不貞行為を宥恕し，甲との婚姻生活を継続することとする。

説　明

　一般に，身分行為には条件を付することができず，条件を付された身分行

為は無効と解されています。

　したがって，仮に，調停や和解において，条件付きの離婚の合意がされたときは，その離婚の合意は無効であり，その後条件が成就したとしても，離婚の効力が生ずることはありません（もっとも，調停や裁判上の和解は，裁判所が関与するものですから，このような条件付きの離婚の合意がされることは考えられません。）。

　しかし，裁判所が関与しない私的な離婚に関する合意については，直ちに離婚の法的効力を生ずるものではありませんから，調停や裁判上の和解における離婚の場合ほど厳格に考える必要はなさそうに思われます。

　そして，再び不貞をした場合に離婚の申出に応ずる旨の誓約（約束）は，その後の不貞行為によって直ちに離婚の効力を生ずるものでなく，また，その履行を法的に強制することができるものでもありませんが，このような合意をしたことは法定の離婚原因である「婚姻を継続しがたい重大な事由」（民770条1項5号）の一事情として考慮することができるものと思われます。さらに，不貞を理由とする損害賠償請求においても，慰謝料額算定の事情として考慮されることになると考えられます。

　こうしたことに照らせば，再び不貞行為に及んだときは離婚の申出に応ずることを誓約する旨の記載は，将来の離婚請求等の際の一事情として考慮することができる事由の記載として許されるものとするのが相当と思われます。なお，条件付きの離婚の合意と誤解されることを避けるため，書面の記載としては，「離婚することを合意する」旨の記載とするのではなく，「離婚の申出に応ずることを誓約する」旨の記載とするのが適切だと考えられます。

▶設問3　悪意の遺棄と離婚原因

　夫は，何の理由もないのに別居して独りで自由に暮らしたいと告げ家を出て戻ってきません。夫との間に2人の子どもがおり，私は実家に戻って生活しています。このような夫と離婚をしたいと思いますが，離婚は認められるでしょうか。

解　説

1　悪意の遺棄と離婚原因

　夫婦は，同居し，互いに協力・扶助する義務を負担しており（民752条），遺棄とは，正当な理由がなく，この義務を履行しないことをいいます。

　そして，夫婦の一方が，配偶者から悪意で遺棄されたときは，離婚の訴えを提起することができ，離婚の判決によって離婚をすることができます（民770条1項2号）。

2　悪意の遺棄の意義

　「遺棄」とは，夫婦の共同生活を行わないことを意味し，「悪意」とは，社会的倫理的に非難に値するもので，夫婦の共同生活を破綻させようと積極的に企図し，もしくはこれを認容する意思をいいます。夫婦の一方が相手方や子を捨てて家を飛び出したり，相手方を暴力や虐待等により家から追い出したり，相手方が家から出ざるを得ない状況に追い詰め復帰を拒んだりして，夫婦共同体としての同居・協力・扶助義務を履行しない場合は，悪意の遺棄を行ったことになります。

　夫婦が外形上は同居していても，性交拒否・精神的無視・虐待等をして配偶者として扱わなければ，遺棄となるとの見解もあります。また，生活費の仕送りをしない等生活扶助義務（民752条）や婚姻費用分担義務（民760条）を怠った場合についても，特段の事情がない限り，悪意の遺棄に当たるとする見解もあります。

3　同居拒否の正当理由

　夫婦の一方が同居を拒否した場合でも，同居拒否について正当な理由がある場合には，同居義務違反には当たりません。例えば，夫又は妻が，仕事上の理由から単身赴任する場合や，病気療養・教育上の理由のため，共同生活をする上で必要がある場合，あるいは，夫婦の紛争の冷却のため一時的に別居することが今後の夫婦の共同生活を維持するために望ましい場合には，同居義務違反にはなりません。

　また，妻が婚姻の破綻について主たる責任を負い夫からの扶助を受けないようになったのも自らの原因によるなどの事情の下においては，夫が妻と同居を拒み，これを扶助しないとしても，民法770条1項2号にいう悪意の遺棄に当たらないとされた裁判例があります^(注10)。

設問4　認知症・難病等と離婚原因　　159

4　他の離婚原因との関係

本設問の具体的事例で，夫が独りで自由に暮らしたいとして一方的に同居を拒否し，生活費・養育費等の仕送りもしない状況が続くようであれば，悪意の遺棄に当たると思われます。

実務では，悪意の遺棄が問題になる事案では，不貞行為（民770条1項1号）あるいは婚姻を継続しがたい重大な事由（同項5号）等の離婚原因が併せて主張されることが多く，遺棄に当たらない場合でも，民法770条1項5号で離婚が認められる場合があります。

▶設問4　認知症・難病等と離婚原因

> 妻は60歳で認知症に罹り，この5年間は日常の家事はできず，会話も満足にはできません。医者は回復することはないと言っています。私は，妻の介護と家事に力を注いできましたが，今後の自分の人生を考え，妻と離婚したいと思っています。離婚は認められるでしょうか。

解　説

1　精神病と離婚原因

民法は，配偶者が強度の精神病にかかり，回復の見込みがないときは，離婚の訴えを提起することができるものと定めています（民770条1項4号）。精神病とは，統合失調症，躁うつ病，認知症等の精神障害を指し，「強度」の精神病とは，婚姻の本質である夫婦の扶助協力義務（民752条）を十分に果たし得ない程度の精神障害を意味し，「回復の見込みがない」とは，不治であることを意味します。もっとも，民法770条1項4号の事由がある場合であっても，一切の事情を考慮して婚姻の継続を相当と認めるときは，離婚の請求を棄却することができるとされています（同条2項）。

最判昭33・7・25民集12巻12号1823頁は，「民法770条1項4号と同条2項は，単に夫婦の一方が不治の精神病にかかった一事をもって直ちに離婚の請求を理由あるとするものと解すべきでなく，たとえかかる場合においても，諸般の事情を考慮し，病者の今後の療養，生活等についてできる限りの具体的方途を講じ，ある程度において，前途に，その方途の見込のついた上でな

(注10)　最判昭39・9・17民集18巻7号1461頁。

ければ，ただちに婚姻関係を廃絶することは不相当と認めて，離婚の請求は許さない法意であると解すべきである」旨判示し，離婚後精神病者の療養・監護について具体的方途を講じない場合には，離婚請求を認めないとしました。その後，学者から強い批判を受け，最判昭45・11・24民集24巻12号1943頁は，基本的には上記判例の立場に立っていますが，精神病者の生活の保護要件を若干緩和し，「妻が強度の精神病にかかり回復の見込みがない場合において，妻の実家が夫の支出をあてにしなければ療養費に事欠くような資産状態ではなく，他方，夫は，妻のため十分な療養費を支出できる程に生活に余裕がないにもかかわらず，過去の療養費については，妻の後見人である父との間で分割支払の示談をしてこれに従つて全部支払を完了し，将来の療養費についても可能な範囲の支払をなす意思のあることを裁判所の試みた和解において表明し，夫婦間の子をその出生当時から引き続き養育している等判示事情のあるときは，民法770条2項により離婚請求を棄却すべき場合にはあたらない」旨の判示をしています。

　なお，令和6年改正法により，4号は削除されることになりました。改正法の施行後は改正法4号（現行法5号）の事由として主張され，判断されることになると考えられます。

2　認知症と離婚原因

　上記の判例に照らすと，認知症の程度と将来の病状の見通しに加えて，婚姻継続に対する相手方の意思，相手方の親族等による引受け・援助態勢ができているかどうか，これまで離婚請求者が相手方に対しとってきた療養・監護の状況，離婚請求者が療養費や生活費の相当額の負担をすることが可能かどうか（例えば，離婚と同時に財産分与を命じる方法も考えられます。），別居しているとすればその期間など諸般の事情を総合判断し，離婚を正当化する事情があるかどうかを判断することになります。離婚請求者としては，妻の今後の療養，生活等にできる限りの具体的方途を講じ，将来の療養費を可能な範囲で負担するなど，妻の将来の生活が苛酷な状況にならないような見込みをつけることが必要になると思われます。

3　精神病以外の難病や重度の身体障害と離婚原因

　難病や重度の身体障害の場合は，通常，精神病の場合のように夫婦間の精神的交流を果たせないことはないので，仮に回復の見込みがなくても，それだけでは「婚姻を継続しがたい重大な事由」には当たりません。病気や身体障害の程度に加えて，客観的にみて離婚請求者が婚姻継続の意思を喪失した

のも無理がないと認められる事情が必要と思われます。

▶設問5　性格不一致・愛情喪失と離婚原因

　子どもも独立しましたので，夫の退職を機に，自分勝手でわがままな夫と離婚したいと思っています。離婚は認められるでしょうか。

解　説

1　性格不一致・愛情喪失と離婚原因

　民法770条1項各号は，離婚事由を法定していますが，性格不一致・愛情喪失それ自体を離婚事由として規定していません。夫婦間の性格不一致・愛情喪失が原因で，夫婦関係が破綻し修復不可能な状態になってはじめて，同項5号の「その他婚姻を継続し難い重大な事由があるとき」に該当することになります。同項5号に該当するためには，客観的にみて婚姻関係が破綻していると認められることが必要です。なお，婚姻関係の破綻を理由とする離婚の訴えは，離婚請求者が破綻についてもっぱら又は主として責任がある場合は，認められません。

2　性格不一致・愛情喪失を理由とする離婚

　性格不一致は，離婚調停の申立ての離婚理由の中で最も多く挙げられている理由で，「性格が合わない」「一緒にいるのが苦痛」などその理由は多岐にわたります。愛情喪失も「愛情がなくなり相手の顔を見るのも嫌だ」というような理由によるものですが，性格不一致と同じように考えることができます。以下，性格不一致を中心に検討します。

　性格不一致は法定の離婚事由ではなく，裁判上の離婚では認められません。単純に性格不一致だけが離婚理由の場合は，離婚理由が問われない協議離婚や家裁に夫婦関係調整等の調停を申し立て調停離婚で決着をつけることになります。調停が不成立のときは離婚裁判を提起することになります。離婚裁判の場合は，婚姻関係が破綻したことを主張立証することになりますが，夫婦の一方が同居に我慢できずに家を出て相当期間の別居（5年というのが一つの目安のようです。）が続き，なお離婚の意思が固いこと，相手の暴力，不倫があったこと，相手が家を出て生活費を支払っていないこと等が破綻を基礎づける事実になります。

162　第4章　離婚関係　第1　離婚等

3　熟年・高齢夫婦の離婚

　夫婦間で性格不一致・愛情喪失が生じた場合，比較的若年の夫婦間では協議離婚によることが多いと思われますが，熟年・高齢夫婦の場合には，離婚後の就職は若い時と比較し困難であり，離婚後の妻又は夫の生活が成り立つように，財産分与等をあてにすることになり，協議で離婚することが困難な場合が少なくありません。また，婚姻関係が破綻しているかどうか，その責任の有無の判断は難しく，離婚裁判が提起されることが多いようです。

　裁判例としては，名古屋地判平3・9・20判時1409号97頁は，妻が，夫の自分本位で協調性のない性格のため結婚以来30年間我慢を強いられ人格を無視され忍従の生活を送ってきたとして，離婚を請求した事案で，婚姻関係を継続しがたい困難な事由があることを認めましたが，夫が離婚に反対し妻に帰ってきてほしい旨懇願していること，夫が反省すべき点を改めれば，婚姻生活の継続は可能であるとして民法770条2項を適用して妻からの離婚請求を棄却しました（控訴審で夫が妻に慰謝料を支払い離婚する旨の和解が成立しています。）。また，婚姻生活が約40年に及び2児（既に成人）をもうけた夫婦間で，夫は，家庭での仕事を全面的に妻に任せ，会社の仕事に全力を注ぎ，取締役になった一方，妻は，婚姻期間中，次々と病気を患い手術を受け，体力が衰え，身体的障害もあったが，夫が妻の健康状態に無関心なこともあり，夫が定年退職後，夫の思いやりのなさに耐えられず離婚を考えるようになり，長女のもとに身を寄せ別居し，婚姻生活を継続する意思を喪失したと主張し，離婚を請求した事案で，1審の横浜地相模原支判平11・7・30判時1708号142頁は，婚姻関係の破綻を認め，妻の請求を認めましたが，控訴審の東京高判平13・1・18判タ1060号240頁は，夫に格別婚姻関係を破綻させるような行動があったわけでないこと，夫婦の年齢や妻が病弱であることなどから，夫が婚姻関係の継続を強く望んでいることもあり，現段階では婚姻関係が完全に破綻しているとまでは認められないとして，1審判決を取り消し，離婚請求を棄却しました。

　このように，熟年離婚の判断は裁判官個人の経験等に基づく婚姻観や価値観によるところが大きく，その結論は微妙である場合があります。

4　訴訟における留意点

　なお，訴訟で離婚を求める場合，夫が「自分勝手でわがまま」と主張するだけでは抽象的で，裁判所も判断のしようがありません。したがって，夫の「自分勝手でわがまま」な行為をできるだけ具体的に主張立証し，これらの

設問6　離婚の有責主義から破綻主義　　163

行為によって客観的にみて婚姻関係が破綻に至ったものと裁判官に納得して
もらう必要があります。そのため，これまでの夫の「自分勝手でわがまま」
な行為とこれらの行為によって夫婦関係がどのような状態になっていったの
かを，事実の主張として具体的に整理し，かつ，これらの事実関係を裏づけ
る的確な証拠をそろえる必要があると思われます。いずれにせよ，事実と証
拠を整理してケースバイケースで判断していくしかありませんから，弁護士
等の法律専門家に相談するのが適当だと思われます。

▶設問6　離婚の有責主義から破綻主義

結婚10年になります。夫は愛人をつくり同棲を始めて5年になります。夫は
その愛人と結婚を望み，再三私に離婚を要求します。私達夫婦には小学生の子
どもが2人いますので，離婚に応じることはできません。離婚を拒否すること
はできますか。

解　説

1　離婚の有責主義から破綻主義

(1)　有責配偶者からの離婚請求

　最高裁判所は，当初，夫が妻を差し置いて他に情婦を持ち，それがもと
で妻との婚姻関係継続が困難になった場合，それだけで夫の側から民法770
条1項5号によって離婚を請求することは許されないとし，信義誠実の原
則に照らして，有責配偶者からの離婚請求を認めないとの立場をとりまし
た(注11)（俗に「踏んだり蹴ったり判決」と呼ばれています。）。その後の最高裁判決
もこれにならい，確立した判例となりました。

　もっとも，夫が，妻以外の女性と同棲し，夫婦同様の生活を送っている事
実があっても，これが妻との婚姻関係が完全に破綻した後に生じたものであ
るときは，その事実をもって夫からの離婚請求を排斥すべき理由とすること
はできないとされています(注12)。

(2)　積極的破綻主義

(a)　昭和62年大法廷判決　　ところが，最大判昭62・9・2民集41巻

(注11)　最判昭27・2・19民集6巻2号110頁。
(注12)　最判昭42・4・11裁判集民87号69頁，最判昭46・5・21民集25巻3号408頁等。

6号1423頁は，要旨，次のような判断をし，判例変更をしました。

　（ア）　有責配偶者からされた離婚請求であっても，夫婦の別居が当事者の年齢及び同居期間と対比して相当の長期間に及び，その間に未成熟子がいない場合には，相手方配偶者が離婚によって精神的・社会的・経済的に極めて苛酷な状態に置かれる等離婚請求を認容することが著しく社会正義に反するといえるような特段の事情のない限り，有責配偶者からの請求であるとの一事をもって許されないとすることはできない。

　（イ）　有責配偶者からされた離婚請求であっても，夫婦の別居期間が36年に及び，その間に未成熟子がいない場合には，相手方配偶者が離婚によって精神的・社会的・経済的に極めて苛酷な状態に置かれる等離婚請求を認容することが著しく社会正義に反するといえるような特段の事情のない限り，認容すべきである。

　この大法廷判決により，有責配偶者からの離婚請求であっても，①夫婦の別居期間が当事者の年齢・同居期間と対比して相当の長期間に及ぶこと，②夫婦の間に未成熟の子がいないこと，③相手方配偶者が離婚によって精神的・社会的・経済的に極めて苛酷な状態に置かれる等著しく社会正義に反するといえる特段の事情のないことの要件を満たした場合には，認容されることとなりました。

　現在の裁判実務は，有責配偶者からの離婚請求について，概ね上記①～③の要件該当性の有無を基本とし，事案に即して，認容すべきものか否かを判断しているものと考えられます。

　(b)　相当期間の別居について　　別居期間は，有責配偶者からの離婚請求を否定する法理を排斥する要件として，有責性を含む諸事情から解放するに足りるものでなければなりません。離婚請求が信義誠実の原則に照らし許されるものであるかの判断にあたっては，時の経過を考慮すべきであり，相当長期間であることが必要であるとされています（相当期間の判断にあたって，信義誠実の原則の観点から後記最判平2・11・8，最判平元・3・28は別居後の離婚請求者（夫）の妻・子に対する対応を考慮しています。）。その後の最高裁判例では，別居期間30年[注13]，22年[注14]，16年[注15]，15年6か月[注16]，10年3か月[注17]

　（注13）　最判昭62・11・24家月40巻3号27頁・判時1256号28頁。
　（注14）　最判昭63・2・12家月40巻5号113頁・判時1268号33頁。
　（注15）　最判昭63・4・7家月40巻7号171頁・判時1293号94頁。
　（注16）　最判平元・9・7裁判集民157号457頁。
　（注17）　最判昭63・12・8裁判集民155号209頁。なお，同居期間は10か月。

で，上記(a)の②③の要件を満たす事案について，離婚請求を認容すべきものとしました。さらに，別居期間が約8年の事案において，「有責配偶者である夫からされた離婚請求において，夫が別居後の妻子の生活費を負担し，離婚請求について誠意があると認められる財産関係の清算の提案をしているなど判示の事情のあるときは，約8年の別居期間であっても，他に格別の事情のない限り，両当事者の年齢及び同居期間との対比において別居期間が相当の長期間に及んだと解すべきである」と判断した例もあります[注18]。他方，夫60歳，妻57歳，同居期間26年余り，別居期間8年余りの事案において，「夫婦の別居期間が双方の年齢及び同居期間と対比して相当の長期間に及ぶということができず，右離婚請求を認容することができない」と判断した例もあります[注19]。この最判平元・3・28[注19]の事案は，有責配偶者である夫が別居期間中妻の生活をみなかったなど，上記最判平2・11・8[注18]の事案に比べて有責配偶者の背信性の程度が強い事案であり，信義誠実の原則に照らし，別居期間8年ではまだその別居期間が長期に及んでいると評価できないと判断されたものと思われます。

(c) **未成熟子の不存在について**　両親の離婚により未成熟子の福祉が害されるような場合には，有責配偶者の離婚請求は認められないものとしたものですが，有責配偶者からの離婚請求は，未成熟子がいれば必ず離婚が認められないわけではありません。未成熟子のある事案において，最判平6・2・8裁判集民171号417頁は，「有責配偶者である夫からされた離婚請求であっても，別居が13年余に及び，夫婦間の未成熟の子は3歳の時から一貫して妻の監護の下で育てられて間もなく高校を卒業する年齢に達していること，夫が別居後も妻に送金をして子の養育に無関心ではなかったこと，夫の妻に対する離婚に伴う経済的給付も実現が期待できることなど判示の事実関係の下においては，右離婚請求は，認容されるべきである」と判断しています。

2　設問の具体的事例について

夫は，あなたと夫婦関係にありながら，愛人をつくり同棲を始めたというのですから，夫婦の婚姻関係が破綻したとしても，婚姻関係の破綻について夫に責任があると考えられます。したがって，夫は有責配偶者に当たり，夫の離婚の請求は，有責配偶者からの離婚請求になります。

(注18)　最判平2・11・8家月43巻3号72頁・判タ745号112頁。
(注19)　最判平元・3・28家月41巻7号67頁・判タ699号178頁。

本設問の事例では，別居期間は5年にすぎず，同居期間5年と対比して「相当の長期間」とはいいがたいと思われますし，夫婦の間に未成熟子（小学生の子ども）2人がいるというのですから，最高裁判例に照らし，裁判所では上記1⑵⒜の①②の要件を満たしていないと判断されるものと考えられます。したがって，夫からの離婚請求は，裁判所で認められる可能性は低く，これを拒否することができるでしょう。

設問　国際離婚に関する準拠法及び国際裁判管轄　　**167**

第2　国際離婚に関する準拠法及び国際裁判管轄

▶設問　国際離婚に関する準拠法及び国際裁判管轄

　私は日本人で配偶者は外国人です。私達は離婚を考えていますが，どちらの国の法律が適用されますか。また，どちらの国の裁判所に離婚の申立てをすることができますか。

解　説

1　準　拠　法

(1)　離婚の準拠法

　法の適用に関する通則法（以下「通則法」といいます。）は，離婚の準拠法について「夫婦の本国法が同一であるときはその法により，その法がない場合において夫婦の常居所地法が同一であるときはその法により，そのいずれの法もないときは夫婦に最も密接な関係がある法による。」（通則法27条〔離婚〕による同法25条〔婚姻の効力〕の準用），「ただし，夫婦の一方が日本に常居所を有する日本人であるときは，離婚は，日本法による。」と定めています（通則法27条ただし書）。

　したがって，あなたの常居所（通常居住している場所）が日本国内にあれば，離婚については，日本法によることとなり，協議離婚の方法により離婚をすることができます。なお，夫婦の間に未成年の子がある場合については，後記(2)を参照してください。

(2)　付随事項の準拠法

　準拠法は，法律関係ごとに決定されますので，離婚に付随する親権者・監護者の指定，養育費，財産分与等については，法律関係ごとに準拠法を決定していく必要があります。

　　(a)　親権者・監護者の指定，面会交流　　親権者・監護者の指定，面会交流について，通則法32条（親子間の法律関係）は，「子の本国法が父又は母の本国法……と同一である場合には子の本国法により，その他の場合には子の常居所地法による。」としています。

　したがって，あなたがた夫婦の間に未成年の子があり，その子が日本国籍

を有しているときは，日本法が適用され，離婚届書に親権者の指定を記載して，協議離婚の方法により離婚をすることができます。

　(b)　**養　育　費**　　養育費について，扶養義務の準拠法に関する法律2条は，「①扶養義務は，扶養権利者の常居所地法によつて定める。ただし，扶養権利者の常居所地法によればその者が扶養義務者から扶養を受けることができないときは，当事者の共通本国法によつて定める。②前項の規定により適用すべき法によれば扶養権利者が扶養義務者から扶養を受けることができないときは，扶養義務は，日本法によつて定める。」としています（なお，通則法の適用はありません。通則法43条1項）。

　したがって，あなたがた夫婦の間に未成熟の子があり，その子の常居所が日本国内にあれば，日本法が適用されます。

　(c)　**財産分与**　　財産分与については，離婚の準拠法によるものと解されています(注1)。

(3)　外国人配偶者の本国における協議離婚の効力

　上記(1)のとおり，あなたの常居所が日本国内にあれば，協議離婚の方法により離婚が成立し，この離婚は，日本国内においては有効ですが，配偶者の本国でも有効となるか否かは，その本国の法制度によって異なり，当然には有効な離婚と扱われないことに注意が必要です。

　なお，協議離婚を選択せず，裁判離婚を選択する場合は，後記2の国際裁判管轄，すなわち，日本の裁判所に管轄権があるか否かを検討しなければなりません。この検討の結果，日本の裁判所に管轄権がなく，外国で裁判を起こすこととなった場合，準拠法も異なってくることに注意が必要です。

2　国際裁判管轄

(1)　離婚の訴え

　日本人と外国人の夫婦の離婚の訴えについては，①被告の住所（住所がない場合又は知れない場合は，居所）が日本国内にあるとき，②原告の住所が日本国内にあり，夫婦の最後の共通の住所が日本国内にあったとき，③原告の住所が日本国内にあり，被告が行方不明であるときや被告の本国でされた離婚の確定判決が日本国内で効力を有しないなど特別の事情のあるときは，日本の裁判所に管轄権があるとされています（人訴3条の2第1号・6号・7号）。

　したがって，あなたの配偶者の住所が日本国内にあるなど，上記①〜③に該当する場合は，日本の裁判所に離婚の訴えを提起することができます。

(注1)　最判昭59・7・20民集38巻8号1051頁，遠藤賢治・最判解民昭和59年度362頁参照。

設問　国際離婚に関する準拠法及び国際裁判管轄　　169

　また，日本の裁判所に管轄権がある場合は，離婚の附帯処分である親権者・監護者の指定，養育費，面会交流，財産分与等についても，関連請求である離婚慰謝料についても，日本の裁判所に管轄権があるとされています（人訴3条の3・3条の4）。

(2)　調停・審判

　(a)　**調停離婚**　　家事事件手続法は，①調停を求める事項についての訴訟事件又は家事審判事件について日本の裁判所が管轄権を有するとき，②相手方の住所（住所がない場合又は知れない場合は，居所）が日本国内にあるとき，③当事者が日本の裁判所に家事調停の申立てをすることができる旨の合意をしたときは，家事調停事件について，日本の裁判所が管轄権を有するものと定めています（家事3条の13）。

　したがって，あなたの配偶者の住所が日本国内にあるなど，上記①～③に該当する場合は，日本の裁判所に離婚調停の申立てをすることができます。

　もっとも，調停離婚の効力が配偶者の本国で認められるか否かは，その国の法制度や運用によります。また，調停離婚が認められない場合でも，審判離婚が認められる可能性があり，外国で離婚の効力が認められる可能性を高めるため，調停離婚ではなく，審判離婚を選択することもあるようです。

　(b)　**付随事項**　　離婚とは別に子の親権者・監護者の指定・変更，養育費，財産分与等に関する審判を裁判所に申し立てる場合は，次のとおりです。

　㋐　子の親権者・監護者の指定・変更　　家事事件手続法は，子の住所（住所がない場合又は知れない場合は，居所）が日本国内にあるときは，日本の裁判所が管轄権を有するものと定めています（家事3条の8）。

　㋑　養育費　　家事事件手続法は，扶養義務者又は監護者もしくは子の住所（住所がない場合又は知れない場合は，居所）が日本国内にあるときは，日本の裁判所が管轄権を有するものと定めています（家事3条の10）。

　㋒　財産分与　　家事事件手続法は，①夫又は妻であった者の一方からの申立てであって，相手方の住所（住所がない場合又は知れない場合は，居所）が日本国内にあるとき，②夫であった者及び妻であった者の双方が日本の国籍を有するとき，③日本国内に住所がある夫又妻であった者の一方からの申立てであって，夫婦の最後の共通の住所が日本国内にあったとき，④申立人の住所が日本国内にあり，相手方が行方不明であるときや相手方の本国でされた財産分与の確定裁判が日本国内で効力を有しないときその他の日本の裁

170　第4章　離婚関係　　第2　国際離婚に関する準拠法及び国際裁判管轄

所が審理及び裁判することが当事者間の衡平を図り，又は適正かつ迅速な審理の実現を確保することとなる特別の事情のあるときは，日本の裁判所に管轄権があると定めています（家事3条の12第1号～4号）。

設問　離婚給付等契約の一般的・総合的文例　　**171**

第3　離婚給付等契約

▶設問　離婚給付等契約の一般的・総合的文例

　協議離婚をする際，一般的に取り決めておくべき合意事項には，どのようなものがありますか。

解　説

1　離婚の付随事項等

　協議離婚をする際に取り決めておくべき事項としては，離婚合意，未成年の子の親権者の指定のほか，離婚後の子の監護に関する事項と財産分与が考えられ，離婚が不貞行為等一方当事者の責任による場合には，離婚に伴う慰謝料が考えられます。これらについては別の章で詳しく説明されていますが，ここでは，一般的な合意事項について概略を説明することとします。

2　協議離婚（詳細は本章第1［設問1］を参照してください。）

　協議離婚は，本籍地又は住所地の市区町村役場に協議離婚届出がなされ，これが受理されて効力が生じます。離婚届書は，夫婦2人と証人2人の署名が必要です。

3　未成年の子の親権者の定め（詳細は第3章第1［設問2］を参照してください。）

　夫婦の間に未成年の子がいるときは，その協議で，その一方を親権者と定め（民819条1項），離婚届書に，親権者と定められた夫又は妻の氏名及び親権に服する子の氏名を記載して，届出をしなければなりません（戸76条1号）。

　なお，令和6年改正法により，父母の「双方又は一方を親権者と定める」こととされ（改正民819条1項・2項），離婚届書に「親権者と定められる当事者の氏名（親権者の指定を求める家事審判又は家事調停の申立てがされている場合にあっては，その旨）及びその者が親権を行う子の氏名」を記載することとされました（改正戸76条1号）。

4　子の監護に関する事項

　夫婦の間に子がある場合，離婚後の子の監護に関する事項を取り決めておく必要があります。民法は，父母が協議上の離婚をするときは，子の監護を

すべき者（監護者），父又は母と子との面会及びその他の交流（面会交流），子の監護に要する費用の分担（養育費）その他の子の監護については，必要な事項を協議で定めるものとし，その際は，子の利益を最も優先して考慮しなければならないと定めています（民766条1項）。

(1) **監護者の指定**（詳細は第3章第1［設問2］を参照してください。）

親権を行う者は，子の利益のために子の監護及び教育をする権利を有し，義務を負うとされていることから（民820条），通常は親権者を定めれば，監護者を定めたことになります。しかし，民法766条1項により，親権者とは別の者を監護者と定めることが可能とされており，親以外の第三者（祖父母，里親等）を監護者と指定することも可能と解されています。なお，令和6年改正法により，子の監護をすべき者は，単独で，子の監護及び教育，居所の指定及び変更等をすることができるとされました（改正民824条の3）。

(2) **面会交流**（詳細は第8章第1［設問1］を参照してください。）

民法は，父母が協議上の離婚をするときは，父又は母と子との面会交流について，協議で定めるものと規定しています（民766条1項）。これは，父母の離婚により親権者（監護者）とならなかった親（非監護親）と面会交流することが子の人格形成や成長に資し，子の福祉に適うと考えられるためです。したがって，面会交流に関する事項を定めるときは，子の利益を最も優先して考慮しなければならないものとされています（同項後段）。直接的面会交流が困難な場合は，間接的面会交流（電話，手紙，メール等）が考えられます。なお，令和6年改正法により，家庭裁判所は，子の利益のため特に必要があると認めるときは，父母以外の親族と子との交流を実施する旨を定めることができるものとされました（改正民766条の2）。

(3) **養 育 費**（詳細は第7章第1［設問1］を参照してください。）

民法は，父母が協議上の離婚をするときは，子の監護に要する費用（養育費）の分担について，協議で定めるものと規定しています。養育費については，子が満20歳に達するまで（満20歳に達する日の属する月まで），毎月一定額の定期金を支払う旨の合意をすることが多いようです。民法上は満18歳で成年に達しますが（民4条），わが国の現状では，子は，その年齢ではいまだ就職していないことが多いため，満20歳まで養育費を支払う旨定める例が多く，さらに大学等に進学する場合に備えて，満20歳の時点で大学等に在学中である場合には満22歳の3月まで支払う旨定める例も珍しくありません。これらの合意について公正証書を作成すれば，債務者（養育費の支払義務者）が養育

費の支払を怠った場合に，公正証書（執行証書）によって強制執行をすることが可能となります（民執22条5号）。

　このように定められた養育費の支払請求権は，扶養義務に係る定期金債権に当たり，その一部に不履行があるときは，不履行に陥った部分のみならず，期限の到来していない部分（将来の養育費）についても，給与その他の継続的給付債権の差押えをすることが可能とされています（民執151条の2第1項3号・2項）。また，養育費の不履行については間接強制が認められ（民執167条の15・167条の16），さらに，一般の財産開示（民執196条以下）に加え，市区町村，日本年金機構等から給与債権に関する情報を取得することもできるものとされています（民執206条）。

　5　財産分与（詳細は第5章第1［設問1］［設問2］を参照してください。）

　民法は，協議上の離婚をした者の一方は，相手方に対して財産の分与を請求することができると定めています（民768条1項）。

　財産分与について，最高裁判所は，「離婚における財産分与の制度は，夫婦が婚姻中に有していた実質上共同の財産を清算分配し，かつ，離婚後における一方の当事者の生計の維持をはかることを目的とするもの」であって「相手方の有責な行為によって離婚をやむなくされ精神的苦痛を被ったことに対する慰藉料の請求権とは，その性質を必ずしも同じくするものではない」としていますが，他方で，慰謝料を含めて財産分与の額・方法を定めることもできるとしています(注1)。また，「当事者の一方が過当に負担した婚姻費用の清算のための給付をも含めて財産分与の額及び方法を定めることができる」としています(注2)。

　上記判例によれば，財産分与の中心は，「夫婦の実質的共同財産の清算」にあると考えられます。清算の対象となる「夫婦の実質的共同財産」とは，婚姻中に夫婦の協力により取得・維持・形成した財産をいい，登記・登録・口座名義等の名義いかんにかかわらず，婚姻中に取得した財産であれば，不動産，動産，預貯金，株式等を含みます。他方，婚姻中に相続や贈与等により取得した財産は，婚姻前に取得した財産と同様に，特有財産であって，財産分与の対象とはされません。なお，婚姻後の将来支払われる退職金について，受領できる蓋然性が認められる場合（例えば，公務員等の場合）には，財産分与の対象となるとする裁判例もあります。

―――――――――――――――――――――――――――――――――

（注1）　最判昭46・7・23民集25巻5号805頁。
（注2）　最判昭53・11・14民集32巻8号1529頁。

174　第4章　離婚関係　　第3　離婚給付等契約

6　離婚慰謝料（離婚に伴う慰謝料）（詳細は第6章第1，第2を参照してください。）

　離婚に伴う慰謝料は，夫婦の一方が，他方の有責行為により離婚をやむなくされ精神的苦痛を被ったことに対する損害賠償であり，離婚が成立することによって発生するものと考えられています[注3]。

　離婚慰謝料についても，協議離婚の際に協議し，金額や支払方法を定めることが多いと思われます。

文例11　離婚給付等契約公正証書

――事例――

　子の親権者を母である私として離婚することになりました。将来，紛争にならないようにするために公正証書を作成したいと思っています。養育費，面会交流，財産分与等について記載した一般的・総合的な離婚給付等契約公正証書は，どのような条項となりますか。

――文例――

離婚給付等契約公正証書

第1条（離婚の合意）

　　夫甲と妻乙は，本日，両者間の未成年の長男○○（平成○年○月○日生。以下「丙」という。）及び長女○○（令和○年○月○日生。以下「丁」という。）の親権者をいずれも乙と定め，乙において監護養育することとして協議離婚（以下「本件離婚」という。）すること及びその届出を乙において速やかに行うことを合意し，かつ，本件離婚に伴う給付等について，次のとおり合意した。

第2条（養育費）

　　甲は，乙に対し，丙及び丁の養育費として，離婚届出の前後を問わず，令和○年○月から丙及び丁がそれぞれ満20歳に達する日の属す

―――――――――――――――――――――――――――――

（注3）　最判令4・1・28民集76巻1号78頁参照。

［文例11］　離婚給付等契約公正証書　　175

る月まで，各人について1か月当たり金〇〇万円ずつを，毎月末日限り，乙の指定する〇〇銀行〇〇支店の乙名義の普通預金口座（口座番号〇〇〇〇）に振り込んで支払う。振込手数料は甲の負担とする。

第3条（面会交流）

　　乙は，甲が丙及び丁と面会交流することを認める。甲と乙は，面会交流する具体的な日時，場所，方法等について，丙及び丁の利益を最も優先して考慮して協議により定める。

第4条（慰謝料）

　　甲は，乙に対し，本件離婚に伴う慰謝料として，金〇〇万円の支払義務のあることを認め，これを離婚届出の前後を問わず，令和〇年〇月〇日限り，第2条記載の預金口座に振り込んで支払う。振込手数料は，甲の負担とする。

第5条（財産分与）

1　甲は，乙に対し，本件離婚に伴う財産分与として，下記不動産を譲渡することとし，同不動産について，上記財産分与を原因として，所有権移転登記手続をする。登記手続費用は乙の負担とする。

記

　　(1)　土　　　地
　　　　所　　在　　　〇〇市〇〇町二丁目
　　　　地　　番　　　〇〇番〇
　　　　地　　目　　　宅地
　　　　地　　積　　　〇〇.〇〇㎡
　　(2)　建　　　物
　　　　所　　在　　　〇〇市〇〇町二丁目〇〇番地〇
　　　　家屋番号　　　〇〇番〇
　　　　種　　類　　　居宅
　　　　構　　造　　　木造瓦葺2階建
　　　　床面積　　　　1階　　〇〇.〇〇㎡
　　　　　　　　　　　2階　　〇〇.〇〇㎡

2　甲は，乙に対し，本件離婚に伴う財産分与として，金〇〇万円の支払義務のあることを認め，これを離婚届出の前後を問わず，令和〇年〇月〇日限り，第2条記載の預金口座に振り込んで支払う。振込手数料は，甲の負担とする。

第6条（清算条項）

　　甲及び乙は，本件離婚に関し，本公正証書に定めるほか，何らの債
　権債務のないことを相互に確認する。

第7条（強制執行認諾）

　　甲は，第2条，第4条及び第5条第2項の金銭債務の履行を遅滞し
　たときは，直ちに強制執行に服する旨陳述した。

説　明

1　協議離婚の合意等

　協議離婚は，市区町村長に対する離婚届出がされ，これが受理されてはじ
めて効力を生ずるものであり，公正証書に協議離婚をする旨の合意を記載し
ただけでは効力は生じません。

　そこで，公正証書には，協議離婚をする旨の合意のほか，届出が円滑に行
われるように離婚届書の届出人を記載するのが一般です。また，当事者の一
方が公正証書の作成後に翻意して離婚届書への署名をしないこととならない
ように，公正証書の作成日までに離婚届書を作成し，公正証書の作成後に速
やかに提出することができるようにする例が多いと思われます。

2　親権者の指定等

　夫婦の間に未成年の子があるときは，その協議で，その一方を親権者と定
め（民819条1項），離婚届書に，親権者と定められた夫又は妻の氏名及びその
親権に服する子の氏名を記載して，届出をしなければならないとされていま
す（戸76条1号）。なお，令和6年改正法により，父母の双方又は一方を親権
者と定めることとされました（改正民819条1項）。

　親権者は，子の監護権を有するので（民820条），監護者を別に定めない限
り当然に監護者となりますが，その場合であっても，公正証書においては，
養育費や面会交流の条項との関係で，親権者の下で監護養育することを記載
する例が多いと思われます。

3　離婚給付

　夫婦の間で協議離婚の合意をする際に子の養育費，財産分与，離婚慰謝料
等（これを総称して「離婚給付」といいます。）の額や支払方法を取り決める場合
は，将来の不履行に備えて，公正証書を作成しておくのがよいでしょう。

　裁判所で離婚給付について調停や和解が成立した場合，裁判所書記官の作

成する調停調書や和解調書で強制執行をすることができます。すなわち，こ
れらの調書に基づき，離婚給付の履行を怠った者の財産を差し押さえ，換価
するなどして，強制的に債権を回収することができます（民執22条7号）。こ
れに対し，私人間の合意は，仮に夫婦が真摯に離婚給付について合意し署名
押印のある合意書を作成したとしても，この合意書に基づいて強制執行をす
ることはできません。履行を怠った者の財産を差し押さえるためには，家事
審判・人事訴訟・民事訴訟によって，相手方に支払を命ずる旨の確定審判や
確定判決を取得する必要があるのです。しかし，私人間の合意であっても，
公証人に嘱託して，これを公正証書に記載すれば，それが金銭の一定額の支
払を定めたものであり，支払義務者が直ちに強制執行に服する旨の陳述（こ
れを「強制執行認諾文言」といいます。）が記載されている場合には，この公正証
書（このような公正証書は「執行証書」と呼ばれます。）によって，強制執行をする
ことが可能となります（同条5号）。

　なお，裁判実務においては，養育費，財産分与，離婚に伴う慰謝料とも，
離婚によって発生するものであり，その支払の合意については，離婚の成立
を停止条件としていると解されるとして，強制執行をするためには，単純執
行文ではなく，事実到来執行文を要するとの運用がされています[注4]。そ
のため，裁判実務では，当事者の合意（意思）が離婚届出の前後にかかわら
ず合意した期限に支払うこととするものであると解される場合を除き，強制
執行をするためには，公証人に対して離婚の事実を証明する文書（離婚の記
載のある戸籍謄本等）を提出し，これを債務者（支払義務者）に送達する必要が
あるとされています（民執27条1項・29条）。

4　養育費

　離婚後の子の監護に要する費用の分担として養育費の支払の定めをする場
合，これを記載した公正証書により強制執行ができるようにするためには，
養育費の支払の合意が「金銭の一定の額の支払」を定めたものであること
が必要です（民執22条5号）。そのため，養育費の金額及び支払の時期（始期・
終期）・方法を明確に定める（例えば，令和○年○月から子が満20歳に達する日の属
する月まで，1か月当たり金○○万円ずつを，毎月末日限り，指定口座に振り込んで支払
う，など）とともに，子が複数あるときは，各人ごとに養育費の金額及び支
払の時期（始期及び終期）を定めておく必要があります。

　なお，上記**3**のとおり，裁判実務では，養育費の支払は離婚の成立を停止

（注4）　東京高決令3・4・27金法2180号74頁参照。

条件としているため，支払の始期を具体的に定めても，離婚の成立以後に発生した分しか強制執行することができず，事実到来執行文を要するとして運用されているようです。このため，公証実務においては，夫婦の意思が，仮に離婚届出が前後したとしても，夫婦の合意で定めた始期（確定期限）から養育費を支払うことにある場合は，「離婚届出の前後を問わず」などの文言を入れて，夫婦の意思を明確にすることとしています。

5　面会交流

公正証書で面会交流を定める場合，包括的一般的な内容のものとすることが多いようです。

面会交流を命ずる家裁の審判について，最高裁は，「監護親に対し非監護親が子と面会交流をすることを許さなければならないと命ずる審判において，面会交流の日時又は頻度，各回の面会交流時間の長さ，子の引渡しの方法等が具体的に定められているなど監護親がすべき給付の特定に欠けるところがないといえる場合は，上記審判に基づき監護親に対し間接強制決定をすることができる」旨の判断をしました(注5)。しかし，公正証書では面会交流の強制執行をすることができませんから，当事者間に信頼関係が欠けるような場合を除き，あまり細かな定めをしない方が柔軟かつ円滑な面会交流ができるものと思われます。万一，面会交流に行き詰まった場合は，家裁に調停・審判の申立てをするのがよいでしょう。

6　離婚慰謝料・財産分与

離婚慰謝料及び財産分与として金銭の支払条項を定める場合，「金銭の一定の額の支払」となるように定めたうえ，強制執行認諾文言を記載すれば，公正証書で強制執行をすることができます（民執22条5号）。もっとも，上記3のとおり，裁判実務では，離婚慰謝料請求権も，財産分与に基づく金銭請求権も，離婚の成立によって権利が発生するものであり，公正証書に具体的な支払期日（確定期限）が定められていても，離婚の事実が公証人に証明され，事実到来執行文が付与されなければ，強制執行を開始することができないという運用がされているようです。そこで，公証実務においては，離婚届出が支払期日に後れたときであっても，当該確定期限に支払うこととするのが当事者の意思である場合には，「離婚届出の前後を問わず」などの文言を入れて，当事者の意思を明確にすることとしています。

(注5)　最決平25・3・28民集67巻3号864頁。

設問　DV 防止法による保護命令　　179

第4　DV 防止法関係

▶設問　DV 防止法による保護命令

　　私は，夫からの度重なる暴力に堪えかね，子どもを連れて別居し実家に身を
寄せています。しかし，夫は，電話やメールで執拗に面会を強要してくるばか
りか，実家にも押し掛けてきて，大声で脅迫するような言動を繰り返し子ども
達も恐怖におびえています。平穏な暮らしを守るためにどのような方法があり
ますか。

解　説

1　DV 防止法の制定の目的

　DV 防止法（配偶者からの暴力の防止及び被害者の保護等に関する法律。以下，本項
では「法」と略記します。）は，平成13年4月13日，配偶者からの暴力に係る通
報，相談，自立支援等の体制を整備することにより，配偶者からの暴力の防
止及び被害者の保護を図るために制定されたものです。

　配偶者からの暴力について，法律で特別の施策を規定したのは，配偶者か
らの暴力は，①家庭内で行われるため，外部から発見・介入が困難であると
ともに，継続して行われ内容がエスカレートして重大な被害が生ずる事例が
あり，②暴力によって相手の人格を否定し従属的な関係を強要するものであ
り，個人の尊厳を害し，男女平等の妨げとなるからです[注1]。

2　DV 防止法の内容

　DV 防止法は，配偶者を被害者から引き離し，違反した場合は刑罰（2年
以下の拘禁刑〔令和7年5月31日までは懲役刑〕又は200万円以下の罰金〔法29条〕）を
科すことにより，被害者の生命・身体の安全を確保する保護命令の制度を
定めています。保護命令には接近禁止命令等（被害者，同居する未成年の子，被
害者の親族等への接近禁止命令及び被害者，同居する未成年の子への電話等禁止命令をい
います。）と退去等命令があります（詳細は後記6以下参照）。そして，保護命令
のほか，配偶者暴力相談支援センター（以下「支援センター」といいます。）によ
る相談，援助，保護（法3条・7条）と，警察（法8条・8条の2）による被害

（注1）　南野千惠子ほか監修『詳解 DV 防止法』（ぎょうせい，2008）222頁。

の防止，相談，援助，福祉事務所による自立支援（法8条の3），被害者保護のための関係機関の連携協力（法9条）（注2）等の制度を定めています。そして，これらDV事件の保護，捜査，裁判等の職務を行う支援センターの職員，警察官，検察官，裁判官等は，被害者の安全確保及び秘密の保護に十分配慮する義務が課されています（法23条1項）。

3 配偶者からの暴力，配偶者及び被害者の定義

⑴ 配偶者からの暴力

「配偶者からの暴力」とは，配偶者からの身体に対する不法な攻撃であって生命又は身体に危害を及ぼすもの又はこれに準ずる心身に有害な影響を及ぼす言動です（法1条1項）。

「身体に対する不法な攻撃であって生命又は身体に危害を及ぼすもの」とは，刑法上，暴行罪又は傷害罪に当たるような行為を指します。暴行罪の暴行とは，人の身体に対する有形力の行使をいい，傷害の結果を惹起すべきものに限られず，身体の安全性が害されれば，身体に接触をしなくとも，暴行に該当します。殴る，蹴る，引っ張る等の行為が典型的なものです。傷害罪の傷害とは，身体の生理機能の障害又は健康状態の不良な変更をいいます。傷害罪の実行行為には，物理的有形力の行使によらない無形的方法も含まれ，生理機能に障害を与えることの中には，身体的な外傷のみならず，疲労感，胸部疼痛，めまい，嘔吐，意識障害，病気の罹患，心的外傷後ストレス障害（PTSD）も含まれます（注3）。

「これに準ずる心身に有害な影響を及ぼす言動」とは，身体に対する暴力に当たらない精神的暴力（例えば，人格を否定するような暴言を吐くこと，何を言っても無視すること，交友関係を細かく監視すること等）又は性的暴力（例えば，見たくもないポルノビデオ等を見せること，避妊に協力しないこと等）を指します（注4）。平成19年の改正で保護命令の適用対象となった配偶者からの「被害者の生命

（注2） 令和元年成立の「児童虐待防止対策の強化を図るための児童福祉法等の一部を改正する法律」により，DV防止法も児童相談所が関係機関として明記されました（法9条）。なお，児童が同居する家庭における配偶者に対する暴力は，児童虐待となります（児童虐待2条4号）。また，令和5年の改正により，関係機関等から構成される配偶者からの暴力の防止及び被害者の保護に関する協議会を組織するよう努めなければならないことが法定化され，協議会は被害者に関する情報その他被害者の保護を図るために必要な情報の交換を行うとともに，被害者に対する支援の内容に関する協議を行うこととされています（法5条の2）。

（注3） 最決平17・3・29刑集59巻2号54頁参照。なお，被害者に対する非難や手拳を顔面すれすれのところで止める行為を繰り返した結果PTSDとなった事案について「配偶者からの暴力」を認めた裁判例として静岡地決平14・7・19判タ1109号252頁があります。

（注4） 南野ほか監修・前掲（注1）83～84頁。

又は身体に対し害を加える旨を告知してする脅迫」(令和5年改正前の法10条1項)(注5)。令和5年の改正により接近禁止命令等の適用対象となった被害者への「配偶者からの身体に対する暴力又は生命，身体，自由，名誉若しくは財産に対し害を加える旨を告知してする脅迫」(法10条1項)もこの精神的暴力に該当すると解されます。「準ずる」とは軽微なものは除かれるという趣旨です。

なお，平成16年の改正により，配偶者からの身体に対する暴力を受けた後に離婚をし，離婚後も引き続き身体に対する暴力を受けるような場合は，婚姻中に配偶者から受ける身体に対する暴力と離婚後にその元配偶者から引き続き受ける身体に対する暴力とは一体的なものとして評価すべきと考えられ，また，現実に，配偶者から身体に対する暴力を受けた場合には，離婚直後の時期が一連の身体に対する暴力の危険が最も高まっている時期であるといわれていることから，離婚等（婚姻の取消し，事実上婚姻と同様の関係にある者の事実上の離婚を含みます。）の後も引き続き元配偶者から受ける身体に対する暴力等も配偶者からの暴力に含まれることになりました（法1条1項）。そして，保護命令の関係でも，離婚等をするまでに身体に対する暴力を受けている場合又は生命，身体，自由，名誉もしくは財産に対する脅迫を受けている場合（退去等命令の脅迫は，生命又は身体に対するもののみ）は，元配偶者に対しても保護命令を発令することができます（法10条1項・10条の2）。しかし，離婚等をするまでに上記の暴力や脅迫を受けていない場合は，保護命令の申立てはできません。

なお，配偶者からの暴力に係る通報，警察官の被害防止，警察本部長等の援助における「配偶者からの暴力」は，「配偶者又は配偶者であった者からの身体に対する暴力」に限られます（法6条1項・8条・8条の2）。

(2) 配偶者

配偶者とは，法律上婚姻関係にある夫又は妻を指しますが，DV防止法においては，「婚姻の届出をしていないが事実上婚姻関係と同様の事情にある者」も含まれます（法1条3項）。

平成25年の改正で，「生活の本拠を共にする交際（婚姻関係における共同

(注5)　「生命等に対する脅迫」を受けた被害者は，脅迫の時点では身体に対する暴力を受けていなくともその後配偶者から身体に対する暴力を受ける一定程度の可能性があることから，保護命令の対象とされたものです。そして，令和5年の改正で，接近禁止命令等の対象に，「自由，名誉若しくは財産」に対する脅迫が追加されたことに伴い，精神のみについて害が生じる場合も保護するため，「身体」が「心身」に改められています。

生活に類する共同生活を営んでいないものを除く。）をする関係にある相手」から，身体に対する暴力を受けた者についても，配偶者から暴力を受けた者の規定が「準用」されることになりました（法28条の2）。これは，事実婚に至らない単なる同棲関係にある相手方からの暴力も，外部から発見・介入が困難であるとともに継続的になりやすいという配偶者からの暴力と同様の特質があり，被害者救済のために法律上の支援の根拠の明確化及び保護命令の発令の必要性が認められることによるものです。

　同性カップルについては，DV防止法は配偶者からの暴力と規定するのみで，「男女」の法律婚・事実婚の一方の配偶者からの暴力に限定していないとしてDV防止法の適用を肯定する見解があり(注6)，これを認めた裁判例(注7)があるようです。しかし，DV防止法28条の2に規定する生活の本拠を共にする交際相手から除外される「婚姻関係における共同生活に類する共同生活を営んでいないもの」の「婚姻関係は，憲法上『婚姻は両性の合意により成立する』と定めていることを踏まえて解することとなる」(注8)として否定する見解も考えられます。解釈論としては肯定，否定両説あり得ると考えられますが，慎重に検討すべきと考えます(注9)。なお，同性婚については，第1章**第1**［設問8］を参照してください。

(3) 被 害 者

　被害者とは，上記の「配偶者からの暴力を受けた者」をいいます（法1条2項）。前述のとおり，配偶者からの暴力を受けた後に離婚等をし，引き続き配偶者から暴力を受けた場合も被害者に含まれます（なお，配偶者の意味・内容については前述の(2)を参照してください。）。そして，接近禁止命令における被害者は，前述のとおり，配偶者からの身体に対する暴力又は生命，身体，自由，名誉もしくは財産に対し害を加える旨を告知してする脅迫を受けた者（法10条1項），退去等命令における被害者は，配偶者からの身体に対する暴

（注6）　打越さく良『Q＆A　DV事件の実務〔第3版〕』（日本加除出版，2018）34～35頁，276～227頁。

（注7）　『日本経済新聞』2010年8月31日付（https://www.nikkei.com/article/DGXNASDG26039_R30C10A8CR0000/）。

（注8）　永野豊太郎「法律解説　配偶者からの暴力の防止及び被害者の保護に関する法律の一部を改正する法律」法令解説資料総覧381号20～21頁。

（注9）　小川直人「東京地方裁判所における保護命令の実情」判例16号12～14頁。
　　　なお，令和5年改正法の衆参国会決議において，「保護命令について同性カップルも対象となった例がある旨を周知徹底すること」との附帯決議がなされています（https://www.shugiin.go.jp/internet/itdb_rchome.nsf/html/rchome/Futai/naikaku7CE3A4AA53CCCF11492589AD0021A2BE.htm）（https://www.sangiin.go.jp/japanese/gianjoho/ketsugi/211/f063_040601.pdf）。

力又は生命等に対する脅迫を受けた者（法10条の2）です。

4 支援センターによる保護

　支援センターは，都道府県（女性相談支援センターなど）又は市町村（設置は努力義務であり，すべての市町村で設置されてはいません。）が設置する適切な施設において，配偶者からの暴力の防止，被害者の保護のための業務を行う機能を果たすものです。支援センターの業務は次の①～⑥のとおりです（法3条3項各号）。なお，被害者は，支援センターで相談，援助又は保護を求めた場合は，この事実及びとられた措置を保護命令申立書に記載する必要があります（法12条1項5号）。支援センターは，裁判所からの求めに応じ，被害者が相談又は援助もしくは保護を求めた際の状況及び措置の内容を記載した書面を速やかに裁判所に提出します（法14条2項）。

---

①　被害者に関する各般の問題について，相談に応ずること又は女性相談支援員もしくは相談を行う機関を紹介すること。

②　被害者の心身の健康を回復させるため，医学的又は心理学的な指導その他の必要な指導を行うこと。

③　被害者及び同伴家族の緊急時における安全の確保及び一時保護[注10]を行うこと。

④　被害者が自立して生活することを促進するため，就業の促進，住宅の確保，援護等に関する制度の利用等について，情報の提供，助言，関係機関との連絡調整その他の援助を行うこと。

⑤　保護命令の制度の利用について，情報の提供，助言，関係機関への連絡その他の援助を行うこと。

⑥　被害者を居住させ保護する施設の利用について，情報の提供，助言，関係機関との連絡調整その他の援助を行うこと。

---

5 警察による保護

　警察官は，配偶者の暴力が行われていると認めるときは，警察法，警察官職務執行法その他の法令の定めるところにより，暴力の制止，被害者の保護

（注10）　一時保護施設は，女性相談支援センターのほか，女性相談支援センターから委託を受けた女性自立支援施設，母子生活支援施設，民間シェルター等があります。年齢制限がありますが，子どもの同伴も可能です。保護期間は2週間程度で無料です。一時保護施設に入る場合は，現金，通帳，キャッシュカード，健康保険証，その他自分と子どもの生活に必要なもの（調停や裁判に必要となるものも含みます。）を持参するとよいでしょう。

その他の配偶者からの暴力による被害の発生を防止するために必要な措置を講ずるように努めなければなりません（法8条）。その他の措置としては，配偶者への警告が考えられます。また，警察本部長等の援助として，①被害を自ら防止するための措置の教示，②住所又は居所を加害者に知られないようにするための措置，③被害防止交渉に関する事項についての助言，④被害者への被害防止交渉のための必要な事項の連絡，⑤被害防止交渉を行う場所としての警察施設の利用，⑥その他の被害者が自ら被害を防止するための援助があります（法8条の2，配偶者からの暴力による被害を自ら防止するための警察本部長等による援助に関する規則〔平成16年国家公安委員会規則第18号〕1条）[注11]。

警察職員は，被害者からDVの相談，援助又は保護を求められた場合は，「配偶者からの暴力相談等対応票」を作成し，保護命令を審理する裁判所からの求めに応じてこれを提出します（法14条2項）。被害者は，この警察職員にDVの相談等をし，これによりとられた措置を保護命令申立書に記載する必要があります（法12条1項5号・2項3号）。

なお，配偶者の暴力は，暴行罪，傷害罪，脅迫罪等に該当します。警察は，被害者からの被害届を受理し事件性があると判断した場合，あるいは，告訴を受理した場合は，捜査を開始します。しかし，警察庁の通達[注12]は，被害者に被害の届出の意思がない場合でも，過去の事例から被害者のみならず親族等にまで生命の危険が及び得ることから，当事者双方の関係性を考慮したうえで，必要性が認められ，客観的証拠及び逮捕の理由がある場合には，加害者の逮捕をはじめとした強制捜査を行うことを検討する必要があ

（注11）　住所又は居所を知られないようにするための措置としては，住民基本台帳閲覧制限の教示等と行方不明者届出書不受理があります。医療費通知の送付により，被害者の受診した医療機関が配偶者（第2号被保険者）に伝わるおそれがある場合は，被害者（第3号被保険者）が加入している医療保険の保険者に対し，医療費通知の送付先の変更等の依頼が可能です。

　　　　その他の援助としては，110番通報者登録制度（この登録をすると，登録電話番号から110番があると，所轄の警察署や現場急行中の警察官に対して，必要な情報を円滑に指令することが可能となります。），携帯型緊急通報装置等の被害の防止に資する物品の貸出し，緊急性の高い場合の宿泊施設（公的施設ではなくホテル等）に一時避難する場合の宿泊費用負担制度の利用等があります。

　　　　なお，平成19年の改正で，生命等に対する脅迫を受けた被害者も保護命令を申し立てることができることとなったことから，この者についても，身体に対する暴力を受けている者に準じて，警察本部長等の援助を行うとされています（令3・8・26警察庁丙生企発第87号など「配偶者からの暴力の防止及び被害者の保護等に関する法律等の運用上の留意事項について（通達）」）。

（注12）　平31・3・29警察庁丙生企発第71号など「恋愛感情等のもつれに起因する暴力的事案への迅速かつ的確な対応の徹底について（通達）」。

るとしています。

6 保護命令の特質

前述のとおり，配偶者からの暴力は，外部からの発見・介入が困難であるとともに，継続して行われ内容がエスカレートしやすいという特質があります。このため，DV防止法は，配偶者から身体に対する暴力を受けた被害者（前述のとおり，平成16年の改正により，配偶者からの身体に対する暴力を受けて離婚等をした被害者，平成19年の改正により，生命・身体に対して脅迫を受けた被害者，令和5年の改正により，生命，身体，自由，名誉，財産に対して脅迫を受けた被害者に拡大されました。）が，配偶者からの暴力によりその生命又は心身（退去等命令は身体）に重大な危害を受けるおそれが大きいと認められる場合に，裁判所が，加害者である配偶者に対し，接近禁止命令等，退去等命令を発して配偶者を被害者から引き離し，違反した場合は刑罰（令和5年の改正により懲役刑〔令和7年6月1日から拘禁刑〕が1年以下から2年以下へ，罰金刑が100万円以下から200万円以下に厳罰化されています。）を科すことにより被害者の保護を図る保護命令という制度を創設しました。

保護命令は，被害者の生命又は心身の安全を確保し，ひいては，家庭の平穏の確保も目的としており，国家が夫婦間の生活関係等に後見的に介入し，加害者に対して被害者への接近禁止等を命ずるもので，民事行政的作用を有し非訟事件の一環として位置づけられます[13]。保護命令はこのように民事行政作用を有していますが，刑罰の制裁をもってその実効性を確保しようとするもので，民事上の執行力がなく間接強制はできません（法15条5項）。

7 保護命令の種類・内容

(1) 保護命令の種類

保護命令は，①被害者への接近禁止命令，②被害者への電話等禁止命令，③被害者と同居する未成年の子への接近禁止命令，④被害者と同居する未成年の子への電話等禁止命令，⑤被害者の親族等への接近禁止命令，⑥退去等命令があります。保護命令の申立てについては，多くの裁判所で書式を用意していますので，保護命令の申立てをする場合には，管轄裁判所の書式を利用すると便利です（以下の書式は，東京地方裁判所とさいたま地方裁判所のものを参考にしています。枠で囲まれた部分は申立ての趣旨となります。）。

(2) 被害者への接近禁止命令（法10条1項）

(注13) 南野ほか監修・前掲（注1）259頁，堂薗幹一郎「『配偶者からの暴力の防止及び被害者の保護に関する法律』における保護命令制度の解説」民月56巻8号30頁。

186　第4章　離婚関係　　第4　DV防止法関係

(a)　申立ての趣旨

> 　相手方は，命令の効力が生じた日から起算して1年間，申立人の住居
> （相手方と共に生活の本拠としている住居を除く。以下同じ。）その他の
> 場所において申立人の身辺につきまとい，又は申立人の住居，勤務先そ
> の他その通常所在する場所の付近をはいかいしてはならない。

　つきまとい又ははいかいを禁止する申立人（被害者）の住居は，当該配偶
者と共に生活の本拠としている住居は除かれます。被害者が配偶者と同一の
住居を生活の本拠としている場合には，配偶者の居住を否定することにな
り，退去等命令の有効期間を2か月に限定した趣旨を損なうことになるから
です[注14]。「身辺のつきまとい」とは，しつこく被害者の行動に追随するこ
と，「はいかい」とは，理由もなく被害者の住居，勤務先その他のその通常
所在する場所の付近をうろつくことです。被害者が不在であっても，その通
常所在する場所の付近をはいかいすれば，接近禁止命令に違反します。

　令和5年の改正で，接近禁止命令の有効期間が6か月から1年に伸長され
ました。これは，内閣府により調査を行ったところ，半年を経てもなお加害
者からの危害や脅迫等を受けるおそれが相当程度に上る状況にあったことに
よるものです[注15]。

(b)　発令の要件

①　被害者が，配偶者からの身体に対する暴力又は生命，身体，自由，名
　　誉，財産に対し害を加える旨を告知してする脅迫（以下「身体に対する暴
　　力等」といいます。）を受けていること

　身体に対する暴力とは，前述の「配偶者からの暴力」の定義のうち「配偶
者からの身体に対する不法な攻撃であって生命又は身体に危害を及ぼすも
の」をいいます。したがって，前述3(1)のとおり，刑法上，暴行罪又は傷害
罪に当たるような行為を指します。「不法な」攻撃ですから，正当防衛や緊
急避難が成立する場合は，不法な攻撃とはいえないことになります。

　生命，身体，自由，名誉，財産に対する脅迫は，刑法上の脅迫罪（刑222条
1項）の文言と同じです。生命，身体に対する脅迫は，「生命又は身体に害

（注14）　南野ほか監修・前掲（注1）135頁。
（注15）　男女共同参画局「配偶者暴力防止法に関するQ＆A」（https://www.gender.go.jp/policy/
　　　　no_violence/e-vaw/law/34.html）。

を加える旨を告知してする脅迫」をいい，具体的には，「殺してやる」「腕をへし折ってやるぞ」といった言動が該当します[注16]。

　自由に対する脅迫は，「『言うことを聞く』というまで外に出さない」，名誉に対する脅迫は，「性的画像をネットで拡散する」，財産に対する脅迫は，「キャッシュカードを取り上げる」と告げるような場合をいい，具体的言動が脅迫に該当するか否かは，個別事案における証拠に基づき裁判所が判断することになります。この自由，名誉又は財産に害を加える旨を告知してする脅迫といった非身体的暴力も，被害者の心身に深刻な影響を与えることがあり，配偶者からの暴力は，加害者が自己への従属を強いるために用いるという性格をふまえて，令和5年の法改正により追加されたものです。

　②　更なる身体に対する暴力等により，その生命又は心身に重大な危害を受けるおそれが大きいときであること

　被害者への接近禁止命令を発令するには，上記の被害者に該当する者が，配偶者から，更なる身体に対する暴力等により，生命又は心身に重大な危害を受けるおそれが大きいときであることが要求されます。単に将来暴力を振るうおそれでは足りません[注17]。「生命又は心身に重大な危害を受けるおそれが大きいとき」とは，生命又は身体については，被害者が殺人，傷害等の被害を受けるおそれが大きい場合を意味し，心身については，うつ病，PTSD，適応障害，不安障害，身体化障害が考えられ，いずれも少なくとも通院加療を要する程度のものをいうと解されています。迅速な裁判の観点からは，上記うつ病等の通院加療を要する症状が出ている事実を立証するため，申立ての際に，うつ病等の診断書を添付することが必要となります[注18]。

(3)　被害者への電話等禁止命令（法10条2項）

(a)　申立ての趣旨

　相手方は，申立人に対する接近禁止命令の効力を生じた日から起算して1年間，申立人に対し，次の行為をしてはならない。

　法10条2項1号から10号までに定める行為

　（法10条2項1号から10号までにおいて定める行為とは，①面会の要

（注16）　南野ほか監修・前掲（注1）130頁，267頁。
（注17）　東京高決平14・3・29判タ1141号267頁参照。
（注18）　南野ほか監修・前掲（注1）131～132頁，堂薗・前掲（注13）33頁，男女共同参画局・前掲（注15）。

求（１号），②行動監視の告知等（２号），③著しく粗野又は乱暴な言動（３号），④無言電話，緊急時以外の連続した電話・文書・ファクス・メール等の送信等（４号）(注19)，⑤緊急時以外の深夜早朝（22時から６時）の電話・ファクス・メールの送信等（５号），⑥汚物，動物の死体等の送付等（６号），⑦名誉を害する事項の告知等（７号），⑧性的羞恥心を害する事項の告知，文書等の送信等（８号），⑨GPS（全地球測位システム）による位置情報の取得等（９号）(注20)(注21)，⑩承諾を得ないでのGPS（全地球測位システム）の取付け等（10号）(注22)(注23)の各行為です。「申立ての趣旨」は，以上の行為を上記条項に即して具体的に記載することになります。）

　被害者への電話等禁止命令は，被害者への接近禁止命令の実効性を確保するためのものであるため，被害者への接近禁止命令の要件を満たすことを要件としており，被害者への接近禁止命令申立てと同時，もしくは発令中に，被害者からの申立てにより，同命令と同時に又はその発令後に発令されます。命令期間は，被害者への接近禁止命令が発令されている場合に限ります（他の前記(1)③〜⑤の禁止命令も同様です。）。

　本命令は，配偶者から被害者に対して著しい不安を感じる行為と評価できる行為を列挙して，そのような行為がなされた場合には，恐怖心等から被害者が配偶者のもとに戻らざるを得なくなったり，配偶者の要求に応じて接触せざるを得なくなったりして，配偶者と物理的な接近が生じ，被害者の生

（注19）　法10条２項４号に定める「通信文その他の情報」とは，文章を送信する場合以外にも文章になっていないもの（記号等）を含む趣旨であり，「電子メールの送信等」には，パソコン・携帯電話端末によるＥメール，ウェブメールサービスを利用するもの，ショートメール，SNS，ブログ，ホームページ等への書き込み，被害者のSNSのマイページにコメントを書き込むことも含まれます。

（注20）　法10条２項９号に定める行為とは，具体的には，GPSを用いて位置情報を記録・送信する機能を有するスマートフォン等，位置情報を送信する機能を有する装置により，ディスプレイで地図上の位置情報を表示し，閲覧すること，位置情報の電磁的記録が蔵置されたハードディスク記録媒体を取得することや，他の記録媒体にコピーすること，GPSから送信された位置情報に関する電磁的記録を受信することなどです。

（注21）　政令とは，「配偶者からの暴力の防止及び被害者の保護等に関する法律施行令」（令和５年政令第237号）１条・２条です。

（注22）　法10条２項10号に定める行為とは，具体的には，被害者のバッグ等の持ち物の中に位置情報記録・送信装置を入れること，位置情報・送信装置を中に入れたぬいぐるみやキーホルダー等を郵便や手渡しにより交付すること，将来的に被害者が移動のために利用すると認められ又は利用している自動車等に位置情報記録・送信装置を取り付ける行為や自動車等の中に入れる行為等です。

（注23）　政令とは，（注21）掲記の政令３条です。

命・身体等への危険が高まると認められることから，被害者への接近禁止命令の実効性を確保するため，平成19年，令和５年の改正で設けられたものです。

　(b)　**発令の要件**
　①　前記(2)(b)被害者への接近禁止命令の発令の要件①及び②
　②　接近禁止命令が既に効力が生じているか又はそれと同時に発令されること

(4)　**被害者と同居する未成年の子への接近禁止命令**（法10条３項）
　(a)　**申立ての趣旨**

　相手方は，申立人に対する接近禁止命令の効力が生じた日から起算して１年間，下記〔略〕子の住居（相手方と共に生活の本拠としている住居を除く。以下同じ。），就学する学校その他の場所において同人の身辺につきまとい，又は同人の住居，就学する学校その他その通常所在する場所の付近をはいかいしてはならない。

　被害者への接近禁止命令が発令されているのに，配偶者に被害者と同居している未成年の子を連れ戻されてしまうと，被害者がその子に関して配偶者と面会することを余儀なくされ，被害者への接近禁止命令の実効性が減殺されてしまいます。被害者の子への接近禁止命令は，このような事態を防止するために，平成16年の改正で設けられたものです。同居する未成年の子への接近禁止命令は，配偶者に対し，被害者に対する接近禁止命令の有効期間内（始期は，被害者の子に対する接近禁止命令の効力が生じた日，終期は，被害者に対する接近禁止命令が終了する日です。），被害者と同居している未成年の子につきまとったり，住居，学校などその子が通常いる場所の近くをはいかいすることを禁止するものです（法10条３項）。

　なお，「はいかい」とは，理由もなく被害者の子の住居，就学する学校その他通常所在する場所の付近をうろつく行為をいうとして，被害者の子の就学する学校の校長宛ての手紙を渡す目的で８分間来訪したことはDV防止法10条３項の「はいかい」には当たらないとした裁判例[注24]があります。

　(b)　**発令の要件**
　①　前記(2)(b)被害者への接近禁止命令の発令の要件①及び②

（注24）　東京高判平29・２・24判タ1440号159頁。

190　第4章　離婚関係　　第4　DV防止法関係

②　被害者が成年に達しない子と同居していること
③　配偶者が幼年の子を連れ戻すと疑うに足りる言動を行っていることその他の事情があることから被害者がその同居している子に関して配偶者と面会することを余儀なくされることを防止するため必要があると認められること

「配偶者が幼年の子を連れ戻すと疑うに足りる言動を行っていること」は，客観的事情を基礎として判断されるべき「配偶者と面会することを余儀なくされることを防止するために必要があると認められる場合」の典型的事情の例示です。被害者がその子を連れて一時避難している場合に，配偶者が子の通学先・通園先等を探索していること，当該通学先・通園先等において子の引渡しを要求する言動を行っている場合などがこれに該当します。

「その他の事情」としては，配偶者が被害者の子を連れ戻すと疑うに足りる言動を行っている場合において，被害者の子が幼年であるとはいえないが，病弱である等の要因によって，社会通念上被害者が自らその子の身上監護をすることを要すると認められるとき等が想定されます(注25)。

なお，配偶者が子と接触して被害者の居所を聞き出すおそれがあることのみを理由に子への接近禁止命令を発することは，被害者が同居している子に関して配偶者と面会をすることを余儀なくされることにはならず，このことだけでは，子への接近禁止命令を発することはできないと解されます(注26)。

家事審判，調停により子との面会交流が認められた場合と子への接近禁止命令との関係は，①面会交流が認められた後に子への接近禁止命令が発せられた場合は，接近禁止命令は面会交流を認められたことを考慮していると考えられるので，認められた面会交流の内容に基づいたものであったとしても，接近禁止命令に抵触し，②面会交流が認められる前に子への接近禁止命令が発令されている場合は，接近禁止命令が発せられていることを考慮のうえ面会交流が認められていると解されるので接近禁止命令に抵触しないと考えられます(注27)。

④　当該子が15歳以上であるときは，その書面による同意があること
⑤　被害者への接近禁止命令が既に効力を生じているか又はそれと同時に

（注25）　髙原知明「『配偶者からの暴力の防止及び被害者の保護に関する法律の一部を改正する法律』における保護命令制度の改正の概要」民月59巻9号17頁。
（注26）　髙原・前掲（注25）29頁。
（注27）　髙原・前掲（注25）20頁。

発令されること

⑸ 被害者と同居する未成年の子への電話等禁止命令 （法10条3項）

⒜ 申立ての趣旨

相手方は，申立人に対する接近禁止命令の効力を生じた日から起算して1年間，下記子〔略〕に対し，次の行為をしてはならない。

法10条2項2号から10号までに定める行為（ただし，法10条2項5号に掲げる行為にあっては，電話をかけること及び通信文等をファクシミリ装置を用いて送信することに限る。）

令和5年の改正で創設されたものですが，その趣旨は，子への接近禁止命令が発令される状況であるにもかかわらず，同居する子に対して緊急性もないのに何度も，あるいは深夜早朝に電話がなされた場合など，恐怖心等から被害者が配偶者のもとに戻らざるを得なくなることや被害者が配偶者に面会せざるを得なくなることにより，被害者への接近禁止命令の効果が減殺されることを防ぐためです(注28)。

⒝ 発令の要件

前記⑷の被害者と同居する未成年の子への接近禁止命令のそれと同様です。子への接近禁止命令と併せて申し立てることも，どちらか単独で申し立てることも可能です。

⑹ 被害者の親族等への接近禁止命令 （法10条4項）

⒜ 申立ての趣旨

相手方は，申立人に対する接近禁止命令の効力が生じた日から起算して1年間，下記〔略〕親族等の住居（相手方と共に生活の本拠としている住居を除く。以下同じ。）その他の場所において同人の身辺につきまとい，又は同人の住居，勤務先その他その通常所在する場所の付近をはいかいしてはならない。

被害者への接近禁止命令が発令されているのに，配偶者が被害者の親族そ

(注28) 男女共同参画局「配偶者からの暴力の防止及び被害者の保護等のための施策に関する基本的な方針（別添 保護命令の手続）」(https://www.gender.go.jp/policy/no_violence/e-vaw/law/pdf/kihon_houshin2.pdf)。

の他被害者と社会生活において密接な関係を有する者の住居に押し掛けて著しく粗野又は乱暴な言動を行う等すると，被害者がその親族等に関して配偶者と面会することを余儀なくされ，被害者への接近禁止命令の実効性が減殺されてしまいます。被害者の親族等への接近禁止命令は，このような事態を防止するために，平成19年の改正で設けられたものです。被害者の親族等への接近禁止命令は，配偶者に対し，被害者に対する接近禁止命令の有効期間内，被害者の親族等につきまとったり，住居，勤務先などその親族等が通常いる場所の近くをはいかいしたりすることを禁止するものです（法10条4項）。

(b) 発令の要件

① 前記(2)(b)被害者への接近禁止命令の発令の要件①及び②

② 配偶者が被害者の親族その他被害者と社会生活において密接な関係を有する者（被害者と同居している子及び配偶者と同居している者を除きます。）の住居に押し掛けて著しく粗野又は乱暴な言動を行っていることその他の事情があることから被害者がその親族等に関して配偶者と面会することを余儀なくされることを防止するため必要があると認めるとき

　親族とは，民法725条に規定する親族です。「被害者と社会生活上において密接な関係を有する者」とは，被害者の身上，安全などを配慮する立場にある者をいい，職場の上司，支援センターやシェルターの職員のうち，被害者に対し現に継続的な保護・支援を行っている者などです[注29]。被害者と同居している子は，接近禁止命令の発令が可能であり，また，配偶者と同居している者は，発令の対象とすると，配偶者がその自宅付近や同居する者の勤務先への接近を禁止され配偶者の生活に著しい支障を生じさせることから除外されています[注30]。

③ 被害者の15歳未満の子を除き当該親族等の書面による同意（当該親族等が15歳未満の者又は成年被後見人の場合は，その法定代理人の同意）があること（法10条5項）

④ 被害者への接近禁止命令が既に効力を生じているか又はそれを同時に発令されること

(7) 退去等命令（法10条の2）

(注29)　森岡礼子「『配偶者からの暴力の防止及び被害者の保護に関する法律の一部を改正する法律』における保護命令制度に関する改正の概要」民月62巻11号28頁。

(注30)　南野ほか監修・前掲（注1）151頁参照。

(a) 申立ての趣旨

> 相手方は，命令の効力が生じた日から起算して2か月（6か月）間，別紙〔略〕住居目録記載の住居から退去せよ。
> 相手方は，命令の効力が生じた日から起算して2か月（6か月）間，前記記載の住居の付近をはいかいしてはならない。

　退去等命令は，主として，被害者の転居準備のための制度です。退去期間は，原則として2か月です（平成16年の改正前は2週間）。もっとも，令和5年の改正で，被害者及び当該配偶者が生活の本拠として使用する建物又は区分建物の所有者又は賃借人が被害者のみである場合において，被害者の申立てがあったときは，6か月間とされました。これは，このような場合に，被害者が退去せざると得ないとした場合に被害者の権利の制約が大きい一方，相手方配偶者の居住の自由や財産の制約の程度が小さいと考えられるからです。使用貸借は対象となりません[注31]。

　「退去すること」とは，住居から出ていくことをいいます。住居から出て行った後，命令の有効期間中はその状態を継続することが必要です[注32]。退去する住所の特定は，通常は住居表示によれば足ります。しかし，同一地番内の複数の建物のうち一つのみが退去命令の対象となる場合，店舗兼住宅でそれぞれ独立した構造となっている場合（退去命令の対象は住宅部分のみ）は，図面を添付する等して特定する必要があります[注33]。

　なお，配偶者は当該命令の効力が生じた時から身の回りの荷物をまとめるなどして，可及的速やかに退去しなければなりません[注34]。

(b) 発令の要件

① 被害者が，配偶者からの身体に対する暴力又は生命等に対する脅迫を受けていること

② 更なる身体に対する暴力により，その生命等に重大な危害を受けるおそれが大きいときであること

③ 申立時において被害者及び当該配偶者が生活の本拠を共にすること

生活の本拠を共にするとは，被害者及び配偶者が生活のよりどころとして

(注31)　男女共同参画局・前掲（注15）。
(注32)　南野ほか監修・前掲（注1）136〜137頁。
(注33)　法曹会編『例題解説 DV保護命令／人身保護／子の引渡し』（法曹会，2016）85〜86頁。
(注34)　南野ほか監修・前掲（注1）277頁。

194 第4章 離婚関係 第4 DV防止法関係

いる主たる住居を共にする場合をいい，これを常態としている以上，被害者が支援センターに一時保護されている場合や実家に緊急に避難している場合等であっても「生活の本拠を共にする場合」に含まれます(注35)。

8 保護命令発令の申立て手続

(1) 管轄裁判所

接近禁止命令等，退去等命令の管轄裁判所は，相手方の住居所の所在地を管轄する地方裁判所です（法11条1項）。接近禁止命令は，申立人の住居所又は配偶者からの身体に対する暴力等が行われた地の所在地を，また，退去等命令は，申立人の住居所，又は配偶者からの身体に対する暴力又は生命等に対する脅迫が行われた地の所在地を管轄する地裁にすることもできます（同条2項・3項）。

保護命令のうち，被害者への電話等禁止命令，被害者と同居する未成年の子への接近禁止命令及び子への電話等禁止命令，被害者の親族等への接近禁止命令（法10条2項～4項）に関する管轄裁判所は，被害者への接近禁止命令を発する裁判所又は発した裁判所です。

(2) 申立権者

申立権者は，法律婚，事実婚を問わず婚姻関係にある相手方から婚姻期間中に，前述7の各保護命令の発令要件を満たす者です。そして，前述3(2)のとおり，生活の本拠を共にする交際相手から被害を受けた者も申立てができ（法28条の2），また，外国人被害者も申立てをすることができます（法23条1項）。

(3) 申立書の記載事項

申立ては次の事項を記載した書面で行う必要があります（法12条)(注36)。

① 当事者の氏名及び住所（配偶者暴力等に関する保護命令手続規則〔以下，本項では「法規」と略記します。〕1条1項1号）

申立人が一時避難所などで所在を相手方に隠している場合は，住民票上の住所や相手方と共に生活をしていた住所を記載すべきで，居所を記載する必要はないと解されます(注37)。

（注35） 南野ほか監修・前掲（注1）134頁。

（注36） 外国人の場合，裁判所に提出する書類は日本語で記載しなければならず翻訳費用の予納，また，審尋に通訳が必要な場合は通訳費用の予納が必要となります。このため，支援センターの援助，ボランティアの同行などの活用がなされているようです（法曹会編・前掲（注33）162～167頁）。

（注37） 平17・11・8（最ろ－2）最高裁判所事務総局民事局第二課長ら「訴状等における当事者の住所の記載の取扱いについて」（事務連絡）参照。

なお，民事訴訟法等の一部を改正する法律（令和4年法律第48号）において創設された

② 代理人の氏名及び住所（法規1条1項2号）

③ 申立ての趣旨及び理由（法規1条1項3号）

申立ての趣旨は，被害者への接近禁止命令，被害者への電話等禁止命令，被害者と同居する未成年の子への接近禁止命令及び子への電話等禁止命令，被害者の親族等への接近禁止命令，退去等命令を特定して記載します（前記7参照）。東京地裁のひな型はチェック方式となっています。

申立ての理由は，次の事項の記載が必要です。なお，保護命令申立書に虚偽の記載をして保護命令の申立てをした者は，10万円以下の過料に処せられます（法31条）。

（i）被害者への接近禁止命令及び法10条2項～4項の規定による命令の申立てをする場合は，配偶者から身体に対する暴力等を受けた状況（法12条1項1号）を，退去等命令は，配偶者から身体に対する暴力又は生命等に対する脅迫を受けた状況（同条2項1号）を，日時，場所，方法，結果を特定して記載し，診断書，写真などの証拠資料がある場合は，証拠資料との対応関係を明示します。

（ii）上記接近禁止命令等を申し立てる場合は，配偶者からの更なる身体に対する暴力等により，生命又は心身に重大な危害を受けるおそれが大きいと認めるに足りる申立時における事情（法12条1項2号）を，退去等命令を申し立てる場合は，配偶者から更に身体に対する暴力を受けることにより，生命等に重大な危害を受けるおそれが大きいと認めるに足りる申立時における事情（同条2項2号）を具体的に記載します。

（iii）被害者と同居する未成年の子への接近禁止命令及び電話等禁止命令の申立てをする場合は，配偶者が当該同居している幼年の子を連れ戻すと疑うに足りる言動を行っていること等の被害者が当該子に関して配偶者と面会することを余儀なくされることを防止するため当該命令を発することが必要であると認めるに足りる申立時における事情（法12条1項3号）を具体的に記載します。

（iv）被害者の親族等への接近禁止命令の申立てをする場合は，配偶者が

住所，氏名等の秘匿制度（民訴133条～133条の4）は，令和5年2月20日から施行されています。保護命令申立についても，法21条により，上記民事訴訟法が準用され，住所，氏名の秘匿制度を利用することができます。保護命令事件における秘匿制度の留意点については，令4・12・22最高裁判所事務総局民事局第1課長「民事訴訟法等の一部を改正する法律及び民事訴訟規則等の一部を改正する規則の施行に伴う民事非訟手続における秘匿制度に関する事務処理上の留意点（事務連絡）」31～33頁参照。

親族等の住居に押し掛けて，著しく粗野，乱暴な言動を行っていること等の被害者が当該親族等に関して配偶者と面会することを余儀なくされることを防止するため当該命令を発することが必要であると認めるに足りる申立時における事情（法12条1項4号）を具体的に記載します。

　　　(v)　被害者と同居する未成年の子への接近禁止命令及び電話等禁止命令の申立てをする場合，当該子の氏名及び生年月日（法規1条1項4号）

　　　(vi)　被害者の親族等への接近禁止命令の申立てをする場合，親族等の氏名及び被害者との関係並びにその者が被害者の子である場合には生年月日（法規1条1項5号）

　　　(vii)　保護命令申立事件が既に係属している場合又は発令されている場合は，その事件の表示（法規1条1項6号）

　　　(viii)　支援センターの職員又は警察職員に対して，上記の(i)〜(iv)の事情について，相談し，又は援助もしくは保護を求めた事実の有無及びその事実があるときは，以下の事項（法12条1項5号・2項3号）を記載します。なお，電話での相談は相談とならず，代理人を通じての相談は相談に含まれます(注38)。

　　⑦　当該支援センター又は当該警察職員の所属官署の名称
　　④　相談し，又は援助もしくは保護を求めた日時及び場所
　　⑦　相談又は求めた援助もしくは保護の内容
　　㋓　相談又は申立人の求めに対してとられた措置の内容

　この事項の記載がない場合は，上記の(i)〜(iv)の事項についての申立人の供述を記載して公証人の認証を受けた宣誓供述書（公証58条の2第1項）を申立書に添付しなければなりません（法12条3項）。この宣誓供述書の添付は次の理由に基づくものです。

　すなわち，保護命令は，被害者を保護するため，裁判所が簡易・迅速な手続で裁判をするものとしています。裁判所が速やかに判断するためには客観的・定型的に信用力のある資料が不可欠ですが，裁判所は自ら資料収集に当たる機能はありません。このため，DV防止法は，被害者が支援センターや警察に相談等を行った場合には，被害者が申立書にその事実を記載することにより，これらの公的機関に被害者が相談等を行ったときの状況やその際とられた措置等について裁判所に速やかに書類を提出する仕組みとしました。しかし，配偶者からの暴力の特質として，こうした公的機関に相談できない

───────────────
　（注38）　南野ほか監修・前掲（注1）321〜322頁。

でいるうちに危険な状況に陥る場合も想定されます。そこで，このような場合でも，客観的，定型的な信用力のある証拠であることが制度上担保されている宣誓供述書を申立段階で添付するという補完的選択肢を設けることにしたものです(注39)。

(ix) 申立人又は代理人の郵便番号，電話番号，ファクシミリ番号（法規11条，民訴規53条4項）

(x) 送達場所の届出等（法規11条，民訴規41条2項）　送達場所の記載は，閲覧の対象となるので，避難先等が秘匿情報である場合は，代理人がいる場合は代理人の事務所を，本人申立ての場合は相手方に知られても差し支えのない場所を記載します。送達場所として適当な場所がない場合は，裁判所内で交付送達を受ける方法が考えられます(注40)。また，（注37）で述べた民事訴訟法の秘匿制度の利用も検討します。

(xi) 附属書類の表示，年月日，裁判所の表示，当事者又は代理人の記名押印（法規11条，民訴規2条1項）

9　申立書等の提出・申立書附属書類・申立手数料

(1)　申立書，主張書面及び文書の提出

申立書は，正本のほか，副本1部を提出します。また，申立書以外に主張書面を提出する場合は同時にその写しを1部提出します（法規4条1項）。文書を提出して書証の申出をするには，当該文書の写し2部（正本，副本）を提出しなければなりません（同条2項）。裁判所書記官は，口頭弁論又は相手方の立ち会うことができる審尋期日を指定されたときは，相手方に申立書副本及び文書の写しを送付します（同条3項・4項）。保護命令の事件記録は，当事者しか閲覧謄写ができず，相手方が閲覧謄写できるのは，口頭弁論もしくは相手方を呼び出す審尋期日の指定又は保護命令の送達があってからですが（法19条），申立人が一時避難所などで所在を相手方に隠している場合は，申立書及び文書の写しにこの手掛かりを与えないようにすべきです。

(2)　申立書附属書類(注41)

(注39)　南野ほか監修・前掲（注1）27頁，324頁。堂薗・前掲（注13）35頁。

(注40)　裁判所職員総合研修所監修『配偶者暴力等に関する保護命令事件における書記官事務の研究〔補訂版〕』（司法協会，2015）21頁。

(注41)　附属書類等については，東京地方裁判所「配偶者暴力等に関する保護命令の申立てについてQ＆A【R6.3更新】」(https://www.courts.go.jp/tokyo/vc-files/tokyo/2024/9_DV_2025_4_1/1-QA.pdf) のQ5，裁判所職員総合研修所監修・前掲（注40）23～24頁，44～45頁，51～52頁，60～61頁参照。添付書類の場合は1部，証拠書類の場合は2部を提出します。

① 委任状（弁護士が代理する場合。法規11条，民訴規23条1項。添付書類）

② 当事者の関係を証明する資料

法律上又は事実上の夫婦であることを証明する資料（添付書類）。戸籍謄本及び住民票（申立人，相手方双方のもので直近3か月以内。内縁の場合は，さらに陳述書，健康保険証等）。申立人と相手方が婚姻関係類似の共同生活を営んでいる場合（法28条の2）は，双方の住民票，生活の本拠における交際時の写真，電子メール又は手紙の写し，住居所における建物の登記事項証明書又は賃貸借契約書の写し，公共料金の写し，本人や第三者の陳述書等（証拠書類）。

③ 宣誓供述書（法12条2項）

前述のとおり，支援センター又は警察への相談等をしていない場合に必要となります。書証（証拠書類）としての性格もあるので相手方に対する写しも1部必要です。

④ 書証の申出に係る文書の写し2部（法規4条2項）

保護命令の発令要件に係る事項の前記8(3)③(i)〜(iv)に係る診断書，負傷部位の写真，陳述書など（証拠書類）。

⑤ 被害者と同居する未成年の子への接近禁止命令及び電話等禁止命令を求める場合において，当該子が15歳以上である場合，子の同意書（証拠書類。法規1条2項・3項）及び子の同意書が本人のものと確認できるもの（テスト，手紙など。添付書類）

⑥ 被害者の親族等への接近禁止命令を求める場合は，対象者の戸籍謄本，住民票，その他申立人との関係を証明する書類（添付書類）並びに当該親族等の署名押印のある同意書（証拠書類。法規1条2項・3項）及びこの同意を確認できるもの（手紙，印鑑証明書，パスポートの署名欄など。添付書類）

⑦ 6か月間の退去等命令を求める場合は，建物登記事項全部証明書，賃貸借契約書等の退去を求める建物の所有者又は賃借人が申立人であることを証明する資料（添付書類）

(3) 申立手数料

収入印紙1000円，郵券2300円（東京地裁の場合。裁判所によって異なるので各裁判所に確認する必要があります。）

10 審理手続

裁判所は，保護命令事件については，速やかに裁判するものとされています（法13条）。「裁判」とは，審理及び裁判の意味であり，即時抗告事件や保

設問　DV防止法による保護命令　　199

護命令の取消しの申立てに係る事件も含まれます^(注42)。

　保護命令は，原則として，口頭弁論又は相手方が立ち会うことができる審尋の期日を経なければ発することができません（法14条1項）^(注43)。審尋期日の呼出しは，裁判所が相当と認める方法で行いますが（法21条，民訴94条1項），東京地裁では，普通（速達）郵便による方法を原則とし，これがうまくいかないときは，特別送達による方法によっています（民訴98条以下）。普通郵便による場合は，相手方の手続保障を考慮し，裁判所書記官が相手方に架電のうえ，審尋期日呼出状及び申立書等の受領の有無を確認しています^(注44)。

　保護命令を発する場合にも，審尋等の期日において相手方に反論の機会を与えれば足り，実際に相手方が審尋等の期日に出頭することは必要とされていません。そして，審尋等の期日を開く余裕すらないほど緊急性が高い場合は，例外的に，審尋等を行うことなく保護命令を発令することができます（法14条1項ただし書）。しかし，実務上，無審尋で発令される事案は極めて少ないとされています。また，相手方が逮捕・勾留されている場合は，東京地裁は，相手方に対し，裁判所に出頭できないときには指定された期日までに主張を記載した書面や証拠を送付するように求める「審尋書」と題する書面を呼出状に同封して送付する扱いとしているとのことです^(注45)。この場合，相手方が審尋期日に不出頭でも，適法に呼出しを受けていることから，相手方の立ち会うことのできる審尋期日に該当するとしているようです。

　裁判所は，保護命令事件を迅速かつ適正に処理するため，被害者が支援センター又は警察職員に保護等を求めていた場合には，配偶者からの暴力に関する保護等がされた際の状況やこれに対してとられた措置等の内容を記載した書面の提出を，これらの機関に対し求めることができ（法14条2項），さらに，この書面に記載された事実についてさらに詳しい説明を求めることができます（同条3項）。被害者が支援センター又は警察職員に保護等を求めていない場合は，保護命令の要件事実についての申立人の供述を記載したもので，公証人の宣誓認証を受けた供述書が提出する必要があります（前記**8**(3)

　　（注42）　堂薗・前掲（注13）36～37頁。
　　（注43）　東京地裁は，原則として，申立ての当日に申立人が裁判官の面接を受け，1週間後くらいに相手方の審尋期日が設けられています。東京地方裁判所・前掲（注41）Q6参照。なお，申立人面接の法的性質は審尋です。
　　（注44）　法曹会編・前掲（注33）160～161頁。
　　（注45）　法曹会編・前掲（注33）115頁。

③(viii)参照)。

　保護命令の申立てについて，裁判所は，決定により判断することになります（法15条1項）。申立てが保護命令の要件を満たしていると証明された場合には，裁判所は，申立人の申立ての趣旨に応じて，必ず保護命令を発令しなければなりません。証明されない場合は，却下します。この決定には，口頭弁論を経ないでする場合は理由の要旨を示せば足ります（同条1項ただし書）。保護命令は，相手方に対する決定書の送達又は相手方が出頭した口頭弁論もしくは審尋の期日における言渡し（効力発生の始期を明確にし，その効力が可能な限り早期に生ずるよう後者が一般的です(注46)。）によって生じます（同条2項）。また，保護命令を発した場合は，裁判所書記官は，保護すべき被害者がいることを了知させるため，これを申立人の住所又は居所を管轄する警視総監又は道府県警察本部長及び支援センター（相談や援助等を求めた事実があり，申立書にその旨の記載がある場合）に通知します（同条3項・4項）。通知を受けた警察は，速やかに被害者と連絡をとり，被害者の意向を確認したうえ，配偶者からの暴力による被害を防止するための留意事項及び緊急時の迅速な通報等について教示します。また，加害者に対しては，保護命令の趣旨及び違反が罪に当たることを教示し，保護命令が確実に遵守されるよう指導警告をします。支援センターは，被害者に連絡をとり，保護命令発令後の留意事項について情報提供をします。

　保護命令を却下した裁判は，申立人には通常決定謄本が送達され，相手方には審尋期日に告知されます（法21条，民訴119条）。

　保護命令の裁判について，当事者は，裁判の告知を受けた日から1週間以内の期間に即時抗告をすることができます（法16条1項・21条，民訴332条）。抗告裁判所は，保護命令発令の裁判について取消しの原因となることが明らかな事情があることの疎明があったときに限り，申立てにより，即時抗告についての裁判が効力を生じるまでの間，保護命令の効力を停止できます（法16条3項前段）。事件記録が原裁判所にある場合は，原裁判所もこの処分を命ずることができます（同項後段）。

11　保護命令の再度の申立て

　被害者への接近禁止命令の期間は1年，退去等命令の期間は原則として2か月ですが，保護命令を受けた根拠となった暴力又は脅迫を原因とする再度の申立ては，延期や更新とは違い，新たな事件として審理されますので，再

(注46)　裁判所職員総合研修所監修・前掲（注40）36頁参照。

度の申立ての段階で，接近禁止命令又は法10条2項～4項の規定による命令については前記**7**(2)(b)②の，退去等命令については前記**7**(7)(b)②の発令要件が必要です。

退去等命令については，前回の退去等命令の効力期間中に被害者の責めに帰することのできない事由により当該発せられた命令の期間までに当該住居から転居を完了することができないことその他の退去等命令を再度発する必要性があると認めるべき事情があるときに限り，再度の申立てにより発することができます（法18条1項）。法18条1項に例示された「被害者がその責めに帰することのできない事由により……住居からの転居を完了することができないこと」は，被害者が病気・怪我等により療養を余儀なくされたため転居を完了できない場合等が想定されています。例示されたもの以外の「その他の事情」がある場合としては，被害者が配偶者と共に生活の本拠としている住居で老親を現に介護している場合において，当該住居で引き続き被害者が自ら在宅介護を継続する必要があるといったような，被害者に転居先を探すことを期待することが社会通念上困難であると認めるべき場合等が想定されています(注47)。

再度の申立てをするにあたっては，事前に支援センター又は警察署に，以前受けた暴力等の事実と現段階で上記発令要件を相談した事実を記載する必要があります。なお，再度の退去等命令の申立書には，上記転居を完了することができなかったこと等の事情も記載する必要があります。事前に相談をしていないときは，公証人役場において相手方から暴力を受けたことなど上記の事実についての申立人の供述を記載し，その供述が真実であることを公証人の前で宣誓して作成した宣誓供述書を再度の保護命令の申立書に添付しなければなりません。

再度の退去等命令を発することにより，裁判所は，当該配偶者の生活に特に著しい支障を生ずると認めるときは，当該命令を発しないことができます（法18条1項ただし書）。「当該配偶者の生活に特に著しい支障を生ずると認めるとき」とは，退去等命令を受けることに一般的に伴う生活上の支障が生ずること（例えば，通勤時間が長くなることや，生活費の支出が被害者との同居時よりも増大すること等）では足りず，配偶者の生活の基盤が破壊されてしまうような限定的な場合が想定されていると考えられます（例えば，配偶者に一時身を寄せる先〔実家等〕がなく，それ以外の居住先を確保することが経済的に著しく困難であるよう

(注47)　髙原・前掲（注25）24頁。

202　第4章　離婚関係　第4　DV防止法関係

な場合)(注48)。

12　保護命令の取消し

　被害者への保護命令を発した裁判所は，当該命令の申立てをした者が保護
命令の取消しを申し立てた場合は当該命令を取り消さなければなりません
(法17条1項前段)。また，接近禁止命令又は法10条2項～4項の規定による命
令にあっては接近禁止命令が効力を生じた日から起算して3か月を経過した
日以後において，退去等命令にあっては当該退去等命令が効力を生じた日か
ら起算して2週間を経過した日以後において，相手方が申し立て，当該裁判
所がこれらの命令の申立てをした者に異議がないことを確認したときも同様
です(同項後段)。被害者への接近禁止命令を取り消す場合は，裁判所は，被
害者と同居する未成年の子への接近禁止命令，被害者及び被害者と同居する
未成年の子への電話等禁止命令，被害者の親族等への接近禁止命令が発せら
れているときは，これらの命令も取り消さなければなりません(法17条2項・
16条6項)。

　被害者と同居する未成年の子への接近禁止命令及び電話等禁止命令(以下
「法10条3項命令」といいます。)を受けた者は，接近禁止命令が効力を生じた日
から起算して6か月を経過した日又は法10条3項命令が効力を生じた日から
起算して3か月を経過した日のいずれか遅い日以後において，当該法10条3
項命令を発した裁判所に対し，法10条3項に規定する要件を欠くに至ったこ
とを理由に当該法10条3項命令の取消しの申立てをすることができます(法
17条3項)。これは，令和5年の改正で設けられたもので，接近禁止命令の期
間が1年に伸長されたことに伴い，その間の養育環境等の変化があり得るこ
とを考慮したものです。

13　本設問の事例について

　設例において，妻は夫から，同居中に度重なる暴力を受け，夫は，妻に対
し，別居後も執拗に面会を強要し，大声で脅迫するような言動を繰り返して
いますから，「生命又は身体に重大な危害を受けるおそれが大きいとき」に
該当し，被害者への接近禁止命令の申立てをすることができます。

　そして，電話やメールで執拗に面会を強要していることから，電話等禁止
命令の申立ても可能です。

　被害者と同居する未成年の子への接近禁止命令については，「配偶者が幼
年の子を連れ戻すと疑うに足りる言動を行っていることその他の事情がある

(注48)　髙原・前掲(注25) 24頁。

［文例12］　DV 防止法に基づく保護命令の申立てをする際の宣誓供述書　203

ことから被害者がその同居している子に関して配偶者と面会することを余儀なくされることを防止するため必要があると認めるとき」（法10条3項）の事情の有無は設例からは明らかでありません。

　親族等への接近禁止命令については，夫が妻の実家に押し掛け，大声で脅迫するような言動を繰り返しているとのことですから，「配偶者が被害者の親族その他被害者と社会生活において密接な関係を有する者（被害者と同居している子及び配偶者と同居している者を除く。）の住居に押し掛けて著しく粗野又は乱暴な言動を行っていることその他の事情があることから被害者がその親族等に関して配偶者と面会することを余儀なくされることを防止するため必要があると認めるとき」（法10条4項）に該当すると解されます。

　したがって，妻は保護命令としては，①被害者への接近禁止命令，②被害者への電話等禁止命令，③被害者の親族等への接近禁止命令の申立てが考えられ，この申立てをするについて，支援センターの職員又は警察職員に対して，相談し又は援助を求めるとよいでしょう。もし，この相談又は援助が困難な場合は，公証人に所定の事項について，宣誓供述書を作成してもらう必要があります。

　なお，退去等命令については，妻は，実家に避難をしている状況であり，新しい転居先を準備する必要があるのであれば退去等命令の申立ても考えられます。

　また，夫からの暴力による被害を自ら防止するための援助を受けたい旨の申出が妻からあり，その申出が相当と認められるときは，国家公安委員会規則の定めるところにより，警察本部長等に対し，当該被害を自ら防止するための措置の教示，その他必要な援助を求めることができます（法8条の2）。

文例12　DV 防止法に基づく保護命令の申立てをする際の宣誓供述書

―――事例―――

　DV 防止法に基づく保護命令の申立てをしようと思います。宣誓供述書を提出する必要があるといわれました。それが必要となるのはどのような場合ですか。また，宣誓供述書にはどのような事情を記載すればよいのですか。

——文例——

DV 防止法に基づく保護命令の申立てをする際の宣誓供述書

令和〇年登簿第〇〇号

認　　証

　嘱託人〇〇〇〇は，法定の手続に従って，本公証人の面前で添付証書の記載が真実であることを宣誓したうえ，

（面前署名押印の場合）　　　　添付書面に署名押印した。

（面前で署名押印自認の場合）　添付書面の署名押印が自己のものに相違ないことを認めた。

　よって，これを認証する。

　　　令和〇年〇月〇日　本公証人役場において

　　　　　　　役場所在地

　　　　　　　〇〇地方法務局所属

　　　　　　　　公証人　署名　　　　　　　　　　　印

宣誓供述書

1　当事者

　　私と相手方は，令和〇年8月1日から〇〇県〇〇市〇〇町〇〇丁目〇〇番地で同居して生活するようになり，令和〇年1月1日に婚姻届を提出した夫婦です。私は，相手方との間で，令和〇年9月1日，長男Aをもうけました。私は，甲会社のスーパー丙店でパート勤務をしており，相手方は乙会社に勤務していました。しかし，令和〇年1月に，乙会社が倒産し，相手方は，現在，自宅で，失業手当全額を使って外国為替保証金取引（FX）をし，就職活動をしなくなりました。長男Aは，令和〇年4月から丁保育園に通園しており，相手方が送り迎えをしています（甲第1　陳述書）。

2　相手方から受けた暴力の状況

⑴　相手方はFXの取引で損を出しており，私は，令和〇年4月から，相手方に対し，就職活動をするように話すと，相手方は，これに腹を立て，しばしば口論となっていました。相手方は，令和〇年5月1日午後8時ころ，私が相手方に，FXの取引などせずに就職活動をするように言ったことに立腹し，自宅において，右手拳で，

私の顔面を複数回殴打しました。この暴行により，私は鼻骨骨折の傷害を受けました。私は，同月2日，戊病院の医師の治療を受け，その日のうちに手術をしました。全治約6週間との診断です。受傷等についての証拠は，診断書，写真（甲第2～3号証）です。

(2) 相手方は，令和○年6月30日午後7時ころ，長男Aが熱を出したため看病し，私が夕食の支度をするのが遅くなったことに立腹し，「ぶっ殺してやる」と言いながら，自宅において，右手拳で私の左眼を複数回にわたり殴打し，私の髪を引っ張り，首を絞めようとしました。この暴行により，私は，左眼窩底骨折，頭部挫傷の傷害を受けました。私は，同日午後9時ころ，戊病院の医師の治療を受けました。左眼窩底骨折は幸い手術をする必要がありませんでしたが，治療日数は全治約3週間との診断です。受傷等についての証拠は，診断書，写真（甲第4～5号証）です。

3 私が今後，相手方から暴力を振るわれて私の生命，身体に重大な危害を受けるおそれが大きいと思う理由は次のとおりです。

(1) 前述のとおり，相手方は，2か月のうちに2回も私に暴行を加え，暴行の程度も鼻骨骨折，眼窩底骨折，頭部挫傷という重篤なものです。

(2) 私は，令和○年7月1日，このままでは殺されると恐怖心を抱き，相手方が外出した隙に，長男Aを連れて家を出，同日から友人宅へ避難中です。私は，この日，丙店店長に連絡をし，2週間ほど病気休職を取ることの了解を得ました。

(3) 相手方は，同年7月2日から3日にかけて，電話で，甲会社の丙店，私の実母Bや私の知人に，「許さないからな」などと言いながら，私の行方を問いただしています。長男Aの通園していた丁保育園に確認したところ，相手方は，同年7月3日から毎朝，園児の通園時間に保育園に現れ，長男Aが通園してくるのを見張っているとのことです。

(4) 上記(1)から(3)によると，相手方から発見されるとさらなる暴力を振るわれて私の生命，身体に重大な危害を受けるおそれが大きいと考えます。

4 子に対する接近禁止の命令を発する必要があると認めるに足る事情
前記3のとおり，私が家を出た後，相手方は，長男Aの通園してい

206 第4章 離婚関係 第4 DV防止法関係

た丁保育園で，長男Aが通園するのを見張っており，長男Aを連れ戻
そうとしました。もし，相手方が長男Aを連れ戻すようなことがあれ
ば，私は，長男Aに対する心配から，相手方と面会をするなど接触を
余儀なくされ，私に対する接近禁止命令の実効性を失わせる結果とな
ります。したがって，子への接近禁止命令を併せて発する必要性があ
ります。

5　親族等に対する接近禁止の命令を発する必要があると認めるに足る
事情

　相手方は，前記3のとおり，私の実母Bに私の行方を問い合わせた
だけではなく，令和○年7月8日，10日，11日と，実母B宅へ押し掛
け，「○○と会わせろ」「○○を隠すとどうなるかわかっているか」な
ど脅迫を加えています。私は，相手方によって実母Bの身体に危害が
加えられるおそれがあることから，相手方と面会をすることを余儀な
くされ，その結果，私に対する接近禁止命令の実効性を失わせる結果
となります。したがって，私の実母Bに対する接近禁止命令を併せて
発する必要があります。なお，実母Bは，相手方への接近禁止命令の
申立てに同意しています。

6　結論

　以上の次第で，DV防止法に基づき，私への接近禁止命令，子への
接近禁止命令，親族等に対する接近禁止命令を求めるものです。

　　　令和○年7月20日

　　　　住所

　　　氏名　　　　　　署名　　　　　　　　　印

説　明

1　宣誓供述書が必要な理由

［設問］8(3)③(viii)を参照してください。

2　宣誓供述書の作成方法

宣誓供述書は，同じものを2部用意する必要があります。そして，公証人
が嘱託人の本人確認をしたうえで，嘱託人は，宣誓をしたうえで，2つの書
類に署名押印するか，署名押印済みの書類を自認します。この本人確認は，
公正証書の規定が準用されているので（公証60条・28条），印鑑証明書か顔写

［文例12］　DV防止法に基づく保護命令の申立てをする際の宣誓供述書　　207

真付きの公的書類で本人確認をする必要があります。これらの書類がない場合は，証人による本人確認も可能です。公証人法60条は，私署証書の認証について，公正証書の記載事項を規定した同法36条を準用していませんので，認証文には，嘱託人の住所，職業，及び年齢を記載しませんが，嘱託人の氏名は，証書と対照して推認し得るように認証文に記載します。宣誓は様式行為とはされていませんが（公証則13条の3），証書の記載が虚偽であることを知って宣誓した者は10万円以下の過料の制裁があるので，通常は宣誓書によって宣誓させます。認証の場所は，公証役場で行うのが原則ですが，嘱託人が病気等で公証役場に出頭できない場合は，公証人が嘱託人のもとに出張することも可能です。認証済みの宣誓供述書は，1通は公証役場で保管し，1通は嘱託人に交付されます。公証役場における宣誓認証の手数料は1万1000円です。出張の場合は，公証人の交通費，日当が必要となります。具体的金額は，嘱託人が所在する地の都道府県の公証役場に確認してください。

208　第4章　離婚関係　　第5　離婚と戸籍

第5　離婚と戸籍

▶設問1　婚姻により氏を改めた者の氏の選択

　離婚後も，旧姓に戻ることなく現在の姓（夫の姓）を使い続けたいと思います。どのようにしたらよいですか。

解　説

1　婚姻・離婚による氏の変動

　夫婦は，婚姻の際に定めるところに従い，夫又は妻の氏を称さなければなりません（民750条）(注1)。そして，婚姻届が受理されると，その氏を称する夫又は妻を筆頭者とする戸籍が新たに編製されます（戸14条1項・16条1項）(注2)。

　夫婦が離婚をした場合は，婚姻によって氏を改めた者は，離婚によって，婚姻前の氏に復します（民767条1項・771条）。これを「復氏」といいます。復氏をする者は，夫婦の戸籍から除籍され，婚姻前の戸籍に入りますが，その戸籍が既に除かれているとき，あるいは，新戸籍編成の申出をしたときは，新戸籍を編成することになります（戸19条1項）。

　離婚届用紙は，全国共通の様式となっており，「婚姻前の氏にもどる者の本籍」欄に，「□元の戸籍にもどる」か「□新しい戸籍をつくる」を選択してチェックし，選択に対応する本籍を記載します。なお，次に説明する婚氏続称の届を，離婚届と同時に届け出る場合は，この欄の記載はしません。

2　婚氏続称

　婚姻によって氏を改めた夫又は妻は，離婚によって復氏をすると婚姻前の氏に復します。しかし，婚姻によって氏を改めた者にとっては，同居する親子間で氏が異なる，婚姻期間が長い場合は復氏後の氏による社会的活動への

(注1)　平成27年において夫の氏を称する割合は96％となっています（厚生労働省平成28年度人口動態統計特殊報告「婚姻に関する統計」）。

(注2)　日本国籍を有する者が外国人と婚姻をしたときは，民法750条の適用はありません。戸籍は，日本人についてだけ新戸籍が編製されます（戸16条3項本文）。そして，外国人と婚姻をした日本人が外国人の称している氏に変更しようとするときは，婚姻の日から6か月以内に限り，家庭裁判所の許可を得ないで，その旨の届出をすることができます（戸107条2項）。

悪影響が考えられます。このため，昭和51年の民法改正により，復氏した者が，離婚の日から3か月以内（協議離婚の場合は離婚届の届出日，裁判離婚の場合は，離婚の調停・和解の成立日又は審判・判決の確定日，請求の認諾の成立日）に戸籍法の定めるところにより届け出ることによって，離婚の際に称していた氏を称することができるようになりました（民767条2項，戸77条の2）。この届出は，離婚の届出と同時にすることも可能です。届出先は夫婦の本籍地又は届出人の所在地の市区町村です（戸25条1項）。届出によって，届出人を筆頭者とする戸籍が新しく編成されます（戸19条3項）。本設問の事例については，この婚氏続称により，現在の姓（夫の姓）を使い続けることができます。

　なお，離婚後3か月を経過してしまった場合に，婚姻中の氏で戸籍を作りたい場合は，家庭裁判所に対し，「氏の変更許可の申立て」（戸107条1項）をして，許可を得て，市区町村に届け出る必要があります。この「氏の変更」が認められるためには，「やむを得ない事由」がなければならないとされています。戸籍法107条1項は，氏に関する個人の自由意思と，呼称秩序の安定性という社会的要請との調整の規定であり，「やむを得ない事由」とは，「単に気に入らない」という主観的事由だけでは認められず，変更を認めなければ，社会生活上困るような客観的な事情が必要とされています(注3)。

　ところで，戸籍実務上，氏は「民法上の氏」と「呼称上の氏」を区別して運用されています。「民法上の氏」は，民法により，氏の取得，変動の基準となる氏（出生，婚姻，離婚，養子縁組，離縁等）であり，「呼称上の氏」は，戸籍に記載されている氏の呼称それ自体であり，戸籍の変動（民法の規定）とは関係なく，呼称を同じくするか否かにより同一性が決まるとされています。婚氏続称は，離婚による復氏によって，離婚後の氏は婚姻中の氏と別であることを前提として，婚姻中の氏を称することができるとしたもので，「呼称上の氏」の変更とされています。

▶設問2　離婚と子の氏の変更

　子の親権者を母である私として離婚することになりました。父の戸籍に残り父の氏を称している子につき，私（母）と同じ氏にしたいと思います。どのようにしたらよいですか。

(注3)　二宮周平＝榊原富士子『離婚判例ガイド〔第3版〕』（有斐閣，2015）180頁。

210　第4章　離婚関係　　第5　離婚と戸籍

解 説

1　子の氏の変更

　婚姻によって氏を改めた者が離婚によって復氏をすると，夫婦の戸籍から除籍され，婚姻前の戸籍に入るか，新戸籍を編成されます。そして，この者が離婚により未成年の子の親権者となったとしても，子は，当然には親権者の戸籍に入ることはありません。子が父又は母と氏を異にする場合は，子は，家裁の許可を得て，戸籍法の定めるところにより届け出る必要があります（民791条1項）。なお，離籍した者が婚氏続称をしている場合も，子と父母の呼称上の氏は同じですが，民法上の氏は異なるので，民法791条1項の手続によることになります。

2　子の氏の変更の手続

　民法791条の氏の変更の主体は子自身ですが，子が15歳未満であるときは，その法定代理人が代行します（民791条3項）。本設問では，私（母）が親権者となっていますが，子が15歳未満であれば法定代理人（親権者）として，子が15歳以上であれば子自身がそれぞれ変更の手続を行うことになります。

　申立ての管轄裁判所は，子の住所地を管轄する裁判所です（家事226条1号）。申立ての書式は，裁判所のウェブサイトから入手できます。標準的な申立添付書類は，①申立人（子）の戸籍謄本（全部事項証明書），②父母の離婚の記載がある父・母の戸籍謄本（全部事項証明書）ですが，同じ書類は1部で足ります。申立てに必要な費用は，子1人について800円（収入印紙）です。郵券は，即日審判の場合は不要です。通常は即日審判がなされますが，即日審判ができない場合は，子1人について，家裁によって異なりますが数百円です。

　子の戸籍を移動するには，家裁の許可を得た後に，子の本籍地又は届出人の所在地の市区町村に「入籍届」を提出する必要があります（戸98条1項・25条1項）。届出には審判書謄本，戸籍謄本（全部事項証明書）などの提出を求められます。なお，親が婚姻前の戸籍に復籍した場合で，親がその戸籍の筆頭者ではない場合には，子がその氏を変更しても，その戸籍に入るわけではありません。この場合は，子の親を筆頭者とする新しい戸籍が編成されます。戸籍は夫婦及び夫婦と氏を同じにする子ごとに編成される（戸6条）ことになっているため，親が復籍した戸籍の筆頭者がその親の両親（子にとっては祖

父・祖母）であると，親，子，孫の三世代の戸籍になってしまうからです。

なお，令和6年5月17日成立の民法等の一部を改正する法律（令和6年法律第33号）によると，父母は，協議上の離婚をするときは，その協議で，その双方又は一方を親権者として定めなければならず，裁判上の離婚の場合は，父母の双方又は一方を親権者として定めることになります（改正民819条1項・2項）。改正法の施行後，父母の双方が親権者となった場合は，法定代理人は，父母双方となりますので，子が15歳未満の場合は，父母が子の氏の変更をすることについて，①他の一方が親権を行うことができないとき，②子の利益のために急迫の事情があるときを除き，協議をして共同して行うことになります（改正民824条の2第1項）。仮に協議が調わない場合は，15歳未満の子の氏の変更を求める父母の一方は，子の利益のために必要がある事項をして，親権行使者の指定の審判を家裁に求めることになります（同条3項）。前記の民法等の一部を改正する法律によると，この親権行使者の指定は，親権の行使に関する審判事件であり，同改正法による家事事件手続法の別表第2の8項の2に掲げる事項ですので，調停前置となります。

212　第4章　離婚関係　　第6　離婚等と縁組の解消

第6　離婚等と縁組の解消

▶設問1　離婚と養子縁組の解消

　離婚と同時に，妻の連れ子との養子縁組を解消したいと思います。どのようにしたらよいですか。

解　説

1　離婚と離縁の手続

⑴　離婚と離縁の手続の関係

　配偶者との離婚とその連れ子との離縁は別の手続です。離婚が成立しても，連れ子との間で法律上の親子関係が継続している場合は，扶養義務（養育費）や相続権が生じます。

⑵　離婚の種類

　離婚には，協議離婚（民763条），調停離婚（家事268条1項），調停に代わる審判離婚（家事284条1項），判決による裁判離婚（民770条），訴訟上の和解又は請求認諾による離婚（人訴37条。請求認諾は，附帯処分あるいは親権者の指定の裁判をする必要がない場合に限ります。）があります。離婚の届出については，協議離婚は，届出によって離婚の効力が生じる創設的届出ですが，その他の離婚は，成立した離婚を報告する報告の届出となり，離婚の効力が発生した日から10日以内に届け出る必要があります（戸77条1項・63条1項）。

⑶　離縁の種類

　離縁には，協議離縁（民811条1項），調停離縁（家事268条1項），調停に代わる審判離縁（家事284条1項），判決による裁判離縁（民814条），訴訟上の和解又は請求認諾による離縁（人訴37条）があります。

2　協議離婚，離縁

　協議離婚及び協議離縁は，当事者同士で話合いをして離婚をし，また，養子縁組の解消をする方法です。協議離縁の当事者とは，養親と養子ですが，養子が15歳未満の場合には，離縁後に養子の法定代理人（親権者）となるべき者（代諾権者）と養親との間で話合いを行います（民811条2項）。

　養子の親権者は，養親と定められていますが（民818条3項），養親が養子の

設問 1　離婚と養子縁組の解消　213

実親と婚姻をしている場合は，実親との共同親権となるのが[注1]実務であり，学説上も通説です。そして子の実親と養親が離婚をする場合に，15歳未満の子の代諾権者は，実親と養親が婚姻中の場合は実親[注2]，養子の親権者を実親と定めて離婚した場合も実親[注3]とされています。

　以上によると，本設問の事例の場合は，妻との離婚はまだ成立していませんので，妻を離婚の当事者，連れ子が15歳未満の場合は，妻を協議離縁の代諾権者とする必要があります。

　なお，民法等の一部を改正する法律（令和6年法律第33号）で，養親が養子の実親と婚姻をしている場合は，実親も親権者であるとの規定（改正民818条3項）が，養子縁組後，実父母が離婚をしているときは，実父母の協議で，「その双方又は一方を養子の離縁後にその親権者となるべき者と定めなければならない」との規定（改正民811条3項）が設けられています。

　妻との離婚と，連れ子との離縁の合意が成立した場合は，離婚届及び離縁届を作成して，本人の本籍地又は届出人の所在地の市区町村役場に提出することによって，離婚及び離縁が成立します。離婚届及び離縁届には，証人2名の署名が必要です。本籍地以外の市区町村役場に離婚届及び離縁届を提出する場合には，戸籍謄本（全部事項証明書）が必要になります（これは他の離婚，離縁届も同様です。）。また，届出には，運転免許証等の届出人の本人確認書類が必要です。

3　調停離婚，離縁

　当事者同士の話合いでは離婚，離縁の合意が得られない場合には，家庭裁判所に離婚，離縁調停を申し立てる必要があります。なお，調停離縁の当事者は，協議離縁の場合と同様で，養子が15歳未満の場合は代諾権者が当事者となります（4以下の他の裁判手続による場合も同様です。）。調停の結果，離婚，離縁の合意が得られた場合には，調停離婚，離縁が成立します。調停離婚，離縁の場合も本人の本籍地又は届出人の所在地の市区町村役場への離婚，離縁届の提出が必要です。家裁に調停調書の謄本の交付申請を行い，調停調書の謄本と一緒に離婚，離縁届を提出します。本人確認書類は不要です。

4　調停に代わる審判離婚，離縁

　調停手続において，家裁は，調停が成立しない場合に相当と認めるとき

(注1)　戸籍先例：昭25・9・22民事甲第2574号通達，大阪家審昭43・5・28家月20巻10号68頁。
(注2)　昭26・8・14民事甲第1653号回答。
(注3)　昭26・6・22民事甲第1231号回答(1)ロ。

は，当事者双方のために衡平に考慮し，一切の事情を考慮して，職権で，事件解決のため必要な審判をすることができます（家事284条）。審判による離婚，離縁の場合は審判書を受領した時点から2週間が経過することによって審判が確定します。なお，審判離縁の当事者は，調停離縁と同様です。申立人は，裁判所から審判書謄本と確定証明書の交付を受け，離婚，離縁届と一緒に本人の本籍地又は届出人の所在地の市区町村役場に提出します。届出の手続は，調停離婚，離縁と同じです。

5 判決による裁判離婚，離縁

調停が不成立の場合は，離婚，離縁を求める者は，別途，離婚訴訟，離縁訴訟を提起する必要があります。なお，この際，調停前置主義を満たしたことを疎明するため，訴状に離婚調停不成立調書の謄本等を添付する必要があります。判決による裁判離縁は，①相手から悪意で遺棄された，②相手が3年以上生死不明，③その他縁組を継続しがたい重大な事由があることが必要です（民814条）。離婚をしたことを理由に離縁をする場合には，「その他縁組を継続しがたい重大な事由がある」ことを具体的に主張する必要があります。ケース・バイ・ケースですが単に離婚をしたという理由だけでは，離縁を認めてもらえないこともありますので注意が必要です。判決で離婚，離縁が認められた場合は，判決確定後に，裁判所から判決書の謄本と確定証明書の交付を受け，離婚，離縁届と一緒に本人の本籍地又は届出人の所在地の市区町村役場に提出します。届出の手続は，調停離婚，離縁と同じです。

6 訴訟上の和解又は請求認諾による離婚，離縁

訴訟を提起し，和解が成立した場合又は請求認諾がなされた場合に離婚，離縁が成立します。家裁に和解調書，認諾調書の謄本の交付申請を行い，この調書の謄本と一緒に離婚，離縁届を本人の本籍地又は届出人の所在地の市区町村役場に提出します。届出の手続は，調停離婚，離縁と同様です。

▶設問2 亡妻との姻族関係の終了

亡妻との姻族関係を終了させたいと思っています。どのようにしたらよいですか。

解 説

1 姻族関係

姻族は，自己と自己の配偶者の血族との関係，あるいは自己の血族と自己の配偶者との関係をいいます。3親等内の姻族（配偶者の両親，祖父母，兄弟姉妹，従兄弟姉妹，叔父叔母など）は親族となり（民725条3号），姻族関係があることにより，同居の親族として扶け合いの義務が発生します（民730条）。また，特別の事情がある場合に扶養義務が生ずる可能性があります（民877条2項）。

2 姻族関係終了届

配偶者と離婚をすると，配偶者の血族との姻族関係は終了します（民728条1項）。しかし，配偶者が死亡した場合は，姻族関係は当然には終了せず，姻族関係の終了には生存配偶者の姻族関係終了の意思表示（姻族関係終了届）が必要です（同条2項）。姻族関係終了届は死後離婚ともいわれています。

姻族関係終了届の書式は全国共通です。ウェブサイトから入手できる市区町村もあります。生存配偶者は，戸籍法の定める死亡した配偶者の氏名，本籍及び死亡の年月日を届出書に記載して，本籍地又は所在地の市区町村役場に届け出ます（民728条2項，戸96条・25条1項）。届出には，配偶者の死亡の事実がわかる戸籍全部事項証明書が必要です。なお，生存配偶者が配偶者と死別後，婚姻前の氏に復する「復氏届」（民751条1項，戸95条）をすることができますが，復氏届が先行している場合は，配偶者と死別する前の本籍地の市区町村役場から戸籍全部事項証明書を取得することになります。また，この場合は，生存配偶者と死亡配偶者の戸籍は別になっているので，本籍地以外の市区町村役場に届け出るときは生存配偶者の現在の戸籍全部事項証明書が必要です。提出に際しては，運転免許証等の届出人の本人確認書類が必要です。必要書類等は各市区町村によって異なりますので，それぞれの届出市区町村役場に確認してください。なお，姻族関係終了届と復氏届の同時提出も可能です。

姻族関係終了届の期間制限はありません。姻族関係終了届ができるのは，生存配偶者だけで，姻族の同意は不要です。身分行為ですので代理は許されませんが，使者に提出を依頼することは可能です。

3 姻族関係終了の効果

姻族関係終了届が受理されると，前述した同居の親族として扶け合いの義務や特別の事情がある場合（死亡配偶者の相続時に生存配偶者が死亡配偶者の父母に長期間扶養されていた場合など）の扶養義務の可能性はなくなります。

216 第4章 離婚関係 第6 離婚等と縁組の解消

生存配偶者が，死亡した配偶者の家の系譜・祭具・墳墓等の祭祀財産を承継後に，復氏又は姻族関係を終了させた場合は，祭祀財産を承継する人を死亡配偶者の親族と協議し定める必要があります（民751条2項・769条1項・728条2項）。この協議が調わないとき又は協議ができないときは，祭祀財産を承継すべき者は家裁が定めることになります（民769条2項，家事39条・別表第2の5項）。

なお，姻族関係終了は，死亡配偶者の相続関係には影響はありませんから，生存配偶者は遺産を相続でき遺族年金も受給できます。また，姻族関係が終了しても戸籍や姓には変化がありませんので，結婚前の姓に戻したい場合は，市区町村役場に前述の「復氏届」を提出する必要があります（民751条1項，戸95条）。ただし，子が生存配偶者の戸籍に入るためには，「子の氏の変更」許可を得たうえ，「入籍届」を提出する必要があります（第5〔設問2〕参照）。

第5章

財産分与

設問1　財産分与の意義・法的性質　　**219**

第1　財産分与等

▶設問1　財産分与の意義・法的性質

　離婚に伴う財産分与とはどういうものですか。慰謝料と別個に請求できますか。

解　説

1　財産分与の意義

⑴　財産分与請求権

　財産分与とは，夫婦の離婚に伴って生じる，婚姻中に形成した財産の清算や離婚後の扶養等を処理する手続（民768条1項）です。民法768条は，離婚の際の財産的効果，いわゆる離婚給付に関する規定として，協議離婚をした者の一方に他方に対する財産分与請求権を認めたもので，裁判上の離婚及び婚姻の取消しにも準用されています（民771条・749条）。民法768条は，財産分与請求権について，離婚以外の要件を明示せず（1項），財産分与の具体的決定は当事者の協議あるいは家庭裁判所の審判に委ね（2項），家裁が財産分与を決定する際の考慮事項として「当事者双方がその協力によって得た財産の額その他一切の事情」を挙げる（3項）のみであり，財産分与の法的性質・内容及び決定基準（要件）が条文上明らかとはいえません。なお，民法の一部を改正する法律案要綱（平成8年2月26日法制審議会決定）において，「当事者双方がその協力により財産を取得し，又は維持するについての各当事者の寄与の程度は，その異なることが明らかでないときは，相等しいものとする。」とされ，また，財産分与の基準についても，「当事者双方がその協力により取得し，又は維持した財産の額及びその取得又は維持についての各当事者の寄与の程度，婚姻の期間，婚姻中の生活水準，婚姻中の協力及び扶助の状況，各当事者の年齢，心身の状況，職業及び収入その他一切の事情」を考慮して定めるという案が公表されています。上記法律案要綱はいまだ実現されていませんが，最近の裁判実務の動きをふまえたものであり，特に財産分与の割合につき，双方の寄与の程度について2分の1とする考え方（いわゆる2分の1ルール）が裁判実務上一般的になっています。

なお，令和6年改正民法768条3項は，寄与の程度が異なることが明らかでないときは，相等しいものとする旨規定しています。

(2) 財産分与の審判・調停

財産分与は，協議が調わなければ家裁に対して審判を請求することになります（民768条2項，家事別表第2の4項）。また，審判の申立てをすることなく，調停の申立てをすることができ（家事244条），調停が不成立になれば，そのまま自動的に審判手続に移行します。これらの申立ては離婚の時から2年以内にしなければなりません（除斥期間。民768条2項）。なお，令和6年改正民法768条2項は，離婚の時から5年以内と規定しました。

離婚訴訟を提起している場合には，附帯処分の申立てに基づき，家裁が財産分与に関する裁判（判決）をします（人訴32条1項・2項）。

2 財産分与の法的性質

(1) 財産分与制度の目的

わが国の民法は，夫婦財産制について別算制を基本的に採用し，婚姻中自己の名で得た財産は，その特有財産（夫婦の一方が単独で有する財産）とする建前です（民762条1項・2項）。しかし，この解釈を徹底すると，妻の内助の功が評価されず，妻が実質的に保護されないことから，学説上潜在的共有理論をはじめとする理論が展開されています。これらの議論をふまえ，現在の家裁の実務は，夫婦が婚姻中に取得した財産は，それがいずれかの特有財産（相続，贈与等により受けた財産）であることが明らかでない限り，夫婦が協力して形成したものであり，形成についての寄与や貢献の程度も，原則として平等であるとしています（2分の1ルール）。

財産分与の法的性質については，①夫婦共同生活中に形成した（実質的）共有財産の清算（清算的要素），②離婚後の生活についての扶養（扶養的要素），③離婚の原因を作った有責配偶者に対する損害賠償（慰謝料的要素）の3要素から構成されるというのが判例・通説の見解です。また過去の婚姻費用の分担を財産分与に含めて処理することもできます[注1]。

(2) 清算的財産分与 （清算的要素）

(a) 上記(1)①の清算的要素が財産分与の中心的な要素です。清算的財産分与については，夫婦が婚姻生活中に形成した財産が対象となります。対象財産確定の基準時は，原則として，夫婦間の共同生活関係が消滅した時点，別居が先行していれば別居時に存在した財産，別居せずに離婚した場合は離

（注1） 最判昭53・11・14民集32巻8号1529頁。

婚時に存在した財産がそれぞれ対象になります。

　対象財産の評価の基準時は，不動産や株式などは，別居時と分与時で評価額が変動することがあるので，財産分与請求権が行使された時点とすべきですが，預貯金が財産分与の対象である場合は，価額の変更は預金者の夫又は妻の行為によるものであり，別居中の夫婦は共同生活をしておらず，預金者でない夫又は妻はこの変更には無関係であり，別居時を基準時とするのが相当です。

　(b)　2分の1ルールを適用する場合において，対象財産を機械的に2等分することは相当ではない，あるいは不可能な場合には，例えば，妻に居宅等の不動産を，夫に預貯金を分与するとか，妻が居宅等を取得し夫に対し代償金を支払うとするような定めをします。

　(c)　実務では，積極財産と消極財産（債務）の両方がある場合は，積極財産の評価額から債務を控除し，プラスならば積極財産があることになり財産分与請求権を認めていますが，もともと積極財産がない場合，積極財産の評価額から債務を控除するとマイナスになるような場合は，清算的財産分与請求権を認めていません。

(3)　扶養的財産分与（扶養的要素）

　(a)　婚姻を機会に仕事を辞め，家事労働や子育てに専念していた妻又は夫は（多くの場合は妻），離婚後すぐに経済的にある程度安定した仕事に就くことが困難な場合が多いと思われます。扶養的財産分与は，妻又は夫が，一定期間生活が確保されるだけの清算的財産分与や離婚慰謝料を得られず，特有財産を有していないような場合で，夫又は妻が，離婚後も引き続き一定収入を得ることができ，あるいは特有財産がある場合に，妻又は夫が離婚後，自活できるまでの相当期間，生活費を財産分与として，夫又は妻に負担させるというものです。

　(b)　支払方法については，支払義務者に特有財産があり一括払が可能であれば一括払にしますが，そうでない場合は毎月払と定める例が多いようです。

(4)　慰謝料的財産分与（慰謝料的要素）

　(a)　離婚慰謝料は，離婚原因となった夫婦一方の個別の有責行為（暴力・虐待・不貞行為・悪意の遺棄など）による慰謝料（離婚原因慰謝料）と，離婚をやむなくされたこと自体による慰謝料（離婚自体慰謝料）とに区別されますが，この離婚自体慰謝料と離婚給付としての財産分与との関係が議論されて

きました。判例は，財産分与請求権を有することは，慰謝料請求権の成立を妨げないとして，離婚慰謝料のみを請求した事案でこれを認め[注2]，その後，既に財産分与を得た妻が，のちに離婚慰謝料を請求した事案に関して，財産分与の法的性質を「婚姻中に有していた実質上共同の財産」の清算分配，及び離婚後扶養とし，有責性に基づく離婚慰謝料請求権を必ずしも含むものではないとしましたが，他方で，ただし，財産分与の決定の際に，「一切の事情」として離婚慰謝料を考慮することができるとしたうえ，先になされた財産分与に離婚慰謝料が含まれていないか，あるいは，その額及び方法において，請求者の精神的苦痛を慰謝するに足りないときには，別個に不法行為を理由として，離婚による慰謝料を請求することができるとしました[注3]。上記判例の立場によれば，離婚慰謝料と財産分与請求権とは一応別個としつつ，財産分与において離婚慰謝料を含めて決定することも，別個独立した離婚慰謝料を請求することも認められることになります。そして，実際に，離婚訴訟に財産分与の附帯申立て（人訴32条1項）と離婚慰謝料の併合請求（人訴17条）の2本建ての請求がなされた事件について，最判昭53・2・21裁判集民123号83頁・家月30巻9号74頁は，2本建て請求を認めたうえで，その場合には裁判所は財産分与額を定めるにつき損害賠償の点をその要素として考慮することができなくなるとしました。

(b)　裁判実務では，離婚慰謝料は，不法行為に基づく損害賠償請求としての民事訴訟を人事訴訟法17条に基づいて併合して離婚とともに訴えを提起する場合がほとんどであり，その場合には慰謝料的要素は財産分与の判断要素からは落とされることになります。慰謝料的要素が財産分与として主張されるのは，せいぜい，慰謝料的要素を加味しないと希望する現物給付（居住用不動産の移転など）が認められない場合を慮ってされるくらいであるとされています[注4]。

(5)　過去の婚姻費用及び養育費

財産分与は未払婚姻費用の清算を常に含むとする包括説，必ずしも常に含むわけではないとする限定説（限定説は，財産分与に婚姻費用の清算が含まれる場合があることを承認する限定相関説と婚姻費用は合理的に計算される不当利得であるから財産分与に含まれることはないとする限定独立説に二分されます。）がありますが，

(注2)　最判昭31・2・21民集10巻2号124頁。
(注3)　最判昭46・7・23民集25巻5号805頁。
(注4)　秋武憲一＝岡健太郎編著『リーガル・プログレッシブ・シリーズ7　離婚調停・離婚訴訟〔四訂版〕』（青林書院，2023）176頁〔松谷佳樹〕。

前掲最判昭53・11・14（注1）は，「離婚訴訟において裁判所が財産分与の額及び方法を定めるについては当事者双方の一切の事情を考慮すべきものであることは民法771条，768条3項の規定上明らかであるところ，婚姻継続中における過去の婚姻費用の分担の態様は右事情のひとつにほかならないから，裁判所は，当事者の一方が過当に負担した婚姻費用の清算のための給付をも含めて財産分与の額及び方法を定めることができるものと解するのが，相当である」と判示し，限定相関説をとりました。そのため，例えば，財産分与が婚姻費用を含んだものである場合には，「1　申立人は，相手方に対し，本件離婚に伴い財産分与として，○○万円を支払う。2　申立人及び相手方は，前項の財産分与に当事者間の過去の婚姻費用分担金の全額の清算が含まれていることを確認する。」というようにその趣旨を明示する必要があります。

▶設問2　財産分与の対象

　　離婚にあたって夫に財産分与を求めたいと思っています。どのような財産が分与の対象になりますか。

解　説

1　財産分与の決定基準

　裁判実務は，夫婦が婚姻中に有していた実質的共有財産を対象として行われる清算的財産分与を中心に財産分与決定のプロセスを精緻化しており，そこでは，財産分与による夫婦財産の清算は，①清算対象財産の確定・評価，②清算割合（寄与度）及びこれに基づく具体的取得分（額）の決定，③分与方法の決定と給付命令の内容特定というプロセスによって行われます。

(1)　清算的財産分与の対象財産の範囲及び基準時

　　(a)　婚姻中の夫婦の協力による共同形成財産が清算の対象財産であり，婚姻前に取得していた財産や婚姻中に取得した財産であっても第三者から無償取得（相続・贈与による取得）した財産は各配偶者の特有財産（個人財産）であり，清算対象とはなりません。そして，清算的財産分与は基準時に存在する財産を対象として行われますので，清算対象財産の範囲を確定するための基準時が必要です。この基準時は，各要素ごとに考える必要があり，扶養的

財産分与や離婚慰謝料については離婚時の財産状況が判断の基準となりますが，清算的財産分与は，夫婦の協力によって形成した財産を分与対象とするものなので，夫婦の協力が終了する別居時を基準とすべきだとする別居時説が現在の実務の主流です。

　(b)　婚姻中に夫婦の協力により取得した財産（夫婦の共同形成財産）は清算の対象となります。所有名義が夫婦のいずれにあるかを問わず，取得・形成の過程から特有財産性が明らかにならないものも清算の対象となります[注5]。

　対象財産としては，不動産（売却代金を含む。），動産，金銭，預貯金・株式・ゴルフ会員権・借地権などの債権，事業用財産[注6]等種々の財産が含まれます。

(2)　清算的財産分与の清算割合

　清算対象財産が確定した後，具体的財産分与額を決定するために，清算割合を決める必要があります。清算割合は夫婦共同財産の形成に対する寄与の問題となりますが，通常は，個々の財産についてではなく，清算対象財産全体に対する分与割合として問題となります（対象財産に不動産が多数あり，それぞれの購入代金等に特有財産や実家からの援助等が充てられていて対象財産ごとに寄与度が異なっているような場合は，個々の財産ごとに寄与度を考慮することもあります。）。

　財産形成に対する寄与は，財産法的意味での経済的寄与（金銭，現物，労務等の提供）に限られるものではなく，いわゆる夫婦としての協力・役割分担に対する評価の問題です。現在の実務では，昭和55年の相続法改正により配偶者相続分が2分の1に引き上げられたこと，及び平成8年の民法改正要綱においていわゆる2分の1ルールが採用されたことから，清算割合について原則として平等としており，そのうえでこれと異なる特別の事情があると主張する場合には，主張する者にそれを裏づける資料等の提出を求めて考慮しています。

(3)　清算的財産分与の方法

　清算割合に応じた具体的分与額が決まれば，最後に具体的分与方法を決定

(注5)　特有性については，民法762条2項の共有推定により，特有財産についての立証責任は特有財産であることを主張する者にあります（神野泰一「人事訴訟事件の審理（完）」曹時67巻3号623頁）。

(注6)　プロパンガス販売業の夫婦の営業用財産及び営業権（得意先3000戸）につき認めた松山地西条支判昭50・6・30判時808号93頁，医薬品配置販売業の夫婦の得意先を記載してある懸場帳につき認めた東京高判昭54・9・25判時944号55頁。

［文例13］　不動産，預貯金の財産分与　　225

します。清算的財産分与の方法は，清算対象財産の種類（不動産，動産，借地権，預貯金）・状況（ローン付不動産，経営資産，占有状況など），名義の所在，夫婦の意向や現物取得の必要性などを総合的に考慮して決定します（なお，扶養的要素や慰謝料的要素を併せ考慮して不動産を分与することもあります。）。この場合，①財産分与の対象財産を全部処分してその代金を分ける方法，②いくつかの財産を双方で評価額を計算して分け合う方法，③一方が財産の全部を取得して他方に代償金を支払う方法などがあり，分与をするために所有権移転登記手続や名義変更手続が必要となることがあります。具体的には，夫婦が婚姻後形成した財産のうち積極財産を全部加算し，これから消極財産を控除して，プラスであればそれを2分の1ルールで算定して結論を出すことになります。

　なお，債務が積極財産を上回る債務超過の場合，財産分与において債務の負担を命じることができるかについては議論がありますが，審判・判決において債務についての負担割合を定めても，債権者に対して効力を生じさせることはできず，あるいは，併存的債務引受又は履行引受を命じても，結局は当事者間での将来の求償割合を決する以外の意味はないとして，否定的見解が一般的であり^(注7)，債務超過の場合は清算対象財産はゼロと考えられます。

文例13　不動産，預貯金の財産分与

――事例――

　不動産，預貯金を財産分与の対象として合意する場合，どのような合意をしたらよいですか。

――文例――

不動産，預貯金の財産分与

第○条（不動産）
　1　甲は，乙に対し，財産分与として，本日，別紙物件目録記載の建物

（注7）　松谷佳樹「家事法研究(2)財産分与―財産分与と債務」判タ1269号5頁。

を分与し，同建物について，本日付け財産分与を原因とする所有権移転登記手続をする。

2　甲は，乙に対し，令和○年○月○日限り，前項の建物から退去して，これを明け渡す。

3　甲は，前項の明渡し後，建物内に残置した物があるときは，その所有権を放棄し，乙においてこれを処分することに異議を述べない。

第○条（預貯金）

1　甲は，乙に対し，財産分与として，本日，甲名義の次の預金債権を分与する。

　　　○○銀行○○支店

　　　普通預金

　　　口座番号　　　○○○○

　　　令和○年○月○日現在の残高　　　○○○万円

2　甲は，乙と共に，○○銀行○○支店に対し，前項の債権譲渡の承諾を得る手続をする。

説　明

1　不動産の場合

(1)　財産分与の方法

　不動産が財産分与の対象となる場合の留意点としては，まず，これを売却するか，どちらかが取得して利用を継続するかの選択が必要です。売却してプラスになればこれを折半することで調整するのは容易ですが，どちらかあるいは双方が取得を希望する場合にはその調整が困難で，また不動産は高価なため2分の1ルールの下で他の財産との調整も困難であり，特に住宅ローンが残っている場合にはその支払をどうするかが問題となります（**[文例14]**の説明を参照してください。）。

(2)　評価の方法

　次に，不動産を分与する場合にはそれを評価する必要がありますが，その評価をどうするかが問題です。評価額について当事者間で合意ができればそれは財産分与についての合意として有効です。調停の実務では，相続税等の課税基準となる路線価，固定資産税等の課税標準となる固定資産税評価額，一般の土地取引に指標を与える公示地価，又は不動産会社が行う査定額等を

参考にして，評価額について当事者間で合意をする例が多いようです。しかし，評価額に争いがあり合意できない場合は，専門家である不動産鑑定士に鑑定を依頼して評価してもらうのが一番正確です（なお，調停において不動産の鑑定を行う場合は，費用を折半とし，鑑定結果に双方が従う旨の合意をする等，鑑定を無駄にしない工夫が必要です。）。

2　預貯金債権の場合

(1)　対象となる預貯金債権

　夫婦が婚姻中に形成した預貯金債権は財産分与の対象となります。夫婦が少なくとも共同生活を送っていることが前提ですから，婚姻時から別居時までの預貯金が財産分与の対象となり，婚姻前の預貯金はその夫又は妻の特有財産ですから財産分与の対象とはなりません。なお，財産分与の対象となるのは実質的に夫婦の共有財産といえる財産ですから，未成年の子ども名義の預金がある場合にも，子どもが両親等から贈与を受けたものはその子どもの所有で特有財産ですが，両親が自分たちの財産を子ども名義で預金していた場合には夫婦が婚姻中に形成した財産であり，財産分与の対象となります。

(2)　譲渡制限特約が付されている場合

　銀行・信用金庫・農協等の金融機関に対する預金債権は，通常，譲渡制限の特約（民466条の5）が付されています。これらの債権の譲渡にあたっては，事前に金融機関の承諾を得る必要があります。承諾が得られない場合は，預貯金の払戻しを受け，払戻しを受けた金員を財産分与として支払うことになります。

文例14　住宅ローン付不動産の財産分与

——事例——

> 　住宅ローン付不動産を財産分与の対象として合意する場合，どのような点に留意すべきですか。

——文例——

　　　住宅ローン付不動産の財産分与に関する公正証書

> 一方だけが債務者となっている夫婦甲乙間において，財産分与して，
> 債務者となっていない妻甲が居住しているマンションを取得し，夫乙
> が引き続きマンションの住宅ローンを支払うことを合意する場合

第○条（財産分与）

　　乙は，甲に対し，別紙物件目録記載の建物について，本日付け財産分与を原因とする所有権移転登記手続をする。

第○条（求償権）

　　乙は，本件不動産を購入した際，丙銀行から金○○○万円を後記「債務の表示」〔略〕記載のとおり借り受け，本件不動産につき上記債務を被担保債務とする抵当権を設定したところ，現在その債務が金○○○万円ある（以下「本件債務」という。）。乙が本件債務の支払を怠った場合，甲が乙に代わって支払う場合の事前及び事後の求償債権につき，令和○年○月○日，甲，乙間において次のとおりの契約をする。

第○条（事前求償）

　　乙が，以下の各号に該当する事由が生じ，丙銀行に対する期限の利益を失い，本件債務の全部を弁済すべきときは，甲は本件債務に相当する金額につき，直ちに乙に対し事前の求償権を行使でき，乙は甲に対し，直ちに上記求償金額を支払う。

1　乙が丙銀行に分割債務の支払を怠り，その金額が２回分に達したとき。

2　乙が第三者から差押え，仮差押え，又は銀行取引停止処分を受けたとき。

3　乙の他の債務につき競売，破産又は民事再生手続開始の申立てがあったとき。

4　乙が国税滞納処分又はその例による差押えを受けたとき。

第○条（事後求償）

　　甲は，乙に前条各号の一つに該当する事由が発生したときは，乙の丙銀行に対する債務の全部又は一部を乙に代わって弁済し，乙に対し，直ちに求償権を行使することができ，この場合乙は，甲に対し，上記の弁済金を支払う。

［文例14］　住宅ローン付不動産の財産分与　　229

第○条（強制執行認諾条項）
　　乙は，第○条（事前求償）に定める金銭債務の支払を怠った場合
　は，直ちに強制執行に服する旨陳述した。

説　明

1　住宅ローンの処理の方法

　夫婦が婚姻期間中にマンション等の居住用の不動産を取得した場合には，それが夫又は妻の特有財産である預貯金によって取得したり，親から贈与を受けたりしたものではない限り，マンション等の所有名義にかかわらず，夫婦の実質的共有財産となります。そして，その購入代金債務（住宅ローン）も，借主（債務者）の名義にかかわらず，夫婦が婚姻関係を維持するために生じさせた債務ですから夫婦が平等に負担すべきです。ただし，これは夫婦間の内部関係においてであり，第三者である貸主である金融機関との関係では債務の名義人が債務を負うことになります。

　財産分与において住宅ローンを処理する場合に，その価額から住宅ローンの残金を控除して，これがプラスであれば，①一方がマンションを取得し，他方にそのプラス分の2分の1相当額を支払い，その後自分で住宅ローンの残金を支払うか，②マンションを売却して住宅ローンを返済した残金を2分の1ずつに分けることとするのが簡便です（なお，住宅ローンの残金額については，別居時から離婚時までの間に住宅ローンの残金額が減少している場合において，妻が別居し夫が単独で住宅ローンを支払い続けていたときには，妻は別居後の債務の減少には寄与しておらず，減少分は夫が特有財産から返済したことになるので，住宅ローンの残金額は財産分与においては別居時の額とすべきです。）。

　住宅ローンにおいて連帯債務者となっている夫婦間において，収入等の関係から，離婚後一方だけがローンの支払をして他方が支払義務を負わないという合意をすることもありますが，債権者（貸主・金融機関）が承諾しない限り，債権者に対する関係では効力がありません。債権者との関係でも効力を有する合意をしたいのであれば，その承諾を得なければなりませんが，代替する確実な担保等がない限り，債権者から承諾を得ることは困難です。

2　住宅ローン付不動産の名義の変更

　住宅ローンを利用する場合，原則として購入した不動産に抵当権を設定することが条件とされています。そして，債権者である銀行は，抵当不動産の

所有名義変更をローン債務の期限の利益喪失事由とする約定を定めているのが通常ですが，他方，銀行は，当事者に資力がある場合には，名義変更を認める場合もあります。本文例は，妻への名義変更を銀行が承諾した事案を想定し，マンションにつき直ちに財産分与を原因とする所有権移転登記手続をする例です。

3　住宅ローン付不動産を財産分与の対象とする場合の問題点

(1)　その方策

　婚姻中に夫名義で銀行から住宅ローンを借り受け，夫名義で購入したマンション（住宅ローン債務を被担保債務とする抵当権を設定）につき，妻や子の居住確保のため，妻に財産分与として譲渡し，住宅ローンの残金額を夫がそのまま支払う旨合意する例も少なくありません。この場合，夫が約束どおりローンの支払をしないと，妻がローンの支払をしなければ，マンションに引き続き居住することができなくなります。このような事態を避けるため，次のような方策が考えられます。

　① 夫が妻に対し，本件住宅ローンを約定どおり責任をもって支払い，妻に迷惑をかけない旨の合意をする。

　② 夫の不払により妻が支払を余儀なくされたときに備え，妻の夫に対する事前，事後の求償権につき合意し，事前求償権の執行を担保するため執行証書を作成する。

　③ 妻は，夫が負担する住宅ローン債務を，その弁済期に夫に代わって支払うこととし，夫は，妻に対し，その弁済に充てる金員を上記弁済期に合わせて事前に支払うこととし，夫の支払を担保するため執行証書を作成する。

(2)　(1)の方策の得失

　上記①は，夫が妻に対し支払の法的義務を負うわけではなく，信義条項であり，その意味では実効的ではありません。

　上記②は，物上保証人の事前求償権については，連帯保証人の事前求償権に関する民法460条の類推適用がないとするのが判例[注8]ですが，当事者間の契約で，第三取得者である妻が夫に対し一定の要件の下で事前求償権を行使するとの合意をすることは，可能であると解されます。そして，事前求償権は，主たる債務の弁済期の経過により，その時点で発生し，主債務者が主たる債務を弁済した事実及び額の立証責任を負担するので，事前求償権につ

（注8）　最判平2・12・18民集44巻9号1686頁。

いては，金額の一定性の要件を具備し，執行証書の効力は有するものと解されます。一方，事後求償権については，執行実務は金額の一定性を欠き執行力を認めていません。

上記③については，妻が夫の債務につき履行引受をし，その弁済資金を夫から事前に交付を受けるものです。夫側からみれば，金融機関ではなく妻に直接支払うことによる違和感があり，妻が金融機関に約定どおり支払うことについて危惧する場合もあり，事案によっては，妻が確実にローン債務を金融機関に支払っているかどうかチェックする条項等を設けることも必要かと思われます。

文例15 退職金と財産分与

——事例——

相手方（夫）が受ける将来の退職金を財産分与の対象とすることはできますか。これを対象として合意する場合，どのような点に留意すべきですか。

——文例——

財産分与による将来の退職金の譲渡

第○条　乙は，甲に対し，財産分与として，乙が○○信用金庫から退職金を支給されたときは，金○○○万円を退職金の支給を受けた日から10日後に，甲の指定する○○銀行の預金口座に振り込んで支払う。振込手数料は乙の負担とする。

説　明

1　財産分与の対象とする場合の問題点

退職金は，長年勤務を続けてきた者が退職する際，在職してきた会社等から支払われるものであり，賃金の後払的性格があり，その取得には夫婦の協力があるとして，婚姻期間中に形成された退職金は財産分与の対象になります。離婚時点において，既に給付を受けている場合は，その対象とすること

につき異論がありませんが，将来給付を受ける場合は議論があります。将来，支給される退職金を財産分与の対象とすべきか否かについては，財産分与の対象と認められないとすれば，離婚の時期によって財産分与額が大きく異なることとなり，退職金の支給があるまで離婚を我慢しなければならないという不合理な事態が生じます。また，離婚の際には具体化していなくとも，一定の勤続期間がある以上，将来の退職時に退職金の支給を受けることができる資格は既に生じているとも考えられます。このような点に配慮し，実務では，将来の退職金についても，退職金の算出が可能な場合は，退職までかなりの期間があっても財産分与の対象とする傾向にあるようです。もっとも，定年退職まで相当な期間があるような場合は，解雇，中途退職，本人が死亡，会社側が倒産等の可能性があり，あまり遠い将来の退職金については，支給されるかどうか，支給されるとしてもその額，いつ分与させることになるか等が問題になります。

2 将来の退職金と財産分与

将来の退職金が財産分与の対象となるには，その支払がほぼ確実であることが必要です。退職金の支払がほぼ確実であるか否かは，①雇用契約や就業規則等の会社の規定に退職金の支給が定められているか，②会社の経営状況，③本人の勤務状況，④退職金が支払われるまでの期間等を勘案して総合的に判断されることになりますが，10年先はともかく15年以上先の退職金については，財産分与の対象にしないことが多いようです。

3 将来の退職金の算出方法

将来の退職金が支給される場合，退職金をどのように評価して算定するか，どのように支払うかについては，実務や裁判例も分かれていますが，概ね次の3説があります。

① 離婚時（別居時）に自己都合退職したとした場合の退職金を想定し，その退職金のうち，婚姻期間に対応する金額を計算し，それに清算割合を乗じて算出する方法。

② 定年退職時の退職金のうち，婚姻期間に対応する金額を計算し，それに清算割合を乗じて算出して，この金額から中間利息を控除して口頭弁論終結時（審判時）の現価を算出する方法。

③ ②の方法で清算割合を乗じて算出した金額を，退職時に中間利息を控除せずに支払うことを条件とする方法。あるいは，具体的な金額を算出せずに，一定の計算式によって求められる金員を，夫が退職金を支給さ

れたときに支払うように命ずる方法。

　東京家裁の実務においては，一般的には①説で算定する事例が多く，定年がかなり先のことでも財産分与の対象としていますが，定年退職が近い将来に迫っているような場合（例えば5年以内）には②説のように定年退職時の退職金額を基準として算定される場合も少なくありません。他方③説のように将来給付の形をとることは避けられている傾向にあるとされています（もっとも夫又は妻が，離婚時に財産分与に見合う退職金相当額を有していない場合，③の方法によることになります。）(注9)。いずれの方法をとるかは事案の内容（退職までの期間，分与者の資力など）によって決めざるを得ません。

4　将来の退職金の財産分与における計算期間等

　退職金を財産分与の対象とする場合は，妻又は夫は婚姻期間（同居期間）中しか寄与・貢献していないので，将来の退職金についても婚姻期間（同居期間）相当分が清算的財産分与の対象となります（婚姻期間中の労働に対応する部分の計算は，退職金額×（同居期間÷全勤務期間）で計算されます。）。

　なお，退職金は，労働者に直接支払わなければならず（労基24条1項），その支払前に分与しても，譲受人が給与支払者から直接支給を受けることができないので，相手方である分与配偶者が支給を受けたうえで，申立人である他方配偶者に支払うことになります。

文例16　医療法人の出資持分と財産分与

――事例――

　夫乙は，医師として医院を開業し医療法人を経営しています。医療法人（平成10年設立）の出資持分は財産分与の対象となりますか。その場合，どのような合意をすればよいのですか。なお，出資持分は，夫乙のほか夫の弟2人が所有しています。

――文例――

　財産分与による医療法人出資持分の代償金の支払

―――――――――――――――――――――――――――――――――

（注9）　秋武＝岡編著・前掲（注4）187頁〔松谷〕。

第○条 夫乙は，妻甲に対し，財産分与として，乙が所有する医療法人
丙の出資持分の3分の1の譲渡に代えて○○万円を支払う。

説　明

1　医療法の改正と出資持分

　医療法人名義の財産については，平成19年4月1日施行の第五次医療法改正により出資持分の規定が廃止され，医療法人の財産は解散の際にも個人に帰属するものではなくなったため，医療法人の出資持分や社員たる地位を財産分与の対象にすることはできなくなりました。しかし，改正前の医療法では，医療法人の残余財産の分配については定款又は寄附行為の定めに委ねられており退社時に出資の払戻しをすること等は禁じられていませんでした。このため，改正前に設立された医療法人（平成19年3月31日以前に設立申請された出資持分のある医療法人。すなわち現在の経過措置型医療法人）の出資持分については財産分与の対象となると考えられています。そして，当該医療法人が夫婦とは別個の法人格を有する以上，原則として当該医療法人の資産は財産分与の対象にならず，当該医療法人の総資産は，夫婦の出資持分に応じた払戻しを計算するベース（基礎財産）になりますが，具体的な事案において出資持分を計算・評価する場合，総資産をどのように算定するかは後記2のように困難な問題です。

2　出資持分の評価方法

　大阪高判平26・3・13判タ1411号177頁は，妻が旧医療法に基づいて設立された医療法人を経営する夫に対し，離婚及び財産分与を求める本訴を提起したところ，夫が妻に離婚を求める反訴を提起した事案で，原審は，財産分与に関し，3000口の出資のうち2900口が夫，50口が妻，50口が夫の母の名義とされている旧医療法人につき，3000口の出資持分すべてを財産分与の基礎財産として考慮し，当該医療法人の純資産額全額をその評価額としたうえ，寄与割合を夫6割，妻4割と評価し，夫に対し財産分与金の即時支払を命じました。これに対し，夫（控訴人）は，①当該医療法人の保有資産は財産分与の対象にならない，②夫の母名義の出資持分は財産分与の対象にならない，③当該医療法人からの退社又は当該医療法人の解散により出資の払戻し又は残余財産の分配が現実化するまでに高額な医療機器に対するリース契約

の締結などの不確定的なリスクが存在するから，現時点で出資持分の評価をすることは不可能である，④純資産額の算定にあたって将来発生する退職金債務や税金を控除すべきである，⑤財産分与金の即時支払を命ずるのなら，想定される退社時あるいは解散時までの中間利息を控除すべきである，⑥財産分与金の支払期は退社時又は解散時とすべきであるなどと主張しました。控訴審である上記大阪高判は，①について，本件の医療法人が法人としての実体を有していることや医療法の規定内容（業務に必要な資産を有することを義務づけ，そのため剰余金の配当を禁じている。）を考慮して，医療法人の保有資産すべてを財産分与の基礎財産とすることはできないとし，②について，本件の医療法人が所有する財産は婚姻共同財産であった法人化前の診療所に係る財産に由来し，これを活用することによってその後増加したものと評価すべきであるとして，夫の母名義の出資持分も財産分与の基礎財産に算入すべきであるとし，③〜⑥について，本件医療法人において稼働する意思を有しその大半の出資持分を有する夫が現時点で医療法人を退社して出資の払戻しを請求することが考えられないことや，将来払戻請求がされるまでの本件の医療法人の変化につき確実な予想をすることが困難であること，出資持分を譲渡して退社する時期を現時点において確実に認定し得ないこと等を考慮すれば，将来の出資持分の払戻見込額から退職金支払見込額や中間利息を控除することも相当でないとし，将来の流動的要素については，本件医療法人の純資産額をもって出資持分の評価額とするのではなく，その7割相当額をもって出資持分の評価額とするのが相当であるとして，その評価額に後記の寄与割合に応じ算出した金額を財産分与金として即時支払を命じました。そして，分与割合につき，夫婦の寄与割合は2分の1が原則であるが，高額な収入の基礎となる特殊な技能が婚姻前の本人の個人的な努力によって形成され婚姻後もその才能や努力によって形成された場合には，そうした事情を考慮して寄与割合を加算することを許容しなければ個人の尊厳が確保されない等として，夫の寄与割合を6割，妻の寄与割合を4割としました。

　医療法人といっても，法人の実体が個人経営の域を出ず実質上夫婦の一方又は双方の資産と同視できる場合がある一方で法人としての実体を有している法人もあり，また医療法自体が法人の財産の在り方につき一定の制約を加えていることから，財産分与の対象とすべき財産や出資持分をどのようにすべきかは困難な問題です。また，出資持分の払戻し等が現実化するまでには，退職金，税金及び中間利息の控除の有無等不確定な事情に左右される個

236 第5章 財産分与 第1 財産分与等

別具体的な問題があります。したがって，医療法人の出資持分を財産分与の対象とする場合はこれらの点に留意して合意すべきです。上記大阪高判は，出資持分を財産分与の基礎財産としたうえで，その評価の過程で一定割合を乗ずる方法を採用することによってこれらの問題に対応したものであって，参考となります。

　なお，離婚後も医療法人が存続し活動する場合は，上記大阪高判のように出資持分の譲渡に代えてそれに相応する財産分与金が譲渡される場合が多いと思われます。本文例も，そのような場合を想定したものです。

文例17　株式の財産分与

──事例──

　夫婦（乙甲）で会社を設立し共同経営してきましたが離婚することになりました。夫乙から共同経営の会社の株式を財産分与するとの申出がありました。可能でしょうか。その場合，どのような合意をすればよいのですか。

──文例──

財産分与による株式の譲渡

> 第○条　乙は，甲に対し，財産分与として乙が所有する丙株式会社の株式200株を譲渡する。

説　明

1　株式の財産分与の方法

　会社の財産は，夫婦とは別の法人（会社）の財産であって夫又は妻個人の財産ではないので，原則として財産分与の対象財産にはなりません。

　しかし，夫婦が共同経営している場合，通常はそれぞれその会社の株式を所有しているはずですから，それが婚姻中に形成したものであり，積極財産，つまり財産として価値があれば財産分与の対象になります。その財産分与の方法としては，①株式が分割できればこれを分割し分与する，②株式を

売却しその代金を分与する，③一方が株式を取得し代償金を支払う等があります。株式の譲渡の場合は譲渡について会社の承認が必要な場合（会社2条17号）があるので注意が必要ですが，本件は株主である取締役同士の譲渡であり承認は不要です。

2　株式の評価方法

株式の評価は，訴訟の場合は，口頭弁論終結時の評価額で算定するのが原則ですが，それ以前に売却されていたような場合は売却時の価格（手取額）で評価することが多いようです。協議離婚や調停離婚の場合，夫婦の話合いによって，いつの時点の評価を基準にするかを決定するのが通常です。そのため，離婚成立時ではなく，別居開始時の株価を基準とすることもあります。

上場会社の株式の場合は，取引も頻繁に行われており，財産的価格の把握は容易です。非上場会社の株式について評価額に争いがある場合には，複数の株価の評価方法を併用して適宜な額を算定し合意することが多いようですが，争いが激しく合意ができない場合は，公認会計士等の専門家に評価を依頼することも考えられます。

238　第5章　財産分与　　第2　離婚に伴う財産分与と詐害行為

第2　離婚に伴う財産分与と詐害行為

▶設問　財産分与と詐害行為取消権の対象・範囲

　　私が貸し付けた相手方（債務者である夫）が離婚し，妻にほとんどの財産を
財産分与してしまいました。この財産分与は，どうみても不相当で過大と思わ
れます。分与された財産を取り戻すことができますか。

解　説

1　財産分与と詐害行為取消権

　夫婦の一方，例えば夫が債務超過に陥った場合に，協議離婚をした妻に財
産分与を行い，これに対して夫の債権者側が詐害行為を理由に財産分与の取
消しを請求することがあります。財産分与が詐害行為取消権の対象になるか
に関し，最判昭58・12・19民集37巻10号1532頁は，「分与者が，離婚の際既
に債務超過の状態にあることあるいはある財産を分与すれば無資力になると
いうことも考慮すべき右事情のひとつにほかならず，分与者が負担する債務
額及びそれが共同財産の形成にどの程度寄与しているかどうかを含めて財産
分与の額及び方法を定めることができるものと解すべきであるから」，分与
者が既に債務超過の状態にあって当該財産分与によって一般債権者に対する
共同担保を減少させる結果になるとしても，財産分与が「民法768条3項の
規定の趣旨に反して不相当に過大であり，財産分与に仮託してされた財産処
分であると認めるに足りるような特段の事情のない限り」詐害行為取消権の
対象とならないと判示し，そのうえで，原審の確定した「事実関係のもとに
おいて，……本件土地の譲渡が離婚に伴う慰謝料を含めた財産分与として相
当なものということができる」とし，上告を棄却しました。

　昭和58年最判は，財産分与が詐害行為取消権の対象になるためには，単に
財産分与において夫（分与側）が債務超過にあるというだけでは足りず，当
該財産分与が不相当に過大といえる特段の事情がなければ取消しが不可能で
あるとして，相当性を基準とする立場をとることを明らかにしましたが，
相当性判断についての明確な枠組みは明らかにされませんでした。そして，
問題の分与財産を取消対象とすることを認めなかったため，①財産分与が不

相当に過大であるとき，当該財産分与の合意の全体が取消しの対象になるのか，それとも，不相当に過大な部分のみが取消しの対象になるのか，②昭和58年最判を基礎とすると，財産分与には，(i)夫婦共同財産の清算，(ii)離婚後の扶養，(iii)離婚による慰謝料がありますが，これらの特性を考慮すべきかの2点について問題が先送りされました(注1)。

2　取り消される範囲

(1)　財産分与の合意が金銭給付の場合

財産分与の合意が詐害行為の対象とすべき特段の事情があるとされる場合について，最判平12・3・9民集54巻3号1013頁は，婚姻期間3年余の夫婦間で，協議離婚に際し，夫から妻に対し，再婚するまでの生活費補助として毎月10万円を支払うこと及び離婚に伴う慰謝料として2000万円を支払うことが合意され，この合意について詐害行為の成否と取消しの対象範囲が問題となった事案で，まず，離婚に伴う財産分与につき，「離婚に伴う財産分与は，民法768条3項の規定の趣旨に反して不相当に過大であり，財産分与に仮託してされた財産処分であると認めるに足りるような特段の事情のない限り，詐害行為とはならない」として，前記昭和58年最判を確認しました。そして，「離婚に伴う財産分与として金銭の給付をする旨の合意がされた場合において，右特段の事情があるときは，不相当に過大な部分について，その限度において詐害行為として取り消されるべきものと解するのが相当である」として，取消しは不相当に過大な部分についての一部取消しであることを明らかにしました。

(2)　離婚に伴う慰謝料の合意の場合

平成12年最判は，離婚に伴う慰謝料につき，「離婚に伴う慰謝料を支払う旨の合意は，配偶者の一方が，その有責行為及びこれによって離婚のやむなきに至ったことを理由として発生した損害賠償債務の存在を確認し，賠償額を確定してその支払を約する行為であって，新たに創設的に債務を負担するものとはいえないから，詐害行為とはならない。しかしながら，当該配偶者が負担すべき損害賠償債務の額を超えた部分については，慰謝料支払の名を借りた金銭の贈与契約ないし対価を欠いた新たな債務負担行為というべきであるから，詐害行為取消権行使の対象となり得るものと解するのが相当である」として，離婚に伴う慰謝料を支払う合意のうち詐害行為取消権の対象と

(注1)　潮見佳男『債権総論Ⅱ債権保全・回収・保証・帰属変更〔第3版〕』(信山社，2005)122頁。

なるのは，慰謝料として負担すべき額を超えた金額のみである旨判断しました。平成12年最判は，離婚に伴う慰謝料を支払う旨の合意は詐害行為とはならないこと及び離婚に伴う慰謝料として配偶者の一方が負担すべき損害賠償債務の額を超えた金額を支払う旨の合意（債務負担合意）は，上記損害賠償債務の額を超えた部分について，詐害行為取消権の対象となることを明らかにしたもので，最高裁判所として初めての判断を示すものです。もっとも，本判決の判断の枠組みは，昭和58年最判のように財産分与と慰謝料とが一体となっている離婚給付として総合的な支払をするような事案には及びません。このような事案では，昭和58年最判のように慰謝料的要素に関しても相当性の要件の下で判断されます。

(3) 財産分与等の対象が不可分の場合

　平成12年最判の考え方によれば，既になされた財産分与につき，各要素ごと（清算的財産分与，扶養的財産分与，慰謝料的財産分与）に判断された相当な範囲を超える部分もしくは損害賠償債務の額を超える部分について詐害行為として一部取消しが認められることになり，財産分与の対象が金銭など可分のもの（対象物が複数個ある場合を含む。）である場合は，分与を受けた者は超過部分を返還すべきことになりますが，財産分与の対象物が不可分の場合は価額による賠償となると解されます(注2)。

（注2）　大阪高判平16・10・15判時1886号52頁。二宮周平編集『新注釈民法(17)親族(1)』（有斐閣，2017）427頁〔犬伏由子〕，髙部眞規子・最判解民平成12年度（上）256頁。

設問　財産分与にはいかなる税が課税されるか　　241

第3　財産分与と税金

▶設問　財産分与にはいかなる税が課税されるか

　私は妻に財産分与として不動産を譲渡しました。税金はかかるのでしょうか。

解　説

1　財産分与と贈与税

　婚姻の取消し又は離婚による財産の分与によって取得した財産については，贈与により取得した財産とならず，通常は財産分与の被分与者側に贈与税が課せられることはありませんが，分与財産の額が，婚姻中の夫婦の協力によって得た財産の額その他一切の事情を考慮してもなお過当であると認められる場合におけるその過当である部分，又は，離婚を手段として贈与税や相続税の逋脱を図ると認められる場合には，贈与税が課税されます（相続税法基本通達9－8）。

2　財産分与と譲渡所得税

　譲渡所得とは資産の譲渡による所得をいい（所税33条1項），その本質は所有資産の価値の増加益です。譲渡所得に対する課税は，資産が譲渡によって所有者の手を離れるのを機会に，その所有期間中の増加益を清算して課税しようとするものです。そこで，離婚にあたって夫婦の一方から他方への財産分与としてなす財産の移転が資産の譲渡に該当し譲渡所得を発生させるか否かが問題になります。最判昭50・5・27民集29巻5号641頁は，離婚調停の際に夫が妻に対して行った慰謝料及び扶養的財産分与としての不動産（ほかに現金1450万円）の分与について，夫に譲渡所得税が課税された事案において，「財産分与に関し右当事者の協議等が行われてその内容が確定され，これに従い金銭の支払い，不動産の譲渡等の分与が完了すれば，右財産分与の義務は消滅するが，この分与義務の消滅は，それ自体一つの経済的利益ということができる。したがって，財産分与として不動産等の資産を譲渡した場合，分与者は，これによって，分与義務の消滅という経済的利益を享受したものというべきである」として譲渡所得税の課税は正当であると判示しまし

た。最判昭53・2・16裁判集民123号71頁・判タ363号183頁でも上記判例を引いて当裁判所の判例とするところであると述べています。

これを受けて出された通達（所得税法基本通達33－1の4）は，財産の分与として資産の移転があった場合には，その分与をした者は，その分与をした時において，その時の価額により当該資産を譲渡したことになると定め，財産分与に関する譲渡所得税の課税が明確にされました。

学説は，清算的財産分与として不動産の分与が行われた場合については，被分与者側の潜在的持分の顕在化あるいは実質的共有財産の分割とみるべきで，資産の譲渡は存在しないとして批判的な見解が多いようです[注1]。

3　財産分与と不動産取得税

不動産取得税は，不動産の取得を対象として課される都道府県税です。不動産に直接関連を有する租税としては，ほかに固定資産税がありますが，固定資産税が不動産を含む固定資産の所有の事実に着目して課される財産税であるのに対し，不動産取得税は不動産の取得の事実に着目して課される流通税で，固定資産税とは違い取得時に一回だけ支払えば済みます。税額は，原則として固定資産税評価額×4％ですが，各種の軽減措置がとられています。

不動産の財産分与につき，被分与者側が対象不動産の所有権移転登記を行う際に，不動産取得税が課されるかが争われる場合があります。この点に関する直接の最高裁判例は見当たりませんが，東京地判昭45・9・22行集21巻9号1143頁・判タ257号239頁は，財産分与による不動産の取得は，同財産分与が，婚姻中の財産関係を清算する趣旨で夫婦の共有に属するものと推定される財産につきされたものである限り，地方税法73条の2第1項にいう「不動産の取得」に当たらないが，離婚に対する慰謝又は将来の扶養を目的としてされたものである場合にはこれに当たるとしています。学説も，財産分与による不動産の取得は，夫婦の実質的共有財産の分割に相当するものである限り，財産の移転がないと解すべきであるから，不動産の取得には当たらないとしています[注2]。

譲渡所得税を財産分与にも課税している判例の見解に立てば，同じく資産移転があるとして不動産取得税の課税を認めるとの結論に至るとも考えられ

（注1）　金子宏『法律学講座双書　租税法〔第24版〕』（弘文堂，2021）268頁，二宮周平編集『新注釈民法(17)親族(1)』（有斐閣，2017）431頁〔犬伏由子〕。
（注2）　金子・前掲（注1）878頁。

設問　財産分与にはいかなる税が課税されるか　　243

ますが，租税実務は財産分与による不動産取得が婚姻中に取得した実質的な夫婦共有財産の生産に当たる場合は不動産取得税を課税しないという扱いをしています[注3]。

（注3）　島津一郎＝阿部徹編集『新版注釈民法⑵親族(2)離婚』（有斐閣，2008）248頁〔犬伏由子〕。

244　第5章　財産分与　　第4　財産分与に関する準拠法及び国際裁判管轄

第4　財産分与に関する準拠法及び国際裁判管轄

▶設問　国際離婚に伴う財産分与に関する準拠法及び国際裁判管轄

　　国際的な結婚をした夫婦が離婚をする場合，離婚に伴う財産分与に関しては
どちらの国の法律が適用になりますか。また，財産分与につきどちらの国の裁
判所に申し立てればよいのですか。

解　説

1　財産分与に関する準拠法

　国際的な結婚をした夫婦が離婚をする場合，離婚に伴う財産分与について
どの国の法律が適用されるかについては，離婚に伴う財産分与請求は離婚の
効果としてなされるものであるから，離婚の効力の問題として，離婚の準拠
法がその準拠法になると解するのが通説・判例です[注1]。

　そして，離婚の準拠法は，法の適用に関する通則法27条に規定されてお
り，同法27条が準用する同法25条（婚姻の効力）及び同法27条ただし書によれ
ば，次のとおりです。

　①　夫婦の本国法が同一であればその法

　②　①の法がない場合には夫婦の常居所地法が同一であればその法

　③　そのいずれの法もないときは夫婦に最も密接な関係がある地の法

　④　夫婦の一方が日本に常居所を有する日本人であるときは，配偶者が外
　　国人であっても，日本法（「常居所」とは，一般に相当長期居住することが明ら
　　かな地をいいます。居住期間，居住の意思等を考慮して決定されますが，日本人で
　　あれば，日本に住民票があれば日本に常居所があると認定されるようです。）

2　財産分与に関する国際裁判管轄

　財産分与に関する国際裁判管轄とは，財産分与につきどの国の裁判所に申
し立てればよいかの問題です。まず，財産分与を請求する方法については，
①離婚訴訟に附帯して請求する，②財産分与の調停の申立てをする，③財産

（注1）　大谷美紀子編著『最新渉外家事事件の実務』（新日本法規，2015）110頁，神戸地判平
　　　6・2・22家月47巻4号60頁・判タ851号282頁。

設問　国際離婚に伴う財産分与に関する準拠法及び国際裁判管轄　　245

分与の審判の申立てをする場合があります。

　上記①の附帯請求については，日本の裁判所が婚姻の取消し又は離婚の訴えについて管轄権を有する場合（人訴3条の2）において，家事事件手続法3条の12（財産の分与に関する処分の審判事件の管轄権）の各号のいずれかに該当するときは，日本の裁判所が管轄権を有するとされています（人訴3条の4第2項）。上記③の審判申立てについては，家事事件手続法3条の12が規定しているところ，日本の裁判所が管轄権を有する場合として掲げる同条第1号〜第4号の事由は，人事訴訟法3条の2の1号，5号，6号，7号の規定と同旨ですから，婚姻の取消し又は離婚の訴えについて日本の裁判所が管轄権を有する場合には，財産分与の審判申立てについても日本の裁判所に管轄権があることになります。そして，上記②の調停申立てについては，当該調停を申し立てる事項についての訴訟事件又は審判事件について日本の裁判所が管轄権を有するときは，当該家事調停事件について日本の裁判所が管轄権を有するとされています（家事3条の13第1項1号）。そうすると，結局，人事訴訟法3条の2の規定によって離婚の裁判について日本の裁判所に管轄権が認められる場合には，財産分与について上記①〜③いずれの方法による場合でも，常に日本の裁判所に管轄権が認められることになります。例えば，日本に居住し日本国籍を有する妻又は夫が，日本に住所を有する外国人の夫又は妻に対して財産分与の申立てをする場合には，上記いずれの方法による場合でも日本の裁判所に申立てをすることができます。なお，離婚の国際裁判管轄については，第4章**第2**を参照してください。

第6章

離婚に関する慰謝料

設問1　離婚慰謝料の意義・法的性質　249

第1　離婚慰謝料等

▶設問1　離婚慰謝料の意義・法的性質

　夫（甲）の妻（乙）に対する暴力が酷いので離婚を決意しました。離婚にあたり慰謝料を請求したいと思っています。請求できますか。

解　説

　結論として，乙は甲に対し，不法行為に基づき離婚慰謝料を請求できます。以下，離婚慰謝料の内容，財産分与との関係，暴力の証明資料，暴力行為の慰謝料の算定方法，その他（遅延損害金，消滅時効）等について説明します。

1　離婚に伴う慰謝料

(1)　離婚原因慰謝料と離婚自体慰謝料

　離婚に伴う慰謝料は，離婚原因となった個々の有責行為（暴力，不貞，悪意の遺棄，精神的虐待等）による慰謝料（離婚原因慰謝料）と，これらの行為に基づき離婚を余儀なくされて配偶者の地位を喪失したことによる慰謝料（離婚自体慰謝料）とに区分できます。個々の有責行為については，離婚と切り離して別個独立の通常の不法行為として請求することも可能ですが，実務上，離婚の原因となる個々の有責行為の発生から離婚に至るまでの一連の経過を全体として一個の不法行為として捉え，離婚原因慰謝料及び離婚自体慰謝料を含めた全体を離婚慰謝料として取り扱う運用（一体説）が一般的です(注1)。

（注1）　一体説の中には，個々の暴力行為は当該行為自体により精神的苦痛（個別慰謝料）を与えるという側面を有するほか，その蓄積によって離婚に発展する精神的苦痛（離婚原因慰謝料）を与えるという側面も有し，後者が蓄積して離婚に至ると新たな精神的苦痛（離婚自体慰謝料）をもたらすと捉え，暴力行為から離婚までの一連の経過が全体として1個の不法行為であり，離婚慰謝料は離婚原因慰謝料と離婚自体慰謝料を含めた全体を指すと説明する立場もあります。他方，離婚原因慰謝料は離婚とは無関係に独立の不法行為として請求し得るものであり，離婚慰謝料は離婚自体慰謝料のみを意味すると解する立場（峻別説）もあります。離婚慰謝料を離婚自体慰謝料に限定する点で狭すぎるとの批判がありますが，慰謝料額は，最終的には一切の事情を考慮しての裁判官の裁量によって決せられるため（後記（注14）の鈴木禄弥教授の指摘参照），その運用次第であり，実務上，結果として大きな差異が生じるとは限りません。離婚慰謝料の訴訟物を一体説は1個，峻別説は2個と理解するものですが，学説は，実務の運用を離婚原因慰謝料と離婚自体慰謝料を区別しないで包括的に離婚慰謝料として損害賠償を命じている（二宮周平『新法学ライブラ

最高裁判所は，離婚原因慰謝料とは別に離婚自体慰謝料があることを認め，相手方の有責行為が必ずしも相手方の身体，自由，名誉等に対する重大な侵害行為に当たらない場合でも，その離婚のやむなきに至ったことについての損害の賠償として慰謝料を請求することができる[注2]としていますが，一体説と峻別説のいずれの立場かは必ずしも明らかではありません。

結局，設問の事例においては，乙は，甲による個々の暴力につき，離婚せずに不法行為に基づき個々の有責行為に係る慰謝料（離婚原因慰謝料）を請求できますが，その有責行為により離婚を余儀なくされた場合には不法行為に基づいて離婚慰謝料（離婚原因慰謝料及び離婚自体慰謝料）を請求できるということになります。

(2) 離婚自体慰謝料を否定する考え方について

離婚自体慰謝料を否定する見解があります[注3]。その理由として①離婚は，一方的に非があるケースは少ないため，責任追及により相互非難，人間関係の決定的破壊を招くおそれがあり，子に係る相談，面会交流，養育費の支払が困難になること，②離婚自体には過失，違法性もないから，個々の不法行為以外に慰謝料を認めることはできないこと，③清算と扶養（自立への援助）によって夫婦間の公平が回復する中で慰謝されることもあり，それでも慰謝されない苦しみは各自の努力で克服するほかないことなどが指摘されています。

しかしながら，①については，実務上離婚慰謝料が特に問題となる暴力・

リ9 家族法〔第5版〕』（新世社，2019）107頁〕とか，離婚慰謝料は，離婚自体慰謝料だけでなく，離婚に至った個別的有責行為による慰謝料を含むものとして扱われている（野田愛子＝人見康子責任編集『夫婦・親子215題』判タ臨増747号130頁〔松浦千誉〕）と評しています。なお，家原尚秀・最判解民平成31年・令和元年度119頁注19は，昭和31年最判の調査官解説が一体説，昭和46年最判の調査官解説が峻別説を前提にしているため，最高裁判所の立場は不明であると評されることが多いとしながら，最判平6・11・24裁判集民173号431頁は，峻別説では説明困難であり，最高裁が一体説を前提にしているとみるべきであろうと評しています。しかし，同判決は，「民集」に掲載の前二者と異なり，「裁判集民」に掲載された判決であることは措くとしても，上告理由は，調停条項に「本項に定めるほか名目の如何を問わず互いに金銭その他一切の請求をしない」旨の清算条項がある場合に不貞の相手に調停条項の効力が及ぶかどうかが主要な争点となった事案であり，必ずしも一体説でなければ説明できないとまではいえないと評することも可能です。

以上につき，島津一郎『妻の地位と離婚法』（有斐閣，1974）162頁以下，最判平31・2・19民集73巻2号187頁，大津千明『離婚給付に関する実証的研究』（日本評論社，1990）66頁，70頁，72頁，山口和男編『裁判実務大系⒃不法行為訴訟法⑵』（青林書院，1987）517頁以下〔山崎勉〕，二宮周平編集『新版注釈民法⑫親族⑵離婚』（有斐閣，2017）401頁，421頁〔犬伏由子〕参照。
(注2) 最判昭31・2・21民集10巻2号124頁，最判昭46・7・23民集25巻5号805頁。
(注3) 二宮・前掲（注1）108頁以下。

不貞行為を理由とする離婚訴訟の事案において「一方的に非があるケースが少ない」とは到底いえないし，離婚訴訟では，婚姻破綻の原因・有責性，離婚原因慰謝料，親権者の指定等について審理しますので，その過程でおのずと，相互非難，人間関係の決定的破壊に至る場合があり得るとしても，そのこと自体が直ちに離婚自体慰謝料を否定する理由にはなりません。

　②については，個別的有責行為と離婚との間に相当因果関係があれば不法行為が成立するほか，権利侵害は違法性の徴表であり法的保護に値する利益を違法に侵害した場合も不法行為に該当するとの立場からも，婚姻関係の存続は法的保護に値する利益である以上，これを違法に侵害することは不法行為が成立する(注4) といえますから，離婚自体慰謝料を損害として首肯できると考えます。

　③については，清算的・扶養的財産分与として考慮すれば足りるとの趣旨でしょう。しかし，前者は実質的夫婦共有財産の清算にすぎません。後者は扶養ですから分与する側に余力のあることが必要であることに加え，本来離婚後の扶養義務はないため，実務上は自立するまでの援助として期間を限定して分与を認める例がある程度です。その結果，婚姻関係が破綻し離婚したくても，離婚自体による不利益を考えて離婚を選択できない不合理な事態が生じることにもなりかねません。これに対し，離婚自体慰謝料は，婚姻破綻の有責性を前提としますので，帰責事由のある者の負担すべき金額を柔軟に算定することが可能です（慰謝料は支払能力がなくても支払を命じ，資力が回復すれば強制執行可能です。）。

　そうすると，離婚慰謝料として離婚原因慰謝料とは別に配偶者の地位喪失による離婚自体慰謝料という区分を維持し，その内容の充実化を図るべきです（離婚自体慰謝料を増額する考え方については，後記 [設問2] 2を参照してください。）。

(3) 離婚原因慰謝料と離婚自体慰謝料の区分について

　両慰謝料の区分に消極的な見解もあります。しかし，個々の有責行為による精神的苦痛と離婚自体による精神的苦痛とは，発生原因・苦痛の対象を異にし，婚姻期間中の苦痛を離婚自体の苦痛に包摂することはできません(注5)。また，離婚原因慰謝料は，個々の不法行為による慰謝料（暴力，不貞，遺棄等の有責行為）であり，離婚の成否に関係なく生じるものです。そう

（注4）　我妻栄『法律学全集23　親族法』（有斐閣，1961）163頁，大津・前掲（注1）28頁，山口編・前掲（注1）523頁〔山崎〕。

（注5）　大津・前掲（注1）66頁。

252　第6章　離婚に関する慰謝料　第1　離婚慰謝料等

すると，両者の区分を維持したうえで，離婚慰謝料を検討すべきです。

2　暴力行為による慰謝料請求の問題点

(1)　暴力行為の証明

　乙が甲の暴力を理由として離婚と離婚慰謝料の支払を求める場合には暴力を証明する必要があります。その資料としては，例えば，①暴力を受けた日時，場所，部位，程度，経緯等をその都度逐一記載したメモ（甲が暴力を認めても詳細が不明な場合には食い違いを生じて曖昧となる危険があります。），②受傷部位の画像データ，③診断書，④甲の暴力を第三者に相談し，証人になってもらうこと(注6)，⑤警察に甲の暴力について相談すること（警察は当直日誌や事件受理簿等を作成しますので，後日開示を求めることができる場合もあります。），⑥暴力の経過や暴言を録音したボイスレコーダー等，⑦メール（乙の抗議メールに対する甲の返信メールが暴力を前提とする内容であることもあります。），⑧配偶者からの暴力の防止及び被害者の保護等に関する法律（DV防止法）による救済（身体的・精神的・性的暴力等）を求めた際の資料などがあります。裁判所は，これらの資料を中心に証拠調べのうえ，暴力行為の内容，程度等を認定することになります。

(2)　個々の暴力による慰謝料（離婚原因慰謝料）の算定方法

　(a)　暴力の態様等慰謝料を基礎づける事実　　慰謝料の算定は，①暴力の動機，経過，②暴力の回数，程度，③暴力の部位（顔面・身体の枢要部等），④平手か手拳か，凶器・鈍器使用の有無，⑤暴力を受けた期間・回数，時間の長短，⑥身体的苦痛の程度（痣，骨折等の受傷，入・通院），⑦適応障害やPTSDの発症・精神安定剤等の服用，⑧子らの面前での暴力，⑨実家等への避難，⑩婚姻関係の修復可能性，⑪被害者感情，⑫加害者に対する宥恕，⑬DV防止法による救済申立てを余儀なくされたことなど，慰謝料額を基礎づける事情を総合考慮して決定します。

　(b)　後遺障害を生じたときの逸失利益及び慰謝料　　甲の暴力により，乙が休業・退職を余儀なくされたこと，労働能力を喪失する後遺障害を負ったこと，外貌に醜状痕が残ったことなどの事情があるときは，治療費・入院費，休業損害，傷害慰謝料，逸失利益，後遺障害慰謝料の請求を一般不法行為として請求することもあり得ます。参考例として妻が夫の暴力で受傷したことを理由に損害賠償請求した大阪高判平12・3・8判時1744号91頁があります。原審が夫婦間の暴力であることや保険制度がないことを理由に交通事

（注6）　宣誓供述書の活用につき，第4章第4の**8**(3)③ｶ〜ｃ（196頁）参照。

故の損害賠償に比較して低額の慰謝料額を認定したところ，上記判決は，他人間の傷害事件に比べて損害額を減額すべきではないし，暴力は故意によるものであるから，過失による交通事故の場合より多額の慰謝料を認めるべきであるとし，原審よりも高額の後遺障害慰謝料及び後遺障害による逸失利益を認めました。ちなみに故意による傷害は悪質ですが，動機・暴力に至る経過，被害者の落ち度等が斟酌されるため，常に過失傷害よりも多額の慰謝料が認められるとは限らないことに留意する必要があります。

(3) 離婚自体慰謝料の算定方法

暴力行為が主要な原因で離婚に至った場合の離婚自体慰謝料については，離婚原因慰謝料とは区別されるべきものであり，離婚による①社会的地位の低下，②平穏な婚姻生活の継続に対する期待の喪失，③将来の婚姻費用分担や居住場所等の生活不安，④再婚の困難性，⑤その他の配偶者の地位喪失による種々の不利益等を考慮して算定することになりますが，後記［設問2］1，2を参照してください。

3 離婚慰謝料と財産分与との関係

財産分与の額及び方法を定めるには一切の事情を考慮するのであり（民768条3項），その中に慰謝料に係る諸事情が含まれるため，慰謝料的要素を加味して財産分与額を算定することも可能です。そこで，離婚慰謝料と財産分与の関係が問題になりますが，財産分与請求権に離婚慰謝料が含まれるとする包括説と，これを含まないとする限定説があります。

前掲最判昭31・2・21（注2）は，慰謝料を財産分与の中に含めて処理することでも別個に処理することでもよいとしています。最判昭53・2・21裁判集民123号83頁・家月30巻9号74頁は，裁判上の離婚を請求する者はこれに附帯して離婚に基づく損害賠償及び財産分与の双方を併合して請求することを妨げず，その場合には裁判所は財産分与額を定めるにつき損害賠償の点をその要素として考慮できなくなるにすぎないとしています。要するに，両者を同時に請求することも別途請求することも可能であり，両者を併せて請求する場合には財産分与から慰謝料的要素が除かれることになります。離婚訴訟の際に慰謝料を財産分与として請求する当事者は極めて少ないのが実情ですが，例えば，財産分与に仮託して過分な価格の不動産の譲渡を受けたと評価されるのを避けるため，慰謝料的要素を財産分与に含めて構成し，不動産の財産分与を受け，財産分与を原因とする所有権移転登記手続を得るのが便宜な場合もあり得ます。なお，離婚給付に係る紛争の同時一括処理及び早

期解決という観点からすれば，離婚調停等における財産分与に係る合意の中に清算的・扶養的財産分与のほか慰謝料的財産分与を含む場合もあるので，財産分与と慰謝料の関係については当事者の認識が相違しないように留意する必要があります。この点は，清算条項の記載により明らかになるのが通例ですから，清算条項の内容・形式には慎重に対応すべきです。

4 離婚慰謝料と遅延損害金及び消滅時効等の関係

(1) 遅延損害金の起算点

離婚訴訟で慰謝料の支払を求める場合，かつては離婚慰謝料に対する遅延損害金について訴状送達日の翌日から支払を求めることがあり，裁判所もこれを前提に判決していました。しかし，離婚慰謝料は離婚判決の確定により発生するため理論上は「離婚判決確定日の翌日」からの遅延損害金の支払を求めるべきことになります[注7]。離婚判決の形成力は，判決確定により将来に向かって婚姻関係の解消を生じるのですから，遅延損害金の起算日は離婚判決確定日の翌日と解されます。

また，離婚原因慰謝料（暴力，不貞，遺棄等の有責行為）のうち，例えば，暴力による後遺障害を負った場合には，個別の不法行為に基づく慰謝料として請求することもあると思います。この場合には，「甲は，乙に対し，金○○○万円及び内金○○万円に対する令和○年○月○日（暴力の日）から，その余の金員に対する離婚判決確定日の翌日から，各支払済みまで年３％の割合による金員を支払え」という請求になります。なお，離婚原因慰謝料と離婚自体慰謝料の遅延損害金の起算点は異なりますが，実務では便宜上，当事者は判決確定日の翌日からの支払を求めるものと思われます（前者に係る遅延損害金は一部請求）。

(2) 慰謝料請求と消滅時効及び除斥期間との関係

暴力を受けても乙が直ちに離婚を求めるとは限りません。①甲の暴力が止むとの期待を抱いていること，②離婚後の生活費や居住場所の確保が困難であること，③養育費の支払を期待できないこと，④子が甲を慕っていること，⑤子の成人まで離婚を待ちたいこと，⑥離婚話を持ち出すと一層激しい暴力を振るわれること，⑦世間体や親族の反対などの諸事情により，乙としては，離婚を決断できないケースもあります。このような場合に，乙が離婚や慰謝料請求することは事実上困難ですから，暴力を受けてから慰謝料等を請求するまでに相当の期間が経過してしまうことがあるわけです。本来，身

（注7）　最判令４・１・28民集76巻１号78頁。

［文例18］　離婚給付等契約公正証書　　255

体を害する不法行為については損害及び加害者を知った時点から5年の消滅時効が進行しますが（民724条1号・724条の2），夫婦間の権利については，婚姻解消の時から6か月を経過するまでの間は消滅時効が完成しません（民159条）。乙は，甲に対し，5年以上前の暴力についても同期間内であれば慰謝料の請求が可能です。

　他方，財産分与は離婚時から2年の除斥期間の適用があります（民768条2項ただし書）ので，同期間が経過すると財産分与の慰謝料的要素としては請求できないこともあり得ます（令和6年改正法により5年の除斥期間になります〔改正民768条2項ただし書〕。）。また，消滅時効の完成猶予及び更新（民148条）の制度は除斥期間にはなく[注8]，不法行為に基づき構成した方が有利な場合も生じます。

文例 18　離婚給付等契約公正証書

──事例──

> 夫甲の不貞行為が原因で離婚することになりました。妻乙として夫甲に慰謝料を請求しようと思います。どのような条項になりますか。

──文例──

　慰謝料の支払合意をしても直ちに強制執行できるわけではありません。勝訴判決，和解調書，調停調書のほか，強制執行認諾条項付離婚給付等契約公正証書の各正本を債務名義として執行することになります。以下，公正証書により慰謝料の給付条項を作成する際の文例を紹介し，留意点について述べます。

離婚給付等契約公正証書

第1条（離婚合意）
1　甲と乙は，本日，協議離婚することを合意する。
2　甲は，乙に対し，離婚届に署名してこれを交付し，離婚の届出を委任した。

（注8）　我妻榮ほか『民法3親族法・相続法〔第4版〕（新版）』（勁草書房，2020）212頁。

256　第6章　離婚に関する慰謝料　第1　離婚慰謝料等

　3　乙は，遅滞なく離婚の届出をする。

第2条（慰謝料の支払）

1　甲は，乙に対し，離婚による慰謝料として，離婚届の受理の有無に
　かかわらず，金200万円の支払義務があることを認める。

2　甲は，乙に対し，前項の金員を次のとおり分割して毎月末日限り，
　乙の指定する金融機関の口座に振り込んで支払う。振込費用は甲の負
　担とする。

　⑴　令和○年○月から令和○年○月まで　　　毎月各金5万円

　⑵　令和○年○月　　　　　　　　　　　　　　金10万円

3　甲が前項の分割金の支払を2回以上怠り，その合計額が金10万円に
　達したときは，何らの支払催告がなくとも当然に期限の利益を喪失
　し，甲は，乙に対し，第1項の金200万円から既払金を控除した残額
　及びこれに対する期限の利益を喪失した日の翌日から支払済みまで年
　3％の割合による遅延損害金を支払う。

第3条（強制執行認諾条項）

　　甲は，本証書の金銭債務を履行しないときは，直ちに強制執行に服
　する旨を陳述した。

第4条（清算条項）

　　甲と乙は，慰謝料及び財産分与を含め，本証書に記載するほか，他
　に何らの債権債務がないことを相互に確認する。

説　明

1　公正証書による協議離婚

⑴　第1条について

　離婚判決は判決送達日の翌日から14日の控訴期間ないし上告期間の経過に
より判決が確定し，その日に離婚が成立します。裁判上の和解による離婚は
和解を調書に記載した時に離婚の効果が生じ（人訴37条1項，民訴267条），和解
調書による離婚の届出は報告的届出になります。これに対し，協議離婚では
離婚届を戸籍法に従い届出をすることが効力発生要件です（民764条・739条1
項。創設的届出）から，離婚合意をしても離婚自体による慰謝料は発生せず，
離婚届の受理によりはじめて発生します。そこで，直ちに離婚できるよう
に，離婚を求める乙に離婚届を提出させることにし，上記文言を入れること

になります(注9)。

(2) 第2条1項，2項について

(a) 離婚による慰謝料の支払が合意されている場合には，特段の事情がない限り，個々の不法行為による離婚原因慰謝料及び離婚自体慰謝料につき合意したとみるのが当事者の通常の意思解釈です。

(b) 離婚による慰謝料であることから，慰謝料の給付条項については，離婚届の受理証明書ないし離婚した旨が記載された戸籍全部事項証明書を事実到来証明文書として甲に送達することが執行開始の要件です。離婚届を出すのは通常乙ですが，万一離婚の届出が遅延するかもしれません。そこで，乙による強制執行を遅滞なく可能とするには「離婚による慰謝料として，離婚届の受理の前後を問わず，令和○年○月○日限り，金○○万円を支払う。」とし，離婚届の受理前でも強制執行できる旨を明記しておくのが相当です。この点に関する裁判例があります。公正証書の慰謝料に係る給付条項として「甲は，乙に対し，離婚による慰謝料として金○○万円の支払義務があることを認め，平成○年○月末日までに金○○万円を支払う。」と記載されている事案で，乙が強制執行の申立てをしたところ，東京地決平27・10・6判時2312号100頁は，離婚による慰謝料請求権は離婚した際にはじめて発生するとして申立てを却下しました。これに対し，東京高決平28・1・7判時2312号98頁は，養育費及び財産分与の支払については離婚成立月からと定めているのに対し，離婚による慰謝料の支払については一定の期日に一定額を支払うと定められていることから，慰謝料請求権は協議離婚の成立を要件

(注9) ①協議離婚届書のうち，甲が必ず記載すべきなのは署名欄ですが，内容に誤記がある場合に訂正を求めても甲が応じないこともあります。そこで，離婚届の余白に甲の捨て署名をもらうのが有用です（軽微な誤記は捨て署名を利用して訂正できる場合もあります）。②調停離婚の場合には「離婚の調停成立日令和○年○月○日」，③裁判離婚の場合には「離婚の裁判確定日令和○年○月○日」，④裁判上の和解（平成16年4月1日施行の人事訴訟法37条）の場合には「和解離婚成立日令和○年○月○日」と記載されます。③④の場合には，戸籍から離婚訴訟を提起し，判決ないし裁判上の和解で離婚したことが判明しますから，離婚訴訟でもめた当事者とみられたくないと考える方もいます。この点，上記和解離婚が認められる前の実務では（従前は離婚・離縁訴訟において和解ができるかどうかにつき見解が分かれていました），双方出頭の裁判所の和解期日等において，第1条の合意のほか，第2条のとおり慰謝料（財産分与，養育費等の支払も同様）に係る合意をしたうえ，「乙は離婚請求部分の訴えを取り下げ，甲はこれに同意する。」（又は「離婚請求に関する訴訟を終了させることを合意する。」），「訴訟費用及び和解費用は各自の負担とする。」という文言を入れ，裁判上の和解手続で「協議離婚」する運用がありました。席上，甲及び乙が離婚届の当事者欄に署名し，提訴した乙が離婚届書を預かって離婚の届出をすることになります（2名の証人は両代理人弁護士）。この方法は，和解離婚が認められた現行法の下でも活用する余地があります（ただし，「離婚請求部分を取り下げる」旨の条項を入れるか否かについては，新法施行後は裁判官によって異なると思われます。）。

として発生する債権ではなく，確定期限に支払義務が生ずる慰謝料請求権として合意したものと解するのが相当であるとし，原審を取り消しました。この決定は，財産分与等の支払形式と対比させているため，慰謝料の支払のみのケースにおいて事実到来執行文を必要とするのかは必ずしも明らかではありませんが，確実に執行文の付与を受けるためには「離婚届の受理の有無にかかわらず」と明記しておくことになります。

(c) 「金200万円の支払義務があることを認め」は確認条項です。「金200万円を次のとおり分割して毎月末日限り支払う。」とし，確認条項を記載せずに給付条項とする例もあります。裁判上の和解では，確認条項を入れたうえ，給付条項とする場合が通例です(注10)。

(3) 第2条3項について

(a) 分割払の場合には期限の利益喪失条項として，例えば「甲が支払を2回以上怠り，その合計額が金10万円に達したとき」とします。単に「2回以上怠り」と記載すると，支払額が一部不足の月が2回続いた場合に期限の利益を喪失するのか問題になる余地があります（「月額5万円の支払約束」であるのに，例えば「4万円ずつ2回合計8万円支払った」場合，「5万円」を支払わなかった月が2回以上続いたと解釈することも可能であり紛争の種を残します。）。この点，回数も記載せず，「懈怠金額が金10万円に達したとき」とすることも可能ですが，回数を入れて形式的にも緊張感を抱いてもらうのが通例です。なお，弁済の事実は甲が主張立証すべき抗弁事由ですので，乙が請求する場合に「支払を怠ったこと」を主張立証する必要はありません(注11)。

(b) 「最後の1回分」を支払わない場合に「2回以上」の要件を欠くのではないかとの疑問を生じます。「2回以上」とは複数回の支払を前提にしていますから，1回分が残るにすぎないときは，それを怠れば当然に強制執行を認諾しているものと解すべきです。そのような疑念を避けるには，「最

(注10) 「第2章 各種事件の和解条項記載例」裁判所職員総合研修所監修『書記官事務を中心とした和解条項に関する実証的研究〔補訂版・和解条項記載例集〕』（法曹会，2010）参照。

(注11) 債務名義の記載上，請求が「債権者の証明すべき事実」（当該請求権を訴訟物とする訴訟において債権者が証明責任を負担すべき事実）の到来に係る場合には，その事実が到来したことを証する文書を債権者が提出することを要します（民執27条1項）。これを事実到来執行文（条件成就執行文）といいますが，この「条件」とは民法上の意味に限らず（債権者の先給付，催告，解除権の行使等），不確定期限の到来を含みます。なお，分割金の支払を1回でも怠れば期限の利益を喪失し，残債務を直ちに支払う旨の「債務者の懈怠事実」は，弁済の証明責任を負うのは債務者ですから，「債権者の証明すべき事実」ではありません（中野貞一郎『現代法律学全集23民事執行法〈上巻〉』（青林書院新社，1983）240頁）。

終回の支払を懈怠したときは直ちに支払う。」という文言を入れることも考えられます。

　(c)　当然に期限の利益を喪失するのではなく，例えば「乙が支払催告したにもかかわらず，10日以内に支払を履行しなかったときには期限の利益を喪失する。」という場合には，同支払催告をしたことが事実到来執行文（条件成就執行文）として必要となります。そこで，乙が甲に対し同支払催告を行ったことの証明として，配達証明付きの内容証明郵便が必要になります。

　(d)　「期限の利益を喪失した日の翌日」から支払済みまで民法所定の年3％（法定利率）の割合による遅延損害金を支払うというものです。

⑷　第3条（強制執行認諾条項）について

　強制執行は債務名義（給付義務を強制的に履行させる手続を行う際に必要な公的機関作成の文書）により行われます。民事執行法22条5号には「金銭の一定の額の支払……について公証人が作成した公正証書で，債務者が直ちに強制執行に服する旨の陳述が記載されているもの」（執行証書）とあります。強制執行認諾条項があれば，判決，和解調書，調停調書等の正本を取得するまでもなく，公正証書の正本により強制執行が可能です。強制執行認諾条項付の公正証書は，作成時に慰謝料額が特定（金銭の一定の額）しており，「支払う。」という給付条項の記載が不可欠です。「相当額」では金額が不特定ですし，「支払うものとする。」「支払うことを確約する。」「支払わなければならない。」という表現は確認条項にすぎません。

⑸　第4条（清算条項）について

　「甲と乙は，本件離婚に関し，以上をもってすべて解決したものとし，今後，財産分与，慰謝料等名目のいかんを問わず，相互に何らの財産上の請求をしないことを相互に確認する。」とすることもあります。

▶設問2　離婚慰謝料の算定基準

離婚する際の慰謝料額は，どのような基準で算定されるのですか。

解　説

　慰謝料の算定については，本書の目次に従って「暴力行為」に関しては〔設問1〕2の中で述べたとおりであり，「不貞行為」については後記**第2**の

中で述べます。ここでは，これらを含めた離婚慰謝料の算定について検討しますが，保険制度に支えられた交通事故の損害賠償算定基準（赤い本，青本）のような実務上の処理要領は存在しませんので，「慰謝料の算定基準」は，裁判所が有責配偶者と他方配偶者の双方の諸事情を総合勘案して算定するというほかありません。以下，離婚原因慰謝料，離婚自体慰謝料の斟酌事由（双方の諸事情）・算定方法，判決による認容額の実情，裁判上の和解の実情，司法統計年報の活用などについて説明します。

1　離婚原因慰謝料及び離婚自体慰謝料の算定

　［設問1］　1(1)のとおり，離婚原因慰謝料は個々の有責行為によって被った慰謝料であり，離婚自体慰謝料は離婚を余儀なくされたことによる慰謝料です。実際の訴訟では，離婚原因慰謝料について具体的な日時，場所，態様，程度等が通常の不法行為に基づく損害賠償請求訴訟のように特定して主張されることはそれほど多くはありません。これは離婚慰謝料が「離婚原因慰謝料」と「離婚自体慰謝料」を含めた全体であり，有責行為から離婚までの一連の経過を全体として1個の不法行為として捉える一体説の考え方に符合するものといえます(注12)。

　その結果，判決も理由中に各慰謝料を明確に区分して具体的に斟酌事由を記載する例はほとんどなく，婚姻から婚姻関係の破綻に至るまでの経過を事実認定したうえ，「前記認定の事実と本件に顕れた諸般の事情（「弁論の全趣旨」と記載されることもあります。）を総合勘案すると，」ないし「前記認定の事実，とりわけA，B，C，D，E，F……の事実とその他本件に顕れた諸般の事情を総合勘案すると，」「離婚慰謝料として○○万円と認めるのが相当である」と説示する傾向がみられます。この「前記認定の事実」には，婚姻生活・離婚に至る経過及び配偶者双方の諸事情，例えば，①婚姻関係の破綻原因及び責任の割合，②有責行為の態様・程度，③有責行為による身体的苦痛及び精神的苦痛の内容・程度，④所得及び資産状態等の経済状況及び支払能力，⑤婚姻期間，同居・別居期間，⑥双方の年齢，⑦職業・社会的地位等の慰謝料の算定を基礎づける斟酌事由が各事案に応じて記載されますが，他方，離婚による⑧社会的地位の低下，⑨平穏な婚姻生活の継続に対する期待の喪失，⑩将来の婚姻費用分担や居住場所等の生活不安，⑪再婚の困難性，⑫その他の配偶者の地位喪失による種々の不利益等の主に離婚自体慰謝料を基礎づける斟酌事由が「認定事実」に明記されることはまれであり，「本件

(注12)　前掲（注1）参照。

に顕れた諸般の事情」(弁論の全趣旨) として斟酌されているものと考えられます。

しかし，弁論の全趣旨は漠然としたものですから，事実認定中に具体的に記載しない場合でも，少なくとも⑧以下の事情も考慮し，例えば「乙の離婚時の年齢を考慮した場合の再婚の困難性，離婚が今後の社会生活を営むに際して及ぼす影響，離婚後の生活費や居住場所等の生活不安及び配偶者の地位を失うことによる種々の不利益を弁論の全趣旨として考慮すると」というようにその内容を明記するのが望ましいといえます。今後，一体説，峻別説(注13) のいずれであっても，離婚慰謝料が離婚原因慰謝料と離婚自体慰謝料で構成されることを前提として当事者がこれを基礎づける事実を具体的に主張した場合には，判決理由の事実認定及び慰謝料の認定・説示の仕方に影響を及ぼす可能性もあると思います。裁判所としても当事者に対し，(i)有責行為から離婚までの経過を全体として一個の不法行為として捉え，離婚原因慰謝料及び離婚自体慰謝料を含めた全体を離婚慰謝料として請求するのか (一体説)，(ii)離婚原因慰謝料と離婚自体慰謝料を峻別して請求するのか (峻別説)，(iii)個々の有責行為の一部を独立の不法行為として請求する場合には具体的な日時，場所，態様，程度等を特定すべきこと，(iv)離婚自体慰謝料を基礎づける事実は何かなどを求釈明 (民訴149条) すべきです。

2　離婚自体慰謝料の算定方法

配偶者の地位喪失という不利益を離婚自体慰謝料としてどのように算定すべきでしょうか。乙は，前記1⑧〜⑪による精神的苦痛のほか，⑫配偶者の地位を失うことによって，例えば甲の生命保険・死亡退職金等の受給資格，扶養を受ける権利，相続人としての配偶者の地位の喪失等，不確定要素はあるとしても，種々の法律上の不利益や経済的不利益を被ることになります。これらの不利益は，甲の帰責事由によって乙が離婚を余儀なくされたことに起因するものですから，離婚の前後によって乙の生活条件につき格差が生じないように損害を算定するのが公平であり，そのような格差を是正する方向で離婚自体慰謝料を活用すべきです(注14)。

(注13)　前掲 (注1) 参照。

(注14)　鈴木禄弥教授は，「慰謝料は，離婚の結果，一方配偶者が離婚なかりせばあったであろう状態より悪い状態に置かれるに至ったこの補塡を他方配偶者に求めるものであり，この慰謝料額は，最終的には一切の事情を考慮しての裁判官の裁量によって決せられる。このことは，慰謝料の決定一般についていえることである」(鈴木禄弥『親族法講義』〔創文社，2002〕74頁) とし，有地亨教授も「離婚そのものによる慰謝料は相手方と離婚を余儀なくされたため，離婚することによって受けた損害の賠償であるから，離婚によって精神

ところで，慰謝料は，精神的損害を補塡する機能を有するのみならず，従来から財産的損害賠償請求権の算定を調整ないし補完する機能を有するとされ[注15]，財産的損害としては立証が不十分な損害を慰謝料として算定することが認められています[注16]。

そこで，このような捉え方を離婚自体慰謝料を算定する際にも積極的に援用し，配偶者の地位喪失によって被る種々の法律上の不利益や経済的不利益（財産的損害）の立証が不十分であっても，離婚自体慰謝料として斟酌することによって，より多額の離婚自体慰謝料を認める余地が出てくるのではないかと考えます。

この点につき，離婚自体による不利益を考慮して扶養的財産分与を活用することにより対処すべきであるとの考え方もあるでしょう。しかし，離婚自体慰謝料を消極的に考え，扶養的財産分与によるべきとの立場からも，(i)離婚後扶養は，清算的財産分与や慰謝料があってもなお生活に困る場合に認められる補充的なものであること，(ii)扶養である以上，分与する側にそれだけの余力があることが要件であること，(iii)実務上，離婚後扶養を考慮して財産分与がなされることは少なく，自立するまでの援助として，期間を限定して分与を認める例がある程度であること[注17]などと，その限界を認めていることに照らすと，甲の有責性が認められる以上，離婚自体慰謝料の内容を検討して慰謝料額を増額する方向で検討すべきです[注18]。

3　判決による離婚慰謝料の認容額の実情

的平穏を害されて受ける精神的苦痛だけでなく，離婚によって婚姻中の生活と後の生活で著しい格差が生じたため受ける不利益をも含むと考えたい。離婚の前後によって当事者の生活条件に格差を生じないのが望ましいのであるから，そのような格差を是正するに役立つのが離婚そのものによる損害賠償ということになる」としています（有地亨『新版家族法概論〔補訂版〕』（法律文化社，2005）311頁以下）。

(注15)　加藤一郎『不法行為〔増補版〕』（有斐閣，1974）229頁。

(注16)　吉村良一『法律学全集22 - Ⅱ　不法行為法〔第6版〕』（有斐閣，2022）171頁以下。前田陽一『弘文堂 NOMIKA シリーズ4 - 2　債権各論Ⅱ不法行為法〔第3版〕』（弘文堂，2017）97頁以下。前掲（注14）の見解も同趣旨と解されます。

(注17)　二宮・前掲（注1）105頁，106頁以下。

(注18)　川井健教授は，離婚後の扶養に関し，「離婚後配偶者が路頭に迷うことは好ましくないので，財産分与によってある程度扶養を認める」とし，「アメリカ合衆国では，いわゆるアリモニー（ALIMONY）という制度があって，離婚後の給付が行われる。ドイツでもこのことが承認されていて，たとえば，妻の浮気によって離婚した場合であっても，その浮気した元の妻に夫は扶養料を払わなければならない」とされていると紹介しています（川井健〔良永和隆補訂〕『民法概論(5)親族相続〔補訂版〕』（有斐閣，2015）43頁）。
　　　　特別な手当のないわが国において扶養的財産分与を認めるのは，民法768条3項の「当事者双方がその協力によって得た財産の額その他一切の事情を考慮して……分与の額及び方法を定める。」を根拠とするほかないのであり，おのずから限界があるというほかありません。

設問2 離婚慰謝料の算定基準 263

村重慶一＝梶村太市編集『人事訴訟の実務〔3訂版〕』（新日本法規出版，1998）231頁以下によると，東京地方裁判所（以前，離婚訴訟等は地裁の管轄であり，同地裁には人事部がありました。）における昭和54年から昭和59年までの216件の認容慰謝料額は50万円から1500万円までの幅があり，300万円とするものが4割を占めていたとのことです（この1500万円は特殊な事案であったと推察されます。）。また，筆者は，昭和59年から平成31年までの間，1審及び控訴審において離婚事件を審理・判決する機会がありましたが，その経験からすると，当事者の慰謝料請求額は300万円から500万円（ときには1000万円以上）であり，請求棄却以外の判決の認容額は100万円から300万円までの事案が圧倒的に多く，これを外れる認容額は，50万円から80万円とか，400万円から500万円という事案がときどきあるという印象です。この点につき，二宮周平教授は「判例には慰謝料の相場のようなものがあり，物価の上昇にもかかわらず，1976年以降，平均200万円前後，最高額は500万円で頭打ちという状況にある」との認識を示しています[注19]。

　このように判決による離婚慰謝料の認容額は，数十年にわたり，基本的に変わらない状況にあることが窺われます。わが国の平均賃金額は30年以上もほぼ変わらずに推移しているといわれていますが，この事実と離婚慰謝料額が横ばい傾向にあることとは無関係とはいえないように思われます。

4 裁判上の和解と慰謝料

(1) 離婚訴訟と和解勧告の時期

　裁判所は，適宜，和解勧告しますが，概ね①主要な争点整理終了時，②主要な証拠が出そろった時点，③さらに陳述書が提出された時点，④集中証拠調の実施直後，⑤最終準備書面を陳述した口頭弁論終結時点などです。①〜③でも和解勧告することはありますが，殊に④の時点が有益であると考えます。その背景として，尋問直後であり記憶が鮮明であること，裁判所・相手・代理人のそろう法廷で自己の言い分を述べたり，反対尋問ができたというある種の満足感があること，相手の言い分を直接聴いて感じる部分もあること，裁判所も心証を開示しつつ，より適正な和解金額を提示可能であること（各当事者の問題点を直接補充質問して明確にしておくことが肝要です。），裁判所と代理人及び当事者の間で共通ないし類似の心証形成ができる場合もあること（心証が相違しているときは，裁判所は問題点を指摘しながら検討を促します。）などの事情があると思います。筆者は，集中証拠調べの決定をする期日において，

(注19) 二宮・前掲（注1）107頁。

次回尋問実施後に1時間ほどの和解期日を入れる方針を説明し，了解を得て和解勧試をしていましたが，かなり有益でした。

(2) 裁判上の和解の実情

離婚訴訟における裁判上の和解は，裁判官及び事案によって異なるとはいえ，通常，①甲及び乙から親権者，養育費，面会交流，財産分与，慰謝料，年金分割等に関する考え方を個別的に確認し，双方に伝えて検討を促す，②夫婦共有財産，婚姻費用の分担の実情，各自の財産及び経済状況（不動産の有無，預貯金，生活費，負債等）及び離婚後の生活設計，子の養育に関する基本方針を聴取し，訴訟資料として未提出のものについては必要に応じて提出を求める，③養育費，財産分与及び慰謝料等について金額や支払方法，譲歩可能な事項と前提条件等を検討してもらうなどして話を進めます。例えば，支払能力がない事案については，一括払のときよりも慰謝料額を増額して長期の分割払にし，支払懈怠約款のほか遅延損害金を付すること，養育費の支払が不要になるまで慰謝料の分割金の支払額を低めに設定し，養育費の支払完了後に増額すること，昇給見込時期に合わせて慰謝料の分割支払額を段階的に増額すること，借財があるときは，その完了後に当該部分を分割金に上乗せすること，慰謝料額を毎月○○万円ずつ分割して支払うが，支払の動機づけとして「一定額を支払ったときは，その余の支払義務を免除する」ことなど，種々の裁判所案を提示しつつ，判決の見通しや金額等に係る暫定的な心証開示をするなどして調整をします。甲が心証とあまりにもかけ離れた低額の慰謝料額を提示し，直ちに和解打切りになることもありますが，意外にも乙が承諾することもあります。甲に支払能力がない場合には，乙が低額で裁判上の和解をすることはやむを得ませんが，支払能力が十分な場合はどうでしょう。裁判官は，心証を開示して甲に増額の検討を促すでしょうが，甲が応じない場合，そのままの金額で裁判上の和解を成立させる裁判官もいれば，正義衡平の観念に反すると考え，裁判上の和解を打ち切る裁判官もいるでしょう。

結局，判決による場合はともかく，裁判上の和解，家事調停の場合の金額は，当事者の意向をふまえ，千差万別の解決にならざるを得ないのが実情です[注20]。

（注20）　相手方との関係を早急に断ちたいので低額の一時金でもよいとして和解を希望する場合（長期の分割払はその都度相手の顔を思い出すから嫌だと明言する妻もいます。）や，逆に借金をしてまで高額の和解金を提示する夫もいます。将来の生活不安や恨み等から，判決でも到底期待できない相手方の支払能力をはるかに超える和解金の支払に固執し，和解が

5 司法統計年報と離婚給付

最高裁が公表している司法統計年報には，「『離婚』の調停成立又は調停に代わる審判事件数—財産分与の支払額別婚姻期間別—全家庭裁判所」「『離婚』の調停成立又は調停に代わる審判事件のうち財産分与の取決め有りの件数—支払額別支払者及び支払内容別—全家庭裁判所」等の統計データが掲載されています（離婚判決に係る慰謝料額に関する司法統計年報はありません。）。

結果のみを記載したものであり，財産分与の中に慰謝料的要素を含むか否かをはじめ個別的な事情もわかりませんが，参考になります。

不成立になる場合もあります。

266　第6章　離婚に関する慰謝料　第2　第三者に対する損害賠償請求

第2　第三者に対する損害賠償請求

▶設問　離婚原因に関わった第三者に対する損害賠償請求

　夫甲が会社の女性社員丙と不倫をしました。妻乙は相手の女性丙に損害賠償を請求できますか。

解　説

　設問の事例においては，結論的には，乙が丙に対して損害賠償を請求できる場合があります。以下，設問に即して，貞操義務と不貞行為，離婚原因慰謝料及び離婚自体慰謝料に係る裁判例，不貞行為及び婚姻関係破綻等の立証，慰謝料算定の方法，共同不法行為の成立と免除の効力，その他の関連問題（慰謝料請求と消滅時効，権利の濫用，既判力・信義則違反）などについて説明します。

1　貞操義務と不貞行為について

　不貞行為とは，貞操義務を負う夫婦の一方が，配偶者以外の異性と自由な意思に基づき性的交渉をもつことであり，離婚原因とされています（民770条1項1号）。この不貞行為は，配偶者の意思に基づくものであれば，それに至る理由や性交の相手方の任意性は問いません[注1]。この夫婦の貞操義務に関する規定は民法にありませんが，①重婚の禁止（民732条），②同居協力扶助義務（民752条），③一夫一婦制という婚姻の本質，④不貞行為を離婚事由としていること（民770条1項1号）から，夫婦は互いに貞操義務を負うとされています[注2]。そこで，甲（夫又は妻）が第三者丙と性的関係をもったときは，乙（妻又は夫）は，甲（夫又は妻）に対し，不法行為に基づき慰謝料を請求することができます。

　近時，第三者との「不貞行為」に基づく損害賠償請求がされた場合の「不貞行為」の概念については，異性との性的交渉にとどまらず婚姻共同生活の平穏を破壊し得るような行為を広く含むという考え方もあるようで

（注1）　最判昭48・11・15民集27巻10号1323頁。
（注2）　川井健〔良永和隆補訂〕『民法概論(5)親族相続〔補訂版〕』（有斐閣，2015）25頁，二宮周平『新法学ライブラリ9　家族法〔第5版〕』（新世社，2019）56頁。大決大15・7・20刑集5巻318頁参照。

す(注3)。裁判例でも，自身の妻と性的行為を行った同性愛者である被告（女性）に対する不法行為に基づく損害賠償請求の事案で，当該性的行為について婚姻共同生活の平穏を害するものとして不貞行為に該当するとした事例があります(注4)。

なお，性的交渉に限定せず，異性との過度の親密な関係を不貞行為に入れる立法例もありますが，わが国では不貞行為に該当しません。もっとも，それにより婚姻関係が破綻した場合には，民法770条1項5号の「婚姻を継続し難い重大な事由」による離婚原因となる可能性はあります。

2　丙の乙に対する責任

(1)　不貞行為と第三者に対する損害賠償請求についての学説

丙は，乙に対し，離婚原因慰謝料（不貞行為慰謝料）及び離婚自体慰謝料の支払義務を負うでしょうか。

乙の不貞行為の相手方丙に対する不法行為に基づく慰謝料請求については，これを認めるのが従来の通説です(注5)。しかし，現在では離婚原因慰謝料及び離婚自体慰謝料のいずれについても，不法行為の成立を否定する説が次第に有力になっています。その主要な考え方は次のとおりです。

第1に，貞操義務は夫婦相互の義務であるから夫婦のみを拘束するものであり，配偶者が自由意思で不貞行為をした以上，責任はその配偶者自身にあり，相手方が法的責任を負うのは「強度の違法性」がある場合に限られるとの立場です(注6)。

第2に，性に関する自己決定権を尊重する立場から，他人の性・人格を支配する権利は何人にもなく，自己決定として貞操を約束した配偶者に対する責任追及はできても，不貞行為の相手方には法的責任を追及できないとの立場です(注7)。要するに婚姻関係でもたらされた窮状の救済は第一義的に配

(注3)　安西二郎「不貞慰謝料請求事件に関する実務上の諸問題」判タ1278号46頁。

(注4)　東京地判令3・2・16判時2516号81頁。

(注5)　我妻榮『法律学全集23　親族法』（有斐閣，1961）99頁以下，川井・前掲（注2）25頁以下，我妻榮ほか『民法3 親族法・相続法〔第4版〕（新版）』（勁草書房，2020）73頁以下。

(注6)　夫婦間には相互に債権類似の権利があり，これを被侵害利益として第三者に主張できるのかという問題意識（島津一郎「不貞行為と損害賠償」判タ385号116頁以下，123頁）から生まれた考え方です。島津教授は，不貞行為の相手方と配偶者との間には不貞行為を犯した配偶者の自由意思が介在していることを重視し，相手方の不貞行為と配偶者の精神的苦痛との間には「因果関係がない」として否定説を徹底していましたが，暴力や詐欺・強迫などの特段の事情があった場合に限り，不法行為の成立を認めています。

(注7)　小野幸二「家族間における不法行為」島津一郎教授古稀記念『講座・現代家族法〈第1巻（総論）〉』（日本評論社，1991）98頁。

偶者間で行われるべきとの立場です(注8)。

　以上のような否定説の考え方は，後記のとおり判例の流れに少なからず影響を及ぼしてきたといえます。ちなみに，英国，米国，ドイツ，フランス，オーストラリア等では，不貞行為の相手方に対する配偶者の慰謝料請求は否定されているとのことです(注9)。

(2)　不貞行為と第三者に対する損害賠償請求についての判例

　(a)　**最判昭54・3・30民集33巻2号303頁**　　不貞行為自体の慰謝料について，最高裁判所は「夫婦の一方の配偶者と肉体関係を持った第三者は，故意又は過失がある限り……他方の配偶者の夫又は妻としての権利を侵害し，その行為は違法性を帯び……他方の配偶者の被った精神上の苦痛を慰謝すべき義務がある」と判示しました。この「夫又は妻としての権利」というのは「貞操権」を別の言葉で表現したものと解されています。この判決は故意又は過失がある限りとしていますが，前提となった事実関係は過失によるものではないため，過失についての判示は傍論にすぎません。

　(b)　**最判平8・3・26民集50巻4号993頁**　　最高裁は，「甲の配偶者乙と第三者丙が肉体関係を持った場合において，甲と乙の婚姻関係がその当時既に破綻していたときは，特段の事情のない限り，丙は，甲に対して不法行為責任を負わないものと解するのが相当である。けだし，丙が乙と肉体関係を持つことが甲に対する不法行為となる……のは，それが甲の婚姻共同生活の平和の維持という権利又は法的保護に値する利益を侵害する行為ということができるからであって，甲と乙との婚姻関係が既に破綻していた場合には，原則として，甲にこのような権利又は法的保護に値する利益があるとはいえないからである」と判示しています（「甲」「乙」は判例集における記載であり本設問とは逆です）。

　この判決は，第三者による不法行為の対象を，従来の「夫又は妻としての権利」から「婚姻共同生活の平和の維持という権利又は法的保護に値する利益」へと変更することにより，第三者による被侵害利益の法的性質を明確にし，不貞行為の相手方の不法行為が認められることを前提としながらも不貞行為時に婚姻関係が破綻している場合には，婚姻共同生活の平和の維持という保護すべき権利又は利益がなく，不法行為は成立しないことを明確にしま

（注8）　水野紀子「夫と同棲した女性に対して妻または子から慰謝料請求ができるか」法協98巻2号291頁。

（注9）　原田直子＝二宮周平「貞操概念と不貞の相手方の不法行為責任」ジェンダーと法10号96頁以下。

した。

(c) **最判平31・2・19民集73巻2号187頁**　乙が丙に対し，甲との不貞行為が原因で離婚し，精神的苦痛を被ったと主張して不法行為に基づき離婚に伴う慰謝料の支払を求めた事案につき，「夫婦が離婚するに至るまでの経緯は当該夫婦の諸事情に応じて一様ではないが，協議上の離婚と裁判上の離婚のいずれであっても，離婚による婚姻の解消は，本来，当該夫婦の間で決められるべき事柄である。したがって，夫婦の一方と不貞行為に及んだ第三者は，これにより当該夫婦の婚姻関係が破綻して離婚するに至ったとしても……直ちに，当該夫婦を離婚させたことを理由とする不法行為責任を負うことはないと解される。第三者がそのことを理由とする不法行為責任を負うのは，当該第三者が，単に夫婦の一方との間で不貞行為に及ぶにとどまらず，当該夫婦を離婚させることを意図してその婚姻関係に対する不当な干渉をするなどして当該夫婦を離婚のやむなきに至らしめたものと評価すべき特段の事情があるときに限られるというべきである」と判示し，不貞行為が発覚した頃に不貞関係は解消されており，離婚成立までの間に上記特段の事情があったことは窺われないとして離婚自体による慰謝料請求を棄却しました。この事案は，離婚原因慰謝料（不貞行為の慰謝料）が時効消滅していたため，第三者に対して離婚自体慰謝料の請求が可能かどうかが問題になったものです。不貞行為の慰謝料について判断した(a)及び(b)判決とは異なり，最高裁が，従前見解を示してこなかった不貞行為の相手に対する離婚自体慰謝料の請求の可否という問題について初めて判断したものです。(c)判決以前には東京高判平10・12・21判タ1023号242頁があります。同判決は配偶者と第三者が婚姻破綻前から同棲を開始し，その後も継続したことから離婚に至ったという事案につき，不法行為に基づく離婚自体慰謝料の支払を命じています。

(d) **小　括**　以上のとおり，離婚原因慰謝料について(a)の判決は，第三者が故意又は過失がある限り慰謝料支払義務を負うとし，第三者の責任の成立要件として格別制限をしていなかったのに対し，離婚自体慰謝料について(c)の判決は，離婚原因慰謝料と離婚自体慰謝料とが別個のものであることを前提に，慰謝料の支払を求める配偶者は，婚姻関係の破綻の事実に加えて，特段の事情（①当該夫婦を離婚させることを意図していたこと，②その婚姻関係に対する不当な干渉をするなどしたこと，③離婚のやむなきに至らしめたこと）についての立証を要するとしたものです。(c)の判決の「……するなどして当該夫婦

を離婚のやむなきに至らしめたものと評価すべき特段の事情」という記載形式からすれば，例えば，乙に対する害意（もっぱら「精神的苦痛を与える意図」）を有していたことや，丙が「欺罔行為，暴力行為，強迫等」により甲と不貞行為に及んだことなども特段の事情といえるのではないでしょうか[注10]。この「特段の事情」の法的位置づけですが，「配偶者たる地位」「法的婚姻関係の維持」という被侵害権利・法益との関係で権利侵害行為の態様及び主観的要件の加重が図られたものとする見解[注11]もあります。しかし，上記判決が説示するとおり婚姻の解消は夫婦間で決められるべき事柄であり，甲及び乙の自由意思が介在しているため，通常は「丙による甲との不貞行為」と「甲乙の離婚」との間には相当因果関係を認めがたいとしても，特段の事情が認められる場合には，甲乙の離婚意思の形成に丙の意思及び言動等が決定的原因を及ぼし，離婚を決意させたものと評価し得るとの観点から，(c)の判決は相当因果関係の問題として位置づけていると解すべきではないでしょうか[注12]。

(3) 判例の動向

　以上のとおり，①乙の丙に対する慰謝料請求は，個々の不貞行為による離婚原因慰謝料とは別に，離婚自体慰謝料を問題にすることが可能であること，②「夫又は妻としての権利」から「婚姻共同生活の平和の維持という権利又は法的保護に値する利益」へと被侵害利益の法的性質を改めたこと，③離婚自体慰謝料の支払を求める配偶者は，婚姻関係破綻の事実に加えて，前記特段の事情についての立証を要することなどが明らかになりました。

　なお(2)(c)の判決は，離婚自体慰謝料に係る不法行為の成立要件を厳格に解していますが，今後，同(a)の判決のような離婚原因慰謝料（不貞行為慰謝料）についても不法行為の成立要件を厳格に解し，特段の事情が認められる場合に限り，不法行為の成立を認める方向に展開する可能性もあり得ます（(a)

(注10)　島津・前掲（注6）の指摘参照。
(注11)　潮見佳男「不貞相手である第三者に対する離婚慰謝料の請求の可否」家判24号118頁。
(注12)　前掲(a)最判昭54・3・30は，父親が不貞行為の相手と同棲するに至ったことにより監護，教育，愛情等の利益を侵害されたとして未成年の子が相手方に慰謝料請求した事案につき，相手方が害意をもって父親の子に対する監護等を積極的に阻止するなど特段の事情のない限り，相手方の行為は未成年の子に対して不法行為を構成しないとし，その理由として，父親の子に対する監護等は，他の女性と同棲するかどうかに関わりなく，父親自らの意思によって行えるのであるから，子が被った不利益と相手方の行為との間には相当因果関係はなく，これが認められるためには特段の事情を要する旨明示しています。父親の意思と夫婦の意思という相違はありますが，両判決とも「自由意思」を重要な要素として位置づけ，かつ利益状況も類似していますから，前掲(c)最判平31・2・19の「特段の事情」も相当因果関係の問題として理解すべきではないでしょうか。

の判決は過失も問題にしていますが，同部分が傍論にすぎないことは既に述べたとおりです。）。

3 慰謝料請求訴訟で問題となる事項

以下，慰謝料請求する際の留意事項について具体的に述べます。

(1) 不貞行為の立証

不貞行為の事実は，慰謝料を請求する乙に立証責任があります。甲と丙が不貞行為を認めている場合は別として，直接証拠を入手することは困難です。そこで，乙は，不貞行為を推認させる間接事実に基づき不貞行為の事実を立証することになります。例えば，①ラブホテルへの出入りを撮影した画像データ，②興信所の調査報告書(注13)，③ラブホテル等の領収書（鞄，財布中から発見されることもあります。），④外出時の避妊具の携帯，⑤理由なき外泊・休日の外出，虚偽の出張，⑥甲の携帯電話やパソコンの不貞を裏づけるメール等，⑦甲のパソコン内に保存されている画像データ（交際の様子を保存），⑧丙宅の駐車場に甲の車両が一晩中駐車していたこと（丙宅への宿泊事実），⑨高価な装飾品等を購入した領収証やカードの利用明細，⑩丙のアパート等の管理人に対する照会（以前と違って協力を得られないことが多いでしょう。）などがあります。これらの資料がすべてそろう必要はありませんが，多角的な間接事実の立証が必要です(注14)。

(2) 婚姻関係の存在と故意，過失

乙が丙に慰謝料請求する場合，丙において甲が既婚者であることを知っていたか又は知らなかったことに過失があることを立証する必要がありますが，婚姻関係の存在は戸籍全部事項証明書により容易に立証できます。甲が婚姻関係を立証すると，婚姻生活の平和の維持という法的保護に値する利益

(注13) 興信所の調査は多額の費用がかかることがありますし，調査内容も千差万別ですので選択に際しては慎重に検討すべきです。筆者の扱った案件では，興信所の調査費用が慰謝料額をはるかに超える事案が複数ありました。報告書でラブホテルに入った画像が証拠提出されると不貞を自白するのが通例ですが，外形的事実は認めたうえ，ラブホテル内で「会社の伝票整理をしていた」「唐揚げパーティをしていた」「具合が悪く休んでいた」などと，苦し紛れの弁解をしたケースもあります。

(注14) 実際の訴訟では，種々の資料を準備していながらそのすべてを事前に提出せず，人証調当日の法廷で「後に提出する甲第○号証を示す」などとして新証拠を提出することがあります。事前に提出すると相手方に弁解の準備をされて効果が弱まると考えてのことでしょう。しかし，事前に提出したとしても，自白するか，不自然・不合理な弁解・態度に終始せざるを得ないものです（前掲（注13）参照）。むしろ早期の提出により，裁判所も心証を固めることができて本人尋問が不要になることもありますし，早期の和解が期待できる場合もあります。また，当該証拠を事前に提出しないと「時機に後れた攻撃防御方法」の提出である（民訴157条・167条）として証拠採用について異議が提出されることもありますので，その危険を回避するためにも早期に提出しておくのがよいでしょう。

272 第6章 離婚に関する慰謝料 第2 第三者に対する損害賠償請求

が認められるため，少なくとも丙には甲乙間の婚姻関係を知らなかったことにつき過失があると事実上推定される傾向があります。これに対し，丙は「甲から独身との説明を受けて信じたのであるから故意及び過失はない」などと主張することになります。男女交際に際して戸籍全部事項証明書の提示が不要なのは当然ですから，例えば，信頼できる第三者の紹介による見合いであるとか，甲が丙よりも相当に高齢であるなど独身性を疑うべき事項はなかったとかの事情により反証可能な場合もあります。しかし，結婚を前提に交際が継続しているのに，その後の進展（例えば，親族顔合わせ，指輪交換，結納，式場予約等）がなく，この点につき，甲から合理的な説明がなければ，丙は甲が独身かどうかを疑ってしかるべきです。そうすると，丙が漫然と交際を継続した場合，特定の時点から甲が独身であると信じることについて過失があると判断されることもあるわけです(注15)。

　結局，結婚を前提とする交際であろうと，単に男女関係を目的とする交際であろうと，遅かれ早かれ乙は，甲と丙の不貞行為を裏づける資料を入手し，丙の連絡先・住所を突き止め，甲及び丙に不貞行為を質し，不貞行為を抗議・中止を申し入れるのが通例です。丙は，乙から申入れを受けた以降，遅くとも甲との関係が不貞行為に当たることを知ったことになるわけです。そうすると，その後の関係の継続は，特段の事情のない限り，不法行為に該当することになります。

(3) 婚姻関係破綻の立証

　不貞行為が不法行為に該当するのは，前掲最判平8・3・26のとおり「婚姻共同生活の平和の維持という権利又は法的保護に値する利益」が侵害されるためですから，不貞行為時に既に婚姻関係が破綻していた場合には，この権利又は利益の侵害は生ぜず，不法行為は成立しません。したがって，丙は，①不貞行為の当時，婚姻関係が既に破綻していたこと，②婚姻関係が破綻していなかったとしても，既に婚姻関係が破綻していると信じ，そのことに相当な理由があることのいずれかを立証することになります。

　(注15)　信じられないような事案がありました。甲は乙と円満な家庭生活を送っていました。甲は親友に結婚相手を紹介しようと考えていたところ，取引先からも婚活中の丙に良い相手がいたら紹介してほしいと頼まれました。甲は，紹介に先立って丙と面会したところ，一目惚れしてしまいました。甲は，独身を装って丙と交際を続け，丙の両親にも挨拶して結婚を申し込み，披露宴会場等を予約して招待状も作成しました。当日丙側の親戚一同・友人は出席しましたが，当然甲側は本人以外誰も現れず，ここに至り，既婚者であることを漸く告白しました。丙は，甲の両親に会っていませんが（甲は丙に両親が事故で死亡した旨説明），丙に過失がないことはいうまでもありません。

(a) **婚姻の破綻事実を基礎づける事情**　　婚姻関係の客観的な破綻を推認させる間接事実としては，①別居（家庭内別居を含む。），②外泊の頻度，③性交渉なし，④夫婦間の日常会話がない，⑤夫婦喧嘩の程度・態様（原因・口論・暴力の有無），⑥専業主婦（主夫）の場合に配偶者のための家事（食事の提供，洗濯等）を放棄，⑦生活費の供与の事実（同一の家計）がないこと，⑧家族旅行・食事等の外出がないこと，⑨冠婚葬祭等を含めて相互の実家訪問・交流がないこと，⑩離婚話が出ていること，⑪夫婦関係調整・離婚調停の申立てや離婚訴訟の提起ないし予定，⑫離婚届に署名・交付，⑬周囲に離婚意思を表明，⑭相当期間にわたる家出ないし実家等に身を寄せていること，⑮別居のための転居先を確保，⑯日常的な暴力，DV による保護を求めた事実などを総合して判断することになります。もっとも，例えば，家事分担，婚姻費用の分担，寝室を別にすることは共働き夫婦か専業主婦（主夫）かによっても異なります。⑪の夫婦関係調整の調停は離婚を前提とする場合もありますし，離婚調停の取下げは離婚意思がなくなり，やり直す意思を抱いたなどと考えることも早計です。これらの事由は事案に応じて意味合いが異なることに留意する必要があります。また，婚姻の破綻が認められても，有責配偶者の離婚請求の是非が問題になることはいうまでもありません。

(b) **婚姻が破綻していると信じるにつき相当な理由**　　甲が丙に対し，乙との婚姻関係が破綻しており，離婚後に結婚してほしいなどと述べている場合，甲が既婚者であることを熟知している丙がこれを信じたことにつき相当理由があるというためには，甲に夫婦関係の実情を確認したり，離婚の予定時期，調停ないし訴訟状況等の進捗状況について質し，状況によっては，訴状や調停申立書の写しの交付ないし提示を求める必要がある場合もあり得るでしょう。その際，甲から離婚手続の進捗状況につき具体的な説明があり，丙が甲の実家を挨拶のために訪問した際の甲や家族の態度に不自然な点がみられないこと，甲が丙の実家を訪問して親に挨拶をしたこと，あるいは双方の親を含めた家族顔合わせが行われたこと，結納・婚約指輪等の交換，衣装合わせ，結婚式・披露宴会場を探したり，予約をしたことなどの事情がある程度存在すれば，婚姻関係が破綻しており，まもなく離婚すると信じるについて相当理由があるといえるでしょう。しかし，丙が甲に乙との婚姻関係破綻の実情や離婚手続の進捗状況につき確認しなかったり，確認した際に甲が曖昧な態度に終始しているのにそのまま放置したり，上記のような結婚に向けての経過が伴わない場合には，婚姻関係が破綻していると信じ

たとしても，特段の事情がない限り，相当な理由があるとはいえないでしょう。また，甲が丙に「独身である」と述べていたのに，既婚者であることが発覚するや，婚姻関係が破綻しており離婚予定であると言い出した場合も，甲は独身という重要事実につき虚偽説明をし，既婚者であることを隠蔽していたわけですから，丙は婚姻関係の破綻について疑いを抱くべきです。しかるに丙が甲との交際をそのまま継続したとすれば，婚姻関係の破綻を信じたとしても過失があるといわざるを得ないでしょう。

4 慰謝料算定の方法

離婚原因（不貞行為）慰謝料額は，甲及び丙の背信性，悪質性及びこれによる乙の精神的苦痛を考慮し，具体的な事案ごとに判断しますが，算定にあたって考慮すべき慰謝料額算定を基礎づける事実としては以下のようなものがあります。なお，離婚自体慰謝料については，配偶者の地位喪失による不利益を考慮して増額を検討すべきことは既に述べたとおりです（第1［設問2］**2**）。

① 不貞行為の動機等

甲が乙と離婚して丙と再婚する意思であったか，単なる浮気心によるものかによっても異なります。乙の正当な理由のない性交拒否に起因する不貞行為かどうかを斟酌すべき場合もあるでしょう。

② 期間及び回数

不貞行為の期間・回数が長期・多数回に及ぶと加算要素になります。

③ 不貞発覚後の態度，中止，継続の有無

不貞行為が判明ないし発覚するや関係を打ち切ったか，継続したか，不貞行為をしない旨を誓約しながら継続したかなどにより慰謝料額は影響を受けます。

④ 婚姻関係の破綻の有無・程度，離婚の有無

不貞行為開始当時，円満な婚姻関係にあったか，婚姻関係の破綻はないが円満を欠いていたかという夫婦の実態も問題になります。円満な婚姻関係が破綻して離婚に至ったときは大きく斟酌されます。

⑤ 不貞行為の周知範囲

両親や子どもにも知られて家族の平穏が乱れたり，近隣等にも知れ渡った場合には慰謝料額の増額事由になり得ます。

⑥ 婚姻期間の長短

婚姻時から不貞行為時までの期間が長いほど慰謝料の増額事由となりま

設問　離婚原因に関わった第三者に対する損害賠償請求　　275

す。婚姻期間が長いほど夫婦の関係は強固・安定していたといえるのにこれが侵害されたことになるからです。

⑦　婚外子の誕生・認知

不貞行為の過程で，子をもうけた場合には慰謝料の増額要素になり得ます。わが子と信じて長年監護養育していたのに，不貞行為により妻が懐妊した子であると判明したときは，夫にとっては長年騙されてきたという意識と相まって慰謝料請求の増額事由となり得ます。夫が不貞行為でもうけた子を認知した場合，妻の慰謝料の増額事由になり得ます。

⑧　不貞行為による経済的出費

不貞行為のための高額のホテル代，旅行代等を負担，丙の居住マンションを購入・賃借，丙に生活費を渡すなどした場合はもとより，その結果，乙に手渡す生活費等を減額した場合には，なおさら慰謝料額の増額事由となり得ます。

⑨　慰謝料の支払

甲，丙の乙に対する責任は，次に述べるとおり共同不法行為であり不真正連帯債務であるため，既払分が控除されます。

5　甲及び丙の乙に対する責任と免除

(1)　共同不法行為の成立と慰謝料額

乙は，甲及び丙の不貞行為により婚姻関係が破綻し，離婚を余儀なくされた場合，両者に対し，共同不法行為（民719条）に基づく損害賠償を請求できます。この場合，乙が①甲に対し離婚とともに慰謝料等を請求する手続は人事訴訟であるのに対し，②丙に対し慰謝料を請求する手続は民事訴訟ですから両者は異種の手続です。そうすると，民事訴訟法136条の要件を満たさないことになりますが，不貞行為に係る部分については，その請求の原因である事実に共通・関連する部分があるため，①②を併合して家庭裁判所に提訴することができます（人訴17条1項）。そこで，①が家裁に継続している場合に②を家裁に提起することも可能であり（同条2項），両者は併合審理されます。不貞行為に絡んで慰謝料の支払を求めて提訴する場合には，地方裁判所に甲と丙を共同被告として慰謝料を請求するケース，家裁に離婚訴訟を提起し，甲及び丙を共同被告として慰謝料を請求するケース，地裁に甲ないし丙を個別の被告として慰謝料を請求するケース，家裁に甲を被告として離婚訴訟を提起して慰謝料の支払を求め，地裁に丙を被告として慰謝料を請求するケースなどがあり，単独被告となる場合と共同被告となる場合があります。

276 第6章 離婚に関する慰謝料 第2 第三者に対する損害賠償請求

　甲と丙には乙に対する共同不法行為が成立し，離婚原因慰謝料や離婚自体慰謝料（特段の事情が前提）につき，乙に対して不真正連帯債務を負うことになります。不真正連帯債務のため，平成29年法律第44号による改正民法の前後を通じ，乙が甲に対する慰謝料の支払義務を免除しても，その免除は相対的効力事由であり，乙は丙の責任を追及することができます(注16)。

　このように共同不法行為である以上，甲，丙の損害賠償責任を追及する場合，甲と丙のいずれが主導して不貞行為に陥ったとか，積極的であったとかを審理する意味はありません。これらの事情は甲，丙の内部分担の問題にすぎないからです。甲，丙間では，共同不法行為に係る加功の程度，違法性・責任の大小等に応じて内部分担が割り振られるので，裁判所は，主導的であった側に内部分担の割合を多めに認め，求償金の支払を命じることになります。なお，乙による甲及び丙に対する慰謝料請求訴訟を分類すると，観念上は離婚原因慰謝料及び離婚自体慰謝料の組合せにより種々の訴訟形態が想定されます。甲ないし丙が単独で被告となるときは，担当裁判官及び訴訟資料等も異なりますので，不貞行為による慰謝料を請求する場合でも，両者の慰謝料額が同一金額になるとは限りません。また，甲及び丙が共同被告の場合でも，不貞行為については共同不法行為が成立するが，離婚自体については丙の不法行為は成立しない場合（不貞行為以外の事由が離婚の決定的事由であるとか，前記特段の事情がないケース）もありますので，甲及び丙が支払うべき慰謝料額に差が生じることもあります。

(2) 免除の効力

　最判平6・11・24裁判集民173号431頁は，甲乙間の離婚調停条項に「本条項に定めるほか名目の如何を問わず互いに金銭その他一切の請求をしない」旨の清算条項がある場合の丙の責任につき，原審が慰謝料の支払義務の免除を認めたのに対し，最高裁は，同条項の内容から丙に免除の効力を及ぼす意思は窺えないこと，調停成立から4か月未満で丙を提訴するなど，乙には丙の債務を免除する意思はないことを理由に破棄しました。この判決は，甲乙間の合意内容や乙が丙を提訴した時期によっては，合意の当事者ではない丙に免除の効力が及ぶと解する余地があることを前提にしていますので留意が必要です。

6 その他の関連問題（消滅時効，権利の濫用，既判力・信義則違反）

(1) 継続的な不貞行為と消滅時効の起算点

(注16)　最判昭48・2・16民集27巻1号99頁参照。

設問　離婚原因に関わった第三者に対する損害賠償請求　277

　不貞行為等の加害行為と損害が継続して発生する事案につき，時効の起算点を被害者が加害者及び損害を知った時点と解すると，加害行為が継続しているのに損害賠償請求権が時効消滅することになり不合理です。最高裁は，不貞行為の相手方に対する慰謝料請求の事案につき，消滅時効は日々発生する損害につき被害者が知った時から各進行すると説示しています(注17)。各有責行為ごとに不法行為が成立し，各3年で時効消滅すると解したわけです。

(2)　権利の濫用

　最判平8・6・18家月48巻12号39頁は，夫婦（甲乙）間での離婚話は一切なかったのに，甲が丙に対し，夫婦仲が冷めており離婚して結婚したい旨を申し向け，これを信じた丙と不貞関係に陥ったところ，乙が丙に高額の慰謝料等の支払を求め，甲も丙に暴力を加え，乙と共に丙に金銭の支払を要求するなどの嫌がらせをした事案について，乙の丙に対する不貞行為を理由とする慰謝料請求は信義則に反し，権利の濫用として許されない旨判示しました。

　この点，離婚自体慰謝料の事案である前掲最判平31・2・19の考え方を個々の有責行為に係る慰謝料（離婚原因慰謝料）についても同様に採用し，乙において，丙が甲乙を離婚させることを意図してその婚姻関係に対する不当な干渉を行ったなどの特段の事情を立証しなければ，乙の丙に対する慰謝料請求を認めないというような解釈が可能であれば，権利の濫用を持ち出すまでもないことになります。

(3)　既判力・信義則違反

　乙が甲及び丙に不貞行為を理由として慰謝料を請求し，勝訴ないし敗訴判決確定後，離婚訴訟において再度甲及び丙に離婚自体慰謝料を請求した場合に前訴と後訴との関係が問題となることがあります。

　(a)　広島高判平19・4・17家月59巻11号162頁　乙が，甲及び丙に対し，不貞行為による離婚原因慰謝料の支払を求め，一部勝訴判決確定後に離婚訴訟を提起し，甲及び丙に対し，不貞行為により離婚を余儀なくされたとして離婚自体慰謝料の支払を求めた事案です。この判決は，前訴は不貞行為による慰謝料請求（離婚原因慰謝料），後訴は離婚自体慰謝料の請求であるから訴訟物を異にするとして前訴の既判力は後訴に及ばないとしました。しかし，前訴の口頭弁論終結時までには婚姻関係が破綻し，回復可能性はなかったこと，前訴では当該事実関係を前提として慰謝料額を判断したこと，後訴

　(注17)　最判平6・1・20裁判集民171号1頁，大判昭15・12・14民集19巻2325頁。

で請求可能なのは破綻した婚姻関係を法的に解消したことによって被る新たな精神的苦痛のみであるがこれを認めがたいとして離婚自体慰謝料を認めませんでした。この判決は，後訴による慰謝料算定の事情として前訴の慰謝料算定の経過を考慮していますが，配偶者の地位喪失による慰謝料（第1［設問2］2）を考慮すれば，離婚自体慰謝料を認める余地もあったとの考えもあるかと思われます。

　　(b)　東京高判平21・12・21判タ1365号223頁・判時2100号43頁　　甲が不貞行為をして子を出産し，隠蔽を続けたため自己の子ではないとは知らずに監護・養育させられたことなどにより婚姻関係が破綻したとして，乙が離婚及び離婚慰謝料の支払を求め，その勝訴判決確定後，別途，乙が自己の子とは知らずに監護・養育したことについて慰謝料を請求した事案です。判決は，前訴で主張した不法行為を基礎づける事実を後訴でも再度主張するものであり，紛争の実態は実質的に同一であるから既判力に抵触するほか，審理を尽くして決着した紛争を蒸し返すもので信義則に反して許されないとしました。前訴で離婚と離婚慰謝料に係る勝訴判決が確定しているのに，その離婚慰謝料と同一の主張をして慰謝料の支払を求める点が問題視されたものと思われます。

(4)　不貞行為の相手方から不貞配偶者に対する慰謝料請求の可否

　甲が妻子ある男性であることを知りながら，不貞行為の相手方になった丙が甲に慰謝料請求できるでしょうか。

　最判昭44・9・26民集23巻9号1727頁は，女性が男性に妻のあることを知りながら情交関係を結んだとしても，情交の動機が主として男性の詐言を信じたことに原因している場合で，男性側の情交関係を結んだ動機，詐言の内容程度及びその内容についての女性の認識等諸般の事情を斟酌し，女性側における動機に内在する不法の程度に比し，男性側における違法性が著しく大きいものと評価できるときには，貞操等の侵害を理由とする女性の男性に対する慰謝料請求は許されるというべきであり，このように解しても，民法708条に示された法の精神に反するものではないと判断しました。

　この判決は，男女関係には多種多様な類型があることをふまえ，両者の動機の不法の程度を比較衡量して要保護性の観点から実質的妥当性のある結論を導いたものです。その結果，①甲が詐術を用い，丙がこれを信じて情交関係に陥ったように主たる責任が甲にある場合には丙の要保護性が高いといえますが，②逆に丙が積極的であり，主導性を発揮した場合には丙の要保護性

設問　離婚原因に関わった第三者に対する損害賠償請求　279

はなく、③甲及び丙に同程度の帰責性がある場合にも丙の要保護性はないということになると解されます。

(5) 既婚夫婦（甲乙，丙丁）間の特殊な例

　不貞行為の各当事者が既婚者の場合，乙が丙に慰謝料請求すると，丙の配偶者丁も対抗して甲に慰謝料請求することがあります。各婚姻関係がいずれも破綻しておらず，甲乙，丙丁も各婚姻関係を継続する意思がある場合，筆者は，乙の請求と丁の請求は，①当事者は異なるが，各家計からするとプラスマイナスゼロになる可能性もあること，②審理の過程で乙や丁が知らなかった事実（甲と丙の不貞行為の詳細，乙や丁の悪口等）が新たに発覚し，やり直す意思があるのに各婚姻生活に悪影響を及ぼしかねないこと，③親族，知り合いが傍聴に来た場合には思わぬ事態に発展する可能性もあり得ることなどの問題点や可能性を説明し，紛争の早期解決を提案していました。そうすると，最終的には，乙及び丁が各訴えを取り下げたり，各請求を放棄するか，甲・乙，丙・丁（当事者・利害関係人）が出頭し，裁判上の和解により，同額の解決金の支払を認め合ったうえ，四者で相殺する旨の合意をした例がありました。和解の席上，甲及び丙が乙及び丁に各謝罪し，今後直接的であると間接的であるとを問わず，一切交際しないこと，相互に正当な理由なく，第三者に和解内容を口外しないことを確認する旨の条項を入れていました(注18)。

(注18)　乙が不貞行為の相手方丙を被告として慰謝料請求することは当然の権利ですが，以下の点に留意する必要があります。訴訟では陳述書の提出に加え，本人尋問が実施されるのが通例ですが，乙に離婚意思がなく婚姻関係の修復を希望する場合，陳述書の提出や本人尋問の結果，甲による乙の悪口や丙に述べた甘い言葉等が飛び出し，婚姻関係の再構築の支障になることがあります。また，乙が甲との婚姻生活の修復を希望することは，乙が甲を宥恕していることにほかならず，乙の丙に対する慰謝料額にも限度があること，丙は乙に慰謝料を支払うと，共同不法行為者の甲に一部求償できるため，家計からみると最終的な金額はさらに低額になること，丙が甲に求償金請求の訴えを提起すると，当該訴訟の中で前記同様の婚姻関係の再構築の支障になることなどを考慮すると，乙が丙に慰謝料請求をするかは慎重に検討すべきことになります（不貞行為について争いがないときは，早期の和解勧告が有益ということになります。）。

280　第6章　離婚に関する慰謝料　第2　第三者に対する損害賠償請求

文例19　不貞行為に係る慰謝料支払契約等公正証書

──事例──

　夫甲の不貞行為が原因で離婚することになりました。妻乙が不貞行為の相手
方丙に対し慰謝料を請求し和解が成立しました。どのような合意書を作成した
らよいですか。

──文例──

不貞行為に係る慰謝料支払契約等公正証書

第1条（陳謝条項）

　　丙は，乙に対し，甲と乙が婚姻した夫婦であることを知りながら，
令和○年○月○日頃から令和○年○月頃までの間，甲と不貞行為を繰
り返し，甲と乙間の婚姻関係を破綻させ，その結果，協議離婚をやむ
なきに至らしめたことにより多大な精神的苦痛を与えたことを認め，
心から陳謝する。

第2条（慰謝料の支払）

1　丙は，乙に対し，前条の不法行為による慰謝料として金○○万円の
　支払義務のあることを認める。

2　丙は，乙に対し，前項の金員を次のとおり分割して毎月末日限り，
　乙の指定する金融機関の預金口座に振り込んで支払う。振込費用は丙
　の負担とする。

　⑴　令和○年○月から令和○年○月まで　　毎月金○万円ずつ

　⑵　令和○年○月　　金○万円

第3条（期限の利益の喪失）

　　丙が前条第2項の分割金の支払を怠ったときは，何らの支払催告が
なくとも，当然に期限の利益を喪失し，丙は，乙に対し，前条第1項
の金○○万円から既払金を控除した残額及びこれに対する期限の利益
を喪失した日の翌日から支払済みまで年3％の割合による遅延損害金
を支払う。

第4条（強制執行認諾条項）

［文例19］　不貞行為に係る慰謝料支払契約等公正証書　281

　　丙は，本証書記載の金銭債務を履行しないときは，直ちに強制執行
　に服する旨を陳述した。
第5条（清算条項）
　　乙と丙は，本証書に記載するほか，他に何らの債権債務のないこと
　を相互に確認する。

説　明

1　第1条
　第1条は，不貞行為についての陳謝条項です。必ず入れなければならない
というわけではありませんが，丙が不貞行為を認めている場合には，どのよ
うな性質の慰謝料かを明らかにするために入れたものです。

2　第2条
　第2条1項は確認条項，2項は分割返済の給付条項です。

3　第3条
　第3条は，1回でも支払を怠れば当然に期限の利益を喪失し，遅延損害金
を含めて一括払する旨の給付条項です。

4　第4条
　第4条は，強制執行認諾条項です。例えば，金銭の支払約束をする確認条
項が相当数ある場合には，当事者の誤解を招かないようにするため，強制執
行認諾条項の範囲を特定する方が無難です。そのようなときは「第2条第2
項及び第3条の金銭債務を履行しないときは，直ちに強制執行に服する旨を
陳述した。」と特定して記載する例もあります。

5　第5条
　第5条は，清算条項です。公正証書の作成時に存在する法律問題について
すべて解決したものとする確認条項です。

第7章

養育費

第1 養育費等

▶設問1　養育費の法的性質・支払方法

　養育費はどのような法的根拠に基づいて請求できるのですか。また，養育費を請求するには，どのようにしたらよいのでしょうか。

解　説

1　親の子（未成熟子）に対する扶養義務

　父母が婚姻中に婚姻共同生活を営む中で子を監護する場合，子の養育・教育のための費用（養育費）は，婚姻費用に含まれると解されているため（第2章第1［設問1］2参照），監護親から非監護親に対して婚姻費用の分担として請求することができます（民760条）。婚姻費用は，夫婦及び子を構成員とする婚姻生活共同体を維持するための費用であり，生活保持義務（自分と同一程度の生活を相手に保持させる義務）を前提としています。父母の子に対する扶養義務の性質は，夫婦間の扶養義務と同様に生活保持義務であり，父母の婚姻生活が破綻し，別居又は離婚に至った場合であっても，この性質が変わることはありません。

　なお，家族法制の見直しに係る「民法等の一部を改正する法律」（令和6年法律第33号）には，親子関係における父母の基本的な責務について，「父母は，子の心身の健全な発達を図るため，その子の人格を尊重するとともに，その子の年齢及び発達の程度に配慮してその子の養育をしなければならず，かつ，その子が自己と同程度の生活を維持することができるよう扶養しなければならない。」（改正民817条の12第1項）との規律が設けられており，親権を有するか否かにかかわらず，父母は，子との関係で特別な法的地位にあり，その責務内容の一つとして扶養義務を負っていること，その程度が生活保持義務であることが明確化されています。

　父母の離婚後は，親権者又は監護者から非監護者に対し，子の監護に関する処分として，子の監護に要する費用（養育費）の分担を請求することができます（民766条1項）(注1)。

　婚姻費用の分担及び養育費は，いずれも父母間で請求されるものですが，

これとは別に，子は父母に対し，扶養の請求をすることもできます（民877条）。民法877条が規定する親族間の扶養義務には，父母の子に対する扶養義務が含まれ，したがって，同条は，生活扶助義務（自分の生活を犠牲にしない限度で相手の最低限の生活扶助を行う義務）を規定するとともに，生活保持義務をも規定すると解されています（通説）(注2)。なお，民法877条に基づく子の扶養請求と，婚姻費用の請求（民760条）及び養育費の請求（民766条）とは，当事者を異にしており，どちらかに限定して申し立てなければならない性質のものではありません(注3)。

2 養育費支払義務の対象となる未成熟子

養育費支払義務の対象となる子は，自身の労力や資産で生活することが困難な未成熟子を指すと考えられています。未成熟子は，未成年であることが多いといえますが，未成年であっても，稼働能力があり，経済的に自立していると認められるときは，未成熟子といえない場合がありますし，成年年齢に達していても，病弱であることや大学進学等を理由として未成熟子とされる場合もあります(注4)。しかし，稼働能力がないことのみをもって，成年に達した子を未成熟子とすることは疑問であり，未成熟子かどうかは，経済的自立の有無だけではなく，父母の経済状況や社会的地位，高等教育を受けることについての義務者の同意の有無等の具体的事情を総合的に考慮して判断すべきです。

未成熟子に関するその他については第2章**第1 ［設問1］ 2**を参照してください。

3 養育費請求の手続

父母が離婚した後の養育費の請求は，子の監護に関する事項の一つとして，父母が協議によって定めることが原則です（民766条1項）。

しかし，協議が調わないとき，又は協議をすることができないときは，家庭裁判所に調停の申立てをすることができます（民766条2項，家事244条）。調停における話合いでも合意が成立しない場合は，調停不成立として調停事

(注1) 父母が婚姻中であっても，民法766条（類推適用）に基づく養育費の請求をすることは可能です。

(注2) 於保不二雄＝中川淳編集『新版注釈民法㉕親族(5)親権・後見・保佐及補助・扶養〔改訂版〕』（有斐閣，2004）770頁〔塙陽子〕。

(注3) 宇都宮家審昭50・8・29家月28巻9号58頁，東京家審昭54・11・8家月32巻6号60頁，京都家審平29・9・4家判17号61頁・判タ1451号116頁，大阪高決平29・12・15判タ1451号109頁。

(注4) 東京高決平29・11・9家判23号79頁・判タ1457号106頁。

件は終了しますが，養育費の請求は，家事事件手続法別表第2事件（家事別表第2の3項）であるため，調停申立ての時に審判の申立てがあったものとみなされ，審判移行します（家事272条1項・4項）。

養育費の請求は，相手方が最初から調停での話合いには応じようとしない頑なな態度であれば，調停手続を経ることなく審判の申立てをすることもできます。

また，調停手続において，当事者が養育費の額について積極的に争わないが期日を欠席し続けている場合や，対立する金額の差が僅少である場合，金額に納得しているものの，親族の反対等の事情から積極的に合意することを拒む場合など，相当と認められる場合には調停に代わる審判がされることがあります（家事284条）。調停に代わる審判は，当事者の異議の申立てによって効力を失い，審判に移行します（家事286条1項・5項・7項）。

なお，養育費の請求は，離婚訴訟等において，子の監護に関する処分として附帯処分の申立てによることができます（人訴32条1項・2項・4項）(注5)。判例は，別居後離婚までの子の監護費用についても，民法771条，766条1項が類推適用され，これを求める申立ては，人事訴訟法32条1項により，子の監護に関する処分を求める申立てとして，離婚請求を認容する際に，その当否について審理判断しなければならないとしています(注6)。

当事者の協議や調停，審判，判決等の手続によって養育費の額を定めるにあたっては，子の利益を最優先に考慮しなければなりません（民766条1項）。養育費の支払は，子に対する経済的・精神的な支えとなるものですから，子が未成熟子でなくなるまでの期間継続して行われることに大きな意味があります。また，子の年齢によっては，相当程度長期の支払になるため，家族構成や収入の変化，子の進学，健康状態等の事情の変更により，金額の増減の話合いが複数回必要となることもまれではありません。そのため，養育費の問題は，当事者の納得の下に合意によって解決することが望ましいといえます。このため，養育費の調停事件では，手続の早い段階で源泉徴収票等の収入に関する客観的資料の提出を求められ，提出された資料に基づいて算定表を活用して合意に向けた調整が行われていますし，審判事件においても，裁判官の心証開示の下での調停案の提示がされるなど，適時に適切な資料が提

（注5）　最判平元・12・11民集43巻12号1763頁。
（注6）　最判平9・4・10民集51巻4号1972頁，最判平19・3・30裁判集民223号767頁・家月59巻7号120頁。

出されることを前提として，合意による解決を目指した手続運営が図られています（第2章第1［設問1］4）。

なお，令和6年改正法には，資料提出に協力的でない当事者に対処するため，家裁は，養育費の分担に関する審判事件及び調停事件において，必要があると認めるときは，申立てにより又は職権で，当事者に対し，その収入及び資産の状況に関する情報の開示を命ずることができる旨の規定が設けられており（改正家事152条の2第1項3号・258条3項），情報開示を求められた当事者が，正当な理由なくその情報を開示せず，又は虚偽の情報を開示した場合は，10万円以下の過料に処せられることになります（改正家事152条の2第3項）。この情報開示命令の制度は，離婚訴訟等において，附帯処分として養育費の分担の申立てがされている場合にも認められています（改正人訴34条の3第1項・3項）。

4 養育費支払義務の始期と終期

養育費支払義務の始期と終期については，民法上これを規定する条文はありません。

(1) 始　　期

養育費支払義務の始期は，基本的に婚姻費用の場合と同様と考えることができます（第2章第1［設問1］6）。公平の観点から，請求時を原則とし，多くの場合，請求の意思が明確である調停・審判の申立ての時とされますが，これらに限定されるわけではありません(注7)。なお，前記3記載のとおり，判例は，別居後離婚までの子の監護費用について，民法771条，766条1項が類推適用されるとし，離婚訴訟の附帯処分としての申立てを認めています(注8)。

(2) 終　　期

終期については，養育費の支払が親の未成熟子に対する扶養義務の履行であることから，子が未成熟子ではなくなった時となります。未成熟子かどうかは，事案ごとに，子の経済的自立の有無や，父母の経済状況，社会的地位等の具体的事情を総合的に考慮して判断すべきであり，成年年齢に達しているかどうかの判断ではありません（第2章第1［設問1］2，前記2参照）。高学歴が一般化している現在では，実務上，成年に達した大学生でも未成熟子と

(注7)　大阪高決平16・5・19家月57巻8号86頁は，子について認知審判が確定した直後に養育費請求の調停申立てをした場合には，民法784条の認知の遡求効の規定に従い，子の出生時に遡って分担額を定めるのが相当としています。

(注8)　前掲（注6）最判平9・4・10，前掲（注6）最判平19・3・30。

して扱われることが珍しくありません（注9）。調停や和解等においては，養育費の終期を20歳とする例が多く，さらに，大学卒業を見込んで，22歳に達する年の翌年の3月までとする例もあります。

成年年齢の引下げ等を内容とする「民法の一部を改正する法律」（平成30年法律第59号）が令和4年4月1日に施行され，民法の定める成年年齢が20歳から18歳に引き下げられましたが（民4条），養育費支払義務の終期を子が未成熟子ではなくなった時と解する限り，法改正を終期の定めの変更事由とすることは相当ではありません。養育費支払義務の終期は，子の自立時期として期待される年齢が20歳であるという一般的な認識を前提として，父母の学歴，経済状況，子の能力，意欲等の個別具体的な事情を考慮した結果定められているのですから，法改正を理由として変更することはできないと考えられます。同様の理由で，改正前に「成年に達する月（又は成年に達する日の属する月）」を終期とした場合であっても，「成年」の意味は，法改正後も20歳と解することが相当です。高学歴が一般化している社会状況や，子の自立時期として期待される年齢が20歳であるという一般的な認識は，法改正後も変化しているとはいえませんから，前記のような養育費支払義務の終期に関する実務の考え方は，改正後も尊重されるべきでしょう（注10）。

5　令和6年改正による法定養育費に関する規律の新設

令和6年改正法は，父母が子の養育費の分担についての定めをすることなく協議離婚した場合に，離婚の日から①父母が協議で養育費の分担について定めた日，②養育費の分担に係る審判が確定した日，又は③子が成年に達した日（注11）のいずれか早い日までの間，離婚の時から引き続き子の監護を主として行う父母の一方が他方に対して，毎月末に，法定養育費の請求ができる旨規定します（改正民766条の3第1項本文）。そして，法定養育費は，「父母の扶養を受けるべき子の最低限度の生活の維持に要する標準的な費用の額その他の事情を勘案して子の数に応じて法務省令で定めるところにより算定した額」とされています。

なお，法定養育費の義務側の資力を考慮して，支払を請求される父母の一

（注9）　東京高決平22・7・30家月63巻2号145頁，前掲（注4）東京高決平29・11・9。
（注10）　司法研修所編『養育費，婚姻費用の算定に関する実証的研究』（法曹会，2019）51頁，佐藤康憲「成年年齢引下げに伴う家庭裁判所実務への影響と留意点」判例37号11頁。
（注11）　終期の一つとして「子が成年に達した日」が定められていますが，これは，法定養育費の終期に関するもので，父母の協議や審判で定められる養育費の終期について現行法の解釈や実務の運用に影響するものではないと解されています（法制審議会家族法制部会資料37-2・4頁）。

290　第7章　養育費　第1　養育費等

方は，支払能力を欠くためにその支払ができず，又はその支払をすることによって生活が著しく窮迫することを証明したときは，支払の全部又は一部を拒むことができます（改正民766条の3第1項ただし書）。また，家裁は，養育費の分担や変更の審判をする場合，法定養育費の支払義務を負う者の支払能力を考慮して，当該債務の全部もしくは一部の免除又は支払の猶予その他相当な処分を命ずることができるとされています（改正民766条の3第3項）。

　法定養育費の制度は，父母の協議による養育費の定めがない場合に対応し，これを補完する趣旨ですから，その額が後に定められる養育費の算定に影響するものではありません[注12]。

文例20　養育費の支払（毎月払）に関する合意

――事例――

子の養育費として毎月一定額を支払うとの合意ができました。どのような条項になりますか。

――文例――

養育費の支払（毎月払）に関する合意

第○条　甲は，乙に対し，甲乙間の長男A（平成○年○月○日生）及び長女B（令和○年○月○日生）の養育費として，令和○年○月からA及びBがそれぞれ満20歳に達する日の属する月まで，1人につき月額○○万円を，毎月末日限り，乙名義の○○銀行○○支店の普通預金口座（番号○○○○）に振り込む方法により支払う。振込手数料は，甲の負担とする。

―――――――――――――――――――――――――――――――――――――

（注12）　法制審議会家族法制部会資料32-2・14頁参照。

［文例21］　養育費の一括支払に関する合意　291

文例21　養育費の一括支払に関する合意

——事例——

　子の養育費を一括して支払うことはできますか。どのような条項になりますか。

——文例——

養育費の一括支払に関する合意

第○条　甲は，乙に対し，長男（長女）Ａ（令和○年○月○日生）の令和○年○月○日からＡが満20歳に達する月までの養育費として，○○万円を支払うこととし，これを，令和○年○月○日限り，乙名義の○○銀行○○支店の普通預金口座（番号○○○○）に振り込む方法により支払う。振込手数料は，甲の負担とする。

説　明

　養育費は，子の日々の生活を支えるものですから，月々の定期払とすることが原則です。しかし，義務者の将来の支払が期待できない，合意成立後は接触を断ちたいなどの理由から，将来の養育費を一括して支払う旨の合意が成立することがあります。この場合，合意成立後に，権利者の経済状況等の事情が変わる可能性があることや，権利者による一括金の浪費等の問題が生じることがありますから，合意成立にあたっては，当事者がこのような問題について十分に理解していることが重要です。また，将来の紛争に備えるため，文例のように一括金がいつからいつまでの養育費の総額であるのか明確にしておく必要があります。

292　第7章　養育費　第1　養育費等

文例22　養育費の信託合意

――事例――

　子の養育費を信託の方法により支払うことはできますか。その場合どのような条項になりますか。

――文例――

義務者甲が信託契約を締結する場合

第○条　甲は乙に対し，甲乙間の長男（長女）A（令和○年○月○日生）の令和○年○月からAが満20歳に達する日の属する月までの養育費として，○○万円を支払うこととし，この支払のために，令和○年○月○日限り，甲を委託者，Aを受益者とし，乙を契約解除同意者とする均等割給付金の受領を前提とした金銭信託契約を，○○信託銀行（受託者）との間において締結してこれを運用させる。

権利者乙が信託契約を締結する場合

第○条　甲は，乙に対し，甲乙間の長男（長女）A（令和○年○月○日生）の令和○年○月○日からAが満20歳に達する日の属する月までの養育費として，○○万円を支払うこととし，これを，令和○年○月○日限り，A名義の○○銀行○○支店の普通預金口座（番号○○○○）に振り込む方法により支払う。

第○条　乙は，前条の養育費を受領したときは，令和○年○月○日限り（受領の日から○日以内に），乙を委託者，Aを受益者とし，甲を契約解除同意者とする均等割給付金の受領を前提とした金銭信託契約を，○○信託銀行（受託者）との間において締結してこれを運用させる。

説　明

1 養育信託の意義

一括で支払われた養育費が子のために確実に支払われることを担保するために，養育信託を利用する方法があります。これは信託銀行が一括して支払われた養育費を預かり，運用しながら子に定期的に信託契約で定めた金額を支払っていくものです。一括して金員を受け取ると贈与とみなされ，贈与税が発生する危険性があるので，養育費を一括してもらった場合，信託銀行が扱っている養育信託にする方法をとることにより非課税とするメリットもあります。

受益者は，一括支払を受けた親がなる場合もありますが，子がある程度の年齢に達していれば，子が受益者になる場合もあります。この場合，信託監督人を指定，選任することも考えられます。

2 養育信託合意の法的性質

信託を成立させる旨の上記文例のような合意条項を作成しても，この合意条項で信託契約が成立するわけではありませんから，別途，委託者と受託者間での信託契約の締結が必要です。

▶設問2　養育費の変更

一度決めた養育費を変更することができますか。どのような事情があればできるのですか。

解 説

養育費は，一定期間継続的に支払われるものであるため，合意や調停・審判，判決等の手続によって定められた金額が，その後の事情の変更によって，生活実態に合わないものとなり，公平を欠くことになることがあります。このような場合は，養育費の増額又は減額を請求することができます（民766条3項・880条）。

合意や審判等によって定められた養育費が，事情の変更により増額・減額されるためには，①合意等の前提となった客観的事情が変化したこと，②事情の変更が当事者の予見又は予見し得るものではないこと，③事情の変更が当事者の責めに帰すべき事情により生じたものでないこと，④合意等で定められた金額の履行を強制することが著しく公平に反する場合であることを要

します(注13)。事情の変更と考えられる具体的事由としては，権利者・義務者の収入の増減等の経済状況の変化，子の進学，再婚や養子縁組等の家族構成の変動等があります(注14)。

　合意によって定められた養育費の額が，合意時の権利者，義務者双方の収入や子の人数・年齢等に照らして算定表による算定結果と大きく異なる場合に，それを理由として養育費の増額・減額が問題となることがあります。このような場合は，合意時の具体的事情に合った合理性のある合意額であったかどうかを確認したうえで事情変更の有無を判断する必要があります。合意額に一定の合理性がある場合は，現在の収入額等に基づいて算定表によって算定した結果との対比のみでは増額・減額の必要性やその額を決定することができません。これは，養育費が調停や和解，審判等で定められている場合も同様です。

　なお，成年年齢引下げに関する民法改正（平成30年法律第59号）が事情の変更に該当しないことについては，［設問1］4(2)，第2章第1［設問1］2を，改定算定表が事情の変更に該当しないことについては，第2章第1［設問1］7を，それぞれ参照してください。

文例23　子の進学に伴う養育費の増額の合意

——事例——

　子が高校又は大学に進学したときは，養育費を増額する旨の合意ができました。この場合の合意条項はどのようなものになりますか。

——文例——

子の進学に伴う養育費の増額の合意

(注13)　中山直子『判例先例親族法—扶養—』（日本加除出版，2012）295頁。
(注14)　福岡高決平26・6・30家判1号88頁・判タ1410号100頁，名古屋高決平28・2・19家判8号50頁・判タ1427号116頁，東京高決平28・7・8家判10号73頁・判タ1437号113頁，前掲（注4）東京高決平29・11・9，札幌高決平30・1・30家判23号60頁・判タ1459号110頁，千葉家佐倉支審平31・3・26判タ1473号66頁・判時2443号18頁。なお，事情の変更が否定された例として，福岡家審平18・1・18家月58巻8号80頁，大阪高決平19・11・9家月60巻6号55頁，東京高決平19・11・9家月60巻6号43頁，大阪高決平22・3・3家月62巻11号96頁。

第○条　相手方乙は，申立人甲に対し，甲乙間の長男（長女）A（平成
　○年○月○日生）が大学に進学したときは，Aが大学に入学した月か
　らAが卒業する月までの間，毎月○○万円を，前条の養育費に付加し
　て支払う。

▶設問3　養育費の算定方法

養育費はどのような基準で決められますか。

解　説

1　養育費の算定の基本的な考え方

⑴　算定表の考え方

　令和元年12月23日に，平成30年度司法研究（養育費，婚姻費用の算定に関する
実証的研究）の報告がされ，「標準算定方式・算定表（令和元年版）」が提案
されました。その詳細は，最高裁判所ホームページ（https://www.courts.go.jp/
toukei_siryou/siryo/H30shihou_houkoku/index.html）及び『養育費，婚姻費用の算
定に関する実証的研究』（法曹会，2019）に掲載されています。

　算定表の基本的な考え方は，第2章第1［設問1］5に記載したとおりで
あり[注15]，養育費の算定の過程に沿ってこれを整理すると，①義務者の世
帯の基礎収入を算定し，②義務者と養育費の対象となる子が同居する状態を
仮定したうえで，生活指数を基に子に配分される額を算定し，③算定された
子に配分される額を権利者と義務者の基礎収入に応じて配分して義務者が支
払うべき養育費を算出する，となります。

　算定表が利用される以前の算定方法との違いは，基礎収入の算定におい
て，実額ではなく統計等に基づく標準的な割合によって基礎収入を推計した
ところにあります。また，生活費指数についても，子一人ひとりの年齢を考
慮するのではなく，0歳から14歳，15歳以上の2区分とし，親，0歳から14
歳の子及び15歳以上の子の3区分に単純化しているところが異なります。

　基礎収入及び生活費指数の詳細については，第2章第1［設問2］1⑴及

（注15）　司法研修所編・前掲（注10）62頁。

び(2)に記載したとおりです。

改定算定表は，基礎収入割合を，給与所得者「54％から38％」，自営業者「61％から48％」とし，親の生活費指数を100とした場合の子の生活指数を，0歳から14歳「62」，15歳以上「85」としています。

(2) 養育費の算定

(1)記載の基礎収入割合によって算出される義務者（生活指数100）の基礎収入をX，権利者（生活指数100）の基礎収入をYとし，権利者が9歳（生活指数62）と15歳（生活指数85）の子を養育している場合の養育費の計算式は，以下のとおりとなります。

---

① 子に配分されるべき金額（A）

$$A = X \times \frac{62+85}{100+62+85}$$

② 義務者が支払うべき養育費（B）

$$B = A \times \frac{X}{X+Y} = \frac{62+85}{100+62+85} \times \frac{X}{X+Y}$$

算定表は，簡易迅速に標準的な額を算定するためのものであり，多くの場合，算定結果として表示されている額の幅（概ね2万円）の中で具体的な養育費の額が定められますが，特殊な事情が認められる事案では，公平の観点から，算定表による額を調整しなければならない場合もあります（後掲2参照）。

2 算定表使用上の注意点

(1) 総収入の認定等

①総収入の認定，②義務者が算定表の上限を超える高額所得者である場合，③私立学校等の学費等の加算については，第2章**第1** ［設問2］**2**(1)，(2)，(4)に記載するとおりです。

(2) 義務者が再婚した場合

(a) **義務者の再婚相手が無職で稼働能力がない場合** 義務者には再婚相手に対する扶養義務があるため，養育費の算定にあたり，再婚相手を含めた生活費指数によって義務者の基礎収入を配分します。生活保護基準によって算出される再婚相手の生活費指数は，「59」となります。

設問 3　養育費の算定方法　　297

　算定表を利用する場合は，再婚相手の生活費指数が15歳未満の子の生活費指数62に近いため，15歳未満の子2人の表3を利用します。しかし，この方法によると，再婚相手に対し扶養義務を負っていない権利者が，再婚相手の生活費の一部を負担することになり，計算による額より低額になるため，この点を理解したうえで算定表を利用する必要があります。

　再婚相手の生活費指数は「59」ですから，義務者（生活指数100）の基礎収入をX，権利者（生活指数100）の基礎収入をYとし，権利者が9歳（生活指数62）の子を養育している場合の養育費の計算式は，以下のとおりとなります。

---

　①　子に配分されるべき金額（A）

$$A = X \times \frac{62}{100 + 62 + 59}$$

　②　義務者が支払うべき養育費（B）

$$B = A \times \frac{X}{X + Y} = \frac{62}{100 + 62 + 59} \times \frac{X}{X + Y}$$

　(b)　義務者の再婚相手に収入（又は稼働能力）がある場合　　再婚相手に自身の生活を賄える程度の収入がある場合は，再婚相手の存在を考慮せず，算定表を利用することができます。

　義務者と再婚相手との間に子がいる場合は，再婚相手の収入を考慮し，再婚相手がその子に負担すべき養育費の分を除いた生活費指数を算出して算定表の考え方を使用する方法が考えられます。義務者の基礎収入X，再婚相手の基礎収入をZとし，義務者と再婚相手との子が15歳である場合の同人の生活費指数の計算式は，以下のとおりとなります。

　　義務者と再婚相手との間の子の生活費指数（B）

$$B = 85 \times \frac{X}{X + Z}$$

---

(3)　権利者が再婚した場合

　権利者が再婚し，監護する子と再婚相手が養子縁組をした場合，子に対

298 第7章 養 育 費 第1 養育費等

し，実親に優先して第一次的な扶養義務を負うのは，再婚相手である養親です[注16]。したがって，養親が無資力であるため，扶養義務を十分に履行できない場合に，実親が子に対する扶養義務を負うことになります[注17]。

(注16) 東京家審令元・12・5判タ1484号128頁・判時2480号6頁，東京高決令2・3・4判タ1484号126頁。
(注17) 福岡高決平29・9・20家判23号87頁・判タ1449号144頁。

設問　養育費の支払を怠った場合のとるべき方法　　299

第2　養育費の支払確保

▶設問　養育費の支払を怠った場合のとるべき方法

　夫が養育費を支払うこととし，離婚を決意しました。養育費を確実に支払っ
てもらうにはどうすればよいでしょうか。

解　説

1　履行勧告・履行命令

　審判・調停で定められた養育費の支払義務については，家庭裁判所の履行
勧告や履行命令の制度を利用することができます（家事289条・290条）。

(1)　履行勧告

　履行勧告は，義務者が養育費の支払を怠っている場合，権利者の申
出(注1)により，家裁が履行状況を調査し義務者に対して義務の履行を勧告
することができる制度であり，義務者の自発的な義務の履行を図ることを目
的としています。履行勧告は，一般には，家庭裁判所調査官が担当します
（家事289条3項）。家裁調査官は，養育費の支払状況，交渉の経過等の事情を
権利者から聴取したうえで，義務者に対し書面を送付する等の方法で任意の
履行を促します。

(2)　履行命令

　義務者が支払を怠った場合，権利者は，家裁に対し，履行命令の申立てを
行うこともできます。申立てを受けた家裁は，調査，審理のうえ，相当と認
めるときは，義務者に対し，相当の期間を定めてその義務の履行をすべきこ
とを命ずる審判をし（家事290条1項前段），申立てに理由がないと判断した場
合は，申立てを却下します。なお，履行命令は，命令をする時までの間に義
務者が履行を怠った義務の全部又は一部についてすることができます（同条
1項後段）。また，家裁は，義務者の手続保障の観点から，義務の履行を命ず
るには，義務者の陳述を聴かなければならないとされています（同条2項）。
義務者が正当な理由なく履行命令に従わないときは，10万円以下の過料に処
せられることがあります（同条5項）。

(注1)　申出は，申立てと異なり，裁判所の職権発動を促すものです。

300　第7章　養育費　第2　養育費の支払確保

2　強制執行

　養育費は，未成熟子の生活を支えるものですから，義務者が支払義務を任意に履行しない場合，履行を強制する手続が必要であり，権利者は強制執行を申し立てることができます。

　強制執行は，執行力ある債務名義がある場合に可能となります。養育費請求事件に関して債務名義となり得るのは，確定判決（民執22条1号），執行証書（同条5号），和解調書（同条7号，民訴267条）及び調停調書，確定した審判等（民執22条7号，家事75条・268条1項）です。

　養育費支払の権利者が有する定期金債権については，養育費支払義務の一部に不履行があった場合，給料債権等に対する債権執行の方法により，期限未到来のものについても義務者の給料その他の継続的給付に係る債権を差し押さえることができます（民執151条の2第1項2号・3号・2項・152条3項）。

　なお，民事執行法及び国際的な子の奪取の民事上の側面に関する条約の実施に関する法律の一部を改正する法律（令和元年法律第2号）によって，財産開示手続の申立権者の範囲が拡大し，公正証書を作成して養育費の支払義務を定めた場合であっても，これを債務名義として同手続の申立てが可能になり（民執197条1項），債務者以外の第三者から債務者の財産に関する情報を取得する情報取得手続が新設されて，養育費の支払請求権を有する者に同手続の申立権が認められたこと（民執206条1項・151条の2第1項2号），令和6年改正法によって，財産開示手続や情報取得手続と差押命令の手続を連続的に行うことができる制度が新設され（改正民執167条の17），執行手続における債権者の負担軽減が図られたことについては，婚姻費用に関する第2章**第1**［**設問1**］**8(2)**の記述を参照してください。

　上記の直接強制のほかに，間接強制も認められていますが（民執167条の15）[注2]，義務者に支払能力がないために支払ができない場合や，支払によりその生活が著しく窮迫するときは間接強制をすることができません（同条1項ただし書）[注3]。間接強制は，義務者に一部不履行があるときは，6か月以内に確定期限が到来するものについても認められます（民執167条の16）。

3　令和6年改正による先取特権の付与

　令和6年改正法には，養育費の分担義務に係る確定期限の定めのある定期

（注2）　広島家決平19・11・22家月60巻4号92頁，横浜家決平19・9・3家月60巻4号90頁，大阪家決平19・3・15家月60巻4号87頁。

（注3）　大阪家決平17・10・17家月58巻2号175頁。

設問　養育費の支払を怠った場合のとるべき方法　　301

金債権の各期における定期金のうち子の監護に要する費用として相当な額（子の監護に要する標準的な費用その他の事情を勘案して当該定期金により扶養を受けるべき子の数に応じて法務省令で定めるところにより算定した額）について，一般の先取特権が存在する旨の規定が設けられており（改正民308条の2第3号），子の監護の費用の先取特権の順位を，雇用関係の先取特権に次ぐものとしています（改正民306条3号）。

302　第7章　養　育　費　　第3　養育費に関する準拠法及び国際裁判管轄

第3　養育費に関する準拠法及び国際裁判管轄

▶設問　国際婚姻に伴う養育費分担に関する準拠法及び国際裁判
　　　　管轄

　　国際結婚をした後に離婚した夫婦間の子どもの養育費の取決めをする場合，
どちらの国の法律が適用されることになりますか。また，どちらの国の裁判所
に申立てをすることができますか。

解　説

1　養育費請求事件の国際裁判管轄

(1)　審判事件の管轄権

　家事事件手続法3条の10は，子の監護に要する費用（養育費）の分担に関する処分の審判事件について，扶養義務者であって申立人でないもの又は扶養権利者の住所が日本国内にあるときは，日本の裁判所が管轄権を有することを規定しています。本条の適用により，養育費請求の審判事件は，義務者（申立人でない場合）又は権利者の住所（住所がない場合又は住所が知れない場合は，居所）が日本国内にあれば，日本の裁判所に申し立てることができます。

　申立人以外の義務者の住所又は居所が日本国内にある場合を管轄原因とした理由は，金銭的な負担を負う義務者の立場が財産上の争いに関する訴訟の被告の立場に相当するため，申立てに応じる負担を考慮する必要があるからです。

　また，権利者の住所又は居所が日本国内にある場合を管轄原因とした理由は，養育費請求等の扶養に関する事件の多くが権利者に資力がない事案であるため，権利者を保護する必要があると考えられたためです。本条は，権利者の住所又は居所が日本国内にあることによって，無条件に日本の管轄権を認めるとしていますが，これによって，権利者の経済状況等の生活実態の資料収集が容易になり，権利者保護につながると考えられます。

(2)　調停事件の管轄権

　調停事件については，家事事件手続法3条の13が，①審判事件について日本の裁判所が管轄権を有するとき（家事3条の13第1項1号），②相手方の住

所（住所がない場合又は住所が知れない場合は居所）が日本国内にあるとき（同項2号），③当事者が日本の裁判所に調停申立てをすることができる旨の合意をしたとき（同項3号）に日本の裁判所が管轄権を有することを規定しています。

　上記①については，調停事件が合意に至らない場合，手続が審判に移行することや（家事272条1項・4項），移行後の審判の手続の中で合意が見込まれる場合には，調停に付すことが考えられますから（家事274条），審判事件の管轄原因と一致させるとしたものであり，②については，当事者間の衡平に適するとの理由から定められたものです。また，③については，調停は当事者の協議によりその納得のもと円満な解決を目指す手続ですから，国際的な管轄についても当事者の合意を尊重することが合理的であるとの考えから認められたものです。

2　養育費請求事件の準拠法

(1)　扶養義務の準拠法に関する法律の適用

　養育費の請求については，親子その他の親族関係から生ずる扶養義務に関するものであるため，扶養義務の準拠法に関する法律（以下「扶養義務準拠法」といいます。）が適用されます。

(2)　準拠法（扶養義務準拠法2条）

　扶養義務準拠法は，扶養義務の準拠法について，扶養権利者保護の見地から，扶養権利者の常居所地法によることを原則とし（扶養義務準拠法2条1項本文）(注1)，常居所地法によると扶養が受けられないときは当事者の共通本国法によって定め（同条1項ただし書），共通本国法によってもなお扶養を受けることができないときは日本法によって定める（同条2項）としています。

　第一に扶養権利者の常居所地法を適用することとされているのは，扶養権利者の実情に合わせた実効的な保護の実現のためであり，常居所地法によっても，また，共通本国法によっても扶養義務者から法律上扶養を受けることができない場合には日本法によるとされているのは，扶養権利者に扶養を受ける機会をできるだけ保障するためです(注2)。

　なお，扶養義務準拠法2条1項ただし書の「扶養を受けることができないとき」とは，法律上扶養が受けられないことを意味します。

(注1)　大阪家審平4・4・21家月45巻3号63頁，浦和家川越支審平11・7・8家月51号12号37頁，大阪家審平26・9・19家月4号113頁・判タ1417号395頁。
(注2)　櫻田嘉章＝道垣内正人編『注釈国際私法〈第2巻〉』（有斐閣，2011）392頁。

304　第7章　養　育　費　　第3　養育費に関する準拠法及び国際裁判管轄

(3) 外国法の適用排除 (扶養義務準拠法8条)

　扶養義務準拠法2条によって外国法が準拠法と定められた場合であって
も，その適用が明らかに公の秩序に反するときは，当該外国法を適用しない
ことになります (扶養義務準拠法8条1項)。

　また，扶養の程度については，準拠法と定められた外国法に別段の定めが
あっても，扶養権利者の需要及び扶養義務者の資力を考慮して定めるとされ
ています (扶養義務準拠法8条2項)。ここで適用が排除されるのは，「別段の
定め」の部分のみであり，規定全部が排除されるわけではないことに注意を
要します。

(4) 扶養料の決定基準 (扶養義務準拠法8条2項)

　扶養義務の決定基準について，扶養義務準拠法8条2項は，扶養権利者の
需要と扶養義務者の資力を考慮して定めるとしており，これは，実務で一般
的に使用されている算定表の基本的な考え方に合致するものです。したがっ
て，外国法が適用される渉外事件であっても，当事者が日本に居住している
などの事情がある場合は，算定表を活用することが考えられます[注3]。

　準拠法が日本法とされる渉外事件では，多くの場合に算定表の活用が有効
であると考えられますが，当事者が海外に居住している事案では，物価等の
経済的事情が日本とは異なるため，事案によっては，海外での生活の実情
を的確に把握したうえで，算定表による算定に修正を加える必要がありま
す[注4]。

(注3)　婚姻費用分担事件に関する裁判例として東京高決平30・4・19判時2403号58頁。
(注4)　大阪高決平18・7・31家月59巻6号44頁は，婚姻費用分担事件に関する裁判例ですが，
　　　算定表による算定をするにあたり，タイ在住の夫と子の生活費指数をいずれも算定表の数
　　　値の2分の1として婚姻費用分担額の算定をしています。また，前掲 (注3) 東京高決平
　　　30・4・19は，中国在住の妻と夫婦間の子の生活費指数を算定表による指数の70%として
　　　います。

第8章

面会交流

設問1　面会交流の意義・法的性質　307

第1　面会交流等

▶設問1　面会交流の意義・法的性質

　面会交流は，どのような法的性質に基づいて請求できるのですか。また，面会交流を求めるには，どのようにしたらよいのでしょうか。

解　説

1　面会交流の意義

　面会交流とは，離婚その他の理由によって監護親のもとで生活している子と離れて暮らす親（非監護親）とが面会して交流することをいいますが，対面で面会する場合だけでなく，電話，手紙，メールその他の方法で交流する場合をも含める場合があります（広義の面会交流）。なお，令和6年改正民法766条1項は，単に「交流」と規定しています。

2　面会交流の法的根拠

　面会交流については，民法766条に規定されています。同規定は民法改正（平成23年法律第61号）によって平成24年4月1日から施行されたもので，民法改正後は，離婚届の用紙に，面会交流，養育費の分担について，取決めをしているかいないかをチェックする欄が設けられています。それ以前は，面会交流について定めた法律はありませんでした。

　もっとも，民法改正以前においても，家庭裁判所の実務において，面会交流が子の監護に関する処分であるとして，調停・審判の対象とされていました（民法改正前は，面接交渉の用語が使われていました。）。裁判例でも最高裁判所は，「婚姻関係が破綻して父母が別居状態にある場合に，子と同居していない親と子の面接交渉につき父母の間で協議が調わないとき，又は協議をすることができないときは，家庭裁判所は，民法766条を類推適用し，家事審判法9条1項乙類4号により，右面接交渉について相当な処分を命ずることができる」と判示しています（注1）。そして，家裁の手続だけでなく，当事者間においても，このような面接交渉（面会交流）の取決めが行われていましたし，公証役場で作成する離婚等公正証書においても，面接交渉（面会交

(注1)　最決平12・5・1民集54巻5号1607頁。

流）条項が規定されていました。上記法改正後であっても，面会交流は，民法766条が定める離婚後の場合だけでなく，離婚に至らない別居中についても，同条が類推適用もしくは準用され，子の監護に関する処分として調停・審判の対象になります（家事別表第2の3項）。

3　面会交流の法的性質

面会交流については，権利であるかどうか，権利であるとすれば誰のどのような権利かについて議論があります。

学説は，監護に関連する権利とする説，親の自然権，親権の一機能，親の憲法上の権利等親の権利と解する立場[注2]，子の権利と解する立場[注3]，親の権利（及び義務）であるとともに，子の権利と解する立場があります。他方で，その権利性を認めない立場もあります[注4]。前掲最決平12・5・1（注1）の担当調査官は，面会交流の内容は監護者の監護教育内容と調和する方法と形式において決定されるべきものであり，面会交流権といわれているものは，面会交流を求める請求権ではなく，子の監護のために適正な措置を求める権利であると解説しています[注5]。そして，裁判所では，面会交流は子の福祉に反すると認められる特段の事情のない限り，子の福祉の観点からこれを実施することが望ましいというスタンスで判断する傾向にあると考えられます[注6]。

4　面会交流の目的・本質

夫婦が離れて暮らすことになっても，子がどちらの親からも愛されていることを実感し，それぞれの親と安定した親子関係を築いていくことが，子の成長にとって大切なことです。そして，非監護親と子との間で適切な形で面会交流が行われることにより，子はどちらの親からも愛され，大切にされて

（注2）　東京高判令2・8・13判時2485号27頁は，別居親の面会交流を実質的に保障する立法をしなかったことが違法であるとして国に対して国家賠償を求めた事案で，面会交流権が憲法上保障された権利とはいえないとし，国会の立法不作為は違法の評価を受けないとしています。

（注3）　国連子どもの権利条約は，9条1項で親子の非分離を定め，さらに3項では「締約国は，児童の最善の利益に反する場合を除くほか，父母の一方又は双方から分離されている児童が定期的に父母のいずれとも人的な関係及び直接の接触を維持する権利を尊重する。」と定めています。

（注4）　学説につき松川正毅＝窪田充見編『新基本法コンメンタール　親族〔第2版〕』（日本評論社，2019）83頁〔許末恵〕。なお，面会交流の学説・判例に関する詳細な文献として，梶村太市『裁判例からみた面会交流調停・審判の実務〔第2版〕』（日本加除出版，2020）があります。

（注5）　杉原則彦・最判解民平成12年度版（下）513頁以下参照。

（注6）　東京高決平27・6・12判時2266号54頁参照。

いると感じ，安心感や自信をもてるといわれています[注7]。したがって，面会交流は，面会交流することにつき，子の健全な成長（子の福祉）を害するような特段の事情（障害事由）がない限り，認められるべきものです。ただし，留意しなければならないのは，非監護親と子との面会交流は，子の健全な成長のためのものであり，非監護親の子に会いたいという願望が優先されるものではないということです。

面会交流の取決めを行うにあたっては，①子の福祉を第一に考え，子が置かれている状況や気持ち，子の生活への影響を想像し，子にとって最も望ましい面会交流の在り方を考えること，②子を親の争いに巻き込まないようにすること，③面会交流について両親がその本質・目的を理解し，信頼関係を築いて互いに協力することが重要です。

なお，令和6年法律第33号による改正人事訴訟法34条の4，及び同家事事件手続法152条の3において，家裁は，子の監護に関する処分の事件において，子の心身の状態に照らして相当でないと認める事情がなく，かつ，事実の調査のため必要があると認めるときは，当事者に対し，子との交流の試行的実施を促すことができる旨規定されました。

5　特段の事情（面会交流の障害事由）

面会交流の目的・本質に反する事由があるときは，面会交流を行うことは相当ではありません。このような事由として具体的に考えられるのは，①子が面会交流を拒否しているケース，②面会交流時に子が非監護親から虐待されるおそれがあるケース，③面会交流時に非監護親が子を連れ去るおそれがあるケース，④非監護親がDV・モラハラ加害者であることにより子が恐怖心を抱いているケース[注8]などです。

このうち，①の子が面会交流を拒否しているケースについてみると，子が真意で拒否している場合があることはもちろんですが，そうではなく，監護親の意向を忖度して会いたくないという場合もあり得ます。また，面会交流に否定的な考えの監護親が，口実として障害事由がある旨を主張する場合もあり得ます。したがって，子が面会交流を拒絶する意思を示した場合には，慎重にその真意を把握することが求められることになります[注9]。裁判例

（注7）　最高裁判所「家庭裁判所における面会交流事件の手続について」（https://www.courts.go.jp/vc-files/courts/2021/R3menkaitetuzuki.pdf）。

（注8）　前掲（注6）東京高決平27・6・12は，非監護親がDV加害者である事案について，非監護親に未成年者への面会交流を認めると子の福祉を害するおそれがあるとして面会交流を認めない旨の判断をしています。

では，離婚した夫婦間で2か月に1回の子との面会交流を認めた高裁決定に基づく間接強制申立事件について，高校1年生（満15歳3か月）の長女が面会交流を拒絶する意思を示していることなどを理由に間接強制決定は許されないとした事例があります[注10]。このケースでは，家庭裁判所調査官による意向調査において，長女は，債権者（非監護親）との面会交流を拒否する意思を明確に表明し，その拒否の程度も強固であり，そのような意思は未成年者自身の体験に基づいて形成されたもので，素直な心情の吐露と認められるから，その意思は尊重すべきであると判断しています。

障害事由の有無が問題となるケースの場合には，当事者間の協議が調う可能性は乏しいですから，家裁の調停・審判を利用することや，民間や自治体の支援事業を利用することが考えられます。

6　養育費と面会交流との関係

両者は，法的には別々のもので引換給付の関係にあるわけではありません。したがって，養育費を支払っていないからといって，面会交流が認められないわけではありません。実際，経済的理由によって養育費が支払えないケースもあり得ます。ただ，経済的に養育費が支払える状況にあり養育費支払を約束しているのに養育費を支払っていないという場合には，面会交流に消極的な監護親にとっては心情的にマイナスに働くことは明らかです。このような監護親に対しては，非監護親が養育費の支払を約束し，きちんと履行していることが面会交流を実施するためのインセンティブになると考えられます。

7　自治体や民間の支援事業

自治体等における子どもの養育支援に関する取組み，活動等については，法務省や厚生労働省及びこども家庭庁の各ホームページで紹介されていますので参考にしてください。

自治体が実施主体となり行われる親子交流支援事業（面会交流支援事業）は，こども家庭庁が実施し施策する「母子家庭等就業・自立支援事業」のうちの「母子家庭等就業・自立支援センター事業」の一つです。具体的には，相手に対する感情や葛藤が理由で面会交流を実施できない父母に対する支援により，面会交流の円滑な実施を図ることを目的とし，支援の実施には，子ども

（注9）　家事調停や審判手続においては，子どもの年齢や発達の程度に応じて，その意思を考慮することが求められています（家事65条・258条）。

（注10）　大阪高決平29・4・28家判13号48頁・判タ1447号102頁。

が概ね15歳未満であることや，両親が児童扶養手当の支給を受けているか又は同等の所得水準にあること等の条件が定められています。支援の内容は面会交流支援員の配置，事前相談の実施，支援計画の作成，子どもの受渡しや付添い・連絡調整などの面会交流援助です。また必要に応じ，面会交流の場所を斡旋することも含まれています。

次に，面会交流支援事業を自治体からの委託を受けて実施している公益社団法人家庭問題情報センター（FPIC）ですが，FPIC は，家庭紛争の調整や非行少年の指導に長年携わってきた元家裁調査官等が，その豊富な経験と人間関係の専門知識，技法を広く活用し，健全な家庭生活の実現に貢献することを目的として設立された公益法人です。FPIC の面会交流援助は，父母が自分たちの力で面会交流を実施できないときに，子どもの立場に立って親子の縁をつなぎとめ応急手当として行う子ども支援事業です（有料）。援助の対象は小学生までとし，調停条項等を決める前に，父母には個別に事前相談を行って援助ができるかどうか協議するということです[注11]。

また，面会交流については，民間団体による支援事業も行われています。民間の面会交流支援団体等の一覧が法務省のホームページに掲載されています[注12]。

8　面会交流の取決め

上記のとおり，面会交流は，監護親と非監護親の協議で取り決めるのが基本です。取決めの内容を明確化するため，公証役場で公正証書を作成することもできます。

当事者間で協議が難しい場合には，弁護士に依頼して協議したり前記の自治体や支援団体の援助を受ける方法がありますが，最終的には，家裁の調停・審判によることになります（民766条2項）。

なお，いったん取り決めた場合でも，当事者間で，改めてその内容を変更する取決めをすることができますし，当事者間で協議が調わないときは，家裁に調停・審判を申し立てることができます（民766条3項）。

（注11）　https://fpic-fpic.jp/doc/menkai_kouryu8.pdf
（注12）　https://www.moj.go.jp/content/001402576.pdf 参照。

312　第8章　面会交流　第1　面会交流等

文例24　面会交流に関する合意

――事例――

　離婚後，相手方（夫）と長女の面会交流について，どのような合意をしたらよいでしょうか。

――文例――

面会交流に関する合意

【基本型】

　乙（監護親）は，甲（非監護親）に対し，甲が丙（長女）と面会交流することを認める。その面会の回数は1か月1回程度を基準とし，具体的な回数，日時，場所及び方法については，丙の利益を最も優先して考慮し，甲及び乙が誠実に協議してこれを定める。

説　明

1　面会交流の内容及び方法

　面会交流の内容や方法を決めるにあたっては，面会交流が子の健全な成長を助け，その福祉に沿うものとなるよう，子の年齢，性格，生活状況，生活環境，子の気持ち，親子のこれまでの関係性などをふまえて，子どもに負担がかからないよう十分配慮し，かつ，子の意向を尊重してその内容や方法を決めなければなりません。一般的に，監護親と非監護親との間で，非監護親と子との面会交流について定める場合，子の利益が最も優先して考慮されるべきであり，面会交流は，柔軟に対応することができる条項に基づき，監護親と非監護親の協力の下で実施されることが望ましいとされています[注13]。ここに示した【基本型】の文例は，公証役場で作成する公正証書に用いられる標準的な文例で[注14]，一般的に用いられているものです。【基

（注13）　最決平25・3・28民集67巻3号864頁参照。
（注14）　日本公証人連合会『新版証書の作成と文例　家事関係編〔改訂版〕』（立花書房，2017）47頁以下参照。

［文例24］　面会交流に関する合意　　313

本型】による場合の運用は，そのつど，当事者間の協議によって行われることになりますから，当事者間の信頼関係が求められます。なお，【基本型】では，面会の頻度につき月１回程度と規定していますが，より柔軟な対応をするため，頻度を明示せず，別途，当事者間の協議で定める条項として次のように記載する例もあります(注15)。

〔面会の頻度を明示しない場合〕

　乙（監護親）は，甲（非監護親）に対し，甲が丙（長女）と面会交流することを認める。面会交流の具体的な日時，場所及び方法等については，丙の利益を最も優先して考慮し，甲及び乙が事前に協議して定める。

次に示すのは【詳細型】です。これは，将来の間接強制を見据えた条項です。

面会交流に関する合意

【詳細型】

　乙（監護親）は，甲（非監護親）に対し，甲が丙（長女）と次のとおり面会交流することを認める。

　(1)　面会交流は月１回，毎月第２土曜日の午前10時から午後４時までとする。

　(2)　面会交流の場所は，丙の福祉を考慮して甲自宅以外の甲が定めた場所とする。

　(3)　面会交流の方法として，丙の受渡場所は乙自宅以外の場所とし，当事者間で協議して定めるが，協議が調わないときは，JR ○○駅東口改札付近とし，乙は，面会交流開始時に受渡場所において丙を甲に引き渡し，甲は，面会交流終了時に受渡場所において丙を乙に引き渡す。

　(4)　乙は，丙を引き渡す場面のほかは，甲と丙の面会交流には立ち会わない。

　(5)　丙の病気などやむを得ない事情により上記(1)の日程で面会交流を実施できない場合は，甲と乙は，丙の福祉を考慮して代替日を定め

(注15)　日本公証人連合会・前掲（注14）１頁参照。

314　第8章　面会交流　第1　面会交流等

る。

　この【詳細型】の記載例では，非監護親と子が，監護親の立会いなしに面会交流をすることとしていますが，子が年少者の場合には，面会に際し，監護親が同伴するという態様も考えられます^(注16)。このような場合の記載例は次のとおりです。

〔面会に際し監護親が同伴する場合〕
　面会交流に際しては，乙（監護親）が立ち会うものとする。

2　宿泊・特別な日の面会
宿泊や学校行事への参加について定める場合は，次のとおり記載します。

〔宿泊や学校行事への参加について定める場合〕
　乙（監護親）は，甲（非監護親）が丙（長女）の夏季休暇中の○日間，甲の自宅又は他の宿泊施設に宿泊して丙と面会交流することを認める。その日時，場所は当事者間で協議して定める。同日時，場所の決定に際しては，丙の利益を最も優先して考慮しなければならない。

3　予定変更の連絡・振替日
　急用でキャンセルになった場合や，子どもの体調不良等によって面会交流ができなくなった場合の連絡方法（電話，メール，LINE などのメッセージアプリ等）や振替日について定める場合もあります。【詳細型】では，代替日に関する条項を記載しています。

4　祖父母との面会
　非監護親の両親（子の祖父母）との面会について要望がある場合には，その旨を合意することは問題ありません。なお，裁判例では，かつて事実上子を監護してきた祖父母が，家裁に孫との面会交流を求めたケースについて，最高裁は，祖父母にこのような申立てをすることができる旨を定めた規定はなく，上記申立てについて，祖父母を父母と同視することもできないと判断し

（注16）　東京高決平30・11・20判時2427号23頁は，監護親が未成年者を連れて別居を開始したケースにおける未成年者と非監護親との面会交流について，未成年者の連れ去りその他の事情に配慮して，監護親の立会いを認めて実施するのが相当であるとしています。

て，父母以外の第三者は，事実上子を監護してきた者であっても，家裁に対し，家事事件手続法別表第2の3項所定の子の監護に関する処分として上記第三者と子との面会交流について定める審判を申し立てることはできないと判示しています^(注17)。上記決定は条文解釈として民法766条の適用又は類推適用を否定したものですが，子の意思や心身の状況を配慮した解決の道を閉ざしたものであるとして批判があります^(注18)。なお，令和6年改正法では，家裁は，父母以外の子の親族の申立てに基づき，子の利益のため特に必要があると認めるときは，子の監護について必要な事項として父母以外の親族と子との交流を実施する旨を定めることができるとしています（改正民766条の2）。

5 面会以外の方法

面会交流に関し，面会以外の方法による交流を定めることがありますが，この場合の記載例は次のとおりです^(注19)。なお，この記載例は，対面の面会交流を行う条項に加えることも可能です。

〔面会以外の交流〕

　乙（監護親）は，甲（非監護親）に対し，甲と丙（長女）とが互いに，郵便，電話，テレビ電話，メール等で交流することを認める。

文例25　面会交流をしない旨の合意

——事例——

　離婚後，相手方（夫）と未成年の子（3歳）との面会交流は，当分の間行わないとする合意は有効ですか。

(注17)　最決令3・3・29裁判集民265号113頁・家判41号43頁（原決定は大阪高決令元・11・29家判41号47頁，同決定の許可抗告審）。

(注18)　二宮周平「民法766条の解釈論—第三者の監護者指定と祖父母と孫の面会交流—」立命館法学2021年5・6号746頁ほか。

(注19)　東京高決令元・8・23家判27号52頁・判タ1472号98頁は，監護親に対し，監護親から非監護親に子らの電子メールアドレス及びLINEのIDを通知するとともに，これらで連絡を取り合うことを命ずる旨の判断をしています。

316　第8章　面会交流　第1　面会交流等

──文例──

面会交流をしない旨の合意

> 　甲（非監護親）と乙（監護親）は，当分の間，甲が丙（子）と面会交流しないことを合意する。

説　明

　非監護親と子との面会交流は，子の健全な成長のためのものですから，面会交流することが子の健全な成長に不利益となる場合には，これを見合わせるのが相当であると考えられます。とりわけ，子が乳幼児の場合，面会交流を実現するためには，監護親の協力が必要不可欠ですが，監護親が，別居や離婚に至った経緯から，面会交流に消極的である場合には，面会交流を認めることが子の精神的安定に多大な悪影響を及ぼす可能性があります。このような場合には，対面による面会交流は，当分の間，見合わせることとする合意は有効であると考えられます[注20]。もっとも，このような場合であっても，対面による面会交流以外の交流，例えば，監護親から非監護親に対して，子の写真を送ること，テレビ電話で通話することや，非監護親から監護親に対して，子へのプレゼントを送付することを認める等の条項を定めることが考えられます[注21]。

> 〔対面による面会交流以外の交流〕
> 　乙（監護親）は，甲（非監護親）に対し，甲が丙（子）の誕生日，クリスマス，正月に限り丙にプレゼントを贈ることを認める。この場合におけるプレゼントは，丙の年齢等に照らし，社会通念上相当な限度にとどめるものとする。

　なお，この記載例は，対面の面会交流を行う条項に加える場合もあります。この条項があると，非監護親は，子の誕生日などの特別な日でもないのに子にプレゼントや小遣いを与えることは制限されることになります。

（注20）　前掲（注7）最高裁判所「家庭裁判所における面会交流事件の手続について」では，「面会交流を行わないとする合意や審判をする場合もあります。」と記載しています。

（注21）　前掲（注6）東京高決平27・6・12は，子の近況写真の送付と子への手紙の手渡しを認める旨の判断をしています。

設問2　面会交流の履行確保　　317

　面会交流をしない旨の合意をした場合であっても，その後，事情が変化したときは，上記取決めを変更する協議を行うことができ，協議が調わなければ，家裁に調停・審判を申し立てることができることはいうまでもありません（民766条3項）。

▶設問2　面会交流の履行確保

　取り決めた面会交流を相手方に遵守させるためには，どのような方法がありますか。

解　説

1　履行勧告

　面会交流の取決めが，家裁の調停・審判等で行われたにもかかわらず，これが守られていないときは，権利者は義務の履行状況の調査及び履行の勧告（家事289条1項・7項）を申し出ることができます。この申出があると，家裁は履行状況の調査をし，相手に取決めを守るように説得したり，勧告したりします。これらの手続には費用はかかりませんが，相手が履行勧告に応じない場合に，この手続の中で面会交流を実現することはできません。

　この手続は，面会交流の取決めが当事者間で行われた場合や，公証役場で公正証書を作成した場合には適用されません。

2　間接強制（民執172条1項）

　面会交流の取決めが，家裁の調停・審判等で行われたにもかかわらず，これが守られていないときは，一定の要件が満たされた場合には，強制執行手続の一つである間接強制によることが可能です。間接強制とは，債務を履行しない義務者に対し，一定の期間内に履行しなければその債務とは別に間接強制金を課す決定をすることで義務者に心理的圧迫を加え，自発的な履行を促すものです。この制度は，間接強制金の支払を命ずるにとどまり，義務者の財産を直ちに差し押さえることになるものではありませんので，間接強制の決定がされても義務者が自発的に支払わない場合には，別に直接強制の手続（金銭執行）をとる必要があります。

　面会交流を認める調停・審判等による間接強制が許されるためには，面会交流の日時又は頻度，各回の面会交流時間の長さ，子の引渡しの方法等が具

体的に定められているなど監護親がすべき給付の特定に欠けるところがない
といえる場合でなければなりません。

最高裁は，「面会交流の日程等は，月1回，毎月第2土曜日の午前10時から午後4時までとし，場所は，子の福祉を考慮して非監護親の自宅以外の非監護親が定めた場所とする。子の受渡場所は，監護親の自宅以外の場所とし，当事者間で協議して定めるが，協議が調わないときは，JR○○駅東口改札口付近とし，監護親は，面会交流開始時に，受渡場所において子を非監護親に引き渡し，子を引き渡す場面のほかは，面会交流に立ち会わず，非監護親は，面会交流終了時に，受渡場所において子を監護親に引き渡す」とした審判のケースにつき，監護親がすべき給付の特定に欠けるところはないと判断し，1回の面会を怠るごとに，5万円の間接強制金を課す旨の判断をしました(注22)。

他方で，最高裁は，非監護親と監護親との間において非監護親と子が面会交流をすることを定める調停が成立した場合において，調停調書に「面会交流は，2箇月に1回程度，原則として第3土曜日の翌日に，半日程度（原則として午前11時から午後5時まで）とするが，最初は1時間程度から始めることとし，子の様子を見ながら徐々に時間を延ばすこととする。監護親は，上記の面会交流の開始時に所定の喫茶店の前で子を非監護親に会わせ，非監護親は終了時間に同場所において子を監護親に引き渡すことを当面の原則とするが，面会交流の具体的な日時，場所，方法等は，子の福祉に慎重に配慮して，監護親と非監護親間で協議して定める」と定められているケースでは，監護親がすべき給付が十分に特定されているとはいえず，上記調停調書に基づき監護親に対し間接強制決定をすることはできないと判断しています(注23)。

この2つの裁判例の違いは，後者のケースは，面会交流の頻度について「2箇月に1回程度」とし，各回の面会交流時間の長さも「半日程度（原則として午前11時から午後5時まで）」としつつも，「最初は1時間程度から始めることとし，子の様子を見ながら徐々に時間を延ばすこととする」とするなど，それらを必ずしも特定していないこと，また，「面会交渉の具体的な日時，場所，方法等は，子の福祉に慎重に配慮して，監護親と非監護親間で協議して定める」としていることからすると，調停条項は面会交流の大枠を

(注22)　最決平25・3・28民集67巻3号864頁。
(注23)　最決平25・3・28裁判集民243号271頁・判タ1391号126頁。

定め，その具体的な内容は，当事者間の協議で定めることを予定しているものといえることから，このケースにおいては，相手方がすべき給付が十分に特定されているとはいえないと判断したものです。したがって，間接強制まで予定して調停を成立させるためには，上記の項目の取決めに留意する必要があります。

　なお，監護親が未成年者らを非監護親と直接的面会交流させることを内容として成立した調停調書に基づいて非監護親が間接強制を申し立てた事案において，当事者間では新型コロナウイルス感染症の流行拡大をふまえて代替としてビデオ通話を利用するなどして面会交流が実施されてきており，実際に何らの面会交流もされなかったのは緊急事態宣言発令下の1回のみであること，上記調停調書が定める以外にも監護親が未成年者らと非監護親との直接的面会交流をさせてきたこと等の事情によれば，非監護親が間接強制により面会交流させることの履行を求めることは過酷執行に当たるなどとして，非監護親の間接強制の申立てを却下した事例があります(注24)。

　なお，間接強制金について，前掲最高裁決定（注22）は，1回の面会を怠るごとに5万円の間接強制金を課す旨の判断をしました。間接強制金をいくらにするかは，裁判所の判断事項ですが，当事者の資産，収入，従前の面会交流に関する経緯，今後の履行の可能性の程度等を総合して判断されることになると考えられます。裁判例では，監護親が義務を履行しないときは，非監護親に対し不履行1回につき100万円の支払を命じた原決定を変更し30万円の支払を命ずるとした事例があります(注25)。ちなみに，このケースでは，監護親が長期間にわたって面会交流を拒否していたという経緯があり，監護親の年収が2640万円であるという事情等を総合的に考慮して判断しています。

3　家事調停・審判の申立て

　面会交流の取決めが，家裁の調停・審判等ではなく，当事者間の合意であったり，公正証書で取り決めた場合には，履行勧告や間接強制の対象とはなりません。したがって，このような場合には，家裁に調停・審判を申し立てて，再度，取決めを行うのが相当です。

4　損害賠償請求

　不当に面会交流の約束が妨げられた場合には，債務不履行又は不法行為の

（注24）　大阪高決令3・8・2判タ1499号95頁。
（注25）　東京高決平29・2・8家判14号75頁・判タ1445号132頁。

320 第8章 面会交流 第1 面会交流等

要件が具備されていれば，損害賠償請求を行うことが可能です。債務不履行となるのは，取り決めた面会交流の合意に監護親が応じないことにつき，責めに帰すべき事由があり違法であることが必要ですし，不法行為の場合も，監護親に故意又は過失，違法性が認められることが必要です。裁判例では，監護親が，正当な理由なくこの点に関する一切の協議を拒否した場合とか，監護親が非監護親に対し到底実施できないような条件を提示したり，非監護親からの協議の申入れに対する回答を監護親が著しく遅滞するなど，社会通念に照らし実質的に協議を拒否したと評価される行為をした場合には，監護親は誠実協議義務に違反するものであり，非監護親に対する不法行為を構成するというべきであるとするものがあります(注26)。また，合意の不履行によって，長期間にわたり合意に基づく面会交流の機会を失い，さらには，上記不履行が一因となって長女に非監護親との面会交流に消極的な心理が形成されることによって当面面会交流が困難な状態となる結果を生じさせることとなったものであるところ，このような事態により，非監護親は，幼少の年代における長女と交流することにより得られたはずの親としての心理的な満足を得る機会を失い，また，今後も当面は長女と面会して同様の心理的な満足を得ることができない状態となり，わが子に会いたいという思いを日々募らせているものと察することができるとしたうえで，このような損失及び心情を考慮すると，非監護親の被った精神的な損害に対する慰謝料額は，70万円と認めることが相当であるとして債務不履行による損害賠償請求を認めた裁判例があります(注27)。さらに，1か月に1回（全日），子どもと面会させるという約束をしていたにもかかわらず，面会させなかったり，面会させても全日という原則を守らなかったりしたというケースでは，慰謝料額算定の基準として，①一部面会ができた場合として，午後2時ころから面会がされた場合について1回当たり5000円，午後7時から面会がされた場合について1回当たり1万円，②面会の約束がされなかった場合については，1回当たり2万円，③面会の約束がされたにもかかわらず，破棄された場合については1回当たり3万円と判断した裁判例もあります(注28)。

5 損害賠償額の予定

　面会交流の条項を定める際，正当な理由なく履行されないときに備えて，

(注26)　福岡高判平28・1・20判時2991号68頁。
(注27)　東京高判平22・3・3家月63巻3号116頁。
(注28)　東京地判昭63・10・21家月41巻10号145頁。

損害賠償額の予定を定めておくことができます（民420条）。損害賠償額の予定を取り決めておくと，損害額の立証が不要となるというメリットがあります。

　具体的な金額は，当事者の資産，収入，今後の履行の可能性の程度等を総合的に判断して定めることになりますが，著しく法外な金額を定めた場合には無効と判断されますから，監護親に合意内容を履行してもらうための心理的強制に相応しい金額とすることに留意すべきです。

文例26　面会交流の約束不履行に関する合意

——事例——

　私と長女との面会交流について，相手方（離婚した妻）との間に，月1回宿泊を伴う面会交流を認めることで合意しました。相手方が約束に反してこれを履行しない場合について取り決めておくことはできますか。

——文例——

面会交流の約束不履行に関する合意

　乙（監護親）が正当な理由なく前記面会交流の義務を履行しないときは，乙（監護親）は，甲（非監護親）に対し，不履行1回につき○万円の割合による金員を支払うものとする。

説　明

　監護親が，合意した面会交流に応じなかったからといって，直ちに違法となるわけではありません。応じられない理由には様々なものがありますから，正当な理由なく応じない場合でなければなりません。

　また，このような条項を作成していたとしても，損害賠償請求について相手方が自発的に支払うとは限りません。任意の支払に応じない場合には，民事裁判を提起する必要があります。したがって，このような条項を盛り込むのは，損害賠償を求めることに主眼があるのではなく，監護親に面会交流の

履行を促す趣旨にあることに留意すべきです。

第9章

離婚時年金分割

設問　離婚時年金分割制度　　325

第1　離婚時年金分割等

▶設問　離婚時年金分割制度

　　夫と離婚することになりました。離婚した夫婦それぞれが将来受け取る年金受給額に大きな差異が生じることがないようにするため，離婚時年金分割制度があると聞きました。それはどのような制度ですか。その仕組みを教えてください。

解　説

1　わが国の公的年金制度
⑴　概　説

　わが国の「公的年金制度」については，厚生労働省のホームページに掲載されている「年金制度基礎資料集」(注1) にその概要が要領よくまとめられています。次頁の図表「年金制度の仕組み」は，上記「年金制度基礎資料集」に掲載されているものです。

　わが国の制度は，国民皆年金という特徴をもっていて，①20歳以上の人が全員加入する「国民年金」（1階部分）と，②会社員や公務員等が加入する「厚生年金」（2階部分）による，「2階建て」と呼ばれる構造になっています。

　また，「公的年金制度」とは別に，保険料を納め，公的年金に上乗せして給付を行う「個人年金」や「企業年金」は，「3階部分」として，国民の自主的な努力によって高齢期の所得保障を充実させる役割を果たしています。国民年金の保険料は所得にかかわらず毎月定額ですが，厚生年金保険の保険料は給与や賞与等の所得（報酬）に比例（ただし，所定の等級区分にあてはめます。）した金額です。

　将来，老齢厚生年金等の保険給付額は，被保険者の標準報酬額（給与及び賞与額の平均額に一定の係数と被保険者であった期間を乗じて算出するものです。）に基づいて算定されます。

　（注1）　厚生労働省年金局「年金制度基礎資料集」（2024年7月）（https://www.mhlw.go.jp/content/12500000/001276571.pdf）。

■年金制度の仕組み
○年金制度は,「3階建て」の構造。
○1・2階部分の公的年金が国民の老後生活の基本を支え,3階部分の企業年金・個人年金と合わせて老後生活の多様なニーズに対応。

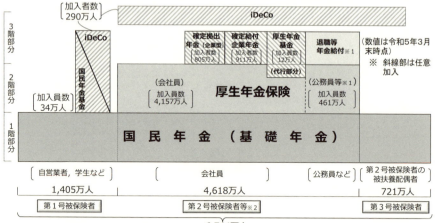

※1 被用者年金制度の一元化に伴い,平成27年10月1日から公務員および私学教職員も厚生年金に加入。また,共済年金の職域加算部分は廃止され,新たに退職等年金給付が創設。ただし,平成27年9月30日までの共済年金に加入していた期間分については,平成27年10月以後においても,加入期間に応じた職域加算部分を支給。
※2 第2号被保険者等とは,厚生年金被保険者のことをいう(第2号被保険者のほか,65歳以上で老齢,または,退職を支給事由とする年金給付の受給権を有する者を含む)。

(2) 国民年金

次項で解説する離婚時年金分割制度は,いずれも厚生年金の分割に関する制度ですが,分割請求権が生ずる資格として,国民年金の第3号被保険者であることが要件となる場合がありますから,その説明をしておきます。

国民年金制度は,日本国内に住所を有する20歳以上60歳未満のすべての人が加入するもので,老齢・障害・死亡により「基礎年金」を受けることができる制度です。

国民年金の被保険者には,「第1号被保険者」「第2号被保険者」「第3号被保険者」の3種類があり,どれに該当するかによって,保険料の納入方法が異なります。

第1号被保険者とは,自営業者,学生,フリーター,無職者などで,納付書による納付や口座振替によって自分で保険料を納入します。

第2号被保険者とは,厚生年金保険の適用を受けている事業所に勤務する者です。ただし,65歳以上の厚生年金の加入者で,老齢又は退職を支給事由

とする年金給付を受給する者は，第2号被保険者とはなりません。国民年金保険料は厚生年金保険料に含まれますから，厚生年金保険加入者は，自動的に国民年金にも加入することになります。

第3号被保険者とは，第2号被保険者の配偶者で20歳以上60歳未満の者をいいます。ただし，年間収入が130万円以上で健康保険の被扶養者となれない者は，第3号被保険者とはならず，第1号又は第2号被保険者となります。第3号被保険者の国民年金保険料は，配偶者が加入する年金制度が一括負担します(注2)。

2　離婚時年金分割

(1)　概　説

婚姻期間が比較的長い夫婦が離婚した場合において，夫婦の一方が婚姻期間中就労していなかった場合，就労期間が短期間であった場合，また就労していても低賃金であった場合には，その者が受給できる厚生年金の保険給付額はまったくないか，あっても少額となるため，厚生年金の受給年齢となった以降に十分な所得を確保できないことになります。わが国においては，従来，多くの場合には妻がこのような立場となっていたので，主として離婚後の高齢単身女性の生活保障問題を解決するため，国民年金法等の一部を改正する法律（平成16年法律第104号）などにより，離婚時年金分割制度が導入されました。その後の法改正を経て，離婚時年金分割制度には，合意分割制度と3号分割制度の2種類があります。

その概要を述べると，「合意分割制度」は，離婚した夫婦双方の話合いで婚姻期間中の厚生年金記録（標準報酬月額・標準賞与額）の分割割合（按分割合）を決めるのが原則で，話合いで決まらない場合は家庭裁判所による調停又は審判により決める制度です。これに対し，「3号分割制度」は，婚姻期間中に上記の国民年金第3号被保険者期間があった者が単独で請求することにより，平成20年4月1日以降の婚姻期間中の厚生年金記録（標準報酬月額・標準賞与額）の分割割合を2分の1とすることができる制度です。

これらの分割制度により年金分割が行われた場合，年金受給額の少ない方

（注2）　第3号被保険者は，国民年金保険料を支払わなくても国民年金（基礎年金）を受け取ることができます。この制度に対しては，給付と負担のバランスの点で批判があるほか，自営業者らの配偶者が収入がなくても保険料を支払っていることと比べ不公平との指摘があります。専業主婦世帯数が共働き世帯数の半分以下に減少した現在，この第3号被保険者制度を，廃止を含めて見直すことについて，厚生労働省の社会保障審議会（年金部会）が検討を重ねています。

の当事者の離婚後の年金受給額が増加することになります。

(2) 合意分割制度

(a) 合意分割制度の内容　「合意分割制度」とは，離婚，婚姻の取消し，その他厚生労働省令で定める事由（以下「離婚等」といいます。）がある場合(注3) において，夫婦であった者の双方又は一方が請求することにより，厚生労働大臣（国家公務員共済組合及び国家公務員共済組合連合会，地方公務員共済組合及び地方公務員共済組合連合会，日本私立学区振興・共済事業団）が，当該離婚等について対象期間に係る厚生年金記録（標準報酬月額・標準賞与額）を当事者間で分割する処分を行う制度です。

その前提として，①この制度が施行された平成19年4月1日以後の離婚等であること，②婚姻期間中の厚生年金記録（標準報酬月額・標準賞与額）があること，③当事者双方の合意又は裁判手続により按分割合を定めたこと，④請求期限（原則，離婚等があった日の翌日から起算して2年以内）を経過していないこと，の各要件に該当することが必要です。

当事者は，分割する者（第1号改定者）と分割を受ける者（第2号改定者）です。後述(3)の「3号分割制度」とは異なり，国民年金法上の第3号被保険者に限定されず，第1号被保険者，第2号被保険者でも第2号改定者となることができます。

なお，「按分割合」とは，分割対象となる婚姻期間中における当事者双方の厚生年金記録（標準報酬月額・標準賞与額）の合計額のうち，分割を受けることによって増額される側の，分割後の持分割合をいいます。

按分割合は夫婦であった者双方の合意で定めるのが原則ですが，その協議が調わなかったり，協議できない場合には，夫婦であった者の一方の申立てにより，家裁が審判（家事233条・別表第2の16項）又は調停（家事244条）により按分割合を定めることになります。離婚訴訟においても「標準報酬等の按分割合に関する処分」が附帯処分とされているので，申立てがあれば，裁判所が離婚判決において定めます（人訴32条1項）。

合意分割制度の対象となるのは，平成19年4月1日以後の離婚等に限られますが，同日以降の離婚等であれば，同日以降の婚姻期間だけではなく，婚姻期間全体が分割の対象となり，これを「対象期間」といいます。

（注3）　その他厚生労働省令で定める事由として，厚生年金保険法78条の2，厚生年金保険法施行規則78条により，「婚姻の届出をしていないが事実上婚姻関係と同様の事情にあった当事者」が含まれることになります。なお，［文例28］の　説　明　参照。

分割の対象となるのは，厚生年金（被用者年金制度の一元化等を図るための厚生年金保険法等の一部を改正する法律〔平成24年法律第63号〕により厚生年金に統合された旧共済年金を含みます。），つまり年金制度の2階部分です。したがって，例えば，自営業者の場合は，通常国民年金（1階部分）だけしかなく，2階部分がないので，その配偶者は，年金分割をしてもらえないことになります。

この合意分割制度により，厚生年金記録（標準報酬月額・標準賞与額）を分割した場合には，当事者それぞれの老齢厚生年金等の年金額は，分割後の各自の厚生年金記録に基づき，それぞれ計算されることになります。なお，分割を受けた者が分割後の標準報酬月額・標準賞与額に基づく老齢厚生年金を受けるには，自己の厚生年金保険の加入期間や国民年金の保険料納付期間等によって受給資格期間を満たしていることや，生年月日に応じて定められている支給開始年齢に到達していることが必要です。

合意分割の効果は，厚生年金の報酬比例部分（厚生年金基金が国に代行して支給する部分を含みます。）に限られ，国民年金の老齢基礎年金等には影響はありません。

現に老齢厚生年金を受けている場合には，合意分割の請求をした月の翌月分から年金額が変更されます。

(b) 情報提供請求　　按分割合を定めるためには，当事者が，分割の対象となる期間やその期間におけるそれぞれの標準報酬月額・標準賞与額，按分割合を定めることができる範囲などの情報を正確に把握する必要があります。

このため，実施機関（厚生労働大臣〔日本年金機構(注4)〕，各共済組合又は私学共済事業団）は，当事者双方又は一方からの請求により，合意分割を行うために必要な情報を，情報通知書により提供しています（厚年78条の4）。

情報通知書の請求は，合意分割の請求期間内に行う必要がありますが，離婚等の前でも後でも行うことができます。

「年金分割のための情報提供請求書」に，①基礎年金番号を明らかにすることができる書類（基礎年金番号通知書又は年金手帳等）又はマイナンバーを明らかにすることができる書類（個人番号カード等），②婚姻関係にあった場合には，婚姻期間を確認できるそれぞれの戸籍謄本（全部事項証明書）又は戸籍抄本（個人事項証明書），また，事実婚関係にあった場合には，その事実を明

(注4)　日本年金機構は，国（厚生労働大臣）の監督の下で公的年金制度の運用を任されている唯一の機構です。窓口である年金事務所は全国に配置されています。

らかにできる書類（住民票等）を添付して，年金事務所等に提出して請求します。

　(c)　**合意分割請求に際し必要な書類**　　合意分割における提出書類は，「標準報酬改定請求書」に，次の書類を添えて，年金事務所等に提出することになります。

①　基礎年金番号又はマイナンバーを明らかにすることができる書類

②　婚姻関係にあった場合には，婚姻期間が確認できるそれぞれの戸籍謄抄本（請求日から6か月以内に交付されたもの），また，事実婚関係にあった場合には，その事実を明らかにできる住民票等の書類

③　当事者双方の生存を証明できる書類（請求日から1か月以内に交付されたそれぞれの戸籍謄抄本又は住民票。ただし，請求書にマイナンバーを記入することにより省略できます。）

④　年金分割の割合を明らかにすることができる書類

　　ア　話合いにより年金分割の割合を定めたとき

　　　　(i)　公正証書の謄本又は抄録謄本

　　　　(ii)　公証人の認証を受けた私署証書

　　　　(iii)　年金分割すること及び按分割合について合意している旨を記入し署名した書類（年金分割の合意書）

　　　　のいずれか

　　イ　裁判所の手続により年金分割の割合を定めたとき

　　　　(i)　審判（判決）の場合　審判（判決）書の謄本又は抄本，及び確定証明書

　　　　(ii)　調停（和解）の場合　調停（和解）調書の謄本又は抄本

　　　　のいずれか

⑤　請求者（又はその代理人）についての運転免許証等の本人確認書類

　　　　代理人の場合には，請求者の実印を押捺した委任状と請求者の印鑑証明書

　(d)　**合意分割の請求手続**　　年金分割の請求は，夫婦の離婚後，厚生年金を所管する実施機関（厚生労働大臣，国家公務員共済組合他，地方公務員共済組合他，日本私立学校職員・共済事業団）に対し，することになります。例えば，民間の事業所に雇用される者（第1号厚生年金被保険者）の場合には，厚生労働大臣から公的年金制度の運営を任されている日本年金機構の窓口である年金事務所に，上記(c)に記載した各書類を提出することになります。

設問　離婚時年金分割制度　　331

　このうち，上記(c)④記載の「年金分割の割合を明らかにすることができる書類」のうち，ア(i)公正証書，(ii)公証人認証証書，イ(i)審判書・判決書及び(ii)調停調書・和解調書の各謄本等を提出して合意分割の請求手続を行う場合には，一方当事者（多くは第2号改定者）又はその代理人だけで請求手続を行うことができます。これは，これらの書類の作成には公証人又は裁判所が関与しているため，記載内容の信用性が担保されているからです。これに対し，上記ア(iii)の「年金分割の合意書」を提出して合意分割の請求手続を行う場合には，当事者双方（又はそれぞれの代理人）がそろって，年金事務所等に当該合意書を持参して請求手続を行う必要があります。仮に「年金分割の合意書」に，一方当事者だけで請求手続ができる旨の合意文言を盛り込んだとしても，単独での請求手続は認められません。

　したがって，当事者の話合いにより年金分割の割合を定める場合には，公正証書の謄本・抄録謄本又は公証人の認証を受けた私署証書を利用することに，請求手続上の利点があります(注5)。

　(e)　合意分割の請求期限　　合意分割の請求は，離婚等をした日の翌日から起算して原則として2年以内に行わなければなりません（厚年78条の2第1項ただし書，厚年則78条の3第1項）。

　ただし，2年を経過する前に家裁に対し，請求すべき按分割合に関する処分等の申立てをしておけば，事件の進行中に2年を経過しても請求権を失うことはありません。その場合には，分割割合を定めた審判・判決の確定後又は調停・和解の成立後6か月以内に，年金分割請求を行う必要があります（厚年則78条の3第2項）。すなわち，離婚等から2年を経過する前に家裁に対し，審判申立てもしくは調停申立てを行い，本来の請求期限が経過後，もしくは本来の請求期限経過前の6か月以内に審判が確定し，もしくは調停が成立した場合，又は，按分割合に関する附帯処分を求める申立てを行って，本来の請求期限が経過後，もしくは本来の請求期限経過前の6か月以内に按分割合を定める和解が成立した場合には，事件の進行中に2年を経過しても請求権を失うことはなく，分割割合を定めた審判・判決の確定後又は調停・和解の成立後6か月以内に，年金分割請求を行う必要があります。

　また，分割のための合意又は裁判手続による按分割合を決定した後，分割

　（注5）　日本年金機構「離婚時の厚生年金の分割（合意分割制度）」（https://www.nenkin.go.jp/service/jukyu/kyotsu/rikon/20140421-02.html），日本公証人連合会編著『新版　証書の作成と文例　家事関係編〔改訂版〕』（立花書房，2017）207頁参照。

手続前に当事者の一方が亡くなった場合は，死亡日から1か月以内に限り分割請求が認められます。

(f) **標準報酬の改定・決定**　年金分割の請求があった場合，実施機関が標準報酬の改定・決定を行います（厚年78条の6）。

実施機関は，厚生年金保険の被保険者の種類ごとに決まっており，例えば，国家公務員共済組合員たる厚生年金保険の被保険者の場合には国家公務員共済組合及び国家公務員共済組合連合会，一般の厚生年金保険の被保険者の場合には厚生労働大臣などと規定されています（厚年2条の5）。

実施機関は，請求に基づいて標準報酬の改定又は決定をした結果を，当事者に通知することになっています（厚年78条の8）。

(3)　3号分割制度

(a)　**3号分割制度の内容**　夫婦の一方が被用者年金に加入し他の一方がその被扶養配偶者として国民年金法上の第3号被保険者と認定されていた期間があるときに，その期間について，被扶養配偶者から厚生労働大臣に対して年金分割請求をすることにより，厚生年金保険の被保険者（扶養配偶者）の厚生年金記録（標準報酬月額・標準賞与額）を当然に2分の1の割合で分割する制度です（厚年78条の14）。3号分割においては分割の割合を個別に定める必要はなく，家裁が関与することはありません。

この制度の適用対象となるためには，①この制度が施行された平成20年5月1日以後の離婚等であること，②婚姻期間中に平成20年4月1日以後の国民年金第3号被保険者期間中の厚生年金記録（標準報酬月額・標準賞与額）があること，③請求期限（原則，離婚等をした日の翌日から起算して2年）を経過していないこと，の各要件に該当することが必要です。

ただし，分割される者が障害厚生年金の受給者で，この分割請求の対象となる期間を年金額の基礎としている場合は，3号分割請求は認められません。

当事者は，分割する者（特定被保険者）と分割を受ける者（被扶養配偶者）ですが，「合意分割制度」とは異なり，「3号分割制度」において分割を受ける者は，国民年金法上の第3号被保険者に限定されます。

3号分割の対象となるのは，平成20年5月1日以後の離婚等ですが，3号分割の対象となる期間（特定期間）は，平成20年4月1日から離婚までの婚姻期間のうち，第3号被保険者であった期間です。婚姻期間かつ第3号被保険者期間が平成20年4月1日より前から継続している場合には，まず3号分

割をしてから平成20年 4 月 1 日より前の婚姻期間に関して合意分割をすることになります。

　3 号分割の対象となる年金は，合意分割と同様，厚生年金（旧共済年金を含みます。），つまり 2 階部分です。

　3 号分割制度は，被扶養配偶者を有する被保険者が負担した保険料について，被扶養配偶者も共同して負担したという基本的認識の下に設けられた制度です（厚年78条の13）。

　3 号分割の結果，分割をした者については，その者の厚生年金記録（標準報酬月額・標準賞与額）から，相手方に分割した標準報酬月額・標準報酬額を除いた残りの標準報酬月額・標準賞与額に基づき年金額が計算されることになります。また，分割を受けた者については，その者の厚生年金記録（標準報酬月額・標準賞与額）と相手方から分割を受けた標準報酬月額・標準賞与額に基づき年金額が計算されることになります。

　なお，分割を受けた者が分割後の標準報酬月額・標準賞与額に基づく老齢厚生年金を受けるには，自己の厚生年金保険の加入期間や国民年金の保険料納付期間等によって受給資格期間を満たしていることや，生年月日に応じて定められている支給開始年齢に到達していることが必要です。

　3 号分割の効果は，厚生年金の報酬比例部分（厚生年金基金が国に代行して支給する部分を含みます。）に限られ，国民年金の老齢基礎年金等には影響はありません。

　現に老齢厚生年金を受けている場合には，3 号分割の請求をした月の翌月分から年金額が変更されます。

　(b)　**3 号分割の請求手続**　　3 号分割については，原則離婚等の後に行うことができ，3 号分割のみを請求する場合には，両当事者の合意は必要ではなく，第 3 号被保険者であった者からの手続によって年金分割が認められます。

　3 号分割における提出書類は，「標準報酬改定請求書」に，次の書類を添えて，年金事務所等に提出することになります。

　①　基礎年金番号又はマイナンバーを明らかにすることができる書類

　②　婚姻関係にあった場合には，婚姻期間が確認できるそれぞれの戸籍謄抄本（請求日から 6 か月以内に交付されたもの），また，事実婚関係にあった場合には，その事実を明らかにできる住民票等の書類

　③　当事者双方の生存を証明できる書類（請求日から 1 か月以内に交付された

それぞれの戸籍謄抄本又は住民票。ただし，請求書にマイナンバーを記入することにより省略できます。)

④ 離婚の届出をしていないが事実上離婚状態にあることを理由に3号分割を請求する場合には，離婚の届出をしていないが事実上離婚したと同様の状態にあることを明らかにすることができる住民票等の書類，及び当事者双方が当該事情を認めている旨の申立書（当事者双方の署名があるものに限ります。)

(c) 3号分割の請求期限　厚生労働大臣に対する3号分割の請求は，原則として，離婚等の日の翌日から起算して2年以内に行わなければなりません。

⑷ 合意分割と3号分割の双方が行われる場合

合意分割の請求が行われた場合において，婚姻期間中に3号分割の対象となる期間が含まれるときには，合意分割と同時に3号分割の請求があったものとみなされます。したがって，3号分割による厚生年金記録（標準報酬月額・標準賞与額，第3号被保険者についてはゼロ）の分割に加え，合意分割による厚生年金記録（標準報酬月額・標準賞与額）の分割も行われます。つまり，合意分割請求により「按分割合」が定められると，3号分割の対象となる期間についても併せて算定がされます。

3　被用者年金制度の一元化等

被用者年金制度の一元化を図るため厚生年金保険法が改正され，平成27年10月1日以降，国家公務員共済組合，地方公務員共済組合及び私立学校教職員共済の各共済年金制度は厚生年金制度に一元化されることになり，公務員，私学教職員も厚生年金保険に加入することになりました。この年金制度の一元化は，公的年金のいわゆる2階部分の年金を厚生年金に統一するものであり，厚生年金保険の被保険者は次の①～④に区分され，年金の決定，支払などの事務はそれぞれの種別に応じた実施機関が行います（法2条の5）。

①第1号厚生年金被保険者（対象被保険者は以下の第2号から第4号厚生年金被保険者以外の民間被用者等，実施機関は日本年金機構〔厚生労働大臣から委託〕），②第2号厚生年金被保険者（対象被保険者は国家公務員共済組合の組合員たる厚生年金被保険者，実施機関は国家公務員共済組合及び国家公務員共済組合連合会），③第3号厚生年金被保険者（対象被保険者は地方公務員共済組合の組合員たる厚生年金被保険者，実施機関は地方公務員共済組合及び地方公務員共済組合連合会），④第4号厚生年金被保険者（対象被保険者は私立学校教職員共済制度の加入者たる厚生年金被保険者，

実施機関は日本私立学校振興・共済事業団）。

　離婚時年金分割は，当事者が転職などで複数の被保険者期間を有する場合には，婚姻期間中に加入したすべての厚生年金の標準報酬等を合算して行うことになりますが，この被用者年金の一元化により，該当する一つの実施機関に年金分割請求をすると，他の実施機関の厚生年金保険被保険者期間についても，併せて請求されたものとされ，すべての当該厚生年金保険被保険者期間の標準報酬等を合算して年金分割が行われ，まとめて処理がされることになりました。

4　離婚時年金分割と財産分与

　年金分割制度は，厚生労働大臣等に対する公法上の請求権であり，財産分与とは異なる制度ですが，年金制度が夫婦双方の老後等のための所得保障という面があり，離婚当事者は，将来双方が受け取る年金を分け合うという認識から，年金分割合意が離婚給付等契約の一条項に組み入れられることが多いようです（人訴32条1項参照）。

　離婚給付等契約で，年金分割の合意をせずに，その余の財産分与等の請求をしない旨，あるいは他に債権債務がない旨の清算条項が合意されても，前記のとおり同請求権は厚生労働大臣等に対する公法上の請求権であり，両当事者と厚生労働大臣等が契約当事者にならない限り，その条項は無効であると解され，後日年金分割の請求をすることは，妨げられません。もっとも，当事者間で合意分割の按分割合の合意ができない場合に，裁判所に審判や調停の申立てをしない旨の合意（不起訴合意）は，年金請求権そのものの放棄ではなく有効と解されます。

文例 27　年金分割における按分割合等の合意

——事例——

> 　離婚時の年金分割に関する合意は，どのような書面を作成すればよいのですか。

——文例——

336　第9章　離婚時年金分割　第1　離婚時年金分割等

離婚及び年金分割に関する合意
（民間の事業者に雇用されている場合）

第1条　○○○○（以下「甲」という。）と○○○○（以下「乙」とい
　う。）は，平成○年○月○日婚姻したものであるが，令和○年○月○
　日，両者の合意により，協議上の離婚をすることに合意した。

第2条　甲及び乙は，前条の合意に基づく離婚届を，令和○年○月○日
　限り，○○区役所に提出することに合意した。

第3条　甲（第1号改定者。昭和○○年○月○日生。基礎年金番号○
　○○○）と乙（第2号改定者。昭和○○年○月○日生。基礎年金番号
　○○○○）は，本日，厚生労働大臣（又は日本年金機構理事長）に対
　し，対象期間の標準報酬の改定又は決定の請求をすること及び請求す
　べき按分割合を0.5とする旨合意した。

第4条　甲及び乙は，共同して，第2条記載の離婚届出をした後速やか
　に，厚生労働大臣（又は日本年金機構理事長）に対し，前条記載の請
　求をする。

説　明

「年金分割の合意書」の作成例です。

　按分割合を0.5とすると，対象期間の夫婦双方の標準報酬の合計総額を2
分の1ずつに分けることになります。具体的には，夫の対象期間標準報酬総
額が1億円，妻の対象期間標準報酬総額が5000万円だったとすると，夫婦双
方の標準報酬合計総額は1億5000万円となるので，各自7500万円ずつとする
ことになります。夫の1億円の2分の1の5000万円を妻に振り分けるという
のではありません。

　「年金分割の合意書」により年金分割の割合を定めて合意分割の請求手続
を行う場合には，前記［設問］2(2)(d)のように，当事者双方がそろって（そ
れぞれ代理人可），年金事務所に直接，合意書を持参する必要がありますか
ら，第4条の義務規定を記載しておくのがよいでしょう。

　これに対し，「公正証書」又は「公証人の認証を受けた私署証書」により
年金分割の割合を定める場合には，当事者の一方だけで，年金事務所におい
て合意分割の請求手続を行うことができますから，第4条については，「乙

[文例28] 事実婚（内縁）の解消と年金分割 337

は，第２条記載の離婚届出をした後速やかに，厚生労働大臣（又は日本年金機構理事長）に対し，前条記載の請求をする。」と規定することになります。

文例28 事実婚（内縁）の解消と年金分割

——事例——

　事実婚（内縁）を解消する場合にも，離婚時年金分割をすることができますか。どのような書面を作成することになりますか。

——文例——

事実婚（内縁）の解消と年金分割

第１条　○○○○（以下「甲」という。）と○○○○（以下「乙」という。）は，平成○年○月○日から○○市○○町○○丁目○○番○○号所在の居宅において同居し，事実婚の関係にあったものであるが，令和○年○月○日別居し，両者の合意により，事実婚を解消した。
第２条　乙は，平成○年○月○日から令和○年○月○日までの間，甲の被扶養配偶者として第３号被保険者となっていた。
第３条　乙は，速やかに，実施機関（例えば，厚生労働大臣）に対し，按分割合を0.5とする，甲（第１号改定者。昭和○○年○月○日生。基礎年金番号○○○○）と乙（第２号改定者。昭和○○年○月○日生。基礎年金番号○○○○）に係る対象期間の標準報酬の改定又は決定の請求をする。

説　明

　厚生年金保険法78条の２第１項は，「第１号改定者……又は第２号改定者……は，離婚等（離婚（婚姻の届出をしていないが事実上婚姻関係と同様の事情にあつた者について，当該事情が解消した場合を除く。），婚姻の取消しその他厚生労働省令で定める事由をいう。以下この章において同じ。）をし

た場合であつて，次の各号のいずれかに該当するときは，実施機関に対し，
当該離婚等について対象期間……に係る被保険者期間の標準報酬……の改定
又は決定を請求することができる。ただし，当該離婚等をしたときから２年
を経過したときその他の厚生労働省令で定める場合に該当するときは，この
限りでない。」と規定しています。そして，上記「その他の厚生労働省令で
定める事由」として，厚生年金保険法施行規則78条が，「法第78条の２第１
項に規定する厚生労働省令で定める事由は，婚姻の届出をしていないが事実
上婚姻関係と同様の事情にあつた当事者（同項に規定する当事者をいう。以
下同じ。）について，当該当事者の一方の被扶養配偶者（国民年金法第７条
第１項第３号に規定する被扶養配偶者をいう。以下この章において同じ。）
である第３号被保険者……であつた当該当事者の他方が当該第３号被保険者
としての国民年金の被保険者の資格を喪失し，当該事情が解消したと認めら
れること（当該当事者が婚姻の届出をしたことにより当該事情が解消した場
合を除く。）とする。」と規定しています。要するに，事実上の婚姻関係の解
消はその始まりと終わりが明確でないため，原則として離婚とはみなされず
離婚時年金分割の対象にはなりませんが，事実上の婚姻関係でも一方の配偶
者が国民年金の第３号被保険者であれば，第３号被保険者になった日と第３
号被保険者ではなくなった日が年金事務所への届出により公的記録として残
るため，離婚時年金分割の対象として認められることになります（厚年78条
の２第１項，厚年則78条）。

　本文例３条は，平成20年４月１日以後に乙が第３号被保険者であった場合
には，乙が上記時点以降第３号被保険者であった時からその資格を喪失した
時までの期間に該当する配偶者甲の厚生年金保険加入中の標準報酬が分割の
対象となり，按分割合は合意によることなく0.5と法定されていること，第
３号被保険者乙からの請求のみによって分割が行われる（厚年78条の14）こと
をふまえ，合意したものです。

事項索引

【あ】

悪意の遺棄······158
按分割合······328
　──の合意······335

【い】

遺産分割協議と利益相反······133
慰謝料的財産分与······221
遺族年金······36
遺族補償給付······35
一時保護施設······183
一般的破綻主義······154
医療法人の出資持分と財産分与······233
姻族······215
姻族関係終了の効果······215
姻族関係の終了（届）······214, 215

【う】

氏······9, 150, 209
氏の回復······150
氏の変更許可の申立て······209

【か】

外形説（利益相反）······131
外国法の適用排除······304
過去の婚姻費用······97, 222
過去の扶養料（養育費）······222
家事審判······90, 151, 287
家事審判手続による子の引渡し······135
家事調停······90, 151, 287
仮装婚姻······4
仮装身分行為······4
仮装離婚······149
株式の財産分与······236
株式の評価方法······237
監護権······111
監護者······115
　──の指定······24, 172

──の必要性······116
──の変更······126
──変更の基準······127
間接強制
　──（面会交流）······317
　──（養育費）······300

【き】

基礎収入······98, 103, 295
給与所得者······99
協議離縁······212
協議離婚······49, 171, 212
強制執行
　──（子の引渡し）······139
　──（婚姻費用）······95, 300
　──（養育費）······300
きょうだい不分離の原則······118
共同親権か単独親権かの判断基準······114
共同親権から単独親権への変更······122
共同親権の行使の内容・方法等······114
共同親権の行使方法······113
共有制説······12
居住用不動産の生前贈与······56, 59
居住用不動産の贈与・遺贈と特別受益の持戻し······58
居所指定権······111
近親婚の禁止······7

【け】

警察による保護······183
継続性の原則······117
継続的な不貞行為と消滅時効の起算点······276
減価償却費······101
顕著な違法性······138

【こ】

合意分割······327
　──の請求期限······331

340 事項索引

――の請求手続 …………………… 330

公序則 ……………………………… 53

厚生年金記録 ……………………… 328

拘束 ………………………………… 137

公的年金制度 ……………………… 325

国際裁判管轄 ………………… 54, 143, 244

　家事調停事件の―― ……… 55, 106,
　　　　　　　　　　　　143, 169, 302

　子の親権者・監護者の指定・変更の審判

　　事件の―― …………………… 169

　婚姻費用分担家事審判事件の―― …106

　財産分与審判事件の―― ……… 169, 245

　親権者指定の裁判の―― ……… 144

　養育費請求審判事件の―― …… 169, 302

　離婚の訴え・婚姻の無効・取消事件の

　　―― ………………… 54, 144, 168

国民年金 …………………………… 326

呼称上の氏 ………………………… 209

戸籍の訂正 ………………………… 16

子の氏の変更 ……………………… 210

子の氏の変更許可の申立て ……… 210

子の監護に関する事項 ………… 150, 171

子の監護の費用の先取特権 ……… 96, 301

子の出生前の父母の離婚 ……… 113, 114

子の引渡し ………………………… 134

　家事審判手続による―― ……… 135

　審判前の保全処分による―― … 136

子の引渡しに関する合意 ………… 140

子の引渡しの強制執行

　→　強制執行（子の引渡し）

婚姻 ………………………………… 3

　――（の）意思 ………………… 3

　――の効果 ……………………… 8

　――の取消し …………………… 17

　――の無効 ……………………… 14

婚姻障害事由 …………………… 3, 17

婚姻成立

　――の形式的要件 ……………… 7

　――の実質的要件 ……………… 3

婚姻適齢 …………………………… 5

婚姻届出 …………………………… 7

　――の方式 ……………………… 8

婚姻取消しの訴え ………………… 18

婚姻年齢 …………………………… 5

婚姻費用 …………………………… 87

婚姻費用分担

　――の審判 ……………………… 90

　――の調停 ……………………… 90

婚姻費用分担額

　――の算定 ……………………… 98

　――の増額，減額の請求 ……… 93

婚姻費用分担義務

　――の始期 ……………………… 92

　――の終期 ……………………… 92

　――の履行確保 ………………… 94

婚姻無効確認の訴え ……………… 16

婚姻・離婚による氏の変動 ……… 208

婚姻を継続しがたい重大な事由 … 153

婚氏続称 …………………………… 208

婚約 ………………………………… 20

　――の効果 ……………………… 21

　――の成立 ……………………… 20

婚約破棄の正当事由 ……………… 21

婚約不当破棄の損害賠償 ………… 22

婚約不履行 ………………………… 25

【さ】

再婚禁止期間の廃止 ……………… 6

財産開示手続 …………………… 95, 300

財産管理権 ………………………… 112

財産に対する脅迫 ………………… 187

財産分与 ………………… 173, 178, 219

　――と詐害行為取消権 ………… 238

　――と譲渡所得税 ……………… 241

　――と贈与税 …………………… 241

　――と不動産取得税 …………… 242

　――の審判・調停 ……………… 220

　――の対象及び基準時 ………… 223

　――の法的性質 ………………… 220

財産分与請求権 …………………… 219

　――と除斥期間 ………………… 255

財産分与制度の目的 ……………… 220

裁判（判決）による離縁 ………… 214

裁判（判決）による離婚 …… 152, 214

3号分割

　――制度 ………………………… 332

事項索引　　341

――の請求手続 …………………333
算定表 ………………91, 98, 108, 295
算定表使用上の注意点 ……………296

【し】

死因贈与契約 ……………………… 64
自営業者 …………………………… 99
支援センター（配偶者暴力相談支援センター） ………………………179, 183
事後求償権 …………………………231
事実婚（内縁）の解消と年金分割 ……337
事実上の離婚状態 ………………… 37
事実到来執行文 …………………258
事前求償権 …………………………230
実施機関 ……………………………330
失踪宣告 …………………………… 6
死亡退職金 ………………………… 38
　――と相続財産 ………………… 39
　――の受給権者 ………………… 38
重婚 ………………………………… 5
　――の解消 ……………………… 18
重婚的内縁関係 …………………… 36
　――と遺族年金 ………………… 36
　――と労災給付金 ……………… 36
住宅ローン …………………103, 229
　――付不動産の財産分与 ………227
　――付不動産の名義の変更 ……229
　――の処理の方法 ……………229
　――の負担 ……………………104
自由に対する脅迫 ………………187
熟年・高齢夫婦の離婚 …………162
出資持分の評価方法 ……………234
準拠法 ………………………52, 142
　婚姻の効力の―― ……………142
　婚姻の成立の―― ……………… 52
　婚姻の方式の―― ……………… 53
　婚姻費用分担の―― …………107
　財産分与の―― …………168, 244
　親権者・監護権者の指定，面会交流の
　　―― ……………………142, 167
　扶養義務，養育費の―― … 107, 168, 303
　養育費の―― …………………168
　離婚の―― ………………142, 167

常居所地法 …………………107, 303
譲渡制限特約付預金債権 …………227
情報開示命令 …………………91, 288
情報取得手続 ……………………… 95
情報提供請求 ……………………329
職業許可権 ………………………111
親権 ………………………………111
　――と監護権が分離する場合 ………115
　――と利益相反 ………………128
　――に基づく妨害排除請求 ……134
　――の帰属者 …………………112
　――の法的性質 ………………112
親権行使者の指定 ………………211
親権者 ……………………………112
　――の決定基準 ………………117
　――の行為能力 ………………119
　――の指定 …………120, 151, 176
　――の変更 ……………………122
　――変更の基準 ………………126
身上監護権 ………………………111
人身保護法 ………………………137
　――による子の引渡し ………137
身体に対する暴力 ………………186
審判事件の管轄権 ………………106
審判手続と人身保護法 …………139
審判前の保全処分 ………………136
審判離縁 …………………………213
審判離婚 …………………151, 213
審理手続（保護命令事件） ……198

【せ】

性格不一致・愛情喪失と離婚原因 ……161
生活費指数 …………………99, 295
生活扶助義務 ………………88, 286
生活保持義務 ………………87, 88, 285
請求認諾による離縁 ……………216
請求認諾による離婚 ……………216
清算的財産分与 …………………220
　――の清算割合 ………………224
　――の対象財産の範囲及び基準時 …223
　――の方法 ……………………224
精神病と離婚原因 ………………159
性同一性障害（GID） …………… 40

342　事項索引

性同一性障害者の婚姻と嫡出推定 ……… 43
成年年齢の引下げ …………………88, 289
性別取扱変更の審判 ………………… 41
　──申立ての要件 ………………… 41
積極的破綻主義 …………………………163
宣誓供述書……………………… 198, 203
　──の作成方法……………………206

【そ】

総収入 …………………………………101
創設的届出………………………… 54, 256
相続放棄と利益相反 …………………132
贈与税の配偶者控除 ………………… 56
訴訟上の和解又は請求認諾による離縁
　……………………………………214
訴訟上の和解又は請求認諾による離婚
　……………………………………214
損害賠償請求（面会交流）……… 319, 321

【た】

第1号改定者……………………………328
第1号被保険者（国民年金）…………326
退去等命令 ……………………… 192, 200
第3号被保険者（国民年金）…………326
退職金と財産分与……………………231
対世的効力………………………… 16, 18
第2号改定者……………………………328
第2号被保険者（国民年金）…………326
耐用年数 ………………………………… 76
単独親権 ………………………… 113, 114
単独親権者の死亡と親権者の変更 ……123

【ち】

嫡出推定制度の見直し …………………6
嫡出否認の訴え……………………………7
調停事件の管轄権………………………106
調停前置主義………………………… 15, 18
調停に代わる審判 ………………… 90, 287
調停に代わる審判離婚，離縁…………213
調停離縁 ………………………………213
調停離婚 ………………………… 151, 213
賃金センサス…………………………102

【つ】

追認 ……………………………………… 16

【て】

DV防止法
　──の制定の目的 …………………179
　──の内容………………………179
　──の配偶者 …………………181
　──の被害者 …………………182
定期金債権 ……………………………300
貞操義務 ………………………………… 10

【と】

同居義務 …………………………………9
同居拒否 ………………………………158
同性婚 ………………………………… 44
同性婚に関する契約（パートナーシップ契
　約）………………………………44, 48
同性パートナーシップ条例…………… 46
特定財産承継遺言 …………………… 64
特別受益 ………………………………… 58
　──の持戻し……………………… 58
特別代理人 ……………………………130
特有財産……………………………12, 223
トランスジェンダー
　→　性同一性障害

【な】

内縁（事実婚）………………………… 27
　──と遺族年金 ………………… 36
　──と親子関係 ………………… 31
　──と婚姻障害事由 ………………… 29
　──と相続 ………………… 31
　──と労災給付金 ………………… 35
　──の解消 ………………… 32
　──の成立 ………………… 28
　──の法的性質 ………………… 28
　──の法的地位 ………………… 30
難病や重度の身体障害と離婚原因 ……160

【に】

日常家事債務…………………………… 12

事項索引　　343

――と表見代理 …………………… 13
日常家事債務連帯責任 ……………… 12
２分の１ルール………… 219, 220, 221, 224
日本年金機構………………………… 329
認知症と離婚原因 …………………… 160

【は】

パートナーシップ制度 ……………… 46
はいかい………………………………… 189
配偶者 …………………………………… 181
配偶者からの暴力 …………… 180, 186
配偶者からの暴力相談等対応票……… 184
配偶者居住権………………………… 62
　――と遺留分侵害・特別受益66
　――と共有建物 ………………… 67
　――に基づく登記請求権 ……… 72
　――に基づく妨害停止要求・返還請求
　　……………………………………… 72
　――の遺贈………………………… 83
　――の価額の評価 ……………… 75
　――の価額の評価方法 ………… 75
　――の取得・成立要件 ………… 63
　――の譲渡禁止 ………………… 73
　――の消滅後の配偶者の権利義務 …… 74
　――の消滅・消滅事由 ………… 73
　――の性質・効力 ……………… 65
　――の存続期間 ………………… 70
　――の対抗力……………… 71, 83
配偶者居住権者
　――と居住建物所有者との間の権利義務
　　……………………………………… 68
　――と居住建物の使用及び収益 …… 66
配偶者短期居住権…………………… 77
　――の意義及び内容 …………… 78
　――の譲渡禁止 ………………… 79
　――の消滅原因 ………………… 79
　――の消滅時における配偶者の権利義務
　　……………………………………… 81
　――の成立要件 ………………… 78
　――の存続期間 ………………… 78
　――の法的性質 ………………… 79
配偶者短期居住権者と居住建物取得者との
　間の権利義務………………………… 79

配偶者暴力相談支援センター………… 179
破綻主義 ……………………………… 163
反致 …………………………………… 53

【ひ】

被害者と同居する未成年の子への接近禁止
　命令 ………………………………… 189
被害者と同居する未成年の子への電話等禁
　止命令 ……………………………… 191
被害者の親族等への接近禁止命令 …… 191
被害者への接近禁止命令 …………… 185
被害者への電話等禁止命令 ………… 187
非嫡出子の親権者 …………… 113, 115
被用者年金制度の一元化……………… 334
標準報酬改定請求書 ………………… 330
標準報酬の改定・決定……………… 332

【ふ】

夫婦間の契約取消権 ………………… 10
夫婦財産契約 ………………………… 11
夫婦同氏（夫婦同姓）………………… 9
夫婦の別居と婚姻費用の分担………… 89
夫婦別産制 …………………………… 11
復氏（届）………… 150, 208, 215, 216
不受理申出書（制度）……………… 4, 149
扶助義務 ……………………………… 10
不真正連帯債務……………………… 276
不貞行為 ……………………………… 155
　――と第三者に対する損害賠償請求
　　……………………………………… 267
　――の立証……………… 155, 271
不動産 ………………………………
　――の財産分与………………… 225
　――の財産分与の方法 ………… 226
　――の評価の方法 ……………… 226
父母以外の第三者の監護者指定の申立て
　　……………………………………… 124
父母共同親権の原則 ………………… 112
扶養的財産分与……………………… 221
扶養料の決定基準（渉外事件）……… 304
フレンドリー・ペアレント・ルール…… 119

【へ】

別居期間 ……………………… 164

【ほ】

報告的届出 ……………………… 54, 256
法定の離婚原因 ………………… 153
法定養育費 ……………………… 289
法律婚主義 ………………………… 8
保護命令 ………………………… 179
　──の再度の申立て …………… 200
　──の種類・内容 ……………… 185
　──の特質 ……………………… 185
　──の取消し …………………… 202
　──の申立書，主張書面及び文書の提出
　　……………………………… 197
　──の申立書の記載事項 ……… 194
　──の申立書附属書類 ………… 197
　──の申立て手続 ……………… 194
　──の申立ての審理手続 ……… 198
母性優先の原則 ………………… 117

【み】

未成熟子 ……………… 88, 165, 286
未成年者 …………………………… 88
未払婚姻費用
　→　過去の婚姻費用
未払養育費
　→　過去の扶養料（養育費）

【む】

無職者・収入金額が不明な者 ……… 102

【め】

名誉に対する脅迫 ……………… 187
面会交流 ………………… 172, 178
　──の取決め …………………… 311
　──に関する自治体や民間の支援事業
　　……………………………… 310
　──の試行的実施 ……………… 309
　──の障害事由 ………………… 309
　──の内容及び方法 …………… 312
　──の不当破棄と損害賠償請求 …… 319

　──の法的根拠 ………………… 307
　──の法的性質 ………………… 308
　──の目的・本質 ……………… 308
　──の履行確保 ………………… 317
　──をしない旨の合意 ………… 315
面会交流の審判の申立権者 ……… 314

【ゆ】

結納 ………………………………… 24
有責主義 ………………………… 163
有責配偶者 ……………………… 163
　──からの離婚請求 …………… 164

【よ】

養育信託 ………………………… 293
養育費 …………………… 172, 177, 285
　──の一括支払 ………………… 291
　──の算定方法 ………………… 295
　──の支払確保 ………………… 299
　──の変更 ……………………… 293
養育費支払義務
　──の始期 ……………………… 288
　──の終期 ……………………… 288
預貯金債権の財産分与 …………… 221

【り】

利益相反行為 …………………… 129
　──の効力 ……………………… 129
利益相反性の有無の判断基準 …… 130
離縁の種類 ……………………… 212
履行勧告（婚姻費用，養育費）…… 94, 299
履行勧告（面会交流）…………… 317
履行命令（婚姻費用，養育費）…… 94, 299
離婚
　──の意思 ……………………… 149
　──の効果 ……………………… 150
　──の付随事項 ………………… 171
離婚慰謝料 ……………… 174, 178, 249
　──と財産分与 ………………… 253
　──と消滅時効 ………………… 254
　──と遅延損害金 ……………… 254
　──の算定基準 ………………… 259
離婚給付 ………………………… 176

——等契約……………………………171
——等契約公正証書……………174, 255
離婚原因……………………………153
離婚原因慰謝料……………………249
——の算定方法……………252, 260, 274
離婚原因と訴訟物……………………154
離婚自体慰謝料……………………249
——の算定方法……………253, 261
離婚時年金分割……………………327

——と財産分与……………………335
離婚と子の氏の変更………………209
離婚と第三者に対する損害賠償請求……266
離婚届………………………………150
離婚の際の親権者・監護者の定め
………………………………113, 115

【わ】

和解・認諾による離婚……………152

判例索引　　347

判例索引

【大審院】

大連判大 4・1 ・26民録21輯49頁 ……………………………………… 28
大判大 6・2 ・28民録23輯292頁 ………………………………………… 25
大判大 8・4 ・23民録25輯693頁 ………………………………………… 29
大判大 8・5 ・12民録25輯760頁 ……………………………………… 24, 30
大判大 8・6 ・11民録25輯1010頁 ……………………………………… 20
大判大 9・5 ・28民録26輯773頁 ………………………………………… 29
大判大 9・9 ・18民録26輯1375頁 ……………………………………… 15
大判昭 3・9 ・20法律学説判例評論全集18巻民法575頁 ……………… 13
大判昭 4・2 ・15民集 8 巻124頁 ………………………………………… 66
大決昭 5・9 ・30民集 9 巻926頁 ………………………………………… 10
大判昭 6・2 ・20新聞3240号 4 頁 ……………………………………… 20
大判昭 6・11・27新聞3345号16頁 ……………………………………… 29
大判昭 8・10・25民集12巻2613頁 ……………………………………… 13
大判昭10・10・15新聞3904号16頁 ……………………………………… 26
大判昭11・12・ 4 民集15巻2138頁 ……………………………………… 8
大判昭12・4 ・ 8 民集16巻418頁 ………………………………………… 29
大判昭15・12・14民集19巻2325頁 ………………………………………277
大判昭16・2 ・ 3 民集20巻70頁 …………………………………………150

【控訴院】

東京控判大15・5 ・ 1 新聞2574号14頁 ………………………………… 22

【最高裁判所】

最判昭27・2 ・19民集 6 巻 2 号110頁 …………………………………163
最判昭27・5 ・ 6 民集 6 巻 5 号506頁 …………………………………… 11
最判昭28・6 ・26民集 7 巻 6 号766頁 …………………………………… 29
最判昭29・3 ・12民集 8 巻 3 号696頁 …………………………………… 65
最判昭31・2 ・21民集10巻 2 号124頁 ………………………… 222, 250, 253
最判昭32・4 ・11民集11巻 4 号629頁 …………………………………… 19
最判昭33・4 ・11民集12巻 5 号789頁 ………………………………… 28, 30
最大判昭33・5 ・28民集12巻 8 号1224頁 ………………………………138
最判昭33・7 ・25民集12巻12号1823頁 …………………………………159
最判昭34・7 ・14民集13巻 7 号1023頁 …………………………………… 12
最判昭34・8 ・ 7 民集13巻10号1251頁 ……………………………… 4, 149
最判昭35・2 ・25民集14巻 2 号279頁 …………………………………130
最判昭35・3 ・15民集14巻 3 号430頁 …………………………………135
最判昭36・4 ・25民集15巻 4 号891頁 …………………………………154

348 判例索引

最判昭36・9・6民集15巻8号2047頁 ……………………………………… 12
最判昭38・2・1民集17巻1号160頁 ……………………………………… 31
最判昭38・9・5民集17巻8号942頁 ……………………………………… 20
最判昭38・9・17民集17巻8号968頁 ……………………………………… 135
最判昭38・11・28民集17巻11号1469頁 …………………………………… 150
最判昭38・12・20民集17巻12号1708頁 ………………………………… 20, 22
最判昭39・9・4民集18巻7号1394頁 …………………………………… 25, 26
最判昭39・9・17民集18巻7号1461頁 …………………………………… 159
最判昭39・10・13民集18巻8号1578頁 …………………………………… 32
最大決昭40・6・30民集19巻4号1089頁 ………………………………… 10
最大決昭40・6・30民集19巻4号1114頁 ………………………………… 92
最判昭42・2・2民集21巻1号88頁 ……………………………………… 11
最判昭42・2・21民集21巻1号155頁 …………………………………… 32
最判昭42・4・11裁判集民87号69頁 ……………………………………… 163
最判昭42・4・18民集21巻3号671頁 …………………………………… 130
最判昭43・10・8民集22巻10号2172頁 …………………………………… 131
最判昭44・4・3民集23巻4号709頁 ……………………………………… 4
最判昭44・9・26民集23巻9号1727頁 …………………………………… 278
最判昭44・10・31民集23巻10号1894頁 ………………………………… 4, 15
最判昭44・12・18民集23巻12号2476頁 ……………………………… 13, 14
最判昭45・4・21裁判集民99号137頁・判時596号43頁 …………………… 4
最判昭45・11・24民集24巻12号1943頁 ………………………………… 160
最判昭46・5・21民集25巻3号408頁 …………………………………… 163
最判昭46・7・23民集25巻5号805頁 ………………………… 173, 222, 250
最判昭47・7・25民集26巻6号1263頁 …………………………………… 17
最判昭47・7・25裁判集民106号617頁・判タ283号128頁 ………………… 139
最判昭47・9・26家月25巻4号42頁・判時685号95頁 …………………… 139
最判昭48・2・16民集27巻1号99頁 ……………………………………… 276
最判昭48・4・24裁判集民109号183頁・判時704号50頁 ………………… 133
最判昭48・11・15民集27巻10号1323頁 ……………………………… 155, 266
最判昭49・7・22家月27巻2号69頁・判時750号51頁 ……………… 130, 133
最判昭50・5・27民集29巻5号641頁 …………………………………… 241
最判昭53・2・16裁判集民123号71頁・判タ363号183頁 ………………… 242
最判昭53・2・21裁判集民123号83頁・家月30巻9号74頁 ………… 222, 253
最判昭53・2・24民集32巻1号98頁 ……………………………………… 132
最判昭53・11・14民集32巻8号1529頁 ……………………… 93, 173, 220, 223
最判昭54・3・30民集33巻2号303頁 ………………………… 10, 268, 270
最判昭55・11・27民集34巻6号815頁 …………………………………… 39
最判昭57・3・26判タ469号184頁・判時1041号66頁 …………………… 150
最判昭57・9・28民集36巻8号1642頁 ………………………………… 17, 19
最判昭57・11・18民集36巻11号2274頁 ………………………………… 130
最判昭58・4・14民集37巻3号270頁 …………………………………… 37
最判昭58・12・19民集37巻10号1532頁 ……………………… 238, 239, 240

判例索引　　349

最判昭59・7・20民集38巻8号1051頁 ……………………………………………168
最判昭60・1・31裁判集民144号75頁 …………………………………………… 39
最判昭61・7・18民集40巻5号991頁 ………………………………………………138
最判昭62・3・3裁判集民150号305頁・判タ638号130頁 ……………………… 39
最大判昭62・9・2民集41巻6号1423頁 …………………………………………163
最判昭62・11・24家月40巻3号27頁・判時1256号28頁 ………………………164
最判昭63・2・12家月40巻5号113頁・判時1268号33頁 ………………………164
最判昭63・4・7家月40巻7号171頁・判時1293号94頁 ………………………164
最判昭63・12・8裁判集民155号209頁 …………………………………………164
最判平元・3・28家月41巻7号67頁・判タ699号178頁 ………………… 164, 165
最判平元・9・7裁判集民157号457頁 ……………………………………………164
最判平元・12・11民集43巻12号1763頁 …………………………………………287
最判平2・11・8家月43巻3号72頁・判タ745号112頁 ………………… 164, 165
最判平2・12・6家月43巻6号18頁・判タ751号67頁 …………………………138
最判平2・12・18民集44巻9号1686頁 ……………………………………………230
最判平4・12・10民集46巻9号2727頁 ……………………………………………131
最判平5・10・19民集47巻8号5099頁 ………………………………… 138, 139
最判平6・1・20裁判集民171号1頁 ………………………………………………277
最判平6・2・8裁判集民171号417頁 ……………………………………………165
最判平6・4・26民集48巻3号992頁 ………………………………………………138
最判平6・7・8家月47巻5号43頁・判タ859号121頁 …………………………138
最判平6・11・8民集48巻7号1337頁 ……………………………………………138
最判平6・11・24裁判集民173号431頁 ……………………………… 250, 276
最判平8・3・8裁判集民178号787頁・判タ912号147頁 ……………………… 16
最判平8・3・26民集50巻4号993頁 ……………………………… 10, 268, 272
最判平8・6・18家月48巻12号39頁 ………………………………………………277
最判平9・4・10民集51巻4号1972頁 ………………………………… 287, 288
最判平11・4・26家月51巻10号109頁・判タ1004号107頁 ……………………138
最判平11・5・25家月51巻10号118頁 ……………………………………………139
最判平12・3・9民集54巻3号1013頁 ………………………………… 239, 240
最決平12・3・10民集54巻3号1040頁 …………………………………………… 30
最決平12・5・1民集54巻5号1607頁 ………………………… 116, 307, 378
最判平16・11・18裁判集民215号639頁・判タ1169号144頁 …………………… 28
最決平17・3・29刑集59巻2号54頁 ………………………………………………180
最判平17・4・21裁判集民216号697頁・判タ1180号171頁 …………………… 37
最決平18・4・26家月58巻9号31頁・判タ1208号90頁 ………………………… 91
最判平19・3・8民集61巻2号518頁 …………………………………………… 30
最判平19・3・30裁判集民223号767頁・家月59巻7号120頁 ………… 287, 288
最決平21・5・25判時2085号22頁 …………………………………………………136
最決平24・1・26裁判集民239号635頁・判タ1369号124頁 …………………… 59
最決平25・3・28民集67巻3号864頁 …………………………… 178, 312, 318
最決平25・3・28裁判集民243号271頁・判タ1391号126頁 ……………………318
最決平25・12・10民集67巻9号1847頁 …………………………………………… 43

最決平26・4・14民集68巻4号279頁·····················123
最大判平27・12・16民集69巻8号2586頁···················9
最決平29・12・5民集71巻10号1803頁·····················135
最判平30・3・15民集72巻1号17頁······················138
最判平31・2・19民集73巻2号187頁·········250, 269, 270, 277
最決令2・1・23民集74巻1号1頁·······················93
最決令3・3・29民集75巻3号952頁·····················124
最決令3・3・29裁判集民265号113頁・判例41号43頁·····125, 315
最大決令3・6・23裁判集民266号1頁・判タ1488号94頁·······9
最決令3・11・30裁判集民266号185頁·····················42
最判令4・1・28民集76巻1号78頁··················174, 254
最大決令5・10・25家判49号42頁・判タ1517号67頁··········42
最判令6・3・26（令和4年（行ツ）第318号・同（行ヒ）第360号）裁判所ＨＰ ·······46

【高等裁判所】

広島高松江支決昭40・11・15高民18巻7号527頁・判タ185号102頁·····················29
札幌高決昭40・11・27家月18巻7号41頁·····················117
大阪高決昭43・12・24家月21巻6号38頁·····················122
東京高決昭46・3・15家月23巻10号44頁·····················88
高松高判昭46・9・22判タ270号257頁·······················21
東京高判昭48・4・26判時706号29頁····················22, 24
東京高判昭48・10・26判時724号43頁······················122
名古屋高決昭50・3・7家月28巻1号68頁···············118, 126
札幌高決昭50・6・30判タ328号282頁・判時809号59頁·········87
広島高決昭50・7・17家月28巻4号92頁·····················88
東京高判昭54・9・25判時944号55頁······················224
東京高判昭56・4・27判タ447号127頁·····················117
東京高判昭56・8・31労民32巻3・4号576頁················40
東京高判昭57・4・27判時1047号84頁······················25
大阪高決昭62・6・24家月40巻1号184頁···················105
東京高決平9・9・29判時1633号90頁·······················9
東京高決平10・12・21判タ1023号242頁····················269
大阪高決平12・3・8判時1744号91頁·····················252
東京高決平12・5・22家月52巻12号67頁・判タ1092号263頁····9
東京高決平13・1・18判タ1060号240頁····················162
東京高決平14・3・29判タ1141号267頁····················187
大阪高決平16・5・19家月57巻8号86頁····················288
札幌高決平16・5・31家月57巻8号94頁····················105
東京高決平16・9・7家月57巻5号52頁·····················93
大阪高判平16・10・15判時1886号52頁····················240
大阪高決平17・6・22家月58巻4号93頁····················118
東京高決平17・6・28家月58巻4号105頁···················118
大阪高決平18・7・31家月59巻6号44頁···············108, 304

判例索引　351

広島高判平19・4・17家月59巻11号162頁 …………………………………………277
東京高決平19・11・9家月60巻6号43頁 …………………………………………294
大阪高決平19・11・9家月60巻6号55頁 …………………………………………294
大阪高決平20・10・8家月61巻4号98頁 …………………………………………102
大阪高決平21・8・13家月62巻1号97頁 ……………………………………………9
東京高判平21・12・21判タ1365号223頁・判時2100号43頁 …………………278
大阪高決平22・3・3家月62巻11号96頁 …………………………………………294
東京高判平22・3・3家月63巻3号116頁 …………………………………………320
東京高決平22・7・30家月63巻2号145頁 …………………………………………289
東京高決平26・2・13金法1997号118頁…………………………………………… 96
大阪高判平26・3・13判タ1411号177頁……………………………………………234
東京高決平26・6・3判タ1410号111頁…………………………………………… 93
福岡高決平26・6・30家判1号88頁・判タ1410号100頁 ………………………294
大阪高決平26・8・27家判3号70頁・判タ1417号120頁 ………………………105
大阪高判平26・11・27（平成26年（行コ）第23号）裁判所ＨＰ ………………… 38
福岡高決平27・1・30家判5号106頁・判タ1420号102頁 …………………126, 127
東京高決平27・6・12判時2266号54頁 ……………………………308, 309, 316
東京高決平28・1・7判時2312号98頁 ……………………………………………257
福岡高判平28・1・20判時2991号68頁 ……………………………………………320
名古屋高決平28・2・19家判8号50頁・判タ1427号116頁 ………………… 93, 294
大阪高決平28・3・17家判9号105頁・判タ1433号126頁 ………………… 89, 105
東京高決平28・7・8家判10号73頁・判タ1437号113頁 ………………………294
東京高決平28・9・14家判16号116頁・判タ1436号113頁 ……………………103
大阪高判平28・11・18判時2329号45頁 ………………………………………… 54
東京高判平29・1・26判時2325号78頁 ……………………………………………119
東京高決平29・2・8家判14号75頁・判タ1445号132頁 ………………………319
東京高決平29・2・24判タ1440号159頁 …………………………………………189
福岡高決平29・3・30消費者法ニュース112号334頁 ……………………………118
大阪高決平29・4・28家判13号48頁・判タ1447号102頁 ………………………310
福岡高決平29・7・14家判17号68頁・判タ1453号121頁 …………………………9
福岡高決平29・9・20家判23号87頁・判タ1449号144頁 ………………………298
東京高決平29・11・9家判23号79頁・判タ1457号106頁 …………… 286, 289, 294
東京高決平29・12・15家判19号61頁・判タ1457号101頁 ……………………103
大阪高決平29・12・15判タ1451号109頁 …………………………………………286
札幌高決平30・1・30家判23号60頁・判タ1459号110頁 ……………………294
東京高決平30・4・19判時2403号58頁 ……………………………107, 108, 304
東京高決平30・11・20判時2427号23頁 …………………………………………314
東京高決平31・1・31家判29号120頁・判タ1471号33頁 ……………………… 89
大阪高決令元・6・21家判29号112頁・判タ1478号94頁 ………………………119
東京高決令元・8・23家判27号52頁・判タ1472号98頁 ………………………315
福岡高決令元・10・29家判29号87頁・判タ1477号97頁 ………………………118
大阪高決令元・11・29家判41号47頁 ……………………………………………315
大阪高決令2・1・16家判30号69頁・判タ1479号51頁 ………………………124

352　判例索引

東京高決令2・2・18家判30号63頁・判タ1482号96頁·················119
東京高決令2・3・4判タ1484号126頁·················298
東京高判令2・8・13判時2485号27頁·················308
札幌高判令3・3・10判時2511号89頁·················15
東京高決令3・4・27金法2180号74頁·················177
大阪高決令3・8・2判1499号95頁·················319
名古屋高判令4・8・26判タ1506号48頁·················46
札幌高判令6・3・14（令和3年（ネ）第194号）LEX/DB·················45
広島高決令6・7・10判例集未登載·················42

【地方裁判所】

大津地判昭25・7・27下民1巻7号1150頁·················153
千葉地佐倉支判昭28・1・23下民4巻1号67頁·················21
奈良地判昭29・4・13下民5巻4号487頁·················22
仙台地判昭29・10・27下民5巻10号1791頁·················22
東京地判昭31・10・16下民7巻10号2913頁・判時99号16頁·················19
東京地判昭33・11・11判タ87号116頁·················22
京都地判昭34・7・4下民10巻7号1458頁·················70
東京地判昭34・12・25家月12巻6号146頁・判時219号25頁·················23, 29
東京地判昭36・12・20下民12巻12号3067頁・判タ127号131頁·················19
東京地判昭37・7・5判タ309号25頁·················22
大阪地判昭41・1・18判タ190号189頁・判時462号40頁·················21
大阪地判昭42・7・31判タ216号229頁・判時510号57頁·················22, 23
大阪地判昭43・1・29判時530号58頁·················25
東京地判昭45・9・22行集21巻9号1143頁・判タ257号239頁·················242
名古屋地判昭47・2・29判時670号77頁·················155
福岡地小倉支判昭48・2・26判タ292号306頁・判時713号108頁·················22, 25
千葉地佐倉支判昭49・7・15交民7巻4号1026頁·················31
松山地西条支判昭50・6・30判時808号93頁·················224
徳島地判昭57・6・21判タ478号112頁・判時1065号170頁·················23, 24
大阪地判昭58・3・8判タ494号167頁·················23, 24
大阪地判昭58・3・28判タ492号187頁・判時1084号99頁·················23, 24
東京地判昭63・10・21家月41巻10号145頁·················320
東京地判平元・7・20労民40巻4・5号458頁·················40
東京地判平2・11・28判タ759号250頁·················143
東京地判平3・3・29家月45巻3号67頁・判時1424号84頁·················53
大阪地判平3・8・29家月44巻12号95頁・判タ778号153頁·················29
名古屋地判平3・9・20判時1409号97頁·················162
東京地判平5・3・31判タ857号248頁·················24
東京地判平6・1・28判タ873号180頁·················23, 24
神戸地判平6・2・22家月47巻4号60頁・判タ851号282頁·················244
東京地判平10・5・27労判739号65頁·················37
横浜地相模原支判平11・7・30判時1708号142頁·················162

判例索引　　353

静岡地決平14・7・19判タ1109号252頁‥‥‥‥‥‥‥‥‥‥‥‥‥180
名古屋地判平18・11・16判タ1272号79頁‥‥‥‥‥‥‥‥‥‥‥‥‥38
大阪地判平27・10・2（平成25年（行ウ）第256号）裁判所ＨＰ‥‥‥‥38
東京地決平27・10・6判時2312号100頁‥‥‥‥‥‥‥‥‥‥‥‥‥257
東京地判令3・2・16判時2516号81頁‥‥‥‥‥‥‥‥‥‥‥‥‥267
大阪地判令4・6・20判タ1507号186頁‥‥‥‥‥‥‥‥‥‥‥‥‥45
東京地判令4・11・30判タ1515号157頁・判時2547号45頁‥‥‥‥‥45
名古屋地判令5・5・30（平成31年（ワ）第597号）裁判所ＨＰ‥‥‥‥45
福岡地判令5・6・8（令和元年（ワ）第2827号）裁判所ＨＰ‥‥‥‥‥45
東京地判令6・3・14（令和3年（ワ）第7645号）LEX/DB‥‥‥‥‥45

【家庭裁判所】

東京家審昭34・9・1家月11巻11号126頁‥‥‥‥‥‥‥‥‥‥‥‥22
東京家審昭35・1・18家月12巻5号153頁‥‥‥‥‥‥‥‥‥‥‥‥89
大阪家審昭43・5・28家月20巻10号68頁‥‥‥‥‥‥‥‥‥‥‥‥213
東京家審昭47・9・14家月25巻11号98頁‥‥‥‥‥‥‥‥‥‥‥‥89
東京家審昭48・12・13家月26巻12号60頁‥‥‥‥‥‥‥‥‥‥‥‥89
東京家審昭49・11・15家月27巻10号55頁‥‥‥‥‥‥‥‥‥‥‥‥89
宇都宮家審昭50・8・29家月28巻9号58頁‥‥‥‥‥‥‥‥‥‥‥‥286
長崎家審昭54・6・4家月32巻3号108頁‥‥‥‥‥‥‥‥‥‥‥‥89
東京家審昭54・11・8家月32巻6号60頁‥‥‥‥‥‥‥‥‥‥‥‥286
大阪家審昭56・10・6家月35巻2号157頁‥‥‥‥‥‥‥‥‥‥‥‥88
大阪家審平4・4・21家月45巻3号63頁‥‥‥‥‥‥‥‥‥‥‥‥303
神戸家審平4・9・22家月45巻9号61頁‥‥‥‥‥‥‥‥‥‥‥‥107
前橋家審平4・11・19家月45巻12号84頁‥‥‥‥‥‥‥‥‥‥‥‥89
熊本家審平10・7・28家月50巻12号48頁‥‥‥‥‥‥‥‥‥‥‥‥107
浦和家川越支審平11・7・8家月51巻12号37頁‥‥‥‥‥‥‥‥‥‥303
旭川家決平17・9・27家月58巻2号172頁‥‥‥‥‥‥‥‥‥‥‥‥96
大阪家決平17・10・17家月58巻2号175頁‥‥‥‥‥‥‥‥‥‥‥‥300
福岡家審平18・1・18家月58巻8号80頁‥‥‥‥‥‥‥‥‥‥‥‥294
横浜家川崎支決平19・1・10家月60巻4号82頁‥‥‥‥‥‥‥‥‥‥96
大阪家決平19・3・15家月60巻4号87頁‥‥‥‥‥‥‥‥‥‥‥‥300
横浜家決平19・9・3家月60巻4号90頁‥‥‥‥‥‥‥‥‥‥‥‥300
広島家決平19・11・22家月60巻4号92頁‥‥‥‥‥‥‥‥‥‥‥‥300
東京家審平20・7・31家月61巻2号257頁‥‥‥‥‥‥‥‥‥‥‥‥89
東京家審平22・11・24家月63巻10号59頁‥‥‥‥‥‥‥‥‥‥‥‥104
東京家審平26・2・12判タ1412号392頁‥‥‥‥‥‥‥‥‥‥‥‥127
大阪家審平26・7・18家判3号78頁・判タ1416号385頁‥‥‥‥‥88, 93
大阪家審平26・9・19家判4号113頁・判タ1417号395頁‥‥‥‥‥‥303
東京家審平27・6・17家判6号84頁・判タ1424号346頁‥‥‥‥‥‥104
東京家審平27・6・26判時2274号100頁‥‥‥‥‥‥‥‥‥‥‥88, 105
東京家審平27・8・13家判8号91頁・判タ1431号248頁‥‥‥88, 92, 104
千葉家松戸支判平28・3・29判時2309号121頁‥‥‥‥‥‥‥‥‥‥119

354 判例索引

福岡家八女支審平28・11・30消費者法ニュース111号305頁 ……………………………118
京都家審平29・9・4家判17号61頁・判タ1451号116頁…………………………………286
東京家審平29・12・8判時2403号61頁 ……………………………………………………107
東京家審平30・5・31（平成30年（家）第2006号）LLI/DB …………………………93, 102
大阪家審平30・7・10家判21号73頁・判タ1460号121頁………………………………… 88
千葉家佐倉支審平31・3・26判タ1473号66頁・判時2443号18頁………………………294
東京家審令元・9・6家判30号83頁・判時2471号72頁 …………………………………104
東京家審令元・12・5判タ1484号128頁・判時2480号6頁 ……………………………298
宇都宮家審令2・11・30家判36号129頁・判タ1497号251頁……………………………92, 94
宇都宮家審令2・12・25判タ1469号123頁・判時2515号11頁 …………………………102

【簡易裁判所】

武蔵野簡判昭51・9・17判時852号105頁 ………………………………………………… 13
門司簡判昭61・3・28判タ612号57頁………………………………………………………… 13
大阪簡判昭61・8・26判タ626号173頁……………………………………………………… 13
釧路簡判平3・2・27NBL469号23頁 ……………………………………………………… 13

編著者紹介

満 田 忠 彦（弁護士，元霞ヶ関公証役場公証人）

小 圷 眞 史（弁護士，元王子公証役場公証人）

松 田 　章（弁護士，元大森公証役場公証人）

夫婦関係モデル文例と実務解説

2024年 9 月10日　初版第 1 刷印刷
2024年10月10日　初版第 1 刷発行

Ⓒ編著者　　　満 田 忠 彦
　　　　　　　小 圷 眞 史
　　　　　　　松 田 　章
　　　　　発行者　逸 見 慎 一

発行所　東京都文京区　株式　青 林 書 院
　　　　本郷 6 丁目 4 の 7　会社
　　振替口座00110-9-16920／電話03(3815)5897／郵便番号113-0033

印刷・製本 星野精版印刷㈱　／　落丁・乱丁本はお取替え致します。

Printed in Japan　　ISBN978-4-417-01881-0

JCOPY 〈(一社)出版者著作権管理機構　委託出版物〉
本書の無断複写は著作権法上での例外を除き禁じられています。複写される場合は，そのつど事前に，(一社)出版者著作権管理機構（電話 03-5244-5088，FAX 03-5244-5089，e-mail: info @jcopy.or.jp)の許諾を得てください。